REBECCA CLIFFORD

SURVIVORS

CHILDREN'S LIVES
AFTER THE HOLOCAUST

ホロコースト
最年少生存者たち

100人の物語からたどる
その後の生活

レベッカ・クリフォード

山田美明
訳

芝 健介
監修

柏書房

1. 解放されたアウシュヴィッツ=ビルケナウ収容所の児童収容棟から出てきた子どもたち。医療関係者の記録によれば、同収容所には1945年1月下旬の時点で子どもが400人以上いたが、大半が病気や栄養失調を抱えており、40パーセントが結核にかかっていたという。

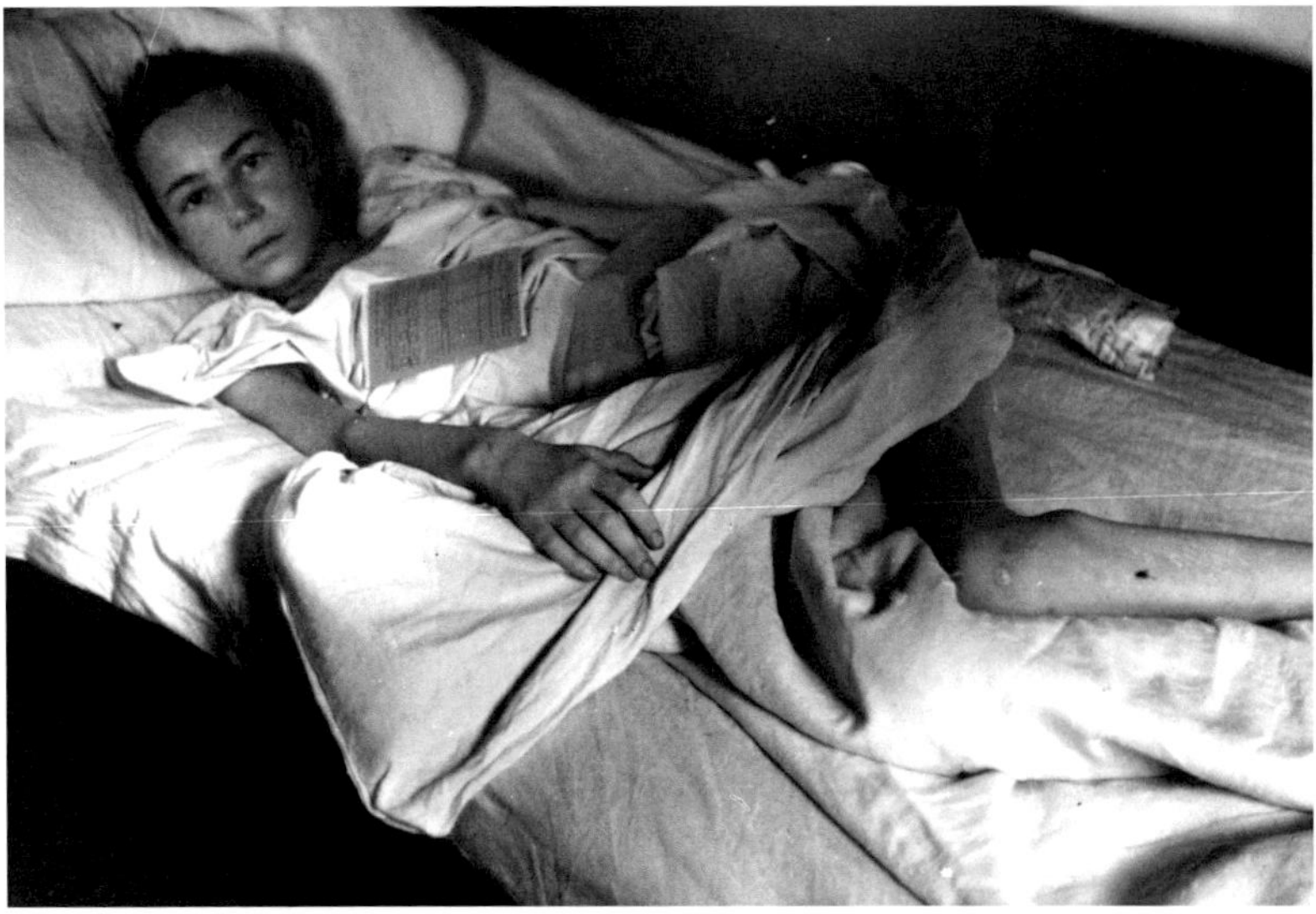

2. ベルゲン・ベルゼン強制収容所から生還し、病院で静養する子ども（解放から3カ月後）。1945年4月にイギリス軍が同収容所を解放した際、そこには子どもが700人以上いた。

3. アメリカ軍がブーヘンヴァルト強制収容所を解放した際、そこにはユダヤ人の子どもが1000人以上いた。この「ブーヘンヴァルトの少年たち」のうちの430人が、社会復帰のためフランスに送られた。その際、少年たちの多くは盗んだヒトラー・ユーゲントの制服を着ており、捕らえられたドイツ人と間違われるおそれがあったため、列車の側面には「ブーヘンヴァルト強制収容所孤児」と書かれていた。

4. ブーヘンヴァルトから生還したジョゼフ・S（当時4歳）。同収容所解放直後、UNRRA（連合国救済復興機関）のトラックのステップに座っている。

5. OSE（児童援助協会）が運営するタヴェルニー（フランス）の養護施設にやって来た「ブーヘンヴァルトの少年たち」。いちばん前で横になっているのは、最年少の2人、イジオ・Rとヤーコプ・F。

6.「ブーヘンヴァルトの少年たち」とは違い、ジョゼフ・Sは戦後、両親と再会できた。解放から1年後、家族はブーヘンヴァルトでの記念式典に参加した。ジョゼフは、サイズが小さすぎる収容所の制服を着せられている。

7. フェリーツェ・Zとジュリエット・パトゥー（1943年8月）。パトゥーは戦時中、ヴァンドゥーヴル（フランス）近郊にあるラ・カイヨディエールの農場でフェリーツェをかくまった。「この奥さんがお母さんなのだと思い込んでいた」とフェリーツェは言う。

8. ユーディット・K（左端）と、そのホストファミリーの子ども、シュジー・エナール（中央）。ピレネー＝アトランティック県（フランス）のネーにて（1946年6月）。ユーディットはのちに、エナール家での潜伏生活は「このうえなく愛情に恵まれていた」と述べている。

9. OSEが運営するタヴェルニーの養護施設にいたころのフェリーツェ・Z（前列左端）。フェリーツェは1947年から1951年までここにいた。フェリーツェの隣にいるのが姉のベアーテ、その右斜め後ろにいるのがカウンセラーのエレーヌ・エカイゼルである。やがて姉とともにアメリカへ移住したが、ここを離れるのは「自分が壊れてしまったみたい」に思えるほどつらかったという。

10. アメリカへの渡航を待つユーディット・K（帽子をかぶっている）。OSEが運営するレ・グリシーヌ（フランス）の受入センターにて。ユーディットはその後、まったく記憶にないおじやおばと一緒に暮らし、エナール家との連絡を完全に絶つよう要求されることになる。

11. テレージエンシュタットから生還した子どもたち。ウィンダミアのカルガース館に設置されていた受入センターにて。1945年8月、この子どもたちのほか、テレージエンシュタットにいた300人の子ども（ほとんどが10代）が、社会復帰のためイギリスに連れてこられた。左から3番目がリッツィ・S、その隣がズデンカ・H。

13. ジークムント・フロイトの娘、アンナ・フロイト。児童精神分析学という分野を確立し、アリス・ゴールドバーガーの保護下にあった子どもたちに終生にわたり関心を寄せた。

12. アリス・ゴールドバーガー。当初はウィンダミアで、のちにはサリー州リングフィールドのウィア・コートニー養護施設で、テレージエンシュタットから生還した子どもたちの世話をした。やがてそこに、アウシュヴィッツから生還した子どもや、潜伏先で戦争を生き延びた子どもも合流した。

14. ウィア・コートニー養護施設にいたハンカ・Tの絵。少女が母や兄と仮庵の祭りの準備をする和やかな家庭の一場面が描かれている。

15. ウィア・コートニー養護施設にいたフリッツ・Fの絵。ナチスの将校の監視のもと、兵士が壁際に並んだ男たちを射殺している場面が描かれている。フリッツは戦時中ブダペストで潜伏生活を送っていたため、これは想像の産物だと思われるが、同施設にいたほかの子どもが同様の出来事を目撃していたのかもしれない。

16. 戦後ブリハ〔脱出〕に参加した東ヨーロッパの子どもたち。パレスチナへの移住を望んでいたが、キプロスにあるイギリスの拘置施設に抑留される者もいた。

17. ブリハの集合場所にやって来た子ども。そばには、かばんとハーシーズのチョコレートの包み紙がある。ブリハに参加した子どもたち全員がパレスチナ行きを望んでいたわけではなく、なるべく早くヨーロッパの難民キャンプから逃れたかっただけだった。

18. CJC（カナダ・ユダヤ人会議）の「戦争孤児救護事業」のポスター。ユダヤ人の子どもたちが戦後、キリスト教徒の家庭に引き取られ、洗礼を受けていると記されており、ユダヤ人の不安をあおっている。

19. CBF（イギリス中央基金）の戦争孤児救護事業に資金提供を求めるポスター。写真の子どもは、ウィア・コートニー養護施設でアリス・ゴールドバーガーの保護下にあった子どもたち。右端がズデンカ・H。

20. ジャッキー・Yとその養親。バル・ミツヴァー〔ユダヤ教の成人式〕にて。

22. 母親になったポーレット・S。1967年メルボルンにて。「小さく弱々しい2人の子どもを持つと、不安や恐怖が蘇ってきた」という。

21. 成長したウィア・コートニー養護施設の子どもたち。イギリスに来てから10年近くたったころ。

23. トロント大学の社会福祉学教授ベン・ラピン。当時ラピンは、CJCの戦争孤児救護事業によりカナダに移住した幼年時生存者の調査結果を執筆していた。この本は1963年に出版されている。

25. 精神分析学者のジュディス・ケステンバーグ。1981年に幼年時生存者へのインタビューを行う画期的なプロジェクト〈児童の組織的迫害に関する国際調査〉を実施した。戦争が子どもたちの心にいつまでも残るトラウマになったと主張する精神衛生の専門家グループの中心的存在だった。

24. 精神科医のハンス・ケイルソン。1979年に発表したオランダの幼年時生存者に関する論文で初めて、その大多数が戦時体験により心にいつまでも残る傷を負ったと主張した。

26. 記念碑の前でポーズをとるポーレット・S。1993年、過去を探求するために参加したエルサレムの潜伏児童国際大会にて。

28. イギリスでいまだに続く反ユダヤ主義問題に抗議するアグネス・G（2018年）。「私のような人が口を開くことが大切なんだと痛感している」という。

27. ジャッキー・Y。ユダヤ人難民協会の〈難民の声〉口述史プロジェクトのインタビューに応じ、これまでの人生の物語を語っている。

ホロコースト最年少生存者たち——１００人の物語からたどるその後の生活

SURVIVORS
CHILDREN'S LIVES AFTER THE HOLOCAUST

Originally published by Yale University Press

Japanese translation rights
arranged with
YALE UNIVERSITY PRESS
through Japan UNI Agency, Inc., Tokyo

一九四四年にブダペストで生まれた母ジュリアに、
そして安全な時代にスウォンジーで生まれたわが子マックスとアディに。

目次

［凡例］
・本書は以下の日本語訳である。Rebecca Clifford, *Survivors: Children's Lives After the Holocaust* (Yale University Press, 2020)
・原注は各章ごとの通し番号を［　］で行間に入れて巻末にまとめた。
・本文中の〔　〕内は訳者・監修者による補足である。

略号

AIVG……イスラエル人戦争被害者支援協会
AJWS……オーストラリア・ユダヤ人福祉協会
BEG……一九五六年連邦補償法
CBF……ドイツ・ユダヤ人のためのイギリス中央基金
CJC（A）……カナダ・ユダヤ人会議（公文書館）
DP……強制移住者、難民
DSM……精神障害の診断と統計マニュアル
FVA……イェール大学図書館フォーチュノフ・ホロコースト証言映像アーカイブ
IRO……国際難民機関
ITS……国際捜索局
JDC……アメリカ・ユダヤ人（AJ）合同配分委員会（一般的略称「ジョイント」）
ORT……職業訓練を通じた復興のための機関
OSE……児童援助協会
PTSD……心的外傷後ストレス障害
SHEK……スイス移住児童救援委員会
UJRA……ユダヤ人援助機関連合
UNRRA……連合国救済復興機関（通称「アンラ」）
URO……統一損害賠償機関
USCOM……合衆国ヨーロッパ児童保護委員会
USHMM（A）……合衆国ホロコースト記念博物館（公文書館）
VHA……映像歴史アーカイヴ
WLA……ウィーナー・ライブラリー資料室

謝辞

　本書の執筆を支援してくれた方々に謝意を伝えられることを大変うれしく思う。なかでも、幼年時代にホロコーストを生き延び、インタビューを通じて人生の物語を語ってくれた方々ほど感謝したい人はいない。どの物語にせよ、本書に書かれたことがすべてではない。全部を書き記そうと思ったら、それこそ一〇巻本ぐらいの分量が必要だ。それでも、一つひとつのインタビューにより私の理解は深まり、私自身もその影響を受けた。以下の方々に深甚《しんじん》なる感謝を捧げたい。アグネス・G＝S、アンドリュー・B、アンジェラ・S、アヴィグドール・C、ダニエル・B、ドーラ・K、エステル・S、エヴァ・M、フランソワーズ・R、ハネケ・D、ハリー・M、アンリ・O、ジャッキー・Y、ジャック・F、ジョーン・S、ジョアンナ・M、リー・R、「レオーラ」、ルイーズ・L＝I、マニー・M、パウル・Z、ペーター・G、ペーター・W、ローベルト・T、シルヴィア・R、ヴェラ・S、ズデンカ・H。あなた方の物語を聞けたことを誇りに思う。

　寛大にも資金を援助してくれたイギリス学士院、リーバーヒューム・トラスト、ノースウェスタン大学ホロコースト教育財団シャロン・アブラムソン研究助成プロジェクトにも感謝したい。イギリス学士院は、ワシントンD.C.に六カ月間滞在する資金を提供してくれた。本書のための文書史料の調査の大半はそこで行っている。また、リーバーヒューム・トラストの研究奨励制度のおかげで、スウォンジー大学での通常業務から完全に解放され、執筆に時間を割けるようになったばかりか、新たな読者に向けた新たな執筆方法を試みる心の余裕が生まれた。シャロン・アブラムソン研究助成プロジェクトは、その後数回にわたり公文書館を訪問したり、ホロコースト生存者に数々のインタビューを実施したりする資金を提供してくれた。これらの支援団体の資金援助がなければ、本書が日の目を見ることはなかっただろう。

イェール大学出版局の方々にも謝意を表したい。世界的なパンデミックのさなか、いつも気持ちよく接し、みごとなまでの職業意識で本書の原稿を最終形態にまで導いてくれた。これほど卓越したチームに支えられて仕事ができることなどめったにない。逆境にあっても、毎日のように奇跡を起こしてくれた。そのなかでもとりわけ、編集を務めてくれたジュリアン・ルースに感謝している。私がホロコースト生存者の声から遠く離れてしまうたびに、私を引き戻し、この歴史のもっとも意義ある部分に目を向けていられるよう手を貸してくれた。彼ほど思慮に富んだ献身的な編集者はいない。

文書史料を調査する際には、数多くの司書や文書係官の専門知識や知恵、健全な判断力に大いに助けられた。そのなかでも、六カ月にわたり辛抱強く私を支援してくれた合衆国ホロコースト記念博物館（USHMM）のミーガン・ルイス、ロン・コールマン、ベッキー・アーベルディングに感謝したい。特にロンには、格別の恩義を感じている。ロンは調査を始めるにあたって、私にすばらしい質問を投げかけてくれた（「あなたにとって理想的な史料とは何ですか？」）。この質問のおかげで、公文書館でどんな史料を探すべきかを明確に理解できた。ロン、ありがとう。また、モントリオールにあるアレックス・ドウォーキン・カナダ・ユダヤ公文書館の館長ジャニス・ローゼンは、膨大な資料の案内だけにとどまらず、ホロコースト生存者の個人ファイルを新たな視点から利用する際には倫理面を考慮すべきことを指導してくれた。ロンドンのウィーナー・ライブラリー（WLA）のスタッフは、私のプロジェクトを熱心に支援してくれたクリスティン・シュミットをはじめ、何度も訪れる私を温かく迎えてくれた。ニューヨークのアメリカ・ユダヤ人合同配分委員会（JDC）公文書館のイザベル・ローアは、六カ月ものあいだ私のために行方不明のファイルを探し続け、とうとうそれを見つけてくれた。そのほか、モントリオール・ユダヤ人公共図書館、ワシントンD.C.のアメリカ議会図書館、イェール大学、ロンドン大学ロイヤル・ホロウェイ校、サウサンプトン大学、エルサレム・ヘブライ大学の各図書館、ロンドンの帝国戦争博物館公文書館のスタッフにも感謝している。

また、刺激的な著作を発表している多くの優れた歴史家の方々が、本書の一部または全体に目を通し、欠くべからざる有益な助言を提供してくれた。気前よく時間を割き、意見を提供してくれたマーティン・コンウェイ、ロバート・ギルデア、クリス・ミリントン、マーク・ローズマン、スーザン・ソロモン、ダン・ストーンに感謝の言葉を述べたい。彼らの忠告のおかげで、本書の説得力は一段と高まった。それぞれの見解がこの最終稿のどこかに反映されているのを感じ取ってもらえれば幸いである。とりわけ、ロバート・ギルデアには感謝の言葉もない。もう一五年以上にわたり私の研究を支援しているだけでなく、口述史《オーラルヒストリー》を扱う方法について自ら学びながら、その技術を私に教えてくれた。

同僚や友人も、私にインスピレーションを与え、本書に貢献してくれた。ジョジー・マクレランは、新たな執筆方法を試してみるよう勧めてくれた。ボアズ・コーエン、ローラ・ホブソン・フォーレ、アントワーヌ・ビュルガールは、ホロコーストを生き延びた子どもたちに関する自身の研究をもとに意見を提供し、まだ出版されていない原稿のコピーまで見せてくれた。彼らの研究は本書の優れた手本になった。トム・アルブソンは、自身の調査で見つけた資料を提供してくれた。また、スウォンジー大学史学部でともに働く同僚たちほど親身で温かいスタッフはいないに違いない。なかでも、デヴィッド・ターナーをはじめ、戦争・復興・記憶研究グループのすべてのメンバーには特に感謝している。優れた大学院生と仕事をする機会にも恵まれた。クリス・ブレント、ネイサン・デイヴィス、ジョシュ・フォーリー、ジュヌヴィエーヴ・ジョルジュ、エレリー・パウエル、アンハラッド・

ウィリアムズ、フレイア・ウォーロールといった面々が、インタビューを文字に起こすなど、研究助手として働いてくれた。

本書の調査は、六カ月間のワシントンD.C.滞在を機に始まった。その際、ジョージタウン大学BMWドイツ・ヨーロッパ研究センターのアンナ・フォン・デア・ゴルツは、同センターの客員研究員としてアメリカにやって来た私を温かく迎え入れてくれた。また本書の一部は、グルノーブル・アルプ大学に滞在しているあいだに執筆したが、そこでは光栄にも、LARHRA研究室〔ローヌ・アルプ歴史研究所〕のアンヌ・ダルマッソとアンヌ＝マリー・グラネ・アビセと一緒に仕事ができた。アンヌ＝マリーが貸してくれたオフィスからは、壮麗なアルプスの山々がよく見えた。戦時中、児童援助協会（OSE）のメンバーはその山々を越え、ユダヤ人の子どもたちを中立国のスイスに密入国させていた。私はその景色を見つめながら、よくマリアンヌ・コーンのことを考えた。ユダヤ人の子どもたちを連れ、アヌマッス近郊で国境を越えようとしていたときにゲスターポ〔秘密国家警察の略称。日本ではゲシュタポと訳されることが多いが、以下ではドイツ語原音表記を採用する〕に捕まった、若きレジスタンス活動家である。彼女の勇敢な行動は力強い刺激となった。

とはいえ本書の大部分は、私が病気でふせっているあいだに執筆した。病気になると、それだけでさまざまな人の世話になる機会が増える。親友のキャサリン、ジョージ、リジー、本書の原稿に目を通し、意見を提供してくれてありがとう。母のジュリア、私の体を心配してくれてありがとう。おかげで私は自分の体を心配する必要がなくなった。祖母のイボヤ（私はいつもマムカと呼んでいる）、私が本書を「家族のために」書いていると思ってくれてありがとう。本当にそうなのかもしれない。パートナーのハーシェル、私がいちばん弱っていたときに私の心身をいたわり、たくさん働いてくれてありがとう。言葉で言うほど簡単なことではなく、計り知れないほどの恩義を感じている。あなたが自分の研究時間を削ってくれたおかげで、疲労のあまり人して書き進められないときでも執筆に専念できた。ほかに何もできなかったとしても、一段落でも二段落でも書けば何かが変わる。きっとあなたは、そう思ってくれていたのだろう。

そして誰よりも感謝しているのが、私の子どもたち、マックスとエイダ（アディ）だ。病気のせいで視野が狭くなってしまったときに、本当に重要なものが何かを教えてくれた。子どもも自分なりの意思や考え方を持つ主体なのだと考えるよう導いてくれた。彼らが自分を発見していく姿を、わが人生の大きな楽しみとして見守っていきたい。

ホロコースト生存者の名前について

　ホロコーストを生き延びた子どもたちにとって、名前は数多くの問題をはらんでいる。潜伏先の家やゲットー、収容所で戦時中を過ごしてきた子どもたちの多くは、そのあいだやその後にもとの名前を失った。ある子どもは身を守るため、ユダヤ人らしくない別の名前を与えられ、何年もそう呼ばれているうちに、出生時の名前を完全に忘れてしまった。またある子どもは、戦後すぐ養子に出されて養家の名前を与えられ、生まれたときには違う名前であったことを大人になるまで知らずにいた。こうしてもとの名前と照合できなくなってしまえば、戦争を生き延びた両親やきょうだい、親戚がいたとしても、身内を見つけられる可能性はほとんどなくなる。

　本書で紹介した人々は、名前がその人のアイデンティティを示していることを、誰よりも切実に理解している。名前は、その人生の物語の当事者は自分なのだということを示す印なのである。私は本書のための調査をしているあいだに、幼年時代にホロコーストを生き延びた数十人にインタビューを実施し、ほかの研究者が行った数多のインタビューにも耳を傾けた。こうした生存者は、一人の例外を除いてみな、仮名ではなく、本名で自分の人生を語りたがった。その気持ちは理解できる。彼らは、家庭を失い、両親や親類を失い、自分の出生や素性に関するごく基本的な事柄を理解しようと、何年も苦闘してきた。そんな苦労の果てに名前まで失うことになるのが耐えられないのだろう。

　ところが、そこに問題があった。本書の調査では、インタビューによる口述記録と他の文書史料との突き合わせを行っている。たいていは公文書館から調査を始め、そこで見つけた名前をもとに、ホロコーストを生き延びた子どもたちのその後の生活をたどった。過去の口述史プロジェクトで実施されたインタビューを利用したり、現在の住所を突き止めて自分でインタビューを行ったりしたのである。だが、多くの公文書館は、資料を匿名で利用するという条件で、個々の生存者に関する資料の閲覧を認めている。この条件により、私は倫理的ジレンマに陥った。自分でインタビューしても、過去に記録されたインタビューを利用してもかまわないが、名前は隠さなければならない。つまり彼らの人生の物語から、そのアイデンティティをはぎ取らなければならないのだ。

私は結局、文書係官と相談の末、本書では以下のような妥協案を採用することにした。ホロコースト生存者のファーストネームだけは本名を使い、あとはイニシャルを用いる。不完全な妥協策ではあるが、こうすれば、公文書館が課す条件を満たせるだけでなく、以下の本文で紹介する生存者も、アイデンティティのごく基本的な部分を奪われないですむ。本書では、この世代のヨーロッパのユダヤ人児童の名前が驚くほど多様だった事実を伝えるため（名前にはヨーロッパのあらゆる国や文化の痕跡がある）、のちに英語化したり（ヘブライ語など、ほかの言語の名前に変わった場合もある）結婚したりして変わった名前ではなく、記録文書に残っている幼年時代の名前を採用している。幼年時代の記録に養家での名前が使用されているため、その名前を採用している人物も数名いる。

ただし、ごく一部のケースについては仮名を使った。もとの公文書記録を利用しただけで本人にインタビューできなかった場合（当人の現住所を突き止められなかったため、あるいは当人がすでに死亡していたため）や、公文書館が完全匿名を条件にしている場合である。また、インタビューの際に本名を使わないでほしいと言われたケースも一件だけあった。それ以外の人々についてはすべて、名前という貴重な所有物まで失うことのないようできる限り配慮している。

序章

テレージエンシュタットのゲットー兼収容所から生還した七歳のリッツィ・Sは、解放後イギリスに連れてこられ、ホロコーストを生き延びたほかの子どもたちと一緒に養護施設で暮らしていた。一九四六年夏、そこへ一人の男性がやって来た。男性は、自分はリッツィの父親であり、一緒に来た女性は母親だと言った。当時は、こうしたことがあってもおかしくはなかった。サリー州の農村でひっそりと暮らしていた子どもたち自身にも養護施設のスタッフにも、子どもたちの両親がどうなったのか、はっきりしたことは何もわからなかったからだ。赤十字社国際捜索局（ＩＴＳ）などの機関がヨーロッパ全域で行方不明者を捜索していたが、捜索は遅々として進まず、愛する家族に関する知らせを待ちわびる人々は、いつまでも事実がわからない不安に苦しんでいた。終戦から一年が過ぎた当時も、養護施設の子どもたちは絶えず知らせを待っている状態にあった。そんなところへ初めて、リッツィの家族が姿を現したのだ。リッツィもほかの子どももびっくりしたに違いない。

リッツィは、自分を引き取りに来た家族とともに家に帰り、その後、少なくとも表面上は普通の子ども時代を過ごした。家族と再会する前の生活はもはや、うろ覚えの過去となった。ときには、堅い木製の寝台や子どもがたくさんいる大部屋の記憶など、意味のよくわからない記憶に悩まされることもあったが、彼女が尋ねても両親ははぐらかして答えないため、次第に尋ねることもなくなった。だが一八歳のとき、家族と口論になり、一一年前に自分を引き取りに来た男に怒りをぶちまけた。「あんたなんか私の父親じゃない！」。すると男は「そのとおりだ」と答えた。実のところ、この男は彼女の父親の弟だった。終戦後、ホロコーストを生き延びた子どもの世話をしてきた保護者のなかには、こうした例がよくある。リッツィの両親は戦時中に殺害されていた。だがこの男性は、リッツィに事実を伝えて不安な人生航路を歩ませるよりは、嘘をついたほうがいいと判断したのだ[1]。

同じ養護施設では同時期に、やはりテレージエンシュタットから生還したミナ・R（仮名）という一一歳の少女がスタッフを悩ませていた。ミナの行動が不可解だったからだ。話し方がぎこちなく、情緒不安定に見えた。スタッフの記録によれば、つくり笑いがずっと顔面にへばりついているようだったという。そんなある日、ミナは突然、戦時中に自分の目の前で母親が頭を撃ち抜かれて死んだことをスタッフに告げた。館長を務めていたアリス・ゴールドバーガーは、戦時中の過去について話をさせれば心の治療になるのではないかと考え、ミナに痛ましい過去を打ち明けるよう促した。ゴールドバーガーの記録によると、この劇的な告白ののち、ミナの行動はみるみる改善した。実際、話をしたことが功を奏したように見えた。ところが六年後、そのミナの母親が養護施設にやって来て、スタッフはあぜんとした。頭を撃ち抜かれてなどいなかったのである[2]。

リッツィとミナのエピソードは、ホロコーストを生き延びた子どもたちが戦後しばらくのあいだ、奇妙な世界にいたことを物語っている。真実だと思われていたものが即座にひっくり返る、ぞっとするような世界である。「父親」が本当はおじだったと衝撃的な告白をされたリッツィのように、生きているはずの両親が実際には死んでいたり、まれではあるがミナのように、死んだと思われていた両親が突然姿を現したりする。当時は、真実がわからないことが多かったが、真実を子どもに伝えないでおくケースもやはり多かった。子どもを悩ませる記憶や疑問に耳を傾ける大人もいたが、たいていの大人は、過去に対する子どもの好奇心をそらそうとした。

そのころは、これらの子どもを「ホロコースト生存者」と見なす者は誰もいなかった。彼らはむしろ、「同伴保護者のいない子ども」「ユダヤ人戦争孤児」「戦災児童」と呼ばれ、死んだ子どももいるなかでこうして生き残れたのだから運がいいと言われるだけだった。生きていられるのだから運がいい、耐えがたい記憶を忘れられるほど幼くて回復力もあるのだから運がいい、再建努力の主体になるのではなく（主体であれば、物理的・経済的・精神的に破壊された家庭やコミュニティの再建のため、やる気をそぐ苦しい重労働に励まなければならない）その再建努力が向けられる対象になれるのだから運がいい。子どもたちはそう考えるべきだと言われた。だがこの言葉は、子どもたちにとっては逆に、ネガティブな意味を持っていた。生き残れたのだから運がいい、過去など忘れて未来に目を向けるべきだと子どもに言うのは、自分の過去を理解しようとする子どもたちの努力を否定するに等しい。実際、多くの子どもたちは成長するにつれ、こうした何の役にも立たない助言に反発を覚え、生みの親、育ての親、親類、養護施設のスタッフに、自分の幼年時代の生活について突っ込んだ質問をするようになった。「ぼくの本当の名前は何？」「私はどこで生まれたの？」「なぜお母さんのことを教えてくれないの？」「どうして赤ちゃんのころの私の写真がないの？」こうした質問を通じて、当人や家族全員がつらい過去と直面せざるを得なくなる場合もあった。

本書は、幼くしてホロコーストを経験した子どもたちの戦後の生活を明らかにすることをテーマにしている。これまで歴史研究の対象にされることのなかった人々の物語である[3]。対象にしたのは、一九三五年から一九四四年までに生まれ、一九四五年の解放時に一〇歳以下だった子どもたちである。この年代の子どもたちはホロコーストのあいだ、どの年齢層（高齢者は除外）にも増して生き残れる可能性は少なかったが、彼らの物語が人を惹きつけてやまないのは、それが理由ではない。あるいはそれだけが理由ではない。幼い子どもたちの経験は、重大な影響を持つ一つの疑問を浮かび上がらせる。それは、私たちは自分の出自を知らないまま自分の人生を理解できるのか、という疑問である。幼年時代にホロコーストを経験した子どもの場合、戦前のことなどぼんやりとしか覚えていないか、戦前自体を経験していない。また、幼いころの日々の記憶を埋めようにも、それを教えてくれる大人がいない場合が多い。その結果、自分の原点の物語を組み立てようと、何十年も苦闘することになる。その原点が、自分の人生の物語を構成する単純だが基本的な要素、自分のアイデンティティに欠かせない要素だからだ。私たちは、自分の家族、生まれ故郷、成長期の経験について何も語れない場合、自分の幼年時代やその影響をどのように理解するのだろうか？　自分を説明するためには、どんな作業が必要なのだろうか？　大半の人は、自分の幼年時代の記憶の意味を、少なくともある程度理解できるのは当然だと思っている。それを特権だと考えることはまずない。だが本書は、そんな特権を持たず、自分の過去の物語を断片的な情報から紡ぎあげていかなければならない状況に置かれた人間が成長し、年をとっていくとはどういうことなのかを中心テーマに据えている。つまり、ホロコーストを主題にしてはいるが、より本質的に言えば、混沌とした幼年時代を抱えて生きる人生を描いている。

また本書は、記憶を根本的なテーマとし、そのなかでも特に、幼年時の記憶が私たちの人生に果たす役割を考察している本とも言える。大半の人は、幼年時代の思い出を尋ねられるとうれしそうに語り出す。私にも洗濯物の思い出がある。部屋の家具より背が小さかったことを考えると、三歳ごろの記憶なのではないかと思う。私はそのとき、カナダのオンタリオ州キングストンにあった自宅の居間にいた。いつも「テレビの部屋」と呼んでいた場所である。目の前には、父親がつくった木製のたんすがあり、その上にプラスチック製の洗濯かごが載っていた。その洗濯かごにピンク色のジャンパーが入っていたので、私はそれに手を伸ばし、引っ張り出そうとした。それが自分の服だと気づいたからだ。父方の祖母が仕立ててプレゼントしてくれたものだった。手を伸ばすと、洗濯物は乾燥機から出したばかりでまだ温かく、手に心地よいぬくもりが伝わってくる。そしてジャンパーをつかんで引っ張った瞬間、びっくりするようなことが起きた。明るい火花が空中に飛んだのだ。乾燥させたばかりのジャンパーは静電気を帯びているうえに、真冬のカナダの空気は乾いている。そのため、パチッと爆《は》ぜるような音とともに、指先に火花が飛んだのである。この出来事が記憶に残っているのはおそらく、びっくりしたうえに、それがとてもきれいだったからだろう。

だが私は、なぜこの記憶を理解できるのだろう? 父がたんすをつくったことや、祖母がジャンパーを仕立ててくれたことをどうして知っているのだろう? 私がテレビの部屋にいたこと、そこが自宅であること、私が一人で探索を楽しんでいたときも母がそばにいたことを知っているのはなぜだろう? それは、この記憶がほかのあらゆる記憶と同じように、社会的に構成されたものだからだ。つまり、まわりの大人が、この経験の意味を理解できるよう手助けしてくれたからである。たんすをつくった人も、ジャンパーを仕立ててくれた人も、空気が乾燥した冬に火花が飛ぶ理由も、大人が教えてくれた。これは、この記憶だけに限らず、私の幼年時代のあらゆる記憶にあてはまる。本書を読んでいる読者の幼年時代の記憶も、すべてそうだ。大半の人は、誕生から現在に至るまでの人生の物語を語ることができる。それは、私たちがその物語をつくりあげられるように、ほかの人が手を貸してくれたからだ。両親や家族、コミュニティ、自分が属する集団や社会の人々が、思い出せなかったり説明できなかったりする情報を提供してくれる。私たちの心の目に刻まれてはいるが、どう解釈していいかわからない記憶の意味を教えてくれる。

ホロコーストを経験した子どもたちの人生の物語が興味深い理由の一つは、彼らの場合、こうした社会的関係が寸断されている点にある。本来ならこの重要な役割を果たしてくれるはずの両親や親類、コミュニティの人々がいない。そのため子どもたちは、解釈しようのない記憶とともに取り残される。その結果、その幼年時代の人生の物語は穴だらけになる。彼らは成長するにつれて、その穴を自分で埋めていかなければならないことに気づき、記録や写真、あちこちに離散した親類を探し求める。すべては、「自分は何者なのか」というもっとも根源的な疑問への答えを見つけるためだ。

本書は、幼年時代にホロコーストを経験した生存者の生活をたどっていく。戦後の焼け跡に始まり、幼年期後期から思春期を経て大人になり、結婚し、親となり、老年に至るまでのおよそ七〇年にわたり、過去とのかかわりがどう変わっていったのかを提示する。また、生き残った両親や親類、ホストファミリーや育ての親、人道支援組織のスタッフ、精神衛生の専門家など、自分を保護・観察・養育し、自分の人生を特徴づけてきた人たち、あるいは自分に嘘をつき、自分をないがしろにし、捨てさえした人たちと、彼らがどのようにかかわってきたのかを見ていく。そして、幼年時代の経験がその人のアイデンティティに及ぼす短期的・長期的影響を検証し、子どもの主体性、トラウマの性質、自己と記憶との関係に関する基本的前提に疑問を投げかける。本書の意図はそこにある。

*

ところで、ホロコーストを生き延びた子どもたちとは、具体的にどのような人々なのだろう？　その人生を検証するにあたっては、彼らについてはわからない点が無数にあることを認めなければならない。何よりもまず、ユダヤ系の子どもたちのうち何人がこの戦争を生き延びたのか、正確な数字はわからない。アメリカ・ユダヤ人合同配分委員会（略称「ジョイント」、以下ＪＤＣと省略する）が戦後間もなく提示した推計によれば、戦前に一五〇万人いたヨーロッパのユダヤ人の子どものうち、戦争を生き延びたのは一五万人だったという[4]。現在でも、歴史家は一般的にこの数字を採用している。だがこの推計には、複雑で厄介な問題がないわけではない[5]。戦時中や戦後の子どもたちを研究する際に広い影響を及ぼしかねない問題はいくつもある。たとえば、ＪＤＣのような支援機関の世話にならなかった子もいたのではないか？　どんな子がユダヤ人としてカウントされたのか？　どんな子がホロコースト生存者としてカウントされたのか？　そもそも、何歳までが子どもとしてカウントされたのか？

ＪＤＣによればこの推計値は、戦後に支援機関の保護を経験した子どもの数をもとにしているという。実際、戦後に支援を受けなかった子どもの数を推計するのは、不可能ではないにせよ、きわめて難しい。だが、生き残った両親や親類、ホストファミリーに保護され、支援機関の世話にならなかった子どもも、数万人単位でいた[6]。また、戦後のこれらの数字を推計する際に、誰がユダヤ人で誰がユダヤ人でないかを判断する基準として、どの程度ナチスのユダヤ人の定義が利用されていたのかを考慮する必要もある。たとえば、片親だけユダヤ人の子どもがこの数字に含まれているのかどうかははっきりしない（戦後にユダヤ人組織やユダヤ人コミュニティとほとんど交流がなかった場合、その人がカウントされる可能性は低くなる）。さらには、支援機関がどんな子どもを「ホロコースト生存者」と見なしたのかという問題もある。これは、のちの歴史家にも言えることである。一九四六年以降、ソ連で戦争を生き延びた大勢のユダヤ人が、ドイツやオーストリアやイタリアに設営された難民（当時は「強制移住者〈ＤＰ〉」と呼ばれた）キャンプになだれ込んできた。ＪＤＣの記録によれば、ソ連で戦争を生き延びたユダヤ人の子ども三万人は、先の推計値に含まれていないという。だが、これを受けて一八万人と修正された数字が歴史家に採用されることもなかった。それは言うまでもなく、歴史家がこれまで、これらの子ども三万人を「ホロコースト生存者」と見なしてこなかったことを意味している[7]。そして最後に、この推計の際に「子ども」をどのように定義していたのかという問題がある。Ｊ

DCや連合国救済復興機関（通称「アンラ」、以下UNRRAと省略する）などの支援機関は、子どもの年齢の上限について共通の基準を定めていたわけではなかったが、ほとんどの機関は一七歳か一八歳を上限にしていた。だが、戦後に発表された数値によって、ホロコーストを生き延びた子どもの大半が思春期の少年少女だったという事実が見えなくなるとともに、支援機関が資金集めの広告などで乳幼児や幼い子どもの写真を多用したため、そのような事実がいっそうあいまいにされてしまった（これは現代の子どもの難民にも言える）。[8]これらの理由から、ホロコーストを生き延びた子どもに関する戦後の統計には、子どもや生存者の定義に関する重大な問題が数多く見られることに留意する必要がある。つまり、まるごと一つの人口集団、一つの塊《かたまり》として見てしまうと、ホロコーストを生き延びた子どものそれぞれ異なる実像についてはわからなくなってしまう点がたくさんあるということだ。

だが、こうした数字はともかく、ホロコーストを生き延びた子どもが、あの世代のヨーロッパのユダヤ人の生き残りであることは間違いない。そのために彼らは、戦後数年にわたり大人たちの多大な関心や懸念の的になった。ところが皮肉にも、つい最近になるまで歴史家の注目を浴びることはほとんどなかった。彼らに限らず、子どもやその経験が歴史研究の対象として重視されたことはこれまでなかった。その傾向は、さまざまな意味で現在にまで引き継がれている。子どもを研究する歴史家がいないわけではないが、子ども自身ではなく、幼年期というものの解釈に焦点を絞った研究がほとんどを占めている。つまり、かつて子どもが自分の人生や世界をどう考えていたかではなく、かつて大人が子どものことをどう考えていたか、あるいは、大人の行動の貴重な証人として子どもがどのような役割を果たしてきたかを検証しているだけなのだ。これは、歴史家が戦争や紛争を扱う際にとりわけよくあてはまる。二〇世紀の戦争では、子どもがかつてないほど暴力の標的になった。それでも、戦争で話題になるのはいつも大人だ。自分たちが考える戦争という条件のなかに子どもを押し込め、被害者という集団の一部としてのみ子どもをとらえ、そこから一歩も先へ進もうとしない。だが子どもは、たとえごく幼い子どもであれ、戦争という歴史のなかの当事者であり、独立した主体である。第二次世界大戦中にナチスの大量虐殺政策の網に捕らえられたユダヤ人の子どもたちは、確かに弱々しい存在ではあった。だが、彼らを犠牲者としか考えないでいると、重要な事実を見逃すことになる。子どもたちもまた、逃走に知恵を絞り、交渉を行い、巧妙に立ちまわっていた。仕返しに暴力を振るうことさえあった。戦後、大規模な人道支援活動が展開され、ヨーロッパの「同伴保護者のいない子ども」が保護や本国送還の対象になったときも、自分の未来のために大人が善意で定めた計画に抵抗し、それを妨害・拒絶し、自ら道を切り開こうとする子どもたちがいた。そんな子どもたちを被害者という視点だけでしか見なければ、彼らを大いに傷つけることになる。

歴史家から見れば、ホロコーストを生き延びた子どもたちを調査するよりも、戦後に彼らを助けた大人たちを調査するほうが楽かもしれない。こうした大人たちの関心や展望については、タラ・ザーラの『失われた子どもたち――第二次世界大戦後のヨーロッパの家族再建』〔三時眞貴子・北村陽子監訳、岩下誠・江口布由子訳、みすず書房、二〇一九年〕やダニエラ・ドロンの *Jewish Youth and Identity in Postwar France*（『戦後フランスのユダヤ人の若者とアイデンティティ』）など、最近の歴史研究のテーマにもなっている。だが、大人が子どもに抱く不安や希望は確かに歴史学の魅力的なテーマではあるが、それで子どもを理解できると考えてはならない。子どもは、自分なりの意図をもった人間だ。誰もがかつては子どもだったからわかるだろうが、権威のある大人が望むことと、権威のない子どもが望むこととは、ときに大きく異なる。そのため本書は、子どもは単に力を受けるだけの存在ではないというアプローチを採用している。大人はよく子どもを単なる客体と見なすが、子どもは主体である。家族や保護者との関係、機関や組織との関係、その組織と市民社会との関係のなかで子どもを分析してみればば、過去の理解を広げるためには、そこへ子どもの歴史を新たに組み込む手段を模索する必要があることがわかる[9]。

では、子どもはどのように、自分が独立した主体であると主張してきたのだろうか？ それをわかりやすい形で示しているのが、自分の過去について問い、その答えを大人に求める行動である。だがここで子どもたちはさまざまな問題に直面した。ヨーロッパでは戦後しばらくのあいだ、混迷した不安定な時期が続いた。そのため、生き残った家族であれ支援機関のスタッフであれ、大人の保護者たちもたいていはさほど情報を持ち合わせていなかった。リッツィやミナの物語が証明しているように、誰が生きており、誰が生きていないのかもわからない時代だった。それに多くの大人は、何らかの情報を持っていたとしても、幼い子どもにとって負担となるような情報を明かそうとはしなかった。養護施設のスタッフのあいだでは、子どもが戦時体験について話すのは有益か有害かで意見が分かれたが、保護者が子どもに戦時中の話をするよう促す場合があったとしても、それは子どもを喪失感から解き放ち、前に進ませるためでしかなかった。このように、大人が子どもから過去を隠そうとしたのは、子どもの心は適応性や回復力に富んでいるという考え方が根底にあったからだ。あるフランス人ジャーナリストは一九四五年八月、ベルゲン・ベルゼン強制収容所から生還した子どもたちについてこう述べている。「幸いにも、この年代の子どもの記憶は長くは続かないし、生きていかなければならないという気持ちが強い。子どもたちは単に、はっきりしない悪夢を経験したと感じているだけであり、その記憶もすでに消えつつあるのではないか」。大人は、子どもの記憶はすぐに消えると主張し、子どものためには忘れさせるのがいちばんいいと思い込んだ。その結果、多くの子どもは過去に関心を抱いたり尋ねたりすることを禁じられた。戦時中の過去についてオープンに話をする環境もなかったわけではないが、子どもの戦争体験に大人の戦争体験と同等の精神的価値を与えるような環境は皆無と言ってよかった。

子どもは過去を忘れ、未来に目を向けるものだという考え方、生き残った子どもたちは「運がよかった」のだから過去にこだわる必要はないという考え方は、のちに否定された。最終的にそのような考え方を変えたのは、ホロコーストを生き延びた子どもたち自身だったが、そこに至るまでには数十年という月日が必要だった。たとえば、フェリーツェ・Zの人生の物語を見てみよう。一九八三年、フェリーツェはとうとう自分が何者なのかを理解するきっかけをつかんだ。その一年前、四二歳になってようやく、両親がアウシュヴィッツで殺害された確証を手に入れたのだ。戦時中、フェリーツェの家族（両親のダーフィトとリディア、当時三歳だった姉のベアーテ、当時一歳だった自分）は、ドイツのバーデン地方にあるヴァルデュルンという小さな町から、フランス南部のギュール収容所に移送された。そのうち、二人の幼い娘は赤十字社により収容所から救出され、解放までフランスのカトリックの家庭にかくまわれたが、両親はそこからさらにアウシュヴィッツに移送され、殺害された[10]。フェリーツェは二〇代前半のころから、自分の幼年時代や両親の生死に関する情報を追い求める努力を始めたが、記憶の穴はいっこうにふさがらない。そこで勇気をふりしぼり、ユダヤ人ホロコースト生存者アメリカ大会の第一回会合に参加してみた。一九八三年四月にワシントンD.C.で開催された、史上最大規模のホロコースト生存者の集会である。だが、そこで同じような経験をした人と会えるのではないかと期待して参加したものの、自分の体験が「ホロコースト生存者」という幅広いグループのどこにあてはまるのかがわからず、うろうろしていると、やがて年配の生存者から非難めいたことを言われた。その生存者はフェリーツェにこう言ったのだ。「当時は子どもだったんだろ。だったら何がわかる？　覚えてないじゃないか」。その後、ボランティアの人から短いインタビューを受けたフェリーツェは、怒りを爆発させてこう言った。

誰も理解してくれないし、うまく話せないの。私はこの場にふさわしくないみたい。収容所には行かなかったし、それほど苦しむこともなかった。そんなことを証明するものは何一つない。（中略）私は生存者じゃないような気がした。でも、しばらくしてこう思ったの。私もやっぱり生存者なんだって。両親が死に、家族全員が死に、姉と私以外、誰もいなくなってしまったんだから。[11]

そのころ、大西洋の反対側でも、デニー・Mが同じような失望を経験していた。デニーは、イギリスにいくつかあるホロコースト生存者の支援団体に参加しようとしたが、そのたびに、自分に対して不信感や疑念を抱く年配の生存者に出会った。自分に敵意さえ抱く生存者もいた。一九四〇年一一月生まれのデニーは、幼児のころテレージエンシュタットに送られており、殺害された両親の記憶はまったくない。戦後イギリスに渡ったときには、まだ五歳にもなっていなかった。もちろんデニー自身も、テレージエンシュタットでの自分の経験が、アウシュヴィッツやブーヘンヴァルトなどの収容所で過ごした大人たちの経験とは異なることを自覚してはいた。それでも、生存者の支援団体に参加した際に、自分の体験がひどく軽んじられるのを見てショックを受けた。年配の生存者たちはデニーに、「バトリンズ〔イギリスの大手海浜リゾート・チェーン〕の行楽施設にいるような気分」で戦時中を過ごしていたんだろうと言ったという。デニーやフェリーツェだけでなく、ホロコーストを生き延びた無数の子どもたちが、同じような壁に何度もぶつかった。年配の生存者を含め、戦争を体験した大人たちは、「生き残り」と見なすグループのなかに、子どもたちを受け入れようとはしたがらなかった。[12]

フェリーツェやデニーのエピソードを見れば、ホロコーストを生き延びた子どもたちの歴史が長らく重視されてこなかった理由について、さらなる手がかりが得られる。彼らは、年配の生存者から退けられ、そこに自分たちの居場所はないのだと感じた。これは、「生存者」という概念そのものが、記憶にまつわる排他的な考え方と関係していたことを物語っている。現在では、ホロコースト生存者と言える条件やホロコースト生存者を自任できる人間について、幅広い見方が浸透している。だがかつては、一般に受け入れられていた定義がきわめて狭かった。戦後数十年間にわたり、「生存者」とは主に、強制収容所からの生還者を意味するものと考えられていた。そうなると、子どもの生存者の大多数はそこから排除される(大人の生存者でも、それにあてはまらない人は大勢いる)。強制収容所からの生還者というイメージは、世論に支えられて文化的な力を持つに至ったが、そのイメージは、強制収容所から生還した人々自身によりつくられたものでもあった。彼らは、さほど苦しみを経験していないと思われる人々が、このイメージの力を弱めてしまうのを怖れ、こうした人々を生存者と認めようとはしなかった。

ホロコーストを生き延びた子どもたちは、年配の生存者からの非難だけでなく、内なる声とも闘わなければならなかった。自分たちはホロコースト生存者などではなく、単に運がいい子どもに過ぎないのではないか、自分たちの戦争体験は強制収容所を経験した大人の経験ほど重大なものではないのではないか、という声である。だが、戦時中に潜伏生活を送っていた子どもたちの最初の国際会合を一九九一年に企画したニコル・Dも、「苦しみを序列化することはできない」と述べている[13]。こうした理解が進み、子どもの生存者もつい最近になってようやく、それまで年配の生存者の特権だった役割の一部を担えるようになった。現在では彼らも、学校での講演、ホロコースト関連の博物館や展示会でのボランティア活動、ホロコースト記念日のスピーチなどを行っている。ホロコースト生存者として受け入れられるまでに七五年かかったとはいえ、彼らにはそう認められるだけの理由が十分にある。彼らもまた、家族や友人を殺され、唯一生き残った人たちなのだから。

*

これら幼くしてホロコーストを経験した子どもたちの人生は、国境を大きく超えた広がりを見せている。終戦時には、そんな子どもがヨーロッパのあらゆる国で見つかった。戦争中に命からがら逃亡し、ヨーロッパ大陸を離れた子もいれば、さまざまな国を逃げまわって戦時中を過ごした子もいる。また、戦後になると多くが海外に渡り、ヨーロッパ大陸を離れてイギリスやアメリカ、あるいはパレスチナなどへ向かった。したがって、彼らの人生の物語全体を、一地方や一国からの視点だけで語ることはできない。そこで本書では、この驚くほど多様な経験の全貌を把握するため、まずは一〇〇人の子どもの人生の物語を検証し、そこから本書で取り上げる人物を選別するため、きわめて緩い基準をいくつか設けた。第一に、本書の中心テーマが、自分の幼年時代を語れない人が自分の人生の意味を理解できるのかを考察する点にあることを考慮し、一九四五年時点で一〇歳以下の子どもを選んだ。つまりは、戦時中にヨーロッパで暮らしてはいたが、その経験を明確には記憶していない子どもである。[14] 第二に、本書では、数十年に及ぶ期間のさまざまな瞬間に、人がどのように幼年時代を思い出し、その意味を理解するのかを明らかにしようとしている点を考慮し、私が文書史料および当人の証言の両方から人生の物語を再構成できるような人を選んだ。公文書館である子どもの名前を見つけたら、その人物がのちのインタビューで自身の体験を語っているかどうかを確認するとともに、自分でもインタビューを実施した。こうすれば、歴史的状況が変化したり人生が新たな段階に入ったりすると、過去がまったく異なる意味を持つようになるのかどうかを検証できる。また、短期的な判断がもたらす長期的な影響も評価できる。文書史料からだけでは、こうした検証や評価は難しい。そして最後に、戦後にヨーロッパ大陸を離れた子どもを選んだ（この子どもが過半数を占める）。私の主な関心は、人は年齢を重ねるにつれて幼年時代をどう理解するようになるのかという点にある。その際、幼年時代に家庭や故郷だけでなく言語や文化も失った子は、このプロセスがいっそう複雑になるはずだ。実際、戦争と移住という二重の混乱により、国境を越えたさまざまなエピソードから成る、きわめて興味深い人生の物語が形成されている。ベルギーのアントウェルペン、ラトビアのリガ、ギリシャのテッサロニキで生まれた子どもが、イギリスのイースト・ロンドン、アメリカのシアトル、カナダのウィニペグに渡った。だが、出身地とのちに暮らした場所とを隔《へだ》てる距離、それぞれの場所で暮らした時間、それぞれの場所で経験した文化が異なるにもかかわらず、これらの子どもたちの物語には、驚くほど深く豊かな共通点がある。

　本書では、これらの人生の物語を記述するため、数多くの文書史料を利用した。支援機関のファイル、養護施設での記録、損害補償請求書、精神科医の報告書、手紙、写真、未公開の回想録など、一〇カ国以上の地域の文書記録である。ホロコーストを生き延びた子どもたちの記録を求め、文字どおり世界中を飛びまわった。だが、豊富な文書記録が集められているにもかかわらず、公文書館だけでは子どもたちの声はなかなかつかめない。これらの子どもたちに関する戦後の文書記録のほとんどは大人が作成したものであり、子ども自身がかつて何を考え、何を感じていたかを、それだけでは明らかにできない。公文書館の文書史料を調査していると、幼い子どもたちが戦後に書いた手紙や詩、短い手記が見つかることがある。まれに、あちこちの公文書館に散逸していた子どもの絵が発見されることもあった。だが、たいていの公文書館は、価値があると思われる文書記録を保管する方針を採用しており、そのような場合、子どもの作品が高く評価されることはほとんどない。それに、幼い子どもが作品や文書を残していたとしても、それが子どもの意見や気持ちをどの程度反映しているのかはわからない。子どもは、大人に指示されて文章を書いたり絵を描いたりする場合が多い。また、自分を世話している大人が気に入るようなテーマを選ぶ傾向がある。そのため、公文書館にまれに保管されている手紙や絵などを調べるのは刺激的な作業ではあるが、そこから意味をくみ取るのは難しい[15]。

破壊された幼年時代がもたらす長期的な影響を検証するため、子どもたちの人生を大人になったあとまで追跡するには、きわめて信頼性の高い文書史料をもってしても不十分である。そこで本書では、こうした資料に加え、成長した生存者たちへのインタビューを利用している。一九七〇年代後半（ホロコースト関連の先駆的な口述史プロジェクトが始まった時期）から現在までのあいだに行われたインタビューに耳を傾けると、文書史料だけではわからなかった事実が見えてくる。その好例が、リッツィ・Sのエピソードである。養護施設の文書史料には、彼女が「この施設を離れ、現在はおじやおばとロンドンに住んでいる」としか記されていない[16]。のちにインタビューをしなければ、リッツィが十数年ものあいだ、おじやおばを実の父母と思い込んで暮らしてきたことはわからなかっただろう。もちろん、そのような経験の影響を知ることもできなかったに違いない。

言うまでもなく口述史は、成長した子どもが、大人の視点で過去を見つめたものだ。つまり、それまでの長いあいだに熟考を重ね、再考を繰り返した果てに手に入れた視点である。そのため口述史は、子ども時代に彼らが何を考え、何を感じていたかということだけでなく、それがどんな影響や結果をもたらしたか、あるいは、それぞれがどのように幼年時代の意味を理解し、それを現在のアイデンティティの一部としてきたのかということも教えてくれる。心理学者も認めているように、子どもの関心や目標が、大人の関心や目標と一致することはほとんどない。私たちが幼年時代の自分を思い出すときには、大人になった自分が重要だと考えているものと関連づけて、幼年時代の物語を変えていく[17]。そういう意味で、ホロコーストを生き延びた子どもたちへのインタビューは、幼年時代の記憶とともに、幼年時代の意味を理解する過程についても明らかにしてくれる。

本書を読めば、戦争で破壊された幼年時代の物語を織り込まれた人生も、時間がたつにつれて、その多くが驚くほど普通の人生になっていくことがわかる。しかし、だからと言って、「普通」を「容易に理解できる」という意味にとってはならない。本書の各章で論じられている問題やその影響は、ホロコーストについて二〇年間も調査・考察・執筆してきた私にとっても予想外だったばかりか、衝撃的でさえあった。子どもが下した選択、大人が下した選択、大人に対する子どもの思い込み、子どもに対する大人の思い込み、大人と子どもとの関係などを知るにつれ、私がホロコースト後の家族やコミュニティについて知っていると思っていたあらゆる知識が崩れ去った。また、ホロコーストを生き延びた子どもたちの人生が明らかにしているように、幼年時代の記憶は、人間の人生において思いも寄らないほど重要な役割を担っている。それは、記憶そのものの性質に関する私の認識を大きく改めるきっかけになった。こうした予想外の要素すべてが、ある重大な事実を告げている。それはつまり、さまざまな意味で私たちは、ホロコーストとその影響をいまだ十分には理解していないということだ。より広く言えば、破壊された幼年時代を経験し、それを否定したり、あいまいにしたまま放っておいたり、それと向き合ったりしながら生きていくとはどういうことなのか、そんな幼年時代の意味を理解するとはどういうことなのかを、私たちはまだ十分には理解していないのである。

第一章　もう一つの闘いの始まり

ツィラ・Cは一九四〇年六月にドイツのマンハイムで生まれた。生後六カ月のときに、両親やまだ幼い兄のエリック、そのほかドイツ南部のバーデン地方やプファルツ地方に暮らす大勢のユダヤ人とともに、フランス南部にあるギュール収容所に入れられた。一歳の誕生日はその収容所で過ごした。両親はそれからしばらくして、やはりフランスにあるリヴザルト収容所を経て、アウシュヴィッツ収容所に移送されたが、ツィラと兄は、児童援助協会（OSE）の手により、ほかの子どもたちと一緒にギュール収容所から救出された。OSEとは、ヴィシー政権下のフランスに拘束されていたユダヤ人の子どもおよそ五〇〇〇人に救援の手をさし伸べた組織である。[1]ツィラはその後、OSEが運営するリモージュの児童養護施設（フランスでは「プポニエール」と呼ばれた）に預けられた。だが一九四二年一一月、いまだナチスに直接占領支配されていなかったフランスの南部地域もナチスの手に落ち、OSEが養護施設を閉鎖せざるを得なくなると、ツィラはひそかに田舎へ連れていかれ、一八歳のフランス人少女とともに潜伏生活に入った。戦争末期には、アンドル県ウルシュのアパール家にかくまわれ、セシル・アパールという偽名を与えられた。[2]しかし間もなくフランスが解放されると、再びOSEの養護施設に入ることになり、まずはモンタンタンの施設に、次いで一九四五年八月にはドラヴェイユの施設に預けられた。ツィラはそこで兄のエリックと再会を果たしたが、兄のことなど覚えてもいなかった。当時五歳だった彼女は、すでに七つの「家」での暮らしを経験していた。自分の生まれた家、収容所、二つのホストファミリーの家、三つの保護施設である。戦争が終わり、解放の瞬間が訪れては去っていったが、ツィラの寄る辺のない生活に終わりは見えなかった。頼るべき人や居場所が絶えず変わる、それが彼女の知っている唯一の生活だった[3]。

一九八七年、精神分析学者のジュディス・ケステンバーグがツィラにインタビューしている。そのときツィラは、すでに四七歳だったにもかかわらず、いまだに自分の幼少期の意味を理解できないでいた。戦争が終わっても、それですべてが終わるわけではなかった。むしろそれは、ばらばらだったそれまでの人生の物語をつなぎ合わせようとする苦闘に費やされた数十年間の始まりに過ぎなかった。彼女には、断片的なわずかばかりの情報しかなく、助けてくれる家族もいなければ、取り戻すべき戦前の生活もなかったからだ。

ケステンバーグ：自分の居場所はありますか？

ツィラ：どこにもない。そう、居場所がどこにもないの。（中略）生き残った人のなかでも、ある程度年長の子どもたちには、過去がある。戦争前の生活がね。まずは普通の生活があって、それからあの怖ろしい中断があった。だから、そういう子どもは、程度の差はあれ、元どおりの生活を続けられた。家庭とか宗教とか……そういうものを土台にした普通の生活があったから。でも私には、そういう普通がなかった。（中略）戦争が終わっても、戻るべきところがなかった[4]。

ヨーロッパ大陸での戦争が終わると、生き残った幼い子どもたちの心のなかで新たな闘いが始まった。大人でなくても、年長の子どもや思春期の子どもには、戦前の生活や戦前のアイデンティティの記憶がある。戦後にそのアイデンティティを再び手に入れることができず、放棄してしまわなければならない場合もあったかもしれないが、少なくともかつてはアイデンティティを持っていた。同じように生き残ったとしても、まだ幼い子どもの経験と、思春期の若者や大人の経験とのあいだには、決定的な違いがある。幼い子どもたちには、思い出せるような戦前の自己がない。再び身につけるにせよ手放すにせよ、振り返るべき戦前のアイデンティティがない。そのため彼らにとって戦時中は、狂気と混乱の時代というより、単に幼少期を過ごした時代でしかなかった。一般的に子どもは、例外を普通と受け止める能力に長けている。比較すべきほかの生活を知らなければ、迫害や追及を受けたとしても、それに危険や不安を感じて混乱することはない。子どもたちが本当の意味で混乱や衝撃に見舞われたのは、戦時中ではなく、戦争が終わってからだった。

「解放」は心に暗い影を落とした。大変な不安（心身、金銭、居場所、生活に関する不安）に苛《さいな》まれ、計り知れない喪失感に初めて直面した。子どもたちは、ツィラのようにようやく幼児期を過ぎたばかりの子でさえ、根本からアイデンティティをつくり直さなければならない状況に陥ったが、大人たちにはそれを手助けする手段がほとんどなかった。生き残った親や親類、支援機関の養護スタッフなど、戦後に子どもの世話を担った大人たちは、子どものアイデンティティを「再構築」してやりたいと思っていた。だが、かつての生活の記憶がまったくない子どもの場合、戦前の本来の自己を取り戻させようとしても何の意味もなかった。それに、そもそも子どもたちがこうして生き残ることができたのは、自分の出自や母国語、名前を意図的に偽り、自分がユダヤ人であることを隠しとおしてきたからだった。戦時中は、新たな氏名やアイデンティティが自分の生活を構成する重要な要素となった。それは、自分は何者なのか、自分の居場所はどこなのか、日常生活とはどんなものかといった思考にも多大な影響を及ぼした。だが終戦により、こうして築きあげてきたものが一気にひっくり返ってしまった。

戦時中は、大人が子どもの身を守ろうとする場合も、子どもが自分の身を守ろうとする場合も、その場その場で最良の選択をする場合が圧倒的に多かった。一日、一週間、一カ月単位で生きていくための判断を下していたのは、はるか先の未来まで見通せなかったからだ。そのため、生き残った人々は戦後、近い将来や遠い将来の準備を始めなければならなくなったが、未来はすでに崩壊していた。もはや自分に未来があるとは思えなかった。大人も子どもも、何カ月も何年も前から、自分が生まれたコミュニティから切り離されている。ほとんどの家族が分断の憂《う》き目にあい、殺害を免《まぬか》れたユダヤ人コミュニティなど皆無に等しかった。家屋などの財産はなくなり、その返還を求めることもできなかった。最愛の家族は二度と戻ってこないという現実を完全に受け入れられるようになるまでには、数年どころか数十年の歳月がかかるかもしれない。そんなとても前には進めそうにない状態でありながら、生き残った人々は戦後、さまざまな決断を迫られた。物的な手段も精神的な力もないまま、生活を前に進めていく方法を考えなければならなかった[5]。

本書は、ホロコーストを生き延びた子どもたちの「戦後」の生活をテーマにしているが、彼らが戦時中どのように生きてきたのか、なぜ生き残ってこられたのかを理解しなければ、戦後の心情や経験、判断を理解することはできない。子どもたちが多大な困難に直面しながらホロコーストをくぐり抜けてきた経験にはさまざまなパターンがあるが、ここでは、子どもたちの戦時体験に重要な影響を及ぼした四つの主要パターンを取り上げることにしよう。その四つとは、潜伏、中立国や連合国の領土への逃亡、ゲットー（ユダヤ人隔離地区）や通過収容所（絶滅収容所・強制収容所に移送されるまでの一時収容を目的とする収容所）での生活、強制収容所での生活である。もちろん、これら四種の経験はそれぞれまったく異なるが（これらの区別は明確ではなく、複数パターンを経験している子どもも多い）、その後子どもたちがたどった心の道程は驚くほど似通っている。ホロコーストを経験した子どもにとって終戦は、不安に満ちた時代の始まりでもあった。その瞬間から彼らは、それまでの人生の意味を理解するのに苦労するようになった。戦時中のアイデンティティをすぐさま手放し、その代わりに新たなアイデンティティを「再建」するよう求められたため、戦時中の体験が自分の人生の物語にふさわしいものとは思えなくなってしまったからだ。大人が過去について子どもと話をするのを避け、子どもの質問に答えようとせず、何もかも忘れるよう促した場合には、子どもの記憶を支える社会的な枠組みはさらに破壊された。いったい私たちは、自分の出自を知らないまま自分の人生について語ることができるだろうか？「解放」の瞬間、ホロコーストを生き延びた子どもたちのそれまでの人生の物語は粉々に砕け散った。そのときから、それをまた元の形につなぎ合わせようとする営みが始まった。なかには、それに数十年を費やした人もいる。

*

序章で紹介したフェリーツェ・Zは、一九三九年一〇月、ドイツのバーデン地方にあるヴァルデュルンという小村で生まれた。そして一九四〇年一〇月、ツィラ・Cと同じように、バーデン地方やプファルツ地方に暮らすほかのユダヤ人とともに、ギュール収容所に入れられた。ちょうど一歳の誕生日を迎えたばかりのころである。[6] だが一九四一年初め、フェリーツェの両親であるダーフィト&リディア夫妻のもとに、OSEの会員が訪ねてきた。フェリーツェと姉のベアーテを解放してOSEの保護下に置くことに両親が同意すると、やがてフェリーツェは救出され、ツィラと同じリモージュの養護施設に連れていかれた。[7] だが間もなく養護施設が閉鎖されたため、フェリーツェは姉と別れ、ヴァンドゥーヴルに近いラ・カイヨディエールという村の小さな家で農業を営んでいるガストン&ジュリエット・パトゥー夫妻に預けられた。それから数十年後、フェリーツェは当時をこう回想している。
奥さんはとても素朴な人だった。私が預けられた当時は六〇代だったと思う。とても優しくて世話好きで。旦那さんもそう。二人とも、私の世話にしか興味がないという感じだった。でも、私の命を救ってくれたのは奥さんのほうかな。奥さんはいつも逃げる用意をしていた。宝飾品類は全部、土のなかに埋めて隠していた。夜寝るときも寝間着には着替えず、いつもスリップを身につけていた。(ユダヤ人の子どもを保護するのが)どんなに危険か知っていたんでしょうね。私は、奥さんがお母さんなのだと思い込んでいて、「おばあちゃん」なんて呼んでいた。ほかの人と親密な関係を結んだのは、あれが初めて。だから二人をとても慕っていた。心からね。[8]

フェリーツェは家族から引き離されていたとはいえ、パトゥー家という愛情に満ちた安全な環境で戦時中を過ごした。幼いうちに両親と別れたため、両親のことはまったく覚えていなかった。パトゥー家と血のつながりがないことも、ユダヤ人であることも、姉がいることも、かくまわれていることも知らなかった。彼女の最初の記憶は、戦時中にパトゥー家で暮らしていたころのものだが、穏やかで喜びにあふれていた。だが終戦により、そんな生活が一変した。

一九四四年夏、連合軍の上陸によりフランスでの戦争が終わると、フランス国内でかくまわれていた何千人ものユダヤ人の子どもが、潜伏先から姿を現した。フェリーツェは、まるで覚えていない姉との再会を果たしたときの衝撃的な経験をこう述べている。「その少女が、なしを手に持って歩道をこちらへやって来るのが見えたんだけど、その容姿が好きになれなかった。私にそっくりだったから。姉がいるなんて知らなかった」。姉と再会しても、自分がどこの誰の子なのかわからなくなってしまっただけで、うれしいどころか混乱する一方だった。こうして、フェリーツェにとっては戦時中よりもはるかに居心地の悪い生活が始まった。突然姉と再会した直後に、パトゥー家から引き離されたのだ。

> 別れなければならないとOSEの人から言われても、訳がわからなかった。何の説明もなかった。ただ、「(パトゥー夫妻は) ユダヤ人ではないから一緒にはいられない。ユダヤ人としての暮らしを始めないと」と言われただけのような気がする。ユダヤ人としての暮らしがどんなものかまるでわからなかったけど、どうすることもできなかった。ただ別れるしかなくて、とてもつらかった。戦争が終わったのに、別れなければならないなんてね。[9]

フェリーツェはパトゥー家で暮らしていた時期もずっと、OSEの保護下にあった。OSEの方針では、戦争が終わったら、かくまっていた子どもを速やかにユダヤ人の生活環境に戻すことになっていた。そのためフェリーツェとベアーテは、まずはドラヴェイユの施設（ツィラやその兄エリックが預けられたのと同じ施設）に、次いでタヴェルニーの施設に移された。いずれもOSEが運営する児童養護施設である。フェリーツェは結局この境遇を受け入れたが、「あの夫婦との別れは本当にショックで、立ち直るまでにずいぶん時間がかかった」という。「(戦後の) 二年間のことは記憶がない。あの夫婦との別れはそれほど辛かった」[10]

潜伏する場合、子どもは片親か両親、あるいはきょうだいと一緒にかくまわれることもあったが、一人でかくまわれるケースがほとんどだった。[11] ゲットーや収容所からひそかに連れ出されるか、逃亡しようとしている親によってホストファミリーに直接預けられるのである。[12] ホストファミリーには、知り合いの家族もいれば、まったくの他人もいた。報酬と引き換えに子どもをかくまう家もあれば、金銭のためではないが純粋に利他的とも言いがたい理由でユダヤ人の子どもを受け入れる家もあった。独身の女性（独身の男性という場合もある）、子どものいない夫婦など、さまざまな社会階層の人が子どもの受け入れに協力しているが、都会の裕福な家庭よりも田舎の農家に預けられることが多かった。辺鄙《へんぴ》な田舎のほうが、見つかる可能性が少なかったからだ。また、修道院などの施設でかくまわれることもあった[13]。

当然予想されるとおり、潜伏先での子どもの生活は、このうえなく好ましいものから、嫌になるほどひどいものまでさまざまだった。潜伏しているあいだは、身体的・精神的・性的虐待を受けやすい立場にあったが、子どもたちがもっとも強く感じていたのは、恐怖と孤独だった。子どもたちは、戦時下のホストファミリー（あるいは親や兄や姉が一緒にいた場合にはこうした身内）が感じていた恐怖や不安に感化され、外に出ない、物音を立てない、屋根裏部屋や地下室に閉じこもる、といったことを心がけていた。そのほか、寒さや飢え、孤独を経験した子どもも多い。とりわけ孤独は、ときに耐えられないほどの苦しみをもたらした。幼い子どもが言語能力や認知能力を発達させていくためには、社会との接触が必要になる。その大切な時期に、起きているあいだのほとんどを一人で過ごさなければならなかった。

だが潜伏期間中は、こうした隔離や孤独を経験していたとはいえ、比較的安定した安全な時期でもあった。多くの子どもがのちに、生活が混乱に陥ったのは戦時中ではなく終戦直後の時期だったと回想しているのはそのためだ。なかには、何年もホストファミリーの世話になり、そこの家族と深い絆を結んでいた子もいる。実際、相当数の子どもがのちに、記憶のなかで親と言えるのはホストファミリーだけだと述べている。だが戦争が終わり、ナチスやその協力者からユダヤ人を保護する必要がなくなると、ホストファミリーの必要性もなくなった。もちろん、戦後もホストファミリーと暮らし続けた子もいないわけではない。[14] しかしほとんどの子は、これまで慣れ親しんできた家庭から(ときには強引に)引き離され、ほとんど記憶にない親や親戚のもとに返された(もはや共通の言語で話ができない場合も多かった)。引き取り手が見つからない場合には、ユダヤ人養護施設に預けられた。子どもたちはその瞬間に、潜伏期間中の穏やかな日常生活から離れ、不安に満ちた新たな世界へ投げ込まれた。戦時中はオランダに潜伏していたというモーリッツ・Cは四〇年後、歴史家のデボラ・ドワークとのインタビューでこう述べている。

戦時中はまだ幼く、日々の暮らしだけで精一杯だった。戦争の影響をもろに感じたのは、むしろ戦争が終わったあとだ。私のなかで闘いが始まったのは、一九四〇年ではなく一九四五年なんだ。父も母も兄ももう戻ってはこないと知ったときに、その闘いは始まった。[15]

*

ヨーロッパの中立国(主にスイスだが、スペインやポルトガル、スウェーデンという場合もある)やソ連に逃れて戦争を生き延びたというユダヤ人の子どもも、割合は少ないながら相当数存在する。戦時中のユダヤ人難民にとって、フランコ政権下のスペインの国境は穴だらけだったが、スペイン政府は永住許可証の発行を拒否していた。そのため、一〇万人以上のユダヤ人難民がスペインに入国したが、その大半はすぐさま、そこからさらに移動することを余儀なくされた。[16] 一部はそのまま、長期の滞在を認めていたポルトガルへ向かった。キリスト友会(クエーカー)の組織である〈アメリカ・フレンズ奉仕団〉などが、ヴィシー政権下のフランスからスペインやポルトガルへユダヤ人の子どもを連れ出し、アメリカへ逃がす取り組みを行っていたが、こうして戦時ヨーロッパから救出された子どもは二〇〇人ほどに過ぎない。[17] それに、スペインやポルトガルは、容易に到達できるところではなかった。難民は一般的に、ピレネー山脈を越えるルートで入国する。そのため、スペインへの逃亡という選択肢は、すでにフランスの自由地域にいる人たちしか利用できなかった。スウェーデンも、たやすく到達できないという点では同じだった。この国は、ノルウェーやデンマークのユダヤ人救出を支援していたように、戦時中に救出を積極的に推進する政策を掲げていた唯一の中立国だった。だが、スカンジナヴィア地方のわずかばかりのユダヤ人コミュニティ以外で暮らすユダヤ人にしてみれば、そこへたどり着くのはほぼ不可能だった。[18] そのためポーランドでは、一九四一年の春から夏にかけて東部戦線で戦闘が始まると、数万人のユダヤ人がソ連領に逃げ込んだ。ところがロシアは安息の地ではなかった。ユダヤ人難民はそのままシベリアや中央アジアに連れていかれ、そこで栄養失調や飢え、チフスなどの疫病に苦しめられた。戦後、ユダヤ人の子どもおよそ三万人がロシアから帰還したが、その地でどれだけの子どもが死んだのかは明らかになっていない。[19]

中立国へ逃れて生き延びようとする子どもにとって、もっとも重要な逃亡先となったのがスイスである。だがスイスも、決して安息の地というわけではなかった。スイス政府は、ユダヤ人難民の支援にほとんど関心を示さなかった（これには子どもも含まれる）。戦争初期には、ユダヤ人の子どもをスイスに入国させようとする諸機関からの提案をことごとく拒否している。実際、一九四二年の秋以降、スイス赤十字社がヴィシー政権下のフランスで運営していた児童養護施設が危機に瀕しても、児童救援の請願を無視した。そのためユダヤ人の子どもたちの大半は、スイスへ密入国するしかなかった。一九三九年九月から一九四五年五月までのあいだに、ユダヤ人および非ユダヤ人の民間人五万一一二九人が、主にイタリアやフランスから正式なビザを持たずにスイスに入国した。そのうちの一万人以上が子どもである。[20]

国境を越えるには多くの危険を伴った。スイスの警察もナチス（やその同盟国）の警察も国境を見張っていた。実際、二万四五〇〇人もの難民が拘束されて入国を拒否され、たいていはドイツ警察に引き渡された。そして、パリの近くにあるドランシーなどの通過収容所に抑留され、その後東ヨーロッパにあるアウシュヴィッツなどの収容所に移送された。密入国に成功するかどうかは、さまざまな要素に左右される。たとえば、越境を手引きしてくれる人がいれば、成功する確率は高まる。現地の状況に精通し、山道をガイドしてくれる人間である。だが、こうした現地の助けを借りる際には常に、窃盗や脅迫にあうおそれ、あるいは途中で見捨てられる危険があった。また、スイス当局は国境沿いに幅一二キロメートルにわたる警戒区域を設けており、そこで捕まればドイツに引き渡されてしまう。しかし一九四三年以降、難民に関する規制が緩められ、国境越えに成功した一六歳未満の子どもに関しては、「緊急危難事態」と認定されるようになった。つまり、入国を拒否しないということだ。そこでOSEなどの救援機関が一九四三年春から、子どもたちをフランスからスイスへ密入国させる取り組みを始めた。OSEの緻密な逃亡ネットワークの手を借り、スイスに入国した子どもはおよそ二〇〇〇人に上る。だがこれは、子どもだけでなく救援者側にとっても危険な行為だった。ちなみに、この救助ネットワークを主に運営していたのは、勇敢な若者（主に女性）たちである。彼らは何度も命を危険にさらしながら、アルプス山脈を越えて子どもたちをスイスに連れていった。一九四三年五月には、フランス・アルプス地方のアヌマッス付近で、ユダヤ人の子どもたちを手引きしていた二一歳の女性マリアンヌ・コーンが逮捕され、ゲスターポに拘束されたのち、ショベルで撲《ぼく》殺《さつ》された。彼女の遺体はフランス解放後、救助ネットワークの仲間により発見された。[21]

ＯＳＥに連れられてこられた子どもは一人で入国したが、親やほかの親類と一緒にスイスにやって来る子もいた。だが家族の場合、密入国後にスイス滞在を許可されても、一緒に暮らすことは認められず、長いあいだあちこちの収容所を転々とさせられた。彼らはまず、警察が運営する国境近くの集合センターに収容され、そこで次の行き先を決められた。その過程で、家族は徹底的に分断された。父親は労働収容所に送られ、母親は個人の家庭で家政婦として働くよう命じられ、子どもはスイスの里親のもとに預けられた[22]。子どもを親から引き離すよう推奨していたのは、スイス当局ばかりではない。ユダヤ人難民の子どもを支援していた主要組織であるスイス移住児童救援委員会（ＳＨＥＫ）でさえ、収容所で親や親類と一緒にいるより、里親のもとで「普通」の生活をさせたほうが子どものためになると信じていた[23]。

セシル・Ｈもそんな子どもの一人だった。彼女は一九三七年一一月にブリュッセルで生まれた。両親は、一九二〇年代にベルギーに移住した東ヨーロッパ系の夫婦である。セシルは幼少時代をアントウェルペンで過ごした。一九四〇年五月、ナチスがベルギーに侵攻すると、一家はフランス経由でイギリスに渡ろうとしたが、途中でどうすればいいかわからなくなって断念し、アントウェルペンの自宅に戻ってきた。セシルの記憶によれば、そのころの両親はひどくぴりぴりしており、拘束されるのを避けるため夜間は地下室に隠れていたという。だが一九四二年、父親が外で拘束され、メヘレン〔仏名マリーヌ〕の通過収容所に入れられた。父親はその後アウシュヴィッツへ、さらには強制労働収容所へと移送されることになる。そんな事件があると、セシルと母親は家を離れるのが怖くなり、「このうえなく緊迫した」雰囲気のなか、家でじっとしていた。セシルは、怯える母親と始終顔を突き合わせていなければならない状態に疲れ、いつも寝ていたらしい。だがそれから間もないある日、おじの家の小間使いが夜中にトラックに乗ってやって来た。セシルらに好意を寄せていたこの若い女性は、恋人の男性とともに、セシルと母親を逃亡させる計画を立てていた。二人はそのまま、ボームにあるその男性の両親のじゃがいも農場に連れていかれ、そこに一年半のあいだ潜伏した。農場の一家は思いやりにあふれ、優しく接してくれたそうだが、一九四四年になると、二人の存在により農場の一家が危険にさらされかねない状況に陥った。そこで農場の女主人がベルギーの地下組織に連絡をとり、セシルと母親の新たな潜伏先を探してもらった[24]。

ベルギーのレジスタンス組織〈白い旅団〉は、スイスの難民政策にあった「緊急危難事態」という抜け穴を最大限活用し、一九四四年の二月から三月にかけて、ベルギーのユダヤ人グループをいくつもフランス経由でスイスに密入国させた。そのなかに、セシルとその母親もいた。同組織は、スイス当局のその抜け穴を利用する綿密な方法を考案していた。その方法とは、偽装家族である。子どものいない大人はほかの家族から子どもを「借り」、子どものいる親は子どもの誕生日を偽り、独身の男性と妊婦は夫婦のふりをする[25]。セシルの記憶によると、国境越えの際にこうした偽装をしたことは覚えているが、子どもだったのでその理由までは理解できなかったという。「三〇人ぐらいが国境を越えようとしており、私たちは父親役の男性と一緒にされた。（中略）私がその男の人に、『あなたは私のお父さんじゃないから、パパなんて呼べない』と言ってばかりいると、その人から『ふりをするだけだ』と言われた[26]」。結局セシルと母親は、そのグループのほかの人たちと同じように、偽の身分証明書でスイスに入国した。その身分証明書では、母親は「エステル・ライスラー」、セシルは「セシル・ライスラー」となっていた。スイス警察の記録によれば、この偽名はしばらくは露見しなかったようだ。だが、入国から二カ月後、憲兵が〈白い旅団〉の活動について包括的な調査を始めた[27]。

セシルと母親はまず国境地帯の収容所に連れていかれ、そこに一カ月ほど滞在したのち、別の収容所に送られ、スイス当局が二人の処遇を決定するまでさらに一カ月そこに滞在した。だがそのころ、

〈白い旅団〉に関する調査により偽の身分証明書が大量に使用されていたことが明らかになり、スイス警察はベルギーからの難民を捕虜収容所に抑留する措置を取った。セシルの母親はジュネーヴ郊外の収容所、セシルはそこから二五〇キロメートル以上離れたアールガウ州のブレムガルテン収容所である。[28] セシルはその後、フォアデムヴァルトという僻村《へきそん》に暮らす里親のもとに預けられた。「ある日、全員が一列に並ばされると、スイス赤十字社の人が入ってきて、私たちの髪にブラシをかけてくれた。そのあと、老夫婦が私のそばにやって来て、『この子にする』と告げたの」。一九四四年八月のことである。セシルには、この夫婦の家に行く以外の選択肢がなかった。のちに当時のことをこう回想している。「(里親の父親のほうは) とても嫌な人だった。(中略) 母親のほうは大好きだったから、素直に『ママ』と呼べた。でも父親のほうは、『パパ』と呼んでほしかったみたいだけど、どうしても呼べなかった。あの人はどうにも好きになれなかった」。当時六歳だったセシルは、この父親がいじめを楽しんでいるらしいことにすぐ気づいた。

あの父親には何度もひどい目にあわされた。いちばん怖かったのは、森のなかへ置き去りにされたとき。まわりはどんどん暗くなっていくし、オオカミみたいな動物の声も聞こえる。でも、森で仕事をしている人がたまたま見つけてくれた。その人は「悪い子だな。パパが探してるよ」と言ったけど、家に戻ると父親から、妻に告げ口したら首をはねてやると脅《おど》された。

その父親はある日突然、本人に何の断りもなく赤十字社にセシルを返している。[29] セシルはその後、ほかの家族に預けられた。最初に紹介されたときに「相手を蹴って泣き叫んだ」にもかかわらず、とても親切にしてくれたという。そのころになると、戦争はもう終わりに近づいていた。セシルの母親が捕虜収容所から解放されると、一九四五年七月に二人そろってスイスを離れた。だが、当時七歳だったセシルは終戦を機に、家族という戦場で新たな闘いに直面することになった。問題は、家族という親密圏〔愛などの情感的結合を基礎に結びついた人間関係から成る領域〕のなかでも、親と子がこの五年間に経験してきたことを話し合えない点にあった。セシルの父親は強制収容所での抑留に耐え、終戦まで生きていたが、再会してみると「体重が三八・五キログラムしかなく、栄養失調や殴打のせいで肺にいくつも穴が開いていた」という。セシルはスイスのドイツ語しか話せなかったため、二人のあいだには共通の言語もない。セシルが父親の衝撃的な戦争体験に直面すればするほど、戦争により二人のあいだに生まれた溝は広がる一方だった。

> 父は解放されたとき、このまま帰っても誰も自分の言うことを信じてくれないんじゃないかと思い、兵舎や親衛隊のロッカーで写真を見つけると、それを何枚か持ってきた。その写真は、自宅の戸棚のいちばん上に隠してあったんだけど、私がたまたま見つけて、全部床に並べてながめたの。あの写真は死ぬまで忘れないと思う。本当にひどかった。塹壕《ざんごう》、半分焼けた死体、火葬用のまきの山、ばらばらになった体、焦《こ》げた手や足、ただただ最悪としか言いようがない。父も、私が写真を見たのを知っていたみたい。それから私が悪夢にうなされるようになると、全部燃やしてしまって、「この話は二度としない」と言ってきたから。戦後しばらくは、家族にとって本当につらい時期だった。[30]

戦後生き残った親のもとへ帰った子どもたちの多くに言えることだが、セシルはそれまでたった一人でさまざまな経験をしてきた。だが戦後再開された家庭には、自分の戦争体験を話し合える場も、親の戦争体験について尋ねられる雰囲気もなかった。両親は過去にふたをしようとした。だがセシルは、執拗に湧き上がる重苦しい疑問に苦しめられ、再開された家庭でも安心感を得られなかった。

＊

信じられないと思われそうだが、幼い子どもから見れば、ナチスの収容所での日常生活は比較的安定していたのかもしれない。テレージエンシュタットのゲットー兼収容所では、特にそれがあてはまる。ただしその運営は、ナチスのほかの収容所とは著しく異なる方針を採用していた。序章で紹介したリッツィ・Sは三歳のときに、当時五歳だった兄のヘルシェルや両親とともにテレージエンシュタットに入れられた。そこで彼女は生き延び、兄は命を落としたが、当時はそのことを知らなかったらしい。収容所の記憶は「イメージや印象ばかり」だというが、到着時の様子をこう回想している。

そこに到着すると部屋へ案内された。「木」でできてるんだと思ったことはいまでも覚えている。手にとげが刺さりそうな木だった。それから厳しそうな女の人の挨拶があり、なかに入るよう命令された。私は泣き出さないよう必死にこらえた。言われたとおりにしないといけないと思った。（中略）そこが何なのか、私たちがどこにいるのか、何をすることになるのか、何もわからなかった。ただそこにいる。わかっているのはそれだけだった。[31]

序章で紹介したデニー・Mも、二歳のときにテレージエンシュタットに連れてこられた。リッツィ同様、収容所時代の記憶は「ごちゃごちゃしていて、ほとんど意味のわからないものばかり」だというが、こうも述べている。「大勢の子どもや保護者たちとグループで生活していた。大きな部屋がいくつもあり、寝台がたくさんあった。私もほかの子どもたちと一緒にそんな部屋にいた」[32]

テレージエンシュタットは、ナチスのほかの収容所とは性質を異にしていた。歴史家のタラ・ザーラによれば、そこは「ナチス支配下のヨーロッパのゲットーでは、もっとも野心的な児童福祉政策が行われていた場所」であり、その政策は多くの指標でかなりの成功を収めていたという。この施設は、テレジーンというボヘミアの町に建設された。一九四一年末、プラハの北にあったかつての要塞都市を接収して住民を追い払い、テレージエンシュタットというゲットー兼収容所としたのだ。国家保安本部長官〔ナチス親衛隊大将〕ラインハルト・ハイドリヒは、このテレージエンシュタットを利用し、ドイツ保護領ボヘミア・モラヴィア〔ナチ・ドイツの支配するチェコ〕からユダヤ人を一掃しようと計画していた。そのため当初は、ユダヤ人や政治犯の一時収容施設、つまり東ヨーロッパの絶滅収容所〔ユダヤ人やロマの民族絶滅を目的とする殺戮《さつりく》のための収容所〕へ連れていくための通過点に過ぎないと考えられていた。だが間もなくこの収容所は、もう一つの特別な役割を担うようになった。ヨーロッパのユダヤ人の大量虐殺を隠蔽する偽装工作の拠点としての役割である。ハイドリヒは、この収容所をうまく利用すれば、収容したユダヤ人の待遇に関する批判を抑えられるのではないかと考えた。そこで注目したのが、東ヨーロッパへ強制労働に送り出すこともできそうにない高齢のユダヤ人である。一九四一年一一月には最初のチェコ系ユダヤ人が到着し、一九四二年秋までに、ドイツ系、チェコ系、オーストリア系ユダヤ人およそ四万三〇〇〇人がテレージエンシュタットに移送されてきた。その大半が高齢者である[33]。ナチス当局は、この収容所を保養地と呼び、高齢のユダヤ人は全財産を差し出せば、そこで平穏な余生を過ごせると宣伝した。だが一九四二年一二月になっても、連合国一二カ国はユダヤ人に対するナチスの待遇に抗議を続けた。それさえなければ、こうした偽装工作は短期間で終わっていたかもしれない。ナチスの指導者は、こうした批判を抑えようと躍起になった。一九四三年春には、外部の世界に「模範的なゲットー」を示そうと、テレージエンシュタットを「美化」するキャンペーンを始めた。このキャンペーンは、赤十字社の代表団が視察にやって来た一九四四年六月にピークを迎えた。デニー・Mら、テレージエンシュタットから生還した子どもたちの記憶によれば、当時は天気がいいと中庭で裸になり、円を描くように散歩をさせられていたという。つまり彼らは、知らず知らずのうちに収容所「美化」プロジェクトに参加させられていた。視察時にいかにも健康そうに見えるように、日光浴をさせられていたのだ。[34]

言うまでもなく、この美化プロジェクトは表面的なものでしかなかった。テレージエンシュタットの被収容者たちは、一九四二年一月からはSS〔親衛隊〕アインザッツグルッペン〔行動部隊〕の銃殺隊のもとへ、同年七月からは東ヨーロッパの絶滅収容所にあるガス室へ直接送られるようになった。テレージエンシュタットへの移送が始まってから一九四五年五月の解放までのあいだに、一四万一一八四人がそこへ収容されたが、そのうちの八万八二〇八人はその後さらにアウシュヴィッツ＝ビルケナウ収容所〔アウシュヴィッツには収容所が三つあり、その第二収容所がビルケナウにあった〕へ移送され、その大半がそこへ到着後ただちに殺害された。病気や栄養失調のため、テレージエンシュタットで死亡した者も、三万三四五六人ほどいる〔ほとんどが高齢者〕。解放時にテレージエンシュタットで生き残っていた被収容者は一万六八三二人だった。

テレージエンシュタットが「模範的」収容所だったという主張は嘘でしかない。だがキャンペーンのため親衛隊がこの収容所に資金を投じたおかげで、ドイツ人指揮官からユダヤ人長老〔議長〕に指名されていたヤーコブ・エーデルシュタインを中心とするユダヤ人評議会は、児童の福祉を充実させることが可能になった。収容所内のユダヤ人評議会は児童福祉部を設立し、子どもが優先的に配給を受けられるようにした（子どもになるべく食べ物がいきわたるように、収容所内の高齢者が少食に耐えた）。また、子どもが移送リストから除外されるよう働きかけたりもした（それでも、東部絶滅収容所への子どもの移送を止められない場合が多かった）。だがそれ以上に重要なのは、収容所内に〈子どもの家〉という独自の施設を設けたことだ。そこには四歳以上の子どもが入れられ、収容所内にはびこっていた飢えや病気にさほど苦しむことのない生活を送ることができた。そのほか、親がいない四歳未満の子どもでも比較的安全に暮らせる〈幼児の家〉もあった。収容所内の子どもの数は時期により異なるが、一五歳未満の子どもはだいたい二七〇〇人から三八七五人ほどおり、そのおよそ半数が〈子どもの家〉で暮らしていた[35]。

だが、一九四四年の九月から一〇月にかけて〈子どもの家〉は閉鎖され、その住民の大半がアウシュヴィッツ＝ビルケナウ収容所のガス室に送られた。この集団移送後、テレージエンシュタットに残った子どもは八一九人だけになったが、間もなくほかの収容所から大勢の子どもが続々と送られてきた。解放の三週間前にあたる一九四五年四月には、ベルゲン・ベルゼン強制収容所やダハウ強制収容所から三〇〇人の子どもが到着し、発疹《はっしん》チフスを持ち込んだ[36]。そのころになると、いまだドイツの支配下にある収容所はわずかしかなく、テレージエンシュタットはあっという間に、ほかの収容所から「死の行進」で連行されてきた被収容者の滞留場と化した。四月末までに到着した被収容者は、およそ一万五〇〇〇人に及ぶ。五月四日、チフスの蔓延《まんえん》を食い止めようとチェコの医療団が収容所に入ると、そこにはまだドイツの軍隊がいたが、翌日には親衛隊の最後の一人も、所長のカール・ラームとともに姿を消した[37]。こうしてテレージエンシュタットは解放された。この収容所を経験した子ども一万二〇〇〇人のうち、解放されたのは一六〇〇人のみであり、東ヨーロッパに移送された一五歳未満の子ども数千人のうち、生き残ったのはわずか一四二人だけだった[38]。それでも、テレージエンシュタットから生還した子どもの話によると、戦争体験のなかで最大の混乱を経験したのは、騒然たる収容所で過ごした最後の数カ月ではなく、解放直後だったという。

ペーター・Bは、母親ともどもテレージエンシュタットから生還した数少ない子どもの一人である。ペーターは一九三六年七月にベルリンで生まれた。だが間もなく、ナチスの反ユダヤ政策により家族は分断を余儀なくされた。父親は一九三八年、ペーターが二歳のときに上海に亡命した。母親は、毎日働きに行かなければ生きていけないため、ベルリンのアパートにペーターを一人残して働きに出た。一九四三年、七歳になったペーターが一人で家にいると、ゲスターポがドアをノックした。ペーターは、物音一つしないアパートでゲスターポの隊員と一緒に座って母親の帰宅を待った。そして帰ってきた母親ともども身柄を拘束され、一緒にテレージエンシュタットへ送られると、そこで母親から引き離され、〈子どもの家〉に預けられた。ペーターは当時をこう回想する。「一週おきか毎週だったたか、週末に母に会った。会っても何もないんだけどね。そのせいか、あそこで何度も母に会った覚えがない。（中略）ほとんど一人だった」[39]。リッツィやデニーら、テレージエンシュタットから生還したほかの子どもたち同様、ペーターもまた、収容所での日常生活についてはあいまいな記憶しかない。この少年の心に深く刻み込まれているのもやはり、戦時中の記憶ではなく、終戦時の記憶だった。ペーターは、収容所が解放され状況が激変した瞬間の異様な光景を目撃している。

ある晩、ふと目を覚ました。収容所を離れる数日前のことかな。真夜中だったけど、外で騒がしい物音がした。窓から外を見ると、生き残った人たちが二〇人か二五人ぐらいたき火を囲んでいた。みな手にピッチフォークや棒やほうきを持って、ドイツの兵士を火のなかに押し込もうとしていた。逃げそこなった不運な兵士だよ。兵士は必死に火から逃げようとするんだけど、そのたびに押し戻され、やがて火のなかに倒れて息絶えた。収容所に別れを告げるときには、そんなことがあった[40]。

ペーターは母親とともに解放された（当時母親には新たな夫がいた。終戦間際にブーヘンヴァルト強制収容所からやって来た男である）。それでも、心もとない立場にあることに変わりはなかった。家族には、行くべき場所もなければ、あてにできる資金もなかった。とりあえずベルリンに戻り、ごみをあさって飢えをしのいだ。「生きるのに必死だった。アメリカの兵士のあとをついてまわり、兵士がたばこの吸い殻を捨てると、それを拾い集めて家に持って帰った。あと、わずかばかりの食料もね」。兵士がコーヒーをいれると、「ごみ箱にコーヒーの出し殻を捨てるだろ。だから、すぐにごみ箱に走っていって、まだほかのごみに触れていないところを慎重に、できるだけたくさんすくい取って持って帰った。びっくりするかもしれないけど、うちの家族はその出し殻で四回も五回もコーヒーをいれていた」。仕事も財産もなかった一家はやがて、アメリカへの移住を夢見てデッゲンドルフの難民キャンプに入った。だがそこでペーターは、テレージエンシュタットでも経験したことがないような暴力を毎日のように受けた。反ユダヤ主義的な暴力行為である。

母は私をキャンプの外の学校に入れたけど、母が何を思ってそうしたのかはわからない。私がキャンプから来ていること、私がユダヤ人であることを学校のみんなが知るのに一〇分もかからなかったよ。それからどうなったと思う？　その学校に通っていた六、七カ月のあいだ、これまでの人生で経験したことがないような反ユダヤ主義を経験した。一日に三度はけんかをしていたかな。一対一なんかじゃない、五対一だ。いつも服を破かれて、鼻血を出したまま家に帰った。

あそこが家と呼べるならね。母は見て見ぬふりをしていたよ。（中略）難民キャンプにいたころの記憶はそれしかない。あそこには二年半ほどいた。[41]

セシル同様、ペーターも戦後、家族とともに暮らす生活に戻ったが、再開された家庭生活は居心地のよいものではなく、安心できるものでさえなかった。戦後間もない時期には、収容所で目撃した暴力よりひどいのではないかと思えるほどの暴力を日常的に受けた。だが母親も継父もそれぞれの情緒不安に悩まされており、ペーターは混乱する記憶や疑問や不安を抱えたまま、自分の内にこもるしかなかった。

*

これまでに取り上げてきた子どもたちはみな、中央ヨーロッパか西ヨーロッパの出身であり、終戦までそこを出ることはなかった。ツィラとフェリーツェは、ドイツからフランスに移送された。セシルは、ベルギーからスイスへ逃げた。ペーターは、ドイツからチェコスロヴァキアに連れていかれた。驚くべきことではないかもしれないが、戦争を生き延びた子どもの割合は、東ヨーロッパより西ヨーロッパのほうが多い。その理由は、ヨーロッパの西と東では戦争や迫害のあり方が大きく異なった点にある。ヨーロッパ全体で見ると、戦争を生き延びたユダヤ人の子どもの割合はおよそ一一パーセントだが、ポーランドなどではこの数字が三パーセント近くまで下がる。というのは、ナチスも西ヨーロッパでは、ユダヤ人を抑留・迫害している実態をなるべくほかの住民に見せないようにしていたからだ。ギュールなどの通過収容所やテレージエンシュタットの「模範的ゲットー」が田舎に置かれていたのは、移送の風景が多くの目に触れて抗議の声が上がるのを避けるためだった[42]。一方、東ヨーロッパのゲットーはよく目につく場所にあった。ポーランドやバルト諸国、ソ連の占領地域では、ユダヤ人が大勢暮らしている都市部の中心にゲットーが設けられていた。東ヨーロッパでは占領軍という立場上、ユダヤ人から所持品を奪い、市民の目の届かない辺境の収容所に隔離するといった法的措置は必要なかったからだ。つまりナチスは、東ヨーロッパでは植民地的な占領政策を採用していたのである[43]。

東ヨーロッパのゲットーは、子どもには死のおそれのある危険な場所だった。とはいえ、ゲットーの住民が当初からそう思っていたわけではない。西ヨーロッパの通過収容所にいたユダヤ人とは違い、ワルシャワやウーチ、ヴィルノ（現在のヴィルニュス）、ラドムなどのゲットーにいたユダヤ人は、それまで住み慣れた場所で暮らしていた。多くは、以前自由に暮らしていた街に監禁されていたからだ。家族は一緒に住み、大人はゲットーのなかで働いていた。そのため子どもたちは、ゲットーを囲む壁の内側にも多少の自由はあると思えた。つまり戦争初期のゲットーでは、生活環境が混み合っていて食料が不足してはいたが、少なくとも住み慣れた都市部で、ある程度普通の生活を送ることができた。ところが、こうした状況は長くは続かなかった。一九四二年半ば以降になると親衛隊が、高齢者、慢性疾患の患者、幼い子どもなど、労働力にならず「役に立たない」住民をゲットーから駆逐する動きを加速させ、ゲットーから絶滅収容所への移送を頻繁に行うようになった。こうなると、まだ幼くて働けない子どもは、その場で姿を隠すか、ゲットーから逃亡し、「アーリア人」のあいだで危険な潜伏生活を送るほかない（実際、集団移送が始まると逃亡が頻発した）。ワルシャワのゲットーでは一九四二年七月二二日、子どもを含む「非生産的分子」を排除する集団移送が始まり、孤児院や病院、各家庭で一斉検束が行われた。この「大量移送」は九月まで続き、ゲットーにいた一〇歳未満の子ども五万一四五八人のうち、絶滅収容所への強制移送の波が一段落したあとに残っていたのは、わずか四九八人だけだった[44]。一方、ウーチのゲットーでは同月、ユダヤ人評議会議長ハイム・ルムコフスキが、自発的に子どもを親衛隊に引き渡すようゲットーの住民に要請している。そうすれば親衛隊がゲットーの住民一〇万人の保護を約束するという条件だったが、自発的に子どもを引き渡す者は一人もいなかった[45]。

　シビル・Hは一九四〇年一一月六日にクラクフで生まれたが、わずか一歳のときに両親やおばとともにラドムのゲットーに収容され、三歳になるまでそこにいた。ゲットーでは、母親のエステルは刺《し》繍《しゅう》工場で働いていたが、おばは幸運にも病院での仕事につけたため、睡眠薬を入手できた。これがのちに、シビルの命を守るのに重大な役割を果たすことになる。子どもがゲットーで生き延びるためには姿を隠すしかなかったが、元気な三歳児より睡眠状態にある三歳児のほうが隠しやすい。そのため、シビルは「何度も薬を飲まされた」という。だが、薬が入手しやすい特権的な立場にあったにもかかわらず、シビルの父エラザルはやがて肺炎になり、ゲットー内で死亡した。シビルは、病床の父が死にゆく姿を見守っていたのを覚えているという。「母がずっと泣いていたから、そばに行って泣かないでと頼んだ。お母さんが泣くのなら私も泣くと言うと、母は泣きやんだ[46]」

　父の死後、シビルと母親、おじとおばは、ラドムやほかのゲットーの被収容者たちとともに、ラドムから四〇キロメートルほど南西にあるブリジンの強制労働収容所に移送された。一九四三年夏のことである。同年末から一九四四年初めにかけて、ブリジンにいた子どもの大半は収容所から連れ出されて殺害されたが、シビルはこの災厄を免れた。以前のように、母やおばが彼女に薬を飲ませ、どこかに隠したのかもしれない。一九四四年の夏の中ごろ、東部戦線の戦闘が収容所付近まで迫ってくると、残っていた被収容者はアウシュヴィッツへ送られた。一九四四年七月三一日、女性の大人や子ども七一五人を含む集団がブリジンからアウシュヴィッツ＝ビルケナウ収容所に到着すると、入所の手続きが行われ、それぞれに囚人番号の入れ墨が彫られた。シビルの母エステルの番号はA15212、三歳のシビルの番号はA15213である[47]。

ヨーロッパ各地からアウシュヴィッツに連れてこられたユダヤ人の子どもは数十万人に及ぶが、その大半は到着後すぐに殺害された。小さな子どもを連れてきた母親も、たいていはそのままガス室送りとなった。だがシビルは例外的に、アウシュヴィッツに送られた大半の子どもとは異なる運命をたどった。実際、アウシュヴィッツに子どもがまったくいなかったわけではない。ナチスの大規模な強制収容所ならどこでも子どもはおり、アウシュヴィッツでも数千人の子どもが被収容者として登録されていた。ほとんどが思春期の子どもか思春期に入ろうとしている子どもである。彼らは奴隷労働者として扱われ、飢えや虐待、点呼、重労働など、大人と同じ苦難にさらされた。子どもだからといって、親衛隊のむち打ちや懲罰的な作業を免れられるわけではなかった[48]。アウシュヴィッツに収容されていた子どもの人数は、時期によって増減がある。一九四二年までは、一四歳未満の子どもがこの収容所への入所を認められる可能性はほとんどなかったが、その後徐々に増え、一九四四年にピークに達した。ある記録によれば、そのころになると一七歳未満の子どもが一万八〇〇〇人もいたという（ただし大半がユダヤ人ではなかった）[49]。

シビルがアウシュヴィッツに到着したのは、子どもの人数がピークに達した一九四四年の夏だった。子どもの人数がこれほど増えたのには、さまざまな理由がある。たとえば、東部戦線が拡大し、奴隷労働の需要が増したため、アウシュヴィッツに移送されてきた一部の集団が、子どもを含め、そっくりそのまま入所登録された（とはいえ、これらの子どものほとんどはのちに収容所内で死亡している）[50]。また、政治的な思惑もあった。一九四三年九月、テレージエンシュタットからの輸送車両が二度にわたり到着し、生後二カ月から一四歳までの子ども七六〇人を含め、五〇〇〇人のチェコ系ユダヤ人が運ばれてくると、アウシュヴィッツ＝ビルケナウ収容所にいわゆる〈家族収容棟〉が設立された[51]。この家族収容棟は比較的恵まれており、部分的に性別で隔離されているだけだったため、場合によっては子どもが親と一緒に暮らすことができた。また、髪を刈る必要がなく、民間人の衣服を着ることができ、アウシュヴィッツのほかの棟より配給の内容も多少よかった。これらは、親衛隊が意図的に仕組んだことである。家族収容棟にいた人々は知らなかったが、そのころ赤十字社がテレージエンシュタットを視察する予定になっており、ナチスはアウシュヴィッツの家族収容棟にも視察官を招待していた。つまり家族収容棟は、ユダヤ人の大量虐殺を隠蔽する入念な策略の一環だった。テレージエンシュタットの「模範的ゲットー」を参考に、アウシュヴィッツに見せかけだけの好ましい家族居住区域をつくりあげたのである。だが結局、赤十字社のアウシュヴィッツ訪問は実現しなかった。国際査察のおそれがなくなると、一九四四年七月一一日から一二日にかけて家族収容棟はとり壊され、そこに収容されていた人々のうち、奴隷労働者として選別された三二〇〇人を除くおよそ七〇〇〇人（大人の男性も女性も子どもも含まれる）がガス室で殺害された[52]。家族収容棟がなくなった以上、そこで暮らしていた幼い子どもは死ぬほかなかったが、一部の子どもは、働けるふりをしたり、病棟に隠れたり、選別の際に一部の親衛隊員が酔っぱらっていたのをうまく利用したりして、かろうじて生き延びた[53]。

アウシュヴィッツに入所したシビルは、しばらくは母親と一緒にいられたが、まだ若く健康だった母は間もなく、グロス・ローゼン強制収容所支所のクラツァウ強制労働収容所へ移動となった。シビルは児童収容棟に一人取り残されたが、まだおばがそばにいた（おばはアウシュヴィッツでも病棟で働いていた）。シビルの話によると、アウシュヴィッツ＝ビルケナウ収容所の記憶には「具体的な感情が伴っていない」という。たとえば、「何らかの理由で食べられなかった」記憶はあるが、おなかが空いてつらかったという記憶はない。また、同じ棟内の子どもが夜のあいだによく寝台で死んでいたことは知っていたが、身近な死に怯えていたという記憶はない。だが、収容所解放の瞬間に感じた不安は、記憶のなかにいつまでもとどまることになった。一九四四年から四五年にかけての冬、ソ連の赤軍がアウシュヴィッツに近づいてくると、残っていた被収容者の多くは収容所を離れ、西部方面へ移動するよう命じられた。シビルの母親は、一九四四年一一月にクラツァウへ送られた。おじとおばは、一九四五年一月の「死の行進」に参加させられ、アウシュヴィッツやその支部収容所に入っていた一三万人のおよそ半分とともに西へ向かった[54]。アウシュヴィッツ＝ビルケナウ収容所では、こうした避難民の最後の集団が去ると、病棟で働く医療スタッフが雪の舞う凍《い》てつく寒さのなか、残った生存者を一カ所に集めた。医療スタッフのメモによると、アウシュヴィッツが解放される前日の一九四五年一月二六日、そこにいた一四歳未満の子どもは男女合わせて四三五人だった。そのなかにシビルもいた[55]。

アウシュヴィッツが解放されたときの混乱ぶりを、シビルはこう回想している。

> 私は貯蔵室に向かった。みんなそうだった。そこでライ麦パンの大きな塊とジャムを手に入れたんだけど、塊だったからどうすればいいかわからなくて、知り合いの女の人のところへ聞きに行ったの。おばと一緒に働いていた、私もよく知っていたポーランドの人。その人に、このパンをどうすればいいか尋ねたの。（中略）結局、この人が私を一緒に連れていってくれた。タルヌフへね。そこにその人の家の農場があった[56]。

シビルを引き取り、収容所から連れ出してくれたこの女性は、レジスタンス活動のためアウシュヴィッツに派遣されていた、ヴァラ・Dというカトリックのポーランド人だった。[57]ヴァラは病棟でシビルのおばと一緒に働いており、おばに会いにやって来るこの子をよく知っていた。[58]ソ連の赤軍によりアウシュヴィッツが解放されると、ヴァラはシビルを連れてポーランドのタルヌフにある実家に帰った。シビルはそこで、一九四五年の一月から五月までヴァラやその家族と一緒に過ごした。この期間はさほど長くはないが、子どもが愛着を抱くには十分な時間だった。その間に、シビルが実の家族を見る目は大きく変わった。カトリックのヴァラの家庭で暮らした数カ月のあいだに、ユダヤ人に深い疑念を抱くようになったのだ。一九四五年五月、シビルの母親がようやく子どもの居場所を突き止めた。だがシビルの話によれば、「ヴァラは私を手放したくないと思っていたし、私も離れたくなかった」という。母親の姿は、飢えと重労働のせいですっかり変わっていた。「この女性が自分の母親だとわかってはいた。そうだと気づいていた。でも、どこかでそれを認めたくなかった。拒んでいた。母がユダヤ人であることに我慢できなかったんだと思う。そのころにはすっかり反ユダヤ主義に染まっていたから」[59]

シビルは、ゲットーや労働収容所や強制収容所で過ごしてきたあいだずっと、殺される可能性を自覚しながら生きてきた。それがごく平凡な普通のことと思えるようにさえなっていた。ところが、そこから解放されたいまになって、また別種の不安が襲いかかってきた。自分がユダヤ人であることからも、それが間違いなくもたらす死の恐怖からも逃れられるチャンスを与えられていたのに、そこへ突然、自分の母親だというやせこけた女性が姿を現したのだ。シビルにしてみればそれは、ユダヤ人という自己を脱ぎ捨てる安心感を奪われるようなものだった。それに、解放後の新たな世界がポーランドのユダヤ人にとって安全だという保証もなかった。実際、母に連れられてクラクフに戻ってみると、そこには虐殺の脅威が満ち満ちていた。そのためシビルと母、おじとおばは、間もなくポーランドからオーストリアへ密入国し、そこに短期間滞在したのちにシュトゥットガルトの難民キャンプにたどり着くと、そのキャンプで二年間を過ごした。西ヨーロッパへと非合法的に国境を越える際には、四歳のシビルにまた薬を飲ませた。これが最後の睡眠薬だった。

ホロコーストを研究する歴史家は最近まで、終戦直後から数カ月あるいは数年にわたる時期をあまり重視してこなかった。この期間を、戦争の恐怖とその後の生活の再建とのあいだにある境目の時期として扱う傾向は、いまだにある。だがそのような見方をしていると、その時期は大して重要ではなく、その後の生活に及ぼす影響もほとんどないような錯覚に陥ってしまう。だが、ホロコーストから生還した子どもたちには、これはまったくあてはまらない。ホロコーストに限らず、戦争によって生活を破壊された子どもの多くがそう言うに違いない。戦争が幕を閉じた瞬間、子どもたちの心のなかでもう一つの闘いが始まった。自分は何者なのか、どんな人間になるよう期待されているのかという意識そのものをめぐる闘いが、家族や親族、私的な生活空間といった親密圏で展開された。この闘いは、終戦の日からわずか数カ月で終わるとは限らない。数十年にわたり続く場合もある。それは、残りの子ども時代のあいだずっと、そして大人になってもなお、自分の過去の理解に影響を及ぼすことになった。

第二章　大人の視点

一九四五年四月一一日、アメリカ軍がブーヘンヴァルト強制収容所を解放した。その「キンダーブロック六六」と呼ばれる児童収容棟には、飢えたユダヤ人の子どもが一〇〇〇人以上収容されていた。当初アウシュヴィッツに移送・監禁されていたが、一九四五年一月にソ連の赤軍が東から接近してきたため西へ避難することになり、強行軍でブーヘンヴァルトに連れてこられた子どもたちである。収容所に子どもがいるとは思っていなかったアメリカ軍は衝撃を受けるとともに、子どもたちをどう処置すればいいか悩んだ。そこで、部隊に従軍していた二人のラビ（ユダヤ人聖職者）、ハーシェル・シャクターとロバート・マーカスが、ジュネーヴのOSE（児童援助協会）本部に連絡をとると、間もなく代表者数名が到着し、子どもたちをフランスやスイス、イギリスに送る手配を始めた。その結果、四三〇人の子ども（年齢は八歳から一八歳までいた）が、フランス・ノルマンディ地方のエクイにあるOSE運営の受入センターに送られ、そこで新たな生活を始めることになった[1]。

だが、フランスまでの道中「ブーヘンヴァルトの少年たち」につき添った大人たちは、子どもたちの精神状態がおかしいことにすぐに気づいた。同行した医師によれば、子どもたちはチンピラも同然だったという。列車が停まるたびに、少年たちは窓から飛び出しては騒ぎを起こした。付き添い人の報告には、器物損壊、窃盗、市民への暴行を行ったほか、報復行為としてドイツ人少女をレイプしたとも記されている[2]。列車の旅は四日続いたが、付き添いの大人たちはその間、もはや子どもたちの監督をあきらめていた。フランスに入っても、子どもたちが歓迎される様子はなかった。フランスの最初の駅では市民が、盗んだヒトラーユーゲントの制服を着ていた「荒れた」少年たちを冷たい目で迎えた。彼らを、捕らえられたドイツ人だと思っていたからだ。そんな状況では、少年たちが再び市民社会に居場所を見つけられるとは、とても思えなかった。いったい彼らにどんな未来が待ち受けているのだろう？　だがメスに到着すると、冷静を保っていたある付き添い人が、チョークで列車の側面に大きく「ブーヘンヴァルト強制収容所孤児」と書いてくれた。それ以降は、列車がフランスの田舎を走り抜けていくあいだ、見物人が子どもたちを責めたてることはある程度なくなったが、それでも付き添い人たちの不安が和らぐことはなかった。孤児であろうがなかろうが、少年たちが哀れみどころか恐怖を引き起こしていることに変わりはなかったからだ[3]。

エクイに到着すると、ブーヘンヴァルトの子どもたちはOSEの主任精神科医ウジェーヌ・ミンコフスキーの診察を受けた。この医師の記録にはこうある。「子どもたちはみな似ていた。丸坊主で、飢えで顔が腫れあがり、同じような服を着ていた。無感情・無頓着・無関心な態度で、声をあげて笑うことも顔に笑みを浮かべることもなく、スタッフには著しく攻撃的になる。不信と疑念に満ちている」[4]。少年たちは、何の感覚も感情もないかのようだった。ミンコフスキーはこれを「感情的麻痺」と呼び、このような感情の喪失は、強制収容所で経験した危険に対する防御反応の結果だと考えた。また、少年たちの問題を抱えた精神状態は、その用心深い行動や攻撃的な行動に現れているとも述べている。実際、大人を警戒し、食べ物を貯め込み、よく子ども同士で激しいけんかをした。エクイの受入センターのセンター長は、こうした子どもたちを怖れた。彼らは精神病質者であり、おそらくは以前からそうだったのだろうと述べ、ほかの子どもが死んでいくなかで彼らが生き残ったのは、あまりに無神経で無関心なため、いかに他人が犠牲になろうとも、収容所で生き延びていくために必要なことを何でもやれたからだと考えた。この人物は結局、ブーヘンヴァルトの子どもたちは救いようがないと結論し、業を煮やして辞職した。

だが、ブーヘンヴァルトの少年たちを見捨てない人もいた。その一人が、少年たちがパリの北西、タヴェルニーという村にできた新たな施設に移った際に、その世話を引き継いだＯＳＥの社会福祉スタッフ、ジュディット・エマンダンジェである。エマンダンジェは、少年たちは単に、普通の生活に戻るための手助けを必要としているだけだと考えた。確かに、到着した当初は、ミンコフスキー医師と同じように、「子どもたちは閉鎖的で、無関心で、表情に乏しく、スタッフや外部世界に懐疑的・攻撃的であるように見えた」が、彼らを更正させることができないとは思わなかった。当時二二歳だった彼女は、少年たちの年長者よりいくつか年上なだけであり、戦時中には少年たち同様に迫害された経験があった。フランス在住のドイツ系ユダヤ人だったエマンダンジェは、母や弟妹とともにスイスに逃れようとしたが、スイスの国境警備隊に捕まり、拘禁された。父親はフランス警察に捕まり、ギュール収容所に拘束されたのち、アウシュヴィッツに移送され、到着後ただちに殺害されたという。そこでエマンダンジェは、タヴェルニーの養護施設を、少年たちが経験した収容所とは正反対のものにしようと心に決めた。堅苦しい制度に縛られず、少年たち自身がルールを決め、収容所のように権威的な男性が支配するのではなく、寛容で思いやりに満ちた母親のような人物が少年たちを見守る「治療コミュニティ」である。少年たちは、いつでも戦時体験を語るよう奨励された。好きなように部屋割りを決めていいと言われると、生まれ故郷に従ってグループ分けする方法を選んだ。エマンダンジェは同僚とともに列車を特別に手配して、近くのヴァンドームまで少年たちを連れていき、そこにいたカメラマンに少年たちの肖像写真を撮ってもらったりもした。数年後の彼女の記録にはこうある。「少年たちはよくこの写真を見ていた。彼らにとってはそれが、この世に生きている証だった」[5]

ブーヘンヴァルトの少年たちを救えるかどうか養護スタッフが議論していたころ、ヨーロッパ各地の支援機関のスタッフや報道記者、精神科医、政策立案者たちもまた、ホロコーストを生き延びた子どもたちに対して、まったく同じ不安を抱いていた。子どもの体は回復しても心は回復しないのではないかと危惧していたのだ。子どもたちが戦争体験により心に永久に残る傷を負ったと懸念する人も、子どもには高い回復力があると希望を抱いていた人も、戦争により子どもの心や精神、感情が異常を来したと考えている点では共通していた。そのため、ホロコーストを生き延びた子どもと密接にかかわる仕事をしていた大人たちは、子どもをもう一度正常な状態に戻すにはどうすればいいのか（あるいは戻せるのかどうか）という問題に頭を悩ませ、この正常化プロセスにはどんなアプローチがいちばんいいのか、そもそも「正常」とはどんな状態なのかを議論した。

ホロコーストを生き延びた子どもたちの戦後数年間の生活に影響を与えた環境を理解したいのであれば、その世界を管理していた大人の考え方を理解することが必要になる。こうした子どもに対する大人の考え方は、戦時中や終戦直後の子どもたちの実際の体験に基づいている部分もあるが、大人の偏見や懸念に基づいている部分もある。大人の保護者が生き残った子どもを見つめる視線には、戦時中のゲットーや強制収容所、ヨーロッパの戦場で起きた虐殺に関するさまざまな臆断《おくだん》が反映されている。ホロコースト生存者を歴史の貴重な証人と称える二一世紀の視点からは忘れられがちだが、終戦直後の一般世論は、大量殺戮を生き延びた人々に対してまったく異なるイメージを持っていた。大人の生存者たちには、生き残るために、人の道に外れたこと、道徳的によくないことをしてきたに違いないというイメージがまとわりついた。これは、子どもの生存者たちにもあてはまる（その好例がブーヘンヴァルトの少年たちである）。そのため、大人の生存者たちが社会復帰の見込みがないと見なされると、養護施設のスタッフは、子どもたちも回復の見込みがないのではないかと悩んだ。大人の生存者たちは道徳的指針を失ってしまっているとの臆断が広まると、子どもの生存者の面倒を見ていた人たちは、未発達の子どもたちが道徳心を回復できるのだろうかと疑問に思った。このように、終戦直後の子どもに対する大人の考え方は、戦後の環境になじもうと努力する子どもの現実の姿ばかりか、大量殺戮に対する社会の側の意識や、回復・再建プロセスにまつわる希望や不安をも反映していた。しかも当時は、前述したように、子どもたちにとっては戦時中よりも混乱の多い時代だった。

いずれにせよ、ドイツに占領されていた地域が解放されると、軍当局や人道支援機関は、戦争を生き延びた数万人もの「同伴保護者のいない子ども」（ユダヤ人の子どももそうでない子どもも含め）の世話や保護という大きな問題に積極的に取り組み始めた。歴史家のタラ・ザーラが述べているように、第二次世界大戦により生まれた「失われた子どもたち」は、それほど大量の孤児を保護・管理できるのかという問題を引き起こすと同時に、戦後のヨーロッパ人が思い描く未来像に多大な影響を及ぼした。戦後ヨーロッパの子どもの状態を見た大人は、「ヨーロッパ文明の終焉というディストピア的不安」を抱く一方で、ヨーロッパの子どもの心身を再建できれば、破壊されたヨーロッパをより広い意味で再建できるのではないかと考えた[6]。こうして子どもの心や精神が一躍、象徴的な重要性を帯びるようになった。傷つけられた子どもの心は、戦争による破壊がいかに大きかったかを示すと同時に、少なくとも楽観的な人々には、戦後の再生の可能性を示しているように思われたのだ。ヨーロッパの子ども全体が戦争の破壊力と戦後の再生の可能性を体現しているのであれば、もっとも過酷な迫害を経験したユダヤ人の子どもほどにそれを体現している存在はない。だが多くの大人は、これらの子どもたちが破滅から救われるのを望む一方で、そんな見込みはないのではないかとの不安を抱えていた[7]。

当時、ホロコーストを生き延びた子どもたちを描写するために大人が使った表現には、戦争により子どもたちは、人間として容認される行動や感情の範囲から締め出されてしまった、という意識が反映されている。社会福祉機関のスタッフや精神科医は、「ユダヤ人戦争孤児」、特に「戦争孤児」についてで言及する際に、「異常を来した」「環境に適応できない」「戦争の被害にあった」「戦争で障害を負った」という表現を使った。また、より楽観的な時事評論家の中には、「常態を失った」という言葉を好んで用いる者もいた。これなら、正常な状態への復帰が可能なように感じられるからだ。こうした表現の根底には、ホロコーストを生き延びた子どもたちの心は、戦争により根本的に破壊されているという考え方があるが、こうした心の破壊がどこまで亢進《こうしん》しているのかについては、子どもの精神衛生の専門家のあいだでさえ意見が分かれていた。子どもたちは「精神に変調を来している」のか、それとも情緒が不安定になっているだけなのか？ やや宗教的だが、明らかにユダヤ教的ではない当時の言葉を使って言えば、彼らの「救済」は可能なのか？ つまり、異常な状態を治すだけでなく、より実存的な意味で救われるのか？ ある記者が述べていたように、彼らは「人間的な品性を取り戻せる」のか？[8] 子どもたちが心にいつまでも残る傷を負ったと考えるのであれば、心の崩壊に関するより幅広い議論が必要になる。だが、破壊されたヨーロッパの建物、地域、都市、インフラ、組織を再建する最善の方法について、時事評論家のあいだで意見が一致しなかったように、大人や子どもの破壊された心を回復する方法についても、意見の一致は見られなかった。

問題はほかにもあった。ホロコーストを生き延びた子どもたちの心が戦争により破壊され、正常な状態に回復させる必要があるとするなら、その「正常」な状態とはどんな状態なのか？ だが専門家たちは、子どもたちを正常な状態に復帰させられるかどうかで意見が分かれていただけでなく、「正常」な子どもとはどういうものかという点でも意見が一致していなかった。終戦直後の時期には、「正常」な子ども、あるいは容認可能な子どもの行動に関する考え方そのものが絶えず変化した。正常とされる行動や感情の定義は、終戦直後から成長を始めた児童精神分析学が発展するに伴い、その影響を大きく受けた。母子関係や自我の発達、情緒的健康に関心を寄せる児童精神分析学は、「正常」で「健全」な子どもの新たな定義を生み出す重要な要素となった。その結果、戦争により「常態を失った」とされた子どもを「正常な状態」に回復させるにしても、その「正常な状態」とは、子どもに対する戦前の古い考え方に基づいた「正常な状態」ではないと考えられるようになった。むしろ、心理的健康や情緒的健康といったまったく新しい概念に基づいて回復を図らなければならない。もちろん、終戦直後の時期に正常な行動の定義を提供したのは、精神分析学だけではない。そのため、支援機関の手に渡った子どもたちへの治療アプローチも一様ではなかった（支援機関のスタッフの多くは、二〇世紀前半に流行した教育改革運動の教育理論の影響を受けていた）。それでも、「精神分析学的」アプローチで子どもの社会復帰を目指す取り組みは多大な広がりを見せ、ヨーロッパ全域の受入センターや養護施設で、発展著しい児童精神理論を採用していたことが確認されている[9]。

そういう意味で、ホロコーストを生き延びた子どもたちの終戦直後の歴史は、児童に関する新たな専門家層が台頭してきた歴史と深く結びついている。ヨーロッパの「戦争孤児」を保護・世話する最善の方法を模索していた支援機関や社会福祉機関のスタッフ、心理学者、児童精神分析学者などである。こうした専門家は女性が多く、北アメリカやイギリスで優勢になりつつあった社会福祉事業の実践的知識や精神分析理論に精通しており、JDC（アメリカ・ユダヤ人合同配分委員会）やUNRRA（連合国救済復興機関）の資金援助を受けて、科学的・現代的・非政治的な専門的アプローチで人道支援を行った。そして、国境を越えて相互に連絡をとり合い、主にイギリスやフランスで報告やガイドラインを公表してはヨーロッパ全域に広め、同伴保護者のいない子どもたちへの治療アプローチの共有を図った。すると、彼らと密接な関係にあった英語圏や西ヨーロッパの出版メディアは、彼らの取り組みを好意的に報道し、ヨーロッパの未来の市民の傷ついた心の再生に取り組むこれら専門家の仕事は、ヨーロッパの安定・民主主義・平和の再建につながると喧伝《けんでん》した。ホロコーストを生き延びた子どもたちをどのようにケアするのかを定め、彼らの身体的・精神的回復はどうあるべきかを評価し、その未来の選択肢や道筋を形づくるのは、いずれも大人だった[10]。

もちろん、だからと言って、ホロコーストを生き延びた子どもたちが、戦後に心の問題を抱えていなかったというわけではない。彼らが奇妙な行動をとったり、感情の喪失を経験したり、場合によっては心的外傷性ストレスの顕著な兆候を示したり、といったことがなかったわけでもない。すでに述べたように、多くの子どもは終戦により、それまでになじんだこともない期待に満ちた、新たな未知の環境へと放り出された。彼らは戦時中、大人の行動やその動機に深い疑念を抱き、大人には奇妙に見える対処メカニズム〔精神的な苦悩・問題に対処するための仕組み〕をつくりあげてきた。あるいは、戦争が終わったとたん、そんな対処メカニズムがまったく役に立たなくなった。加えて、身体も危険な状態にあった。栄養不良がはなはだしく、多くがビタミン不足にまつわる病気を患《わずら》い、結核などの病気により速やかな身体回復が阻害されるケースもあった。そのため、ホロコーストを生き延びた子どもたちが戦争体験により傷を負っているという大人の考え方は、あながち間違いではない。だが大人たちは、ヨーロッパ大陸で展開された総力戦による未曽有の規模の破壊を経験したことによって、そんな異常な出来事を経験した子どもたちを、正常な人間と見なすことができなくなってしまった。戦後の世界を歩み始めた子どもたちに何があったのか、どんな障害に直面し、どんな選択・判断を下したのかを理解するためには、憐れみと不安とに二極化された大人の視点を取り払う必要がある。

一九四八年、イギリスの週刊紙《ジョン・ブル》の記者が、強制収容所から生還し、一九四五年夏にイギリスに連れてこられた子どもたちの心身の状態について記事を書いているが、そこにはこう記されている。いまでは子どもたちは、イギリスの田舎の新鮮で穏やかな空気に触れ、三年前に比べると見違えるほど元気になった。三年前、イギリスに到着したばかりの子どもたちは、郵便トラックを見ただけでパニックに陥った。

三年前のある日の午後、地元の郵便局員の運転するトラックが、サリー州リングフィールドのある邸宅にやって来た。邸宅の敷地内の車道には、その郵便局員が見たことのない子どもたちが身を寄せ合い、うずくまっていた。頭を丸刈りにした、怯えた表情の子どもたちである。彼らは、郵便トラックを見るなり、恐怖のあまり悲鳴をあげて逃げまどった。地面に身を投げ出して泣きじゃくる子もいる。郵便局員は仕方なくトラックをバックさせ、帰っていった。

その子どもたちは、ヒトラーが設置した強制収容所での生活を耐え抜き、ひどい心身状態のままイギリスに連れてこられたユダヤ人の少年少女だった。強制収容所では、殺害する人々を連れていくのにトラックを使っていた。子どもたちは郵便トラックを、そのトラックと勘違いしたのだ。[11]

＊

この郵便トラックのエピソードは、説得力こそあるものの、事実どおりの報道ではなかった。テレージエンシュタットから生還した子どもたちが、一九四五年一二月にサリー州リングフィールドにあるウィア・コートニー養護施設に到着したのは事実だが、彼らはすでにそれまでの六カ月間、湖水地方のウィンダミアにある受入センターに預けられていた。そのため、もう丸刈りではなく、郵便トラックに慣れる時間も十分にあった。いまでも犬を怖がりはするが、トラックを含め、自動車にはどんなものにも興味を示しているというスタッフの記述もある[12]。このように、郵便トラックの記事は事実を反映していない。むしろ、ホロコーストを生き延びた子どもたちに対する終戦直後の報道姿勢を反映している。つまり、こうした子どもたちの異常な状態を示すと思われるものを読者に提供しようとする、のぞき趣味的な報道姿勢である。子どもたちが回復していく奇蹟を味わうには、そのほうが好都合だったのだ。

西ヨーロッパや英語圏の出版メディアの記者や読者は、戦後初期の「戦争孤児」の窮状に多大な関心を寄せた。だが、こうしたメディアにより流布《るふ》された子どもたちの姿はいわば、生き残りというものに対する思い込みやイメージを詰め込んだフィクションでしかなかった。こうした記事のなかには、ホロコーストを生き延びた子どもたちのハッピーエンドを暗示するものもあったが、ディストピア的な姿を描いたものもあった。それを執筆した代表的な人物が、アイルランド系アメリカ人作家アリス・ベイリーである。ベイリーは読者の不安につけ込み、こんな文章を記している。「ヨーロッパや中国の反抗的で異常な子どもたちは、『オオカミ子ども』と呼ばれている。彼らは親の権威を知らない。オオカミのように群れで行動する。あらゆる道徳心を失い、文明社会の価値観を持たず、性欲を抑えることを知らず、自分を守る以外の行動規範を持たない」[13]

メディアは当初、ホロコーストを生き延びた子どもたちの身体状態に関心を寄せていたが、その関心はすぐさま、彼らの精神状態に向かうようになった。一九四五年春には、やせ衰えた遺体の写真が出版メディアを席捲《せっけん》した。解放されたブーヘンヴァルト強制収容所やベルゲン・ベルゼン強制収容所から、ラジオ放送やニュース映像が続々と流れてきた。それを見聞きすると、記者も読者も、こんな恐怖を経験した子どもたちが善悪の区別を学ぶことなどできないのではないかと不安になった。メディアに記事を執筆していた多くの時事評論家も、この子どもたちを文明世界に引き戻せるだろうかと疑問を呈した。こうした報道はきわめて煽情的で、ヨーロッパの強制収容所で暮らしていた人々の心身状態がいかに劣悪だったかに病的な関心を寄せたものが大半を占めている。それほど読者が「戦争の被害にあった子どもたち」の記事を望んでいたことからも明らかなように、当時の子どもたちは、破壊されたヨーロッパ文明を象徴する、あるいは物理的な再建の取り組みだけでは戦争がもたらした破壊衝動を抑制できないのではないかという不安を象徴するのにうってつけのシンボルと見なされていた。[14]

ホロコーストを生き延びた子どもたちの保護や世話をしていた大人は、メディアに情報を提供する一方で、彼らもまたこうした報道の影響を受けた。実際、ヨーロッパ以外の国から来た養護施設のスタッフには、出版メディアの報道やニュース映画の情報だけが頼りだった。ヨーロッパの「戦争孤児」に関するメディア報道は不正確な情報に彩られ、多分にのぞき趣味的な色合いを帯びていたが、戦争を生き延びた子どもたちの最初の接点になる大人たちが、そんな報道や情報に強い影響を受けていたのだ。たとえば、社会福祉機関の精神科のスタッフだったマーゴット・ヒックリンは、一九四五年七月、総勢三〇名から成る教員や社会福祉スタッフの一員として、湖水地方のウィンダミアにある受入センターに配属された。「強制収容所生存者孤児」一〇〇〇人をイギリスに連れてくる事業の最初の対象者となった、テレージエンシュタットにいた子ども三〇〇人を迎え入れるための施設である。[15]ヒックリンの回想によると、ウィンダミアのスタッフには、テレージエンシュタットの子どもたちがどんな経験をしてきたのかを理解するための情報がほとんどなかった。情報と言えるのは、一九四五年春にメディアで紹介された、解放されたブーヘンヴァルト強制収容所やベルゲン・ベルゼン強制収容所の映像ぐらいしかない[16]。その映像を見た彼女は、とても手に負えそうにない仕事を任されたと思ったという。「多くのメディアが子どもたちのことをあまりに悲観的な言葉で表現していたため、熱心なスタッフも、この世代の心身の回復にさほど貢献できないのではないかとやや絶望感を抱きつつある。一九四五年春に公開された映像や写真のせいで、もはや被害者は人間らしくも見えず、その運命を立て直すことなどできないのではないかとの印象を受けた」[17]

子どもたちが到着する前、ヒックリンたちはこう思い込んでいた。どんなに専門知識や訓練を駆使しても役には立たず、心に深い傷を負った子どもたちを助けることはまずできないだろう、と。だが、やがて子どもたちがやって来たときにはこう記している。

子どもたちを一目見ると、彼らはやはり人間なのだと確信できた。驚いたのはそれだけではない。子どもたちには飢えや病気の兆候が一切なかった。栄養が行き届いているようで、顔に笑みさえ浮かべている。それに、ドイツ語やイディッシュ語で自分の気持ちや考えを伝えようとした。自分たちのために何かの準備をしているとわかると、すぐに手伝ってくれた。（中略）とても、三カ月前に新聞や映画で見た子どもたちとは思えない[18]。

ウィンダミアのスタッフだけではない。子どもたちを保護したヨーロッパ各地の養護施設、簡易宿泊所、受入センターでも、同様の経験が繰り返された。保護や世話をする大人は、子どもたちが戦争中にどんな経験をしてきたのかを理解しようと努力し、収容所解放後に報じられた恐るべき映像や記事をもとに、こんな光景をまのあたりにしてきた子どもたちは精神に異常を来しているに違いないと考えていた[19]。だが、ウィンダミアでの事例のように、子どもたちの精神が戦争体験により異常を来していたわけではないことが明らかになると、養護スタッフは、子どもの心の傷に対する視野を広げ、心の傷は情緒面を損なっているだけと考えるようになった。

ＪＤＣは一九四六年初め、難民キャンプにいる子どもたちの心理的健康について包括的な調査を企画し、その調査をポール・フリードマン医師に依頼した。ポーランドのルブリンで生まれ、スイスで医学の教育を受け、当時はニューヨークで活動していた、ドイツ語にもフランス語にもイディッシュ語にも堪能な精神科医・精神分析医である。フリードマンは各地の戦争難民キャンプを訪れると、ＪＤＣが出資する養護施設や子ども専用の居住区の指導者に会い、子ども自身に聞き取り調査を行った[20]。ドイツ地区の難民キャンプへの滞在期間は、当初の予定だった三カ月をはるかに超え、六カ月に及んだ。こうして、子どもの生存者の精神衛生状態について戦後初期に行われた最初にして唯一の大規模調査が終わり、一九四七年二月にその結果をまとめた報告書が発表されると、メディアも大々的にこのニュースを取り上げた[21]。それによると、以前のヒックリンら同様、フリードマンもまた、ヨーロッパへの旅行前は最悪の事態を想定していたという。「当時は精神科医をはじめ誰もが、いまのヨーロッパはいわば、神経症患者、精神異常者、救いようのない狂人が世話する人もなく放置された巨大な病院のようなものだと考えがちだった」。ところが、実際にその世界を見てみると、生き残った人々は「精神に異常を来している」のではなく、情緒面の問題を抱えているだけだった。

アメリカ・ユダヤ人合同配分委員会（ＪＤＣ）の依頼を受け、治療や指導のプログラムを視野に、戦争を生き延びた大人や子どもの心理学的調査を実施する仕事を引き受けたときには、ヨーロッパで何を知ることになるのかと不安で仕方がなかった。だが、キャンプにいた難民たちや、収容センターや養護施設にいた子どもたちに実際に会ってみると、私の不安が度の過ぎた取越苦労だったことがわかって安心した。強制収容所での生活に耐え、森に身を隠して生き延びてきた大人や子どもたちは、驚くほどの速さで回復していた。彼らはいずれも、人間には信じられないほどの身体的・心理的回復力があることを証明していた。（中略）そこには、怪物も、野蛮人も、精神異常者もいなかった。だが間もなく、子どもたちが神経症的な性質を持つ重度の情緒障害を抱えていることがわかった。そうならなければ、明らかに精神に異常を来していたことだろう。これらの子どもたちのように、ヒトラーが支配するヨーロッパで暮らすのは、一般的に認められているあらゆる形態の人間的交流が損なわれ、あらゆる道徳基準が覆《くつがえ》された世界に暮らすようなものだからだ。[22]

フリードマンはさらにこう述べている。戦争難民は大人も子どももみな「感情が麻痺」しているが、これは特に子どもの場合に問題になる。ウジェーヌ・ミンコフスキーが「感情的麻痺」について述べているように、この感情の遮断は、収容所であれ潜伏先であれ、子どもたちがそこで対処しなければならなかった危険や不安に対する防御手段となった。その危険が去り、子どもたちが「力尽きて、長く抑圧してきた不安を表に出すことを自分に許す」ときに初めて、この防御手段は消えるのかもしれない、と。[23]

フリードマンらが考えていたように、子どもたちが精神に異常を来しているわけではなく、情緒面に問題があるだけなら、彼らがこれまでいた世界および彼らがこれから向かう世界について正常な感情を取り戻せば、問題は解決すると思われた。だが終戦直後の時期には、「正常」な子どもはどう感じるのかという問題に対する答えも、絶えず変化していた。当時は、児童精神分析学に通じた専門家のあいだで、児童の心の発達における感情や感情制御の役割を再定義しようとする流れがあった。そのなかでも特に、イギリスに拠点を置く児童精神分析学者たち（アンナ・フロイト、メラニー・クライン、ドナルド・ウィニコット、ジョン・ボウルビィなど）は、健全な情緒、健全な市民、健全な民主主義という三者の結びつきを強調した新たなアプローチや理論を展開しつつあった。歴史家のミハル・シャピラによれば、イギリスの児童精神分析学者たちは子どもについて、先の総力戦に深甚な影響を被《こうむ》ったととらえており、「弱く、保護を必要とする存在と見なす一方で、制御が必要な、不安に満ちた攻撃的な主体でもあると見なしていた」という。[24] これらの学者たちは次第にこの考え方を発展させ、感情を適切に制御できれば、社会の民主主義は健全に成長すると考えた。そして、そのような見解を携えて戦後の政府の政策に関与するとともに、ＢＢＣ〔英国放送協会〕の番組に定期的に登場するようになると、そのような見方は多くの一般視聴者の心を動かし、大きな影響力を持つに至った。主要な精神分析学者たちはこう主張した。市民同士が協力する未来、つまり民主主義の未来は、不安や敵意といった感情を制御できるかどうかにかかっている。したがって、幼年時代に感情を制御することを教えておかなければならない、と。こうして感情は次第に、単なる個人の問題ではなく、国家の問題と見なされるようになった。[25]

こうした考え方はそれまでなかった。両大戦間期の育児では、行動面や衛生面を重視するモデルが支配的だった。つまり、感情よりも身体を重視していた。前世代の「衛生」の専門家たちは、母子の絆をさほど強調せず、親子が過剰な愛情を抱くことを危惧していた。むしろ、排便、睡眠、食事、外遊び、冷水浴などにまつわる幼年時代の厳格な習慣が、健全な人格を持つ大人へと成長する基盤になると考えた。だが戦後になって精神分析学が発展し、子どもの心や感情を優先する方向へ育児の考え方が転換されると、前世代のモデルは真っ向から否定された。破壊的な戦争のあとには、そのような考え方が一般の人々の幅広い支持を得た[26]。ポール・フリードマンが、生き残った子どもたちの情緒に目を向けた理由もそこにある。子どもたちの情緒に、精神が異常を来しているかもしれないという個人的な問題ではなく、未来の市民の健康が危ういかもしれないという社会全体の問題の兆候があることを見てとったのである[27]。

しかし、精神衛生の専門家が危惧していたことと、子どもたち自身が実際に感じていたこととのあいだには、明らかな相違があった。これは、戦後に感情の抑圧や喪失を経験しなかった子どももいたという話ではない。戦後の子どもたちが実際に感じていたことと、子どもたちが感じていると大人が思っていたこととのあいだには、ずれがある。そのため、子どもたちが本当に感じる能力を失ってしまったのかどうかを、大人の立場から判断するのは難しいということだ。子どもは、ごく幼い子でさえ、大人がどんな感情や行動を期待しているのかを十分すぎるほど知っている。そのため、期待にそわない感情を示せば反抗的と見なされることを怖れ、隠そうとする。それを示す証拠は、公文書館に山ほどある。たとえば、三〇〇人の子どもを収容していた施設で働いていたあるボランティアが書き留めた以下のメモを見れば、子どもの感情と大人の期待とのずれがいかに大きかったかがわかる。

子どもたちはとても興奮しやすかった。ある子が遊び場で泣き出した。私が泣くなと言うと、その子はこう答えた。「それならどこで泣けばいいの？　家は大家さんがいるから泣けないし、学校は先生がいるから泣けない」。そこで、五分間だけ泣くのを許した。するとその子は、五分後に泣きやんだ[28]。

確かに、戦争体験のトラウマにより感情が麻痺してしまった子もいたかもしれない。だがこのように、感じる能力を失っていない子もいれば、大人から期待されたとおりに感情を操る能力を備えていた子もいた。感情的麻痺と思われるものに関する専門家の見解は、「正常」な子どもの感情というものを定義し、その理想に子どもたちを押し込む役割も果たしていたと言える。

＊

多くの専門家は、子どもの心の傷の深さは遊びに如実に現れると考えていた。児童精神医学の専門家が、ホロコーストを生き延びた子どもたちが遊び方を忘れてしまっている点に注目すると、すぐに出版メディアがこの問題を取り上げ、子どもたちの異常性を示すと思われるこの事実に、記者も読者もこぞって関心を寄せた[29]。一九四八年、ドイツのアメリカ軍占領地域でJDCの現場代表としてUNRRAの活動を支援していたトビー・シャフターが、現地の難民キャンプの子どもたちが遊んでいた様子を記録している。それによると、戦後数カ月から数年のあいだ、ユダヤ人の難民の子どもたちは遊びのなかで、戦争中に経験した光景をよく演じていたという。

ほとんどの難民の子どもたちは、強制収容所での経験やドイツ人権力者とのいざこざを忘れたがるどころか、あの恐るべき光景を繰り返し再現していた。ときにはそれを、何の感情もこだわりもなく行う。（中略）子どもたちは、絶えずガス室や焼却炉に怯えて暮らしていたため、それがもはや日常生活の一部と化しているかのようだった。それでも、囚人番号を書いた大きなボール紙を持って駆けまわったり、「強制収容所にいた子はみなそう訓練されている」と言って毎日の休憩時間をうれしそうに途中で切りあげたりする幼い少年たちを見ていると、それが正常な遊び方とはとても思えない[30]。

シャフターの記録には、さらにこうある。強制収容所にいなかった子どもでさえ、その遊びのなかに「死や監禁」を組み込んでいる。それを見ていると、子どもたちはそれでいいのかもしれないが、世話をしている大人たちが心配せずにはいられなくなる。「幼い子どもたちの遊びは、彼らの生活がいかに『常態を喪失』していたかを示す顕著な証拠であり、それを証明する痛ましい事例の一つと言える」。人形は子どもたちには人気がなかった。人形を乗せるベビーカーは、大人が意図したように使われることはなく、山や丘から岩や土、ほかの子どもなどをのせて運ぶ道具となった。このように、子どもたちの遊び方と、大人が期待する子どもの遊び方とのあいだにはずれがあった。それは、子どもたちの感じ方と、大人が思う子どもの感じ方とのあいだにずれがあるという、より大きな問題を反映している。子どもの恐るべき遊びが情緒障害の程度を示しているように見えるのは、少なくとも大人の目から見ればの話だ。大人たちは、「正常」な子どもたちによく見られる遊び方を学べば、「正常」な感情を取り戻すきっかけになると考えていた[31]。

大人たちは、子どもたちが戦後の遊びのなかでよく戦争体験を演じていたのを心配していたが、子どもたちが解放後も戦時中の行動パターンに従っているように見える点にも、やはり不安を抱いていた。興味深いことに、養護施設のスタッフは、子どもたちの悪い行いだけでなく、よい行いにも悩まされていたようだ。当時、「非行」行動に対する懸念は、ユダヤ人孤児に限らず幅広く蔓延していた。これは、戦争により、ヨーロッパの子ども世代全体が道徳指導を受ける機会を奪われたという懸念の広まりを反映している[32]。そのなかでもユダヤ人の子どもの世話をしていた大人たちは、戦時中に子どもたちが必要に迫られて行っていた一部の行為（盗み、虚言、食料の貯め込みなど）を早いうちに根絶しておかなければ、平時の非行につながるおそれがあるのではないかと心配していた。実際、解放から丸一〇年がたったのちには、世界ユダヤ人会議のイギリス支部の指導者たちが、ＪＤＣの保護により、ジェノサイドを生き延びた子どもの世代全体がようやく「非行から救われた」と述べている。子どもたちはＪＤＣの施設や宿泊所で保護されたことにより、「絶えずわき上がる残酷さ」や「攻撃的・破壊的」な衝動を捨て去ることができたのだ、と。[33]

戦後初期にメディアにより「オオカミ子ども」というイメージが広まっていたことを考えれば、ホロコーストを生き延びた子どもたちが非行の波を引き起こすのではないかと大人が怖れていたとしても不思議はない。また、そんな非行の波が実現しなかった際に、大人が喜んでそれを自分たちの手柄にしたのも不思議ではない。それよりも興味深いのは、過剰なほどよい行いをする子どもたちに、大人が心配の目を向けていた点である。トビー・シャフターの記録によると、彼女が観察していた難民の子どもたちは、大人が正常な子どもに期待するような「いたずら行為、はつらつとしたふるまい、空想的な所作」をいっさい示さなかった。スタッフをいちばん心配させたのは、小物を盗んだり食べ物を貯め込んだりする子どもではなく、言われたらすぐに床《とこ》につく、転んでひざをすりむいても泣かないなど、大人の言うことにあまりに従順すぎる子どもだった。シャフターはこれを、戦争体験により「自我が押しつぶされ」、大人の要求に何でも従う子どもになったのだと推測した。[34]そのため、子どもに個性の感覚を育めばこの問題は解決すると考えたが、そう考えたのは彼女だけではない。ユダヤ人の戦争孤児一〇〇〇人をイギリスに連れてくるイギリス中央基金（ＣＢＦ）の事業の立役者の一人、サー・レナード・Ｇ・モンティフィオーリは一九四七年にこう記している。個性の感覚が戻れば、強制収容所を生き延びた子どもたちは間違いなく精神的・情緒的に快方に向かっていると言える。というのは、それは子どもたちが、強制収容所で身につけた世界観から脱却したことを示しているからだ。「戦時中には、『強制的同質化《グライヒシャルトゥング》』（強制的ナチ化、均制化）という、個性の消滅を意味する災《わざわ》いの記憶に彩られた言葉があった。収容所ではそれは、自己保存以外のあらゆる本能を抑圧することを意味していた」。モンティフィオーリから見れば、子どもが「もう一度個性を持つようになる」ことが、彼らを救援・回復しようとするこの事業の成功を示す何よりの証拠となった[35]。

その結果、戦後初期には、「正常」とされる子どもの行動の範囲は、純然たる非行行動と、卑屈に大人の言いなりになる行動とのあいだのどこかに落ち着いた。これは、戦後の状況を考えれば理にかなっていた。大衆は当時、ファシズムの盛衰を経験したばかりだった。それは、社会や政治に深甚な影響を及ぼし、攻撃的な感情や行動、あるいは無批判に服従する感情や行動がとめどなく発展する状況を生み出した。そのため戦後には、育児においてこうした感情にどう対処するかという問題が、政治的な意味合いを帯びるようになった。その重要性は、冷戦が展開するにつれてますます高まっていったと思われる。もちろん戦後、個性に関心を寄せたのは、主に西側陣営の国々だった（タラ・ザーラが指摘しているように、東ヨーロッパの国々では集団優先主義的なアプローチで子どもの回復を図るのが一般的だった）。それでも、戦争を生き延びた子どものなかには、西側に連れてこられてこの個人主義を教え込まれた者が大勢いた[36]。過剰な攻撃性や過剰な従属性がファシズム（や共産主義）との関係の中で生まれたのであれば、健全な社会民主主義を目指す市民は、その両者の狭間を行くしかない。こうした状況のなかでは、育児において厳格な習慣や行動を重視する前世代の衛生モデルはあまりに「ドイツ的」だと考えられ、感情を重視する精神分析モデルがそれに取って代わった。その結果、これらの子どもたちに不安を抱く大人は、子どもの個性を回復すれば、戦時中の行動パターンの呪縛から子どもを解放できると考えるようになったのである。

だが、こうした政治的な意味合いがあったとはいえ、ホロコーストを生き延びた子どもたちに対する大人の不安が根拠のないものだったわけではない。暴力的・攻撃的な行動を通じて内面の混乱を示す子どももいれば、よいとされる行いで身を守り、目立たないようにしていた子どももいる。当然のことながら、大人やその動機に深い不信感を抱いている子どもも多かった。だが、その世話をする大人は、世間から隔絶されていたわけではない。彼らは、当時のさまざまな状況の影響を受けた。子どもの行動に関する衛生モデルが衰退し、精神分析モデルが発展した。「ケースワーク」(個人や家族が抱える問題に対処するため、その要因を社会学的・心理学的に研究すること)などの新たな手法の訓練を受けた「専門的」な社会福祉スタッフが登場した。心理的健康と市民のあり方を結びつける考え方が広まった。ホロコーストを生き延びた人々やその生活の様子がメディアを通じて流布した。また公衆のあいだにも、ヨーロッパ文明の再建と未来の市民の再建とを重ね合わせる意識が広がった。大人は、これらすべての影響を受けながら、子どもたちの世話をした。そういう意味で一般の大人たちは、終戦直後の風潮が生み出したレンズを通して、ホロコーストを生き延びた子どもたちの感情や行動を解釈していたのである。

*

当時、養護施設のスタッフや児童精神分析の専門家は、正常とされる子どもの行動や感情を決めるうえで、大きな影響力を持っていた。だが、その影響力について考察する際には、子どももまた子どもなりに、心の回復にまつわる大人の方針を覆そうとしたり、それを巧みに利用しようとしたりしていた可能性がある点も考慮する必要がある。子どもは、不安に満ちた関心を寄せられるだけの単なる対象ではない。大人の見方を理解すると、ホロコーストを生き延びた子どもたちが戦後どのような環境に置かれたのか、子どもたちがその環境のなかで自身の道を切り開いていく余地がどれほどあったのかがよくわかる。その一方で、子どもたちに対する大人たちの考察をよく見てみると、心や情緒の回復について大人が設定した目標を、子どもたちもよく理解しており、ときにはそれを巧みに利用さえしていたことがうかがえる。

JDCは一九四七年夏、再びポール・フリードマンに、キプロスにある九つの拘置施設に抑留されている大人や子どもの心理的健康に関する調査を依頼した。そこにはイギリス軍により、非合法的にパレスチナ入りしようとした難民が一万八〇〇〇人以上収容されていた[37]。フリードマンが調査してみると、ヨーロッパの難民キャンプで目にした心理的・情緒的問題の多くが、このキプロスでも確認された。というよりむしろ、終戦から二年後に再び有刺鉄線の内側に入れられたストレスにより、大人も子どもも問題をいっそう悪化させていた。フリードマンは、デケリアの児童拘置施設にいた一人の少女について報告している。その記録によれば、少女はキャンプの医師のもとを訪れたときには声を失っており、その後もささやき声でしか話せなかったという。彼女は、潜伏先で戦争を生き延びた孤児だった。母親と二人のきょうだいは、移送された先で殺害された。父親は、自分の墓穴を自分で掘らされた。こうした経験のせいか、拘置施設にいた当時は、声を失っていたうえに、「まったくと言っていいほど無関心な態度」を示していた。ところが、パレスチナへの早期渡航推奨者リストに彼女の名前が掲載されると、それからわずか数日後には声を出せるようになった。フリードマンの記録にはこうある。「キプロスを離れてパレスチナへ行けるという確証を得られたことが、彼女の疾患が治癒した唯一の原因だったと言うつもりはないが、リストに彼女の名前が掲載されたとたん、彼女がその症状を放棄したのは、単なる偶然ではないと思われる」[38]

フリードマンはここで、「症状を放棄した」という言葉を使っている。これは、子どもたちがある目的を達成するために問題行動を起こす場合があることを、フリードマン自身もよく知っていたことを示唆している。逆に、状況によりそうしたほうがいいと判断した場合には、「正常」に戻す場合もある。子どもたちは戦後初期のあいだ、大人が重視する問題にうまく対応しただけでなく、それを巧みに利用もした。子どもが持つべき好ましい感情を大人が定めると、子どもは正しいとされる感情にみがきをかけ、それを大人に提示すると同時に、好ましくないとされる感情をひそかに育てる術を覚えた。その証拠は、文書史料にも、のちの回想録にも、口述史料（インタビュー記録）にも見られる。たとえば、終戦時に六歳だったフリッツ・フリードマンは、その後間もなくイギリス・サリー州のウィア・コートニー養護施設に連れてこられた。二〇〇九年に執筆した回想録のなかで、当時のことをこう述べている。この施設では、寮で同部屋だった年長の二人の少年にいじめられた。そのため、夜に寮母が子どもたちを寝かしつけにやって来ると、「私はときどき泣いた。母のことを思い出したのだと言ったが、実際には思い出してなどいなかった」[39]。悲しみの本当の原因をスタッフに告げる勇気はなくても、子どもたちの様子に注意を払っている大人に自分の悲しみを受け入れてもらう方法はよく心得ていたのだ。

確かに、ホロコーストを生き延びた子どもに対する大人の見方は、思い込みや先入観、当時の認識に基づいたものではあったが、大人が採用した手法が何の役にも立たなかったわけではない。もちろん、戦後に子どもたちが受けたケアの内容は一様ではない。本章に記載したような不安や希望を抱いていた大人は、それぞれが採用する手法の有効性を信じ、保護している子どもを何とかして助けようと全力で仕事に取り組んでいたが、それほど寛大で思いやりのある女性や男性の世話を受けられなかった子もいる。それでも、ホロコーストを生き延びた子どもたちの記憶はたいてい、世話をしてくれた大人への好意や敬意に満ちている。大人になってから幼年時代を思い返してみた際に、スタッフが採用した手法に反発を感じることもあったが、それでも彼らの世話により大いに助けられたと認めている。本章の冒頭で紹介したブーヘンヴァルトの少年たちも同様である。この子どもたちは、最初に彼らを助けようとした大人たちを困らせ、怯えさせた。だが最終的には、彼らを精神病質者だと断じたエクイの受入センター長の呪縛から解放された。なかにはのちに目覚ましい業績を残した子どももいる。その一人であるエリ・ヴィーゼルは、のちにホロコースト文学の白眉《はくび》とされる作品を執筆した。アウシュヴィッツやブーヘンヴァルトでの体験を記した自伝的小説『夜』〔村上光彦訳、みすず書房、二〇一〇年〕である。一九八六年にはノーベル平和賞も受賞している。ちょうどそのころ、ヴィーゼルは以前自分の世話をしてくれたジュディット・エマンダンジェに手紙を書いた。その手紙にはこう記されている。自分たちはフランスに連れてこられたとき、「あなたがたの助け、理解、心理テスト、施《ほどこ》しなど一切望んでいなかった」。だが、ＯＳＥのスタッフに救われて変わった。スタッフの取り組みに反発することもあったが、その努力は計り知れない恩恵をもたらしてくれた。「短期間のうちに、私たちはみな仲間であることに気づいた。そんな奇跡がどうして起きたのか？　その事実をどう説明すればいい？　私たちが信奉する宗教のおかげなのか？　あなたがたのおかげなのか？　実際、子どもたち全員が暴力に走ったり、ニヒリズムに陥ったりする可能性もあった。あなたがたは、子どもたちを信頼や和解へと導く術を知っていたのだ」[40]

第三章　引き取られる子どもたち

ローベルト・Bを引き取ろうとする人は誰もいなかった。

ローベルトは一九三六年八月、ハンガリーのブダペストで生まれた。労働者階級の両親のあいだに生まれたただ一人の子どもである。戦時中の体験は、当時ブダペストで暮らしていたほかのユダヤ人の子どもと変わらない。ブダペストに遅れてやって来たホロコーストは、ほかでは類を見ないほどの猛威を振るった。一九四一年か一九四二年ごろ、父親は強制労働部隊へと連れていかれ、以後その姿を見ることはなかった[1]。一九四四年夏には母親とともに、自宅近くの団地のなかにあった、政府指定の「黄色の星」をつけた家に強制的に入居させられたが、これについては何も覚えていない。いちばん最初の記憶は、母親の手により、スウェーデンの外交官ラオル・ヴァレンベリの保護下にあった隠れ家に預けられ、そこに取り残されたときのことだ[2]。隠れ家には子どもが大勢いたが、ほとんどが家族と一緒ではなかった。ローベルトの母親は日曜日ごとに会いに来てくれたが、「母親が来ない日もあった」という。

泣いている子がいつもたくさんいたが、みな年下だった。自分が泣いていたかどうかはわからないが、母親が来なかったときに悲しかったことは覚えている。がっかりしたし、寂しかった。ずっと窓際に座って、母親の姿を求めて外を見ていたよ。寒かった。秋になりかけのころでね。そんなふうにして窓をいじっていたよ[3]。

どしゃ降りのある秋の日、兵士が隠れ家にやって来ると子どもたちに怒鳴り散らし、すぐに外に出て通りに並ぶよう命じた。子どもたちは雨のなか、長いあいだ立たされてずぶ濡れになったのち、ブダペストのゲットーに連行・監禁された。ローベルトは、ゲットーに連れてこられると大人の世話を受けられなくなった。そこからどう逃げ出したのかは記憶にない。覚えているのは、急いで通りに出て、上着から黄色の星を引きちぎったことだけだ。その後、どうにか自分の家族を知っている女性を見つけ、おばが偽造書類を使って隠れている場所へ連れていってもらった。そしてそこで、おばやその子どもたちとともに潜伏生活に入った。やがてソ連の赤軍がやって来てブダペストが解放されたとき、ローベルトは八歳だった。

だが、解放されても生活が落ち着くことはなかった。ローベルトは、このおばの家から別のおばの家へ、その後間もなくまた別のおばの家に預けられた。おばたちは誰彼かまわず、ローベルトの母親の行方を尋ねた。ベルゲン・ベルゼン強制収容所から生還したかつて近所に住んでいた人は、母親もそこにいたと思うと述べていたが、確証はなかった。当時のローベルトは世話の焼ける子どもで、家出をしたり、感情を抑えられず、いとこに暴力を振るったりすることがよくあった。そのためおばたちは一九四六年、ローベルトを養護施設に入れることにした。

ローベルトはこの施設が大好きだったという。そこは、子どもたちのパレスチナ移住を推進するシオニスト〔シオニズムの信奉者。シオニズムとはパレスチナにユダヤ人の民族的拠点を構築しようとする思想・運動を指す〕たちが、キブツ〔イスラエルの集産主義的協同組合〕として運営している施設だった。そこでローベルトは、ほかの子どもたちと遊び、ぜいたくなプールを楽しみ、自分がユダヤ人であることを学んだ。「自分がユダヤ人だと実感するようになったのは、あそこにいたときからなんだ。それまでは、ユダヤ人だから迫害されているなんて知らなかった」。施設のスタッフは子どもたちにヘブライ語を教え、パレスチナに移住したいという気持ちを植えつけようとしたが、「移住にはあまり興味がなかった。水泳や木登りに夢中だったからね」

そんなある日、ローベルトは何の前触れもなくスタッフから、結局パレスチナには行かず、代わりに北アメリカへ行くことになったと告げられた。JDC（アメリカ・ユダヤ人合同配分委員会）のハンガリー支部が、「ユダヤ人戦争孤児」一〇〇〇人をカナダに連れていく事業の対象者として、ローベルトを選んだのだ。のちのインタビューによれば、ローベルトはそのころ、おばたちがテーブルを囲んで不愉快な話をしているのを耳にした。おばたちは、姉の唯一の子どもがいなくなったら、姉の家庭の家具を誰が相続するのかを相談していたのだ。それでもローベルトは列車に乗ってフランスまで行き、そこでカナダ行きの船が来るのを待った[4]。フランスで渡航を待ちながら、ローベルトはどこにも自分の居場所がないことを痛感したという。

> どこにも居場所がない、自分を大切に思ってくれる人がいないという感覚だった。それは、私の行動にも現れた。私のなかにある粗暴なもの、抑えられないものが繰り返し現れるんだ。もっとおとなしい子どもだったら、おばのうちの誰かがそばに置いてくれたかもしれない。でも、私は絶えず問題を起こしていたから、おばたちの手には負えなかったんだろうね。

一九四八年一二月下旬、ローベルトはカナダへ渡った。ハリファックスに到着すると、列車でアルバータ州のカルガリーまで連れていかれ、そこの里親に預けられた。だが里親は、すぐにローベルトを持て余し、ほかの家庭に預けるよう願い出た。二番目の里親も、結果は同じだった。そこで、この事業で孤児の世話を担当していたカナダ・ユダヤ人会議（ＣＪＣ）は、ローベルトをウィニペグに連れていくことにした。ウィニペグには大きなユダヤ人コミュニティがあるため、そこでならいい里親が見つかるのではないかと考えたのだ。一九四九年二月、一二歳になったローベルトはウィニペグに移ったが、そこでも里親は短期間のうちに三度替わった。ブダペストのおばたち同様、大人たちはみなローベルトに手を焼いた。当時の記録を見ると、ローベルトは「見た目がよく」、頭もよく、愛情に飢えていたが、「きわめて感情的で怒りっぽく、どの行動を見ても、きわめて情緒不安定なことがわかる」とある。[5] また、こうした感情の暴発に加え、精神的な苦痛が具体的な症状となって現れた。夜尿症である。この症状は、ホロコーストを生き延びた多くの子どもに共通して見られた。実際、子どもたちの個人ファイルには、夜尿症という記録が頻繁に見られる。だが、精神分析学の素養があるスタッフであれば、それを心理的トラウマが生み出す症状だと認識できたが、一般の保護者にそんな賢明な見方はできなかった。[6] ローベルトがもっと大きな都市に預けられていたら、社会福祉機関のスタッフが、こうした身体的・感情的問題は、ホロコーストを生き延びた子どもに広く見られる現象に過ぎないと見なしてくれたかもしれない。だがウィニペグにはホロコーストを生き延びた子どもなどあまりおらず、地元の機関であるユダヤ人家族局も、ローベルトにどう対処すればいいのかまるでわからなかった。ウィニペグには「適切な精神医学的指導に役立つ人材も情報もない」との記録もある。家族局は結局どうすることもできず、ローベルトを非行少年施設に送致した。[7]

八歳のときにブダペストのゲットーから逃げ出して以来、ローベルトの世話をしたがる大人は一人もいなかった。ローベルトを引き取ろうとする人がいなかったわけではない。シオニストが運営していた養護施設は、パレスチナへ連れていこうと彼を引き取った。ＣＪＣは、孤児救護事業の一環として彼を引き取った。カナダの里親たちも、彼を養子として引き取ろうとしたが、異常な経験をした子どもの心理的要求に応える心がまえができていなかった。だが一九五二年、すべてが変わった。子どものいない四〇代のユダヤ人夫婦が、ウィニペグのユダヤ人家族局を訪れ、養子を希望したのだ。夫婦は、ローベルトを養うことに同意した。すると、半年もしないうちに夜尿症が治った。「私の行動に、実に大きな変化が起きた。落ち着いて行動できるようになった。間違いなく言えるのは、私もその家族の一員であり、そこが自分の居場所なのだと感じられたということだ」。ローベルト・Bの戦後の放浪は、新たな国、新たな言葉の新たな家族に出会えたことで、一六歳になってようやく終わりを迎えた。

*

ローベルトの人生の物語が示すように、終戦直後の数年間、大人たちはホロコーストを生き延びた子どもたちに相矛盾する関心を抱いていた。子どもたちを貴重な生き残りと見なす一方で、心身が損なわれた存在とも見なしていた。確かに、戦時中のホストファミリー、生き残った親類、地元のユダヤ人機関、海外の機関、養子をとってもいいと考える家庭はいずれも、少なくとも表面上は、生き残った子どもの引き取りを申し出た。だが実際には、問題を抱えた子どもの世話を引き受けようとする大人が見つからない場合もあった。

本章で紹介するのは、戦後の人道支援機関が好んだ表現を用いれば、みな「同伴保護者のいない」子どもたち、つまり戦後に一人きりになった子どもたちである（ただし、生き残った両親や家族が一人もいないというケースばかりではない）。「同伴保護者のいない子ども」は、戦後の大人の関心のかなりの部分を占めており、彼らを誰が引き取るのかという問題にまつわる大人の不安を解き明かせば、大人が象徴的・政治的・イデオロギー的観点からこうした子どもをどう見ていたのかがわかる。この「同伴保護者のいない子ども」は、ホロコーストを生き延びた子どもたちの過半数にも満たない。戦時中から両親や親類と一緒にいた子どもが大勢いるほか、戦後すぐに生き残った家族のもとへ戻った子どもはそれ以上にたくさんいる（後者の子どもについては次章で取り上げる）。終戦から数年後のJDCの推計によれば、大量殺戮を生き延びた子ども一八万人のうち、JDCの支援を受けた子どもは一二万人いた。その内訳を見ると、JDCが出資する三五〇以上の養護施設で支援を受けた子どもが三万二〇〇〇人、家族を介して支援を受けた子どもが八万五〇〇〇人である。[8] だが「同伴保護者のいない」子どもたちは、終戦後の数年間、その身体や心に対する方向性の異なるさまざまな要求によ り、あてどなくさまようはめになった。戦時中のホストファミリーは、長年世話してきた子どもを手放すのを嫌がった。地元のユダヤ人機関は、人口統計学的・象徴的観点から、子どもたちをユダヤ人コミュニティの未来のシンボルと見なし、地域や国のユダヤ人コミュニティを再建するために子どもたちを引き取ろうとした。生き残った親類たちは、純粋な愛情から、殺害された家族への義務感から、ほかに生きている家族がいないからなど、さまざまな理由で子どもを引き取ろうとした。ヨーロッパ以外のユダヤ人支援機関は、人道的な理由から、あるいは、その事業に出資しているコミュニティのメンバーがユダヤ人の子どもを養子に望んでいたために、子どもたちを引き取ろうとした。こうして子どもたちが国家・家族・宗教間の引き取り競争の対象になると、彼らを引き取るプロセスには、それだけ強い思い、多額の出費、コミュニティの多大な努力が必要になった。だが、生き残りや象徴として子どもを引き取ることと、個々の人間として子どもを育てようとすることとのあいだには、大きな違いがある。競合する要求の対象になった当の子どもたちは、それをたちまち思い知らされることになった。

子どもを引き取ろうとする大人の多くは、ホロコーストを生き延びた子どもの身体を、歴史の意味や記憶を伝える場、哀れみの対象、罪のない弱いもの、矯正可能なもの、ヨーロッパなどに暮らすユダヤ人の未来を構成する一要素と考えていた。子どもを引き取ろうとする際に、しばしば大人の念頭にあったのは、この象徴としての身体だった。すなわち、破壊されたユダヤ人コミュニティを復活させてくれる存在、苦い過去があったことを具体的に思い出させてくれる存在、次世代のユダヤ人家庭を再建してくれる存在としての身体である。だが実際の身体は、精神的苦痛が夜尿症や吃音《きつおん》症、失語症などの「問題行動」となって現れている場合が多く、そんな理想的な考え方にはうまくなじめなかった。その結果なかには、身体はさまざまな人から求められはするが、彼らを心から育てたがる人は誰もいないという痛ましい奇妙な状況に置かれる子どももいた。

その一方で、子どもの身体の引き取りを希望する大人が、子どもの心を同様に重視するケースも、言うまでもなくあった。これは特に、子どもが戦時中、キリスト教徒のホストファミリーにかくまわれていた場合にあてはまる。ユダヤ人支援機関は戦後数カ月から数年のあいだ、キリスト教徒の家庭が戦後になってもユダヤ人の子どもを返さないのではないかという不安に駆られていた。それは、実際にわずかながらそのような訴訟事件が起き、裁判が広く報道されたことにより、いっそう深刻なものとなった。こうした不安から、ユダヤ人支援機関は、キリスト教徒の家庭や組織に隠されている子どもの数を絶えず過大に見積もった。ユダヤ人の子どもにキリスト教の洗礼を施す組織的な取り組みが行われているのではないかと危惧し、これらの子どもの大半が実際には「キリスト教の手に落ちたのではなくガス室の餌食《えじき》に」なっていたことに気づかなかった。[9] 当時のユダヤ人人口の減少、殺害されたユダヤ人コミュニティのメンバーに対する義務感、戦後のコミュニティの地位に関するユダヤ人指導者の懸念を考えれば、こうした不安を理解できないわけではない。だが、すでに述べたように、子どもたちをユダヤ人社会に取り戻そうとする試みは、子どもたち自身の複雑な感情的反応にぶつかった。幼い子どもたちはそれまでの数年間、ユダヤ人だから危険な目にあうのだということを、いやというほど学んでいた。そのため、絶えず自分のルーツを隠そうとしてきた。なかには、自分がユダヤ人であることを完全に忘れてしまった子もいる。もっと幼い子は、そもそも自分がユダヤ人であることを知らなかった。それに、大人は子どもの心をめぐる争いのなかで宗教や民族にこだわったが、子どもたちはむしろ、これまでなじんでいた安全な環境を離れたくないという思いのほうが強かった。

こうした競合する要求が子どもたちの環境にも影響を与え、すでに述べたように、絶え間ない移動や、せっかく抱いた愛着心が絶たれてしまう安定しない生活を経験することになった。子どもたちは戦後、驚くほどあちこちへと移動した（あるいは移動させられた）。ホストファミリーにかくまわれていた子どもは、ユダヤ人支援機関か生き残った親や親類に引き取られた。支援機関のなかには、地域規模、国家規模、国際的な規模（UNRRA〈連合国救済復興機関〉やJDCなど）のものもあれば、海外に拠点を置いているものもある。海外の支援機関が、自国のユダヤ人家庭の養子として子どもを希望する場合もあった。その結果子どもたちは、短期間のうちに、ホストファミリーの家庭から地域の支援機関が運営するユダヤ人養護施設に、その養護施設からUNRRAやJDCが運営する受入センターに、その受入センターからヨーロッパを離れる船へと連れていかれ、あっという間に新しい国の養親や里親の家庭に入り、話せもしない言語で自分の気持ちを伝えなければならなくなった。この混沌としたプロセスのどこかで、生き残った親類が割り込んだり、手を引いたりするケースもある。こうして子どもたちは、引き取り手から要求されるまま全世界へと送り出され、ありとあらゆる形で自分たちの世界を再構成させられるはめになった。戦後にヨーロッパを離れた子どもは、ホロコーストを生き延びた子どもたちの過半数に及ぶ。このように、子どもを引き取るプロセスと世界規模の移住とは緊密に結びついていたのである[10]。

こうした問題をはらむ引き取りプロセスのなかで、大人が子どもをどう見なしていたのか、あるいは子どもたち自身がこのプロセスにどう対処したのかは、さまざまな要素により異なる。たとえば、子どもの年齢そのものが、一つの重要な要素となった。数多くの引き取り手が熾烈な競争を始めると、同じ子どもでも年齢によって需要に差が生まれ、できるだけ幼い子どもが望まれるようになった。幼い子どものほうが適応力や回復力が高く、従順なため、大人の意のままに育てられると思われたからだ。同様に、子どもの心身に異常がないかどうかも重視された。身体疾患や重度の情緒障害を抱えている子は、移住事業への参加を認められず、なかなか里親を見つけられなかった（それどころか、生き残った家族が育てるのも難しかった）。また、子どもが完全な孤児かどうか、あるいは必要なときに孤児のふりができるかどうかも重要だった。一部の財政支援事業や養護施設は孤児のみを対象としており、大半の移住事業は孤児しか受け入れていなかった。のちに見るように、生き残った親が、子どもの引き取り競争をいっそう複雑にしてしまうケースもあった。

子どもの性が重視される場合もある。養親や里親になろうとする家庭は、女児を希望する傾向があった。社会階級も、ときには重要な要素となった。裕福な家庭、教養のある家庭の子どもは、地元や海外の支援機関により養子縁組の準備が進められる可能性が高く、実際に養子になるときにも裕福な家庭に預けられる場合が多かった。だがその一方で、生き残った家族が戦後あまりに貧しくなってしまい、子どもを引き取れなかったケースもある。終戦直後にヨーロッパ全域で見られた「子ども村」や養護施設には、生き残った家族はいるものの、その家族に子どもを引き取るだけの金銭的余裕（および心の余裕）がないという子どもが大勢いた。社会階級とホロコーストとの関係については本書で詳しくは触れないが、戦後の親や家族の財力が子どもの生涯に影響を及ぼした可能性は十分にある。
そして最後に、子ども自身に大人が求める役割を演じる能力や意欲があったかどうかも、重要な要素になったことは言うまでもない。その点で子どもたちは、見かけよりもはるかに主体的だった。自分が引き取り競争の渦中にいることを自覚できたばかりか、自分の希望に合わせてそれに対処することもできた。子どもたちは戦時中に、自分のアイデンティティを巧妙につくりあげる術や、自分の一部だけを大人に見せ、ほかの部分は隠しておく術を学んでいた。そのため戦後になり、自分たちをつくり変えようとする力にさらされたときも、この引き取り競争を巧みに利用し、自身の道を切り開いていくことができた。

*

戦後のユダヤ人支援機関にとって最大の関心事は、戦時中にキリスト教徒の家庭にかくまわれていた子どもをどれだけ取り戻せるのかという点にあった。だが彼らの不安は、実際の問題の規模と比べると、あまりに過剰なものだった。というのは、戦時中のホストファミリーの大半は、別れを惜しみながらも何の抵抗もなく、地元や国のユダヤ人支援機関に子どもを引き渡していたからだ。戦時中に大勢の子どもがかくまわれていたヨーロッパの国々で、ホストファミリーから子どもを引き取り、生き残った家族のもとへ返したりユダヤ人養護施設に連れていったりするという複雑な感情を伴うプロセスを担当していたのは、こうしたユダヤ人支援機関だった。[11] 支援機関のスタッフをそのような仕事に駆りたてたのは、地域や国のユダヤ人コミュニティの仲間を増やしたいという思いだった。つまり、子どもたちが「自分たちの手を離れ」ないようにするためである。[12] 引き取りの際に抵抗されることはほとんどなかったが、これらの支援機関は、あらゆる子どもをユダヤ人の手に取り戻すためなら、法的措置や誘拐、受け戻し金の支払いさえためらわなかった。歴史家のダニエラ・ドロンが指摘しているように、支援機関のスタッフやユダヤ人コミュニティの指導者たちは、戦争によりユダヤ人人口が激減したいま、「ユダヤ民族の将来は、ユダヤ人の子どもを一人残らず取り戻せるかどうかにかかっている」と考えていた[13]。

こうした意識から、ユダヤ人コミュニティの指導者たちは、反対の証拠があるにもかかわらず、解放後もキリスト教徒の家庭にかくまわれたままになっている「行方不明の子どもたち」が大勢いると執拗に思い込んでいた。一九四七年には、ロンドンの《ジューイッシュ・クロニクル》紙の記者が、こうした子どもの捜索にまつわる絶望的な状況を描写している。

強制的な棄教から子どもたちを救うのは、最大の宗教的義務である。良心的なユダヤ人は、両親の殉教を経験した子どもたちの霊的保護を、何よりも果たさなければならない。（中略）だが、これらのユダヤ人孤児に先祖の信仰を取り戻させようとする取り組みは、あらゆる障害に直面している。大虐殺を免れたイスラエルの子どもの生き残りにこそ、われわれにとって最大の希望があり、可能性がある。自分の霊的価値を信じる人は誰も、自分たちの未来の「資産」を奪われるのをよしとしないだろう。いまだこの世界の倫理的運命を担っていると信じているわれわれユダヤ人は、われわれから子どもを奪おうとする他者のいかなる権利も認めない。それなのにキリスト教会の重鎮たちは、孤児たちの残酷な状況を利用することさえためらわず、子どもたちがその霊的遺産を取り戻すのを妨害しようとしている[14]。

この大仰《おおぎょう》な筆致は、戦後のユダヤ人支援機関がいかに事態を憂慮していたかを反映している。フランスのユダヤ人支援機関は、こうした「行方不明の子どもたち」が三〇〇〇人はいると確信していた。イギリスの支援機関の推計では五〇〇〇人、アメリカの支援機関に至っては、キリスト教徒の家庭や施設に隠されている子どもがヨーロッパ全域に二万人いると述べている。[15] だが、多額の資金を投じた必死の努力にもかかわらず、ユダヤ人支援機関がキリスト教徒の家庭にいると思い込んでいた大勢の子どもは見つからなかった。それは、妥協を認めないキリスト教会が妨害したからではなく、そんな子どもは存在しなかったからだ。戦時中にキリスト教徒の家庭にかくまわれていた子どもの大半は、何の問題もなく引き取られた。たとえばベルギーでは、戦時中にキリスト教徒の家庭に預けられていた一八一六人の子どものうち、一九四六年一二月までにイスラエル人戦争被害者支援協会（ＡＩＶＧ）に引き取られなかった子どもは、八七人だけだった。[16] 一九四八年には、ユダヤ人児童高等委員会がフランスで「行方不明の子どもたち」の調査に乗り出し、夏季休暇中の青年を雇って田舎を徹底的に捜索した。この捜索は結局、一九四九年五月まで行われたが、いまだホストファミリーとともに暮らしているユダヤ人の子どもが確認された事例は、わずか五九件だけだった。[17] つまり、戦後キリスト教徒の家庭にかくまわれていた子どもの問題がこれほど懸念されたのは、それが現実だったからではなく、ユダヤ人の指導者や組織がそれだけ、ヨーロッパのユダヤ人の生活を破壊しようとする組織的な取り組みが戦後もまだ終わっていないのではないかと不安視していたからにほかならない。ユダヤ人は戦後も、コミュニティの「未来の『資産』」となる子どもをめぐって闘いを続けていた。いわば戦争の最終章である。[18]

さらに、世間の注目を浴びた一連の法廷闘争がこうした不安をさらにあおった。なかでももっとも有名なのが、フィナリ家の二人の少年にまつわる裁判事件である。二人の親はオーストリア系ユダヤ人で、戦時中はフランスのグルノーブルに避難していたが、やがて拘束され、移送・殺害された。だが子ども二人は、カトリック系の児童養護施設の館長アントワネット・ブランの保護下に置かれていて無事だった。ブランは戦後、二人の少年を生き残ったおばに返すのを拒み、二人の養育権をめぐる法廷闘争は一九五三年まで続いたという[19]。同様の事件はそのほかいくつもあり、世界中のユダヤ系メディアがそれぞれの裁判を詳細に報じた。たとえば、五歳のルート・ヘラーは一歳のころから、オランダのキリスト教徒のホストファミリーのもとで暮らしていた。戦後、生き残ったおじやおばがホストファミリーを相手に裁判を起こし、パレスチナにいる自分たちのもとにルートを送るよう要請したが、敗訴している[20]。一九三六年にベルギーのアントウェルペンで生まれたシラ・ベルンシュタインは、母親とともにパリに逃げたが、結局は自分だけ、パリに暮らすボワイエという老夫婦にかくまわれることになった。その後、家族はみな殺害され、母方のおばだけが生き残った。戦後、おばがシラの行方を探すと、シラは熱心なカトリックの信者になっていた。おばはパリで訴訟を起こし、シラの「養育権は最近親者にある」と主張したが、裁判所は判断を保留し、シラがボワイエ家にとどまることを認めた[21]。また、両親がフランスから東ヨーロッパへと移送されてしまったため自力で生きていくほかなくなったアナ・サンブレルは、ディジョン付近の農場に身を隠したが、そのホストファミリーはアナを奴隷のようにこき使った。アナは一九四九年、農場の建物の一部に火をつけ、懲役五年の判決を受けた。すると、この判決に世界中が憤慨した。《ニューヨーク・タイムズ》紙の記事にはこうある。「こうした事例はアナだけに限らない。ユダヤ人組織が修道院や家庭から数千人の子どもを取り戻してはいるが、いまも農場に暮らし、野蛮な里親の意のままに使われている子どもが、フランス全土にまだ数百人いると言われている」[22]。こうしたメディア報道は読者に、ユダヤ人の子どもたちを奪い取ろうとするキリスト教徒の壮大な陰謀があるのではないかという印象を与えた[23]。

こうした法廷闘争が続いた結果、ユダヤ人支援機関は、キリスト教徒のホストファミリーや施設から子どもを取り戻すためにはどんな手段もいとわないようになった。そのような手段の一つとして法的措置を講じる場合もあったが、圧倒的に多かったのが、ホストファミリーから迅速かつ強制的に子どもを奪い取るケースである。ポーレット・Sは一九三八年三月、パリで暮らしていたポーランド系ユダヤ人の家庭に生まれた。その後、子どもたちは児童援助協会（OSE）の手引きで田舎にかくまわれたが、両親は拘束され、移送・殺害された。ポーレットは、OSEから偽造書類やサバティエという偽の名字を与えられると、姉とともに移動を繰り返した。そして最終的に、シャトールー近郊のシャティヨン＝シュル＝アンドルという村にたどり着き、そこでアンリエット・ガトーという女性の世話を受けた。ポーレットは数十年後、当時のことをこう回想している。「あのころは、戦時中を通じていちばん幸せな時期だった。食べ物にも家庭の温かみにも恵まれたし、愛され、大切にされていると感じられた。ガトーさんは自分のことを『ガトー母さん』と呼ぶようにと言ってくれた」。ガトーは終戦直前の数カ月間、二人の少女を保護した。一九四四年夏、ドイツ軍が退却途中にこの村を通り、住民に発砲するなどの蛮行を働いた。その際、ガトーのパートナーだったピエール・ドリヴォーが手ひどく殴打され、のちにそのけがにより病院で死亡した。だがポーレットには、怖ろしいと感じた記憶がまるでない。むしろガトー家には、心から安心でき、愛されていると感じられた初めての場所だったという記憶しかない[24]。

一九四四年九月、その地域は完全に解放された。二人の少女は解放後もそのままガトーとともに暮らし、ポーレットによれば、それ以外の選択肢について話し合った記憶もないという。だが、それから一年余りが過ぎたころ、ポーレットと姉は突然、OSEによりガトーから引き離されることになる。

一九四五年一一月、ガトーさんの娘リュシエンヌさんを病院に見舞いに行った帰りのことだった。リュシエンヌさんは男の子を出産したばかりだった。天気のよいのどかな午後で、私たちは家に向かって歩いていた。私は道端の花を摘んでいたので、ガトー母さんや姉から少し遅れていた。そのとき突然、黒い車が停まり、黒いスーツに帽子をかぶった二人の男が出てきて、私たちを捕まえた。「怖がらなくていい。私たちはユダヤ人だ。あなたたちを連れ戻しに来た」という。すると、ガトー母さんの叫び声が聞こえた。「二人は私の子なの。連れていかないで」。それから何年ものあいだ、この言葉が頭から離れなかった。ガトーさんは私を愛し、優しくしてくれた。彼女と暮らせてとても幸せだった。

私はそれから何年もあの二人の男を憎んだ。当時は、二人のやり方があまりに乱暴に思えたから。あんな人たちと一緒に行きたくなかった。ユダヤ人になりたくなかった。のちになって、子どもをかくまっていた人たちのなかには、子どもとの別れを拒んでいる人もいることを知った。子どもたちを好きになったからという人もいれば、子どもたちに洗礼を施していて、「子どもたちの魂を救い」たいからという人もいる。あるいは、お金を目当てに子どもの引き渡しを拒み、多額の報酬を要求する人もいる。でも、ガトー母さんはそのどれにもあてはまらない。せめて、きちんとお別れの挨拶をする時間が欲しかった。[25]

OSEなどの支援機関が、ホストファミリーから子どもを力ずくで奪い取るようなまねをしたのは、子どもたちの心をユダヤ教へ回帰させるというより大きな使命があったからにほかならない。戦時中、潜伏生活を強いられていた子どもたちは、自分がユダヤ人であることを隠さなければならなかった。そのため、キリスト教徒の名前を名乗り、キリスト教徒のアイデンティティを身につけ、キリスト教徒としての過去をつくりあげた。なかには、ホストファミリーから反ユダヤ主義的な思考を植えつけられた子どももいる。こうしてユダヤ教の記憶が薄れるにつれ（幼い子にはそんな記憶さえなかった）、子どもたちはユダヤ教を有害なものと見なし、こう考えるようになった。ユダヤ人が迫害されるのは、ユダヤ人がそれだけのことをしてきたからに違いない。ほかに選択肢があるのなら、わざわざユダヤ人にならなくてもいいのではないか？　実際、ホストファミリーが子どもたちを安全に保護できるのは、ユダヤ人ではないからだ。子どもたちは、ユダヤ人として暮らしていた過去のことをうっかりもらしてしまえば、この安全な生活を失わなければならないことを、十分すぎるほど承知していた。その結果、ポーレットのように避難先でさほど宗教に触れる機会がなかった子もいるが、なかにはカトリックの教義に強い関心を寄せる子もいた。こうした事情があったため、OSEなどのユダヤ人支援機関は戦後、子どもたちを「正常」なユダヤ人に急いで戻そうと、戦時中のホストファミリーから子どもたちを奪い取り、彼らをユダヤ的に組織された養護施設に預け、さまざまな形で「ユダヤ的」環境に触れさせた。こうした養護施設には、宗教的にきわめて厳格なところも、またイディッシュ語やヘブライ語の教育に熱心なところもあれば、最終的には子どもたちのパレスチナ移住を目指すシオニズム的な目的に支えられたところもあった。だが、ユダヤ教に回帰するどころか、カトリック信仰を隠れて続けようとする子どももいた。かくまわれていた子どもたちは、自分のアイデンティティの一部を隠す方法を熟知していた。実際、ポール・フリードマンはヨーロッパの難民キャンプで、子どもたちをユダヤ人コミュニティに戻そうとする意欲に満ちたシオニストの青年指導者に会い、以下のような記録を残している。

子どもたちは当初、青年指導者に大いに反発し、非ユダヤ人の里親のもとに帰りたがったが、彼らがいるべき場所はもはやそこではなかった。青年指導者の話によると、子どもたちの逃亡を防ぐため扉に施錠しなければならないことも多いという。それでも指導者は、子どもたちの問題はすべて解決し、彼らをユダヤ教信仰に回帰させることに成功したと思い込んでいた。子どもたちが枕の下に十字架や祈禱書を隠していることを私が指摘しても、過去の思い出に対する無害な執着にすぎないと言って無視する。だが残念ながら、多くの子どもたちとこの問題について話し合った結果、私はこの指導者ほど楽観的にはなれなかった。子どもたちの多くは、ユダヤ人であることを明かせば殺されるかもしれないと思い、それを何年も秘密にしてきた。そのため、ユダヤ人であることに深い葛藤を抱えている。[26]

言うまでもなくフリードマンは、こうした要求が子どもの心や情緒にもたらす影響を懸念していた。子どもたちの目から見れば、十字架やロザリオに固執するのは、戦時中の自己を捨てるよう求める大人に対し、それを少しでも守り抜こうとする決意の表明にほかならなかった。

*

ホロコーストを生き延びた子どもたちにとって終戦直後の数カ月間あるいは数年間は、情緒や生活物資だけでなく、住む場所も安定とはほど遠い状況にあった。その人生は、この時期に性急になされた判断により終生にわたる影響を被った。当時到来しつつあった冷戦時代の地政学の余波を受け、子どもたちは世界のありとあらゆる場所に送り出された。[27] こうした状況のなか、養育権争いに巻き込まれた子どもは、自分が望む家庭から引き離される問題に直面したが、それよりはるかに多くの子どもが、それとはまったく異なる問題に直面した。住む家がないという問題である。戦時中の子どもたちは、ホストファミリーにかくまわれていただけではない。強制労働をさせられていた子ども、強制収容所やゲットーにいた子ども、中立国や連合国に逃げていた子ども、森のなかに身を潜めていた子ども、パルチザン部隊と生活をともにしていた子どもなどもいた。こうした子どもたちのたどる道は、戦後さまざまに分かれたが、生まれた町や地域に戻る子どもはほとんどいなかった。数万人ものユダヤ人の子どもはむしろ、新たな家や新たな家族、あるいは新たな市民権を求め、放浪を始めた[28]。

この国境を越えた移動プロセスのなかで、多くの子どもは、戦後に占領されたドイツやオーストリア、イタリアに設置された難民キャンプを経験した。一九四七年夏にヨーロッパの難民キャンプにいたユダヤ人は、二五万人に及ぶ。占領下のドイツだけで、およそ一八万二〇〇〇人である。これはかなりの数だが、戦争により追い出され、強制的に移住させられた人々が推計一〇〇〇万人いることを考えれば、ごくわずかでしかない[29]。いずれにせよ占領下ドイツは、大人も子どもも含め、戦後に行き場を失ったユダヤ人が集中する主要拠点となった。

難民キャンプを訪れた子どもたちは、UNRRA(連合国救済復興機関)やJDC(アメリカ・ユダヤ人合同配分委員会)など、国際的な人道支援組織の養護スタッフの世話を受けた。一九四三年一一月に設立されたUNRRAは終戦後、難民キャンプの管理を担当した。アメリカ、イギリス、カナダから主に資金提供を受けており、スタッフの大半はアメリカ人とイギリス人だった[30]。このUNRRAは、JDCと密接に連携して活動していた。JDCは、ユダヤ人難民だけでなく、ヨーロッパ各国のユダヤ人生存者を支援する地域的・全国的組織にも資金を提供していたアメリカの支援組織である[31]。UNRRAもJDCも、ケースワーク・モデルによる「科学的」アプローチを通じて、子どもの出自、親の居場所、生きている家族の有無、その子ども特有のニーズに応じた支援を行った。また、生き残った子どもたちを収容していた養護施設や集合センターをネットワーク化し、そのネットワークを維持・管理した（こうした施設にいた「同伴保護者のいない子ども」の六〇パーセントが、ユダヤ人の子どもだった）。さらに、子どもたちを難民キャンプからどこへ送り出すべきかを検討した。[32]

この最後の活動では、複雑なイデオロギー的問題に加え、厄介な政治的問題にも悩まされた。難民キャンプにいるユダヤ人の子どもたちの大半は東ヨーロッパから来ていたが、必ずしもそこに戻りたがっているわけではなかった。一九四五年後半ごろから、ドイツやオーストリアの西側占領地域の難民キャンプに、難民の波が続々と到着するようになった。ポーランドなどで続く反ユダヤ主義的暴力に直面していたユダヤ人生存者たちが、パレスチナ移住を目指す「ブリハ（脱出）」と呼ばれる半組織的な地下運動の一環として、難民キャンプに連れてこられたのである（彼らは俗に「侵入者」と呼ばれていた）。ブリハで東ヨーロッパを逃れてきたのは、ドイツに占領されたヨーロッパで戦争を生き延びた人たちばかりではなかった。東ヨーロッパのユダヤ人のなかには、ソ連という荒涼たる隠れ家に逃げた人もかなりいた。そのなかには、シベリアや中央アジアにまで連れていかれた者もいる。こうした人たちが、一九四六年の難民帰還協定に従い、ソ連の奥地からポーランドに戻ってきた。だが、そこには知っている人も残っている財産も何もなかったため、西側の難民キャンプに非合法的に逃れようとする人々の列に加わったのである。こうして東ヨーロッパを逃れてきたユダヤ人は、推計二〇万人に及ぶ。同伴保護者のいないユダヤ人の子どもは、ポーランドから来た子どもだけでも七〇〇〇人ほどいた。[33]

UNRRAなど、難民キャンプの子どもの世話をしていた支援機関が驚いたことに、こうした「侵入者」の子どもはたいてい一人で来ていたが、必ずしも家族がいないわけではなかった。ブリハによりパレスチナに移住できることを願い、あるいは戦後に反ユダヤ主義的虐殺が続いていた東ヨーロッパから逃れるため、生き残った親類や家族が子どもだけを西側に送り出すケースもあったからだ。一九四六年秋に公表されたＵＮＲＲＡの報告書には、ドイツのアメリカ占領地域に「子どもの侵入者」二万人が到着しており、そのうちの六〇〇〇人が保護者を伴っていなかったが、実際にはその大半が、ほかの難民キャンプか出身国に家族がいると思われる、とある。ブリハの指導者は、パレスチナに移住できる可能性が低くなるおそれがあるため、家族がいることは言わないよう子どもたちに指示していたという[34]。ＵＮＲＲＡがこの侵入者たちをとりわけ問題視していたのは、難民がキャンプにいつまでもとどまることを望んでいなかったからだ。一九四五年二月のヤルタ会談で、ＵＮＲＲＡは戦争難民を出身国に帰還させることに同意し、同年春には一日あたり八万人以上の難民を本国に送還した[35]。だが侵入者たちには、本国送還を受け入れることなどとうていできない。そのため難民の数は、一九四六年から一九四七年にかけて増加の一途をたどった[36]。

ブリハの指導者がこうした侵入者の最終目的地として想定していたのは、パレスチナだけだった。だが、当時イギリスの委任統治領だったパレスチナはいまだ、そこへの移住を望む大半のユダヤ人難民には手の届かない場所だった。というのは、一九三九年のマクドナルド白書〔ネヴィル・チェンバレン政権の植民地大臣マルコム・マクドナルドが発表〕により、パレスチナへの入国ビザの発給が一月あたり一五〇〇件に制限されていたからだ。密入国を試みて捕らえられた者は、ヨーロッパに送り返されるか、当初は現地アトリットの拘置施設に、のちにはキプロスの拘置施設に抑留された[37]。ブリハなど、難民キャンプ内で勢力を増しつつあったシオニスト組織の指導者たちは、ユダヤ人難民の数が増えているいまこそ、定員制度を撤廃するようイギリス政府に圧力をかけるチャンスだと考えた。そのため、ＵＮＲＲＡやＪＤＣは難民キャンプに収容されている子どもたちの心理状態を憂慮し、なるべく早く子どもたちを安定した家庭に送り届けたいと思っていたのに対し、難民キャンプのシオニスト組織は、いまだパレスチナには手が届かないにもかかわらず、行き場を失った子どもたちをパレスチナへ移住させる以外の解決策を受け入れようとしなかった。こうして子どもたちは、なるべく早くキャンプから解放してやりたいと願うUNRRAなどの支援組織と、なるべくキャンプにとどめておきたいと願うシオニスト組織とのあいだで板挟みになった。[38]このような緊迫した雰囲気のなか、当時のUNRRAの記録にはときどき、子どもたちがこっそり「消えた」という記述が見られる。これは、ブリハが非合法的に子どもたちをパレスチナに連れていったことを示唆している。だが、その子どもたちの多くはキプロスの拘置施設に抑留されるだけに終わった。[39]

こうした厄介な状況は、海外のさまざまなユダヤ人支援組織の介入により、さらに複雑な様相を呈した。これらの組織は、子どもたちを難民キャンプから解放して外国の安全な家庭に連れていこうと、独自の事業を推進した。とりわけイギリス、カナダ、オーストラリア、南アフリカの四カ国は、地元のユダヤ人コミュニティの財政支援を受け、孤児となったユダヤ人の子どもを自国へ連れてくる「戦争孤児」救護事業を展開した。またアメリカも、移住ビザ制度を緩和し、移住に必要な「共同宣誓供述書」を支援機関が孤児に提供できるようにした。これらはすべて、家族や家庭、コミュニティを破壊され、心理的な問題を抱えた子どもにとって、移住は心の回復にプラスの影響を及ぼすという前提に基づいている。だが、こうした事業はその一方で、できるだけ健康な子ども、有能な子ども、幼い子どもを確保しようとした。身体障害（先天的なものであれ、戦争による負傷によるものであれ）のある子どもは一般的に、こうした移住事業から除外された。心理的障害の兆候が顕著な子どもも同様である。また、年長の子どもを対象外と見なす場合もあった。何歳までを子どもと見なすかは、事業によって異なる。UNRRAは、一七歳まではすべて子どもと見なしていた。カナダやイギリスの「戦争孤児」救護事業は、一八歳程度までの子どもを受け入れていたが、南アフリカの事業は一二歳を上限としていた[40]。

海外の支援機関は、その活動を人道的支援と表現し、不衛生な難民キャンプに収容されているユダヤ人の子どもの「救護」を謳ってはいた。だが実際のところ、そのスタッフは、ある特性を持つ「戦争孤児」を求めて、キャンプ内を探しまわっていた。つまり、適応性がある孤児、あるいは養子に適している孤児である。彼らは、将来生産的な市民になれるような心身ともに健康な子ども、母国の里親が容易に養育できそうな幼い子どもを望んでいた。「戦争孤児」救護事業は、それを実施する国のユダヤ人コミュニティからの寄付により成り立っていた。こうしたコミュニティが資金を提供した背景には、救護という理念だけでなく、過去を捨てて新たな文化や国籍を受け入れられるほど幼い子どもを養子に迎えてコミュニティを拡大したいという思いもあった。だが、これらの事業のスタッフは、幼い養子候補者を求めてキャンプ内の捜索を始めたとたん、失望に見舞われた。というのは、移住事業に適した幼い子どもがなかなか見つからなかったからだ。支援機関は資金提供者に、これは生き残った幼い子どもがほとんどいなかったからだと報告しているが、実状はもう少し複雑だった。実際のところ、大人の保護を受けられない幼い子どもが生き残るケースなどほとんどなく、誰が本当に「同伴保護者のいない」子どもなのかを判断するのが難しかったのである。

いずれにせよ、こうした状況により、難民キャンプなどで活動するさまざまな機関や組織のあいだで、幼く健康な子どもをめぐる熾烈な争奪戦が始まった。フランスの児童援助協会（OSE）やベルギーのイスラエル人戦争被害者支援協会（AIVG）など、各地域・各国の支援機関は、それぞれの保護下にある子どもを横取りされまいとした。AIVGは、移住という過酷な手段を選択できるのは大人だけだと主張し、OSEは、その管理下にある子どもを手放すのに難色を示した[41]。これらの組織はいずれも、JDCからの多額の資金援助に頼って児童養護事業を運営していたが、こうした国外からの干渉にはためらいなく反発した[42]。また、冷戦が本格化し始めると、ソ連の衛星国から子どもを引き取ることも次第に難しくなった。ときには、海外の支援機関同士が直接競争を演じる場合もあった。たとえば、カナダ・ユダヤ人会議（ＣＪＣ）のスタッフが、以下のような不満を述べている。カナダ人スタッフが難民キャンプに到着したころには、「オーストラリアや南アフリカのユダヤ人代表団がすでにヨーロッパに派遣されており、定員分の子どもを獲得しようと積極的に活動していた」[43]

そのうえ、キャンプ内のシオニスト組織や〈イスラエルのためのユダヤ機関〉からの圧力もあった。これらの組織は、子どもや若い家族を、自分たちの政治戦略における重要な象徴的・戦略的要素として利用していた。子どもたちは特に、生存者たちが迫害者の土地に不当に閉じ込められているというイメージの強化に役立つからだ。そのような観点から、キャンプ内のシオニスト組織も国際的なシオニスト組織も、「ヨーロッパにいるほとんどの幼い子どもたち」の引き取りを主張した[44]。海外の支援機関のファイルを見ると、そのスタッフがこうしたシオニストの方針を妨害行動と見なしている証拠が無数にある。たとえば、イギリス中央基金（ＣＢＦ）のスタッフは一九四五年一一月、ロンドンのブルームズベリー・ハウスにある本部にこう報告している。占領下ドイツの現場では、「不穏な動きが蔓延」しており、「キャンプ内のシオニストがイギリスの非ユダヤ人家庭について悪い噂を吹き込み、子どもたちをキャンプから解放しようとする活動を妨害している」[45]。オーストラリア・ユダヤ人福祉協会（ＡＪＷＳ）の会長も、ＪＤＣの幹部に以下のような不満を述べている。

一部の組織が数百人の子どもの引き渡しに反対している理由がわからない。そうすれば子どもたちは、ひどい状態のヨーロッパから直ちに解放され、民主的なユダヤ人コミュニティで援助を受けられるというのに。私は常々、パレスチナの結果がどうなろうと、ほかの地域のユダヤ人コミュニティは強化していかなければならないと主張してきた。コミュニティが発展すれば、いつでもパレスチナ獲得に必要な資金を提供してくれるようになる。[46]

こうした状況を考えると、ホロコーストを生き延びた幼い子どもが一人でもヨーロッパ以外の地域へ移住できたら奇跡だと思うかもしれない。だが実際には、過半数の子どもがヨーロッパからほかの地域へ移住した。それは、ヨーロッパの状況がきわめて流動的であり、それによりいくつものチャンスが生まれたからだ。第一に、ポーランドで続く反ユダヤ主義的暴動を受け、一九四六年から一九四八年にかけて、ドイツのアメリカ占領地域の難民キャンプにユダヤ人「侵入者」が殺到し、その数が急激に増えてキャンプを圧迫していた。[47] 一九四八年までに、東ヨーロッパからドイツに密入国したユダヤ人は、およそ二五万人に及ぶ（そのなかには孤児も大勢いた）。これらの生存者たちは、苛立ちを募らせる一方だった。パレスチナへ移住しようにも入国できず、一九四八年になってようやくイスラエルが建国されると、それに伴い第一次中東戦争が勃発した。[48] ドイツにいては人口圧力が高まるばかりであり、パレスチナやイスラエルはいつまで待っても手が届かず、もはや魅力的な最終目的地ではなくなっている。その結果、生存者たちは大人も子どもも、別の移住ルートを求めるようになった。こうして海外の支援機関にも、「同伴保護者のいない」子どもを引き取るチャンスが到来したのである。[49]

第二に、冷戦の性質が変わり、それが難民キャンプなどで子どもたちの世話をしていた支援組織にも影響を及ぼした。UNRRAは一九四六年以降徐々に解体され、国際難民機関（IRO）に置き換わった。これにより事実上、人道支援については東ヨーロッパと西ヨーロッパの分離が確定した。[50] IROは主にアメリカの財政支援を受けており、ソ連がそれに参加するのを拒否したからだ。その結果、UNRRAの本国送還方針は中止せざるを得なくなり、その代わりにIROは、難民をヨーロッパからほかの国へ移住させる選択肢を模索するようになった。また、ちょうどそのころから、大規模な国際支援機関が予算を削減し始めた。JDCが一九四七年秋に活動予算の大幅削減に踏み切ると、OSEなどの各国支援組織の予算はその影響をもろに受けた。その結果OSEでは、自分たちが保護している孤児を手放し、国際的な移住事業に委ねようとする機運が高まった。JDCの予算が削減されたうえ、パレスチナへの移住も依然として困難である以上、そうするほかない。OSEはやがて、保護している子どもたちが離れていくのを認める協定を海外の支援機関と結んだ。こうして子どもたちは、自分が行きたい場所について選択肢を与えられることになった。また、遠くの国に親戚がいる子どもをそこへ連れていく取り組みも進められた[51]。

こうした状況の変化を見れば、「戦争孤児」救護事業において英語圏の国々がほかの国より成功した理由もわかるだろう。イギリスでは一九四五年春、CBFが内務省から、難民キャンプのユダヤ人孤児一〇〇〇人をイギリスに連れてくる合意を取りつけた。一九四五年八月には、この事業に基づく最初の子どもたち三〇〇人がイギリスに到着した[52]。ところが、CBFは結局、ユダヤ人孤児一〇〇〇人という目標を達成できなかった。その原因は、主にタイミングにあった。一九四五年一一月、CBFのルース・フェルナーはロンドンに宛て、以下のような楽観的な電信を送っている。「子どもは優に一〇〇〇人以上おり、さらに多くの子どもたちが毎日イギリスやアメリカの占領地域に入ってきている」。しかしそれから一カ月もたたないうちに、シオニズムをめぐる「緊迫」した状況により希望は打ち砕かれた。「子どもたちはパレスチナ行きを望んでおり、イギリスへ連れていける見込みはない」[53]。この状況を、解放された強制収容所で生きていた子どもがほとんどいなかったからだと説明するスタッフもいたが、事実はそうではない。移住に適した子どもたちの大半は、すでにほかの組織が予約ずみだったのである。

だが、ほかの国の「戦争孤児」救護事業は、たまたま現場に駆けつけるのが遅かったために幸運に恵まれた。遅れた理由の一端は、英語圏の国々に限らずどの国でも、終戦直後の時期には移住が厳しく制限されていた点にある。「戦争孤児」救護事業は、その移住制限を徐々に緩和へと向かわせる最初の具体的な一歩となるものだったが、それゆえに、その事業を政府に認めさせるには多大な時間と労力が必要となった。たとえばオーストラリアの場合、ＡＪＷＳは戦時中に政府から、子どもの難民三〇〇人を受け入れる合意を取りつけていたが、移送に関する規制のため、結局戦時中には一人も渡航させることができなかった。だが戦後、政府は戦時中の合意を延長し、一九五〇年にこの事業を終了するまでに、合計三一七人の子どもを受け入れた。カナダの事業（これについては以下で詳しく取り上げる）は、一九四七年にようやく始まった。当初の目標は一〇〇〇人だったが、一九五二年までに少なくとも一一一六人を受け入れている。[54]ほかの国には、保護者のいないユダヤ人の子どもに特化した事業はないが、こうした国の支援機関もまた、戦後に移住制限を緩和し、一部の難民を受け入れるよう政府に要請している。その結果、ホロコーストを生き延びた子どもたちは、アルゼンチン、ブラジル、ニュージーランド、ケニヤなどにも移住したが、もっとも多かったのはアメリカである。

一九四五年、ペンシルバニア大学法学部長、アール・ハリソンが難民キャンプの現状を痛烈に批判した報告書を提出すると、それを受け取ったトルーマン大統領は一九四五年一二月二二日、支援機関が移民に共同宣誓供述書を提供するのを認める指令を発布した。アメリカでは法令により、移住を希望する者はその宣誓供述書の保証人になってくれる親類がいなければならないが、この指令は、その必要がなくなったことを意味する。当時はまだ定員が厳格に定められてはいたものの、移住を希望する子どもはこの指令により、アメリカに親類がいなくても、合衆国ヨーロッパ児童保護委員会

（ＵＳＣＯＭ）などの機関が提供する共同宣誓供述書を提出すれば移住できるようになった。こうして一九四七年一二月までに、ＵＳＣＯＭが提供する共同宣誓供述書により、「将来の市民候補」となる孤児一一七〇人がヨーロッパからアメリカにやって来た。ただし、その子どもの大半はユダヤ人ではない。だが、一九四八年七月に最初の難民法が可決されるとアメリカの移民政策はさらに緩和され、一九四八年から一九五二年までのあいだに一一万人ものユダヤ人難民がアメリカに移住した。そのうちのどれだけが子どもなのかはわかっていない[55]。

こうした政策や活動はいずれも、一九四五年から一九五〇年代初頭までの時期に、子どもたちをめぐる競争がいかに熾烈だったかを教えてくれる。子どもたちはこれほどたやすく、人口的・地理的・象徴的・政治的区分に従って展開された大人の争いの対象にされたのだ。だが、支援機関が残したファイルを見ると、どんなに幼い子でも、それぞれの大人の関心をうまく利用する術を十分に心得ており、それによりヨーロッパを脱け出し、新たな国の新たな家庭に入る道を自ら切り開いていったことがわかる。ではここで、このプロセスにおいて子どもたちが歴史的主体としていかに行動してきたかを検証するため、ＣＪＣの「戦争孤児」救護事業の事例を見てみることにしよう。この事業は、同種のさまざまな事業のなかでもとりわけ広範囲に及んだが、ある興味深い問題をはらんでもいる。その問題をひもとけば、子ども、支援機関、養親や里親となる家族が織り成す三角関係のなかにも、子どもたち自身の希望を受け入れる余地があったことがわかる。

＊

カナダのユダヤ人コミュニティを代表してその事業を管理していたカナダ・ユダヤ人会議（ＣＪ

C）は、戦時中からカナダ連邦政府に対し、ヴィシー政権下のフランスにいる子どもの難民一〇〇〇人を受け入れるよう要請していた。だが、カナダ連邦政府は移民に懸念を抱きつつこれに同意したものの、連合軍の北アフリカ侵攻を受け、ナチ・ドイツが一九四二年一一月にフランスの自由地域の占領を始めたため、戦時中の救出計画は不可能になってしまった。戦争が終わると、CJCは先の合意を復活させようとしたが、その取り組みは、カナダ連邦政府内の一部の幹部に見え隠れする反ユダヤ主義と衝突した。ユダヤ人難民の受け入れを拒むこの幹部たちの抵抗により合意の復活は遅れ、再び一〇〇〇人の子どもの受け入れが決まったのは一九四七年になってからだった[56]。この事業を認めた一九四七年枢密《すうみつ》院令にはこうある。「一八歳未満のユダヤ人孤児」一〇〇〇人について、「両親をともに失い」、身体的・精神的健康に関する標準的な移住条件を満たしている場合に限り、カナダへの移住を認める、と。この法令にはまた、この事業の財政についてはCJCがその一切の責任を担うと定められていた[57]。

カナダのユダヤ人コミュニティも当初は、この事業の活動を、資金面も含めて積極的に支援していたようだ。実際、幼い子どもをカナダのユダヤ人家庭に養子として迎え入れて「救護」しようとする熱意が高まっていた。CJCの当時の文書史料には、この事業を通じて幼い子どもを養子に迎えたいと思っている夫婦（子どもがいない夫婦が多かった）からの手紙が無数にある。CJCの役員で、この事業の主要発起人の一人でもあるマンフレッド・ザールハイマーに至っては、希望する家族の需要を満たせるほど孤児がいないのではないかと危惧していたぐらいだ。一九四八年五月に記したある夫婦への手紙には、カナダのユダヤ人コミュニティには紹介できる孤児よりも「養子縁組を望む家庭」のほうがはるかに多いとある[58]。だが、養子を迎えたがっている家庭は希望する孤児についてきわめて偏狭な考えを持っており、「できるだけ幼い女の子」、「六歳か七歳ぐらいのユダヤ人少女」、「八歳未満の小さい女の子」、あるいは「五歳未満の男の子」を要望した[59]。こうした要望や、CJCが少なくとも当初はそんな要望を受け入れていた事実を見れば、CJCもそれを支えるコミュニティも、新たな環境に順応でき、自分のイメージどおりに育てられる幼い子どもを引き取りたがっていたことがわかる。地方メディアのある時事評論家はこう述べている。子どもたちは「最良の入国市民になるかもしれない」。というのは、「一〇代に入る前にこの国に連れてこられた子どもは、母国の記憶をほとんど持たず、母国語として私たちと同じ言葉を話し、カナダ人として成長することになる」からだ、と[60]。

カナダの戦争孤児救護事業は、養子縁組を目的とした移住を強調していた点で、ほかの国の事業とはやや異なる。イギリスやオーストラリアの事業では、子どもたちは主に、個人の家庭ではなく、特別に用意された養護施設や宿泊施設に預けられた。イギリスの場合、これは、外国生まれの子どもの養子縁組が一九五〇年代半ばまで法律で認められていなかったからでもあるが、それ以上に大きな理由がある。イギリスの支援機関にはすでに、戦争直前のキンダートランスポート事業〔ナチスの過酷な迫害にさらされたユダヤ人の子どもを疎開させる救護活動〕により、一九三八年から一九三九年にかけてイギリスにやって来たユダヤ人の子どもおよそ一万人に対し、里親制度を適用した経験があった。その際、実家や家族から離れざるを得なくなってもなお親への愛情を抱き続けている子どもが、個人の家庭にまったくなじまないケースが多々あったのだ。だが、カナダの事業の役員たちは、そうした愛情がこの事業の妨げになることはないと考えていた。CJCのスタッフはヨーロッパへ飛ぶと、ドイツのアメリカ占領地域にあるUNRRAが運営する児童センターで養子候補者を集めた。そして、その子どもたちの様子を数カ月間観察するとともに、国際捜索局（ITS）の中央登録簿を利用して両親や親類の所在を確認した。間違いなく孤児だと確認できた場合に限り、カナダへ送ることになっていたからだ[61]。

だが、子どもたち自身はこの規定をよく知っており、それをクリアしようとさまざまな策を講じた。ときには、孤児だと主張していた子どもが、UNRRAの受入センターにいるあいだに親から手紙を受け取っていたことが発覚する場合もあった。そうなると子どもは一般的に、以前いた場所に返された。CJCに受け入れを拒否された子どもの個人ファイルには、そのいちばん上に鉛筆でメモが記されている。それを見ると、受け入れられなかった主な理由が、子どもたちが実際には孤児ではないのではないかと疑われた点にあったことがわかる。「保護者あり。母親がポーランドで暮らしている」、「対象外。ルーマニアに両親がいる」といった言葉が散見されるのだ[62]。CJCのスタッフであるエセル・オストリーは報告書のなかで、親が生きている疑いがありさえすれば、その子どもは対象外にしたと述べている。

たとえば、あるセンターで、一人の少女と一人の少年を引き渡され、二人はいとこ同士だと紹介された。しかし二人の聞き取り調査を行った結果、少女を対象外とした。母親が生きているという噂をよく耳にしたからだ。その後、この二人はいとこではなく、きょうだいであることが発覚した。そのため二人とも不適格とした[63]。

事業の対象者は孤児でなければならないと規定していたのは、CJCだけではない。イギリス、オーストラリア、南アフリカの事業すべてがそうだ。この規定はたいてい、中央政府の要請を受けたものだった。難民の子どもたちの移住さえ渋っていた中央政府は、その親の受け入れにはまるで関心がなかった。だが、ほかの国の事業とは違い、CJCは養子縁組にこだわっていた。それにより、本国において孤児に要求されるレベルが高くなった結果、事業は危機的状況に陥った。実際のところ、この事業により一九四七年から一九五二年にかけてカナダに連れてこられた一一一六人以上の子どもの大多数は、一五歳から一七歳の子どもであり、しかも男の子が女の子より二倍も多かった。[64]この数字を見てもわかるように、ＣＪＣは当初こそ家庭を必要としている子どもより養子を希望するカナダの家庭のほうが多いのではないかと楽観視していたが、そんな憶測はたちまち覆された。八歳未満の少女を混沌とした難民キャンプから救い出すことを夢見ていた家庭の人々は、思春期の少年の救護にはまるで関心を示さず、孤児を養子に望む家庭はあっという間になくなった。そこでＣＪＣは急遽、養子縁組事業から里親事業へとその戦略を転換した。子どもの心理的健康のためには児童養護施設より「親密な家庭環境」のほうがよく、里親制度は当座しのぎの代理策にちょうどいいと思えたからだ。[65]

ところがこの新たな方針は、ＣＪＣにも、子どもたち自身にも、ホロコーストを生き延びた子どもたちの心理的要求に対処する心がまえができていない里親たちにも、際限のない不満を引き起こした。第一に、ＣＪＣは施設での孤児の養育に反対していたにもかかわらず、子どもを受け入れてくれる里親が十分にいなかったため、多くの子どもが「受入センター」に預けられることになった。そこではさらに、予想外の問題が発生した。当時ＣＪＣは、事業の資金を調達するため、ありとあらゆる手段を使ってその活動を宣伝していた。だがそれは、孤児が好奇の対象になるという意図しない結果をもたらした。ＣＪＣは受入センターにいる子どもを家庭に移そうと、地元の人々がセンターの子どもたちに会いに来ることを奨励した。すると、「家庭を提供する意思などまったくない暇な野次馬が大勢」センターで時間をつぶすようになった。[66]地元の若者がセンターにたむろし、その数が孤児を上まわる場合もあったという。[67]

第二に、幼い子どもたちが、養子縁組、里親、センター受け入れという三つの制度の板挟みになった。ＣＪＣはいまだ、子どもたちの養子縁組に大きな望みをつないでいた。こうした希望がなお念頭にあったこともあり、ＣＪＣは里親に序列を設けた。「無償」の里親家庭（里親は子どもの養育費をすべて負担する）と、「有償」の里親家庭（ＣＪＣが子どもの生活費を負担する）である。二つのうちでは「無償」のほうが明らかに序列が上で、幼く「順応性の高い」子どもや、「間違いなく学業への適性がある」子どもに適用された。[68]そのため、「無償」の里親家庭では、養子縁組を望む里親が、このままその子を養子にできるのではないかとの過剰な期待を抱くようになった。すると間もなく、こうした過大な期待のために里親・里子関係が破綻してしまうケースも多かったことが明らかになった。一九五〇年代前半、ＣＪＣのスタッフは、トロントとモントリオールの「無償」里親家庭に預けた子どもたちの追跡調査を実施した。その結果によれば、「無償」里親家庭の大半が養育に行き詰まり、子どもたちはもっと期待や拘束の少ない「有償」里親家庭に移っていったという。[69]

ＣＪＣは養護施設よりも里親家庭を重視する姿勢にこだわったが、里親・里子関係の感情的側面まで考慮していなかった。里親は里子に、感情的にも法律的にも家族の一員になることを期待した。しかし、ＣＪＣが連れてきた「孤児」の多くは、そうした家庭環境が生み出すプレッシャーに否定的な反応を示した。この問題の一端は、大人が子どもに抱いていた思い込みから逃れられない点にあった。「ヨーロッパの失われた子どもたち」に関するメディア報道や、解放された強制収容所の映像から生み出された思い込みである。大人は子どもを「疲れ果てた、青白い、従順な幼い殉教者たち」ととらえ、[70]愛情あふれる家庭を与えれば大喜びするだろうと思っていた。ところが、子どもにも自分なりの考えがあると知って愕然とした。子どもには、いつまでも覚えていたいと思う以前の家の記憶もあれば、新たな国の新たな家庭の一員になってほしいという期待に反発する理由もあった。

子どもたち、里親家庭、ＣＪＣの三者関係に親類が強引に割り込んできて、子どもが将来どこかの正式な養子になるのを妨害・拒否する場合もあった。そんな事例は、カナダに限らず、戦争孤児移住事業が存在したほかの国でも、頻繁に見られた。親類は、自分では子どもを引き取る能力も意思もないのに、その子が無関係な家族の養子になることに反対する場合が多かった。そんな気持ちも理解できなくはない。生き残った親類もたいていは、戦後自分の生活を立て直すために、経済的にも精神的にも多大な努力を重ねてきたに違いない。家族がほとんど死んでしまったいま、さらにほかの家族を養子縁組で失いたくないという思いがあるのだろう。だが、CJCや里親（および一部の子ども）の視点から見れば、親類のこうした行為は、子どもを安定した家庭環境に置く取り組みを阻む一種の妨害行為でしかなかった。

一九三七年にポーランドのコマンツァで生まれたフレダ・Zは、一二歳の誕生日を迎えた一カ月後の一九四九年一一月、CJCの事業によりカナダに連れてこられると、養子を熱心に希望していた家族に預けられた。だが、フレダの立場はきわめて複雑だった。アメリカに姉が一人、兄が二人いたのだ。里親の家族は間もなく、彼女が肉親と里親のどちらを取るべきか悩んでいるのに気づいた。兄や姉は、彼女とアメリカで一緒に暮らすことを心から望んでいたが、ポーランド人の移住定員はすでにいっぱいであり、彼女がアメリカに移住できる見込みはほとんどなかった。一方CJCは、兄や姉が「フレダを養子に出すのを認めてくれる」ことを望んでいた。だが、そのような確約がなかなか来なかったため、フレダの里親は、生まれたばかりの里親・里子関係を断ち切らざるを得なくなった。フレダを担当したCJCのスタッフは、こう記している。「彼女の里親となった母親は養子を強く望んでおり、CJCにフレダを別の家庭に移してもらうよう要請してきた」[71]。フレダはそれから一年のあいだに、さらに二つの里親家庭を経験し、こうして連れまわされているうちに、養子にできない子どもを引き取りたがる里親家庭などないことに気づいた。アメリカで兄や姉と再会することも、カナダで安定した家庭を見つけることもできないのである。CJCの「戦争孤児」には、同様のケースが無数にある。子どもの個人ファイルのメモに、こうした状況に対する不満を記しているスタッフもいる。たとえば、一九三七年にチェコスロヴァキアのトルナヴァで生まれたトマス・Rを担当したスタッフは、こんな不満を述べている。その少年は、「このうえなく幸せな子どもという印象」を受けるほど魅力的なのに、預け先が見つからない。「少年を引き取った家庭はどこでもその子を養子に望んだ」が、ピッツバーグにいるおじやチェコスロヴァキアにいる親類が、養子に出すのを拒んでいる、と[72]。

里親養育や養子縁組のプロセスがもっとも混乱するのは、生きている親が突然現れた場合である。マルツェル・J（仮名）は、一九三五年にワルシャワで生まれた。個人ファイルの記録によると、一九四三年までワルシャワのゲットーで両親や姉のサビナとともに暮らしていたが、その後ゲットーから逃げ出して、あるカトリック教徒の農家に隠れ、その農場で働いていたという。だが、それ以降の経歴はきわめてあいまいになる。マルツェルはその後について、CJCのエセル・オストリーやアグラスターハウゼン児童センターのセンター長ラヘル・ロッタースマンにこう述べている。

一九四三〜四五年　解放までそこで働いたのち、姉や友人とともにそこを離れてウーチに向かい、その後一緒にドイツに行った。
一九四六年　ドイツのフロムベルク。姉や友人たちと隠れて暮らしていた。
一九四七年　ドイツのシュトゥットガルト。児童センターに連れてこられるまで、友人たちとそこで暮らしていた[73]。

オストリーもロッタースマンも、マルツェルと姉が戦後、ポーランドから占領下の西ドイツに非合法的に入国し、それほど長い期間どうやって自分たちだけで暮らしてきたのか疑問に思いながらも、子どもたちに対する通常の調査を行い、移住事業への受け入れを決めた。一九四八年六月、二人はカルガリーに連れてこられると、「無償」里親家庭に預けられた。CJCはこの里親家庭を高く評価していたらしく、「愛情や好意を重視するすばらしい家庭生活」を築いていると述べている。この里親によると、マルツェルは「愛嬌のある協調的な子ども」だったが、どこかおかしいところもあった。一方、姉のほうは打ち解けようとせず、「彼女の過去の物語が本当なのか嘘なのかわからなかった」という。そのため里親は、姉との関係には及び腰だったが、マルツェルのことは間違いなく気に入っていたようだった[74]。

ところが、こうした状況は一九四九年の秋に一変した。マルツェルがうっかり、母親が生きていること、それを最初からずっと知っていたことを漏らしてしまったのだ。マルツェルの個人ファイルのメモには、この知らせを聞いて衝撃を受けた里親やCJCのスタッフの様子が記録されている。

子どもたちはよく、ポーランド語で書かれたドイツからの手紙を受け取っていたが、その内容はR夫妻（里親）にも知らせていなかった。だが一九四八年一〇月のある日、マルツェルがその手紙のことをR夫人にうっかり話してしまった。それは、二人の母親からの手紙なのだという。それまでCJCもR夫妻も、二人の母親が生きていることを知らなかった。当然、R夫妻は母親が生きていたことを喜んだが、子どもたちがそれまで何カ月も嘘をつき通してきた事実には動揺せずにいられなかった。（中略）子どもたちを孤児として登録させたのは、母親だった。彼女は、自分が母親だと気づかれないように、名前まで変えていた。子どもたちには手紙で、一カ月以内に二人を追ってカナダに行けると伝えていたという[75]。

こうして、子どもたちが母親と協力して込み入った嘘を紡ぎあげ、カナダへ移住できるようこの事業を利用していたことが明らかになった。母親は、親子関係を隠すため名前まで変更していたが、子どもたちもまた、この計画に進んで協力していた。本当のことがわかると、子どもたちと里親との関係は終わった。サビナはすぐにほかの街へ移され、そこでウェイトレスとして働くことになり、里親とは完全に縁を切った。一方マルツェルは、里親のもとにとどまりたがったが、里親のほうはもはや、自分たちがマルツェルを望んでいるのかどうかさえわからなくなっていた。二人を担当したスタッフの記録によれば、一九五〇年五月、里親はＣＪＣの事務所に電話を入れ、マルツェルをほかの家庭に移してほしいと要請した。里親になった母親とマルツェルとの関係はすでに破綻していた。マルツェルは「まだＲ夫人を大変慕っていた」が、「そのころにはＲ夫人はもう、あらゆる責任から解放されることを望んでいた」という。一九五〇年七月、マルツェルは「里親の要請を受け」、その家庭を離れていった。[76]

マルツェルは結局、自分の希望を押し通すことができなかったが、もっと幼い「戦争孤児」が自分の意思を主張し、それを守り抜いた事例もある。ドロタ・Ｊ（仮名）は一九三八年、当時ポーランド領だったボリスラフ（現在はウクライナ領）で生まれた。個人ファイルのメモによれば、当初は両親とボリスラフで暮らしていたが、一九四三年に両親により非ユダヤ人の友人に預けられた。その後、さまざまな家庭を転々として戦時中を過ごし、一九四八年になってようやくおばがその居所を突き止めた。だがおばは、仕立職人を対象とする移住事業を利用してカナダへ移住する計画を立てており、[77]カナダで生活のめどがついたら「ドロタを引き取るつもりだった」という。こうしてドロタは、難民キャンプに送り込まれた。国際難民機関（ＩＲＯ）のスタッフは、調査を行ってドロタの両親がいないことを確認すると、CJCの事業への参加を認めた。そのメモには、ドロタは「好感の持てる魅力的な子」であり、父親がエンジニアを務める裕福な家庭の生まれだったため、「教養のある家庭に預け」、今後も学業を続けられるようにするのが望ましい、とある。[78]

CJCは、ドロタのおばが間もなくカナダにやって来ること、おばに子どもを引き取る意思があることを知っていた。だが、事態は瞬く間に複雑化した。というのは、CJCがドロタを「無償」里親家庭に預けると、ドロタと里親とのあいだに愛情が芽生えたからだ。個人ファイルの情報によるとドロタは、一九四八年一〇月にモントリオールに到着すると、その後間もなく、その街のウエストマウント地区にある、英語を話す裕福な里親家庭に預けられた〔モントリオールでは住民の七割がフランス語を第一言語とする〕。おばは、それからわずか数週間後に到着した。自分のめいが里親に預けられていると知って驚いたが、記録にはこうある。「とてもきれいで裕福な家庭だった。夫妻も感じがよく、七歳になる男の子がいた。ドロタは会うなり私に、ここで幸せに暮らしている、ずっとこの家で暮らしたいと言った」。里親も明らかにドロタがその家庭にとどまることを望んでおり、「一目で好きになった」とおばに伝えた。[79]当時、まだ成人したばかりだったおばは、そこからさらにヴァンクーヴァーに向かい、そこで友人と一緒に暮らして職を探すつもりでいた。つまり何の金銭的保証もなければ、思春期に入ろうとしている少女の世話ができるほどの余裕もない。そこでおばは、ドロタを里親の家庭に残し、単身西海岸へと向かった。

だがドロタもおばも、CJCや里親が知らない事実を知っていた。ドロタの父親が生きていたのだ。父親は職を失い、貧困にあえぎながらも、イスラエルで暮らしていた。個人ファイルのメモを見ても、一九四九年六月にこの秘密がどのように漏れたのかははっきりしない。いずれにせよ、里親もCJCも、この事実にすぐさま激しく反発した。ドロタ自身も同様である。そのころにはもう里親は、ドロタとの養子縁組を強く希望していた。だがケベック州では、このような状況での養子縁組は認められていない。ドロタを担当するＣＪＣのスタッフによれば、ドロタがいつまでも里親のもとにとどまることを認める同意書を父親から受け取ることもできるが、そのような同意書があっても「法律的には何の意味もない」という[80]。こうした事態は、里親にとってもドロタ自身にとっても大変な精神的負担になったようだ。里親の父親は、手紙でおばに怒りをぶちまけた。

私たちは犯罪者呼ばわりされることにうんざりしています。あなたは真実を隠しておられたようですね。最初から私たちの気持ちを知っていながら。しかし、父親が生きているという証拠がありませんから、父親の生存やドロタに対する権利を証明する法的文書をこちらに送るよう父親に伝えてください。できるだけ速やかにお願いします。それを受けて私たちは判断します。それができないようなら、直ちにこちらで法的手続きを始めます。ドロタがこれ以上精神的苦痛を受けるのを黙って見ているわけにはいきません[81]。

現代の読者であれば、生活の安定した裕福な里親家庭が、生活手段を失ったホロコースト生存者に対し、自分の生存や娘に対する「権利」を証明する法的文書を送るよう要求する行為に眉《まゆ》をひそめるかもしれない。だがこの場合は、ドロタ自身が里親の味方についており、六年間も会っていない父親のもとへ連れ戻されないよう積極的な行動に出た。家族に「きわめて不器用な手紙」を書き、自分の引き取りをあきらめるよう訴えた。ＣＪＣも、ドロタが里親の家庭にとどまれるよう支援した。その結果彼女は、実の家族のもとへ連れ戻されずにすんだようだ[82]。

ドロタのエピソードが興味深いのは、状況がもたらす結果を決める際にドロタ本人が重要な役割を果たしていた点だけではない。社会階級が意思決定に大きな影響を及ぼしていた点にも注目する必要がある。CJCは、ドロタが裕福な家庭の出身だったために、彼女を裕福な家庭に預けた。だが、ドロタの実の家族の以前の社会的地位は、子どもを引き取るうえで何の役にも立たなかった。戦後には無一文になってしまったからだ。CJCは、裕福な家庭で育った子どもは裕福な生活を続けるべきであり、それにより実の家族のもとへ帰らないことになったとしてもいたしかたないと判断した。

そんな経験をした家族は、ドロタの家族だけに限らない。戦前に貧乏だったか裕福だったかを問わず、戦後に経済的に困窮したり、安定した仕事や家を失ったり、入院を余儀なくされて家庭を再建できなかったりした大人は、自分の子ども（あるいは、おいやめい、幼いいとこ、孫など）を引き取ろうとする際によく、こうした乗り越えがたい壁に直面した。そんな親や親類のなかには、子どもの人生を考えれば、支援機関の保護下に置いておいたほうがいいのではないかと考える者もいた。支援機関も、たいていはそう考えた。このように、生き残った親や親類が家庭を再建する手段を失っていた場合、子どもを引き取る複雑なプロセスは、誰に金銭的余裕があるかという問題に大きく左右された。結局それが、家族に終生にわたり影響を及ぼすことになるからだ。

また、ドロタやマルツェルの事例を子ども自身の視点から見ると、子どもには現在のニーズや要求に合わせて過去を書き換えられる柔軟性があることがわかる。子どもたちは、大人のさまざまな要求に合わせ、巧妙かつ堂々と自分の過去をつくり変え、父や母が生きている事実さえ隠そうとした。大人の意図が錯綜するなかで、自分の意志を貫き通すために、情報や感情を隠したり、新たに確立された愛情を断ち切られるのを拒んだり、場合によっては自分の過去を意図的に修正したりした。だが、必要に迫られて生み出したこの偽りの過去が、やがて実際の人生の物語に深く絡みつき、どこまでが真実でどこまでがつくり話なのか、子どもたち自身にさえわからなくなっていく場合もあった。

第四章　家族との再会

一九四八年、カナダ・ユダヤ人会議（CJC）のスタッフは、バイエルン州フェルダフィングにある難民キャンプで、カナダへの移住に関心を示している二人の孤児を見つけた。ポーランドのプウトゥスク生まれ、当時一三歳だったイサク・Bと、その姉ミフラ（二人とも仮名）である。二人については、アメリカに住んでいるおば以外に身寄りを確認できなかったが、このおばには二人を引き取る意思も能力もなかった。二人は、もう三年も親族探しを続けていた。国際難民機関（IRO）の児童調査部も力を貸した。ポーランド赤十字社に問い合わせ、国際捜索局（ITS）にある行方不明の親族を探している人々のリストを確認した。また、行方不明の家族を探している生存者の名前を読み上げるラジオ・ジュネーヴの定期放送を通じて、家族に呼びかけもした。だが何の成果もなく、二人はカナダの移住事業の対象となる資格があると見なされた。イサクとミフラは海外渡航に備え、西部ドイツのアメリカ占領地域にあったプリーン国際児童センターに連れていかれた。カナダの戦争孤児救護事業に参加する子どもたちの主要集合拠点となっていた場所である。そこで二人は、CJCの担当者にこれまでの経緯を語った。二人の個人ファイルにはこう記録されている。

一九四三年、二人の子どもは両親により、あるポーランド人家庭に預けられた。両親はその数カ月後、プウトゥスクのゲットーで殺害された。子どもたちは、一九四四年一二月に解放されるまでそのポーランド人家庭にいたが、解放されるとすぐにウーチのユダヤ人児童センターに連れていかれ、そこで一九四六年八月まで過ごした。その後、ユダヤ人児童移送計画によりドイツに送られ、一九四六年一二月にフェルダフィング難民キャンプに到着した。[1]

イサクもミフラも両親は死んだものと確信し、一九四八年九月にカナダへ発ち、現地に到着するとすぐに里親に預けられた。「二人にとても気を配ってはくれるが、二人に元気を与えてくれるようなタイプではない中年の未亡人」である。[2]二人がこの新たな家庭についてどう思っていたかは記録に残されていない。

この子ども二人は、戦時中から戦後数年にかけて、目まぐるしいほどの生活の変化を経験してきた。実際、CJCが知っていたのは、二人の過去のほんの一部でしかない。イサクとミフラは、本人たちにしかわからない何らかの理由により、戦時中の経緯についてCJCのスタッフに嘘の証言をしていた。実のところ、二人は戦時中、ポーランド人家庭にかくまわれてなどいなかった。両親もプウトゥスクのゲットーに入れられてはいない。父親はポーランド軍に強制徴募されて以来、消息を絶っていた。子どもたちは母親とともにポーランドのロシア占領地域に逃れると、そこからシベリアに送られていた。一九四一年夏に東部戦線での戦闘が始まると、さらに中央アジアに送られた。こうしてソ連を構成する共和国の一つ、タジクの首都スターリナバード（現在のドゥシャンベ）に連れてこられたが、そこでの生活環境は最悪だった。発疹チフスやマラリアが蔓延しており、母親はひどく体調を崩して入院し、間もなく消息を絶った。戦後、子どもたちはポーランドに戻り、しばらくウーチに滞在していたが、のちにCJCのスタッフに告げたように、やがてブリハ（「脱出」を意味する地下運動）が計画した移送事業の一環としてフェルダフィングに送り込まれた。そこで、CJCが二人を見つけたというわけである。子どもたちがなぜ、戦時中の経緯について嘘をついたほうがいいと思ったのかはわからない。戦時中の数年間をソ連の辺境で過ごしたユダヤ人孤児にも、カナダの救護事業への参加が認められていたからだ。二人が嘘をつくことにした理由はどうあれ、結果的に二人はCJCを信頼し、理解しやすい「同伴保護者のいない子ども」の物語を捏造《ねつぞう》し、ノバスコシア州ハリファックス行きの船に乗った[3]。

だが、子どもたちの生活がようやく落ち着いたころ、意外な出来事が起きた。ポーランド赤十字社から、二人の母親が生きているとの報告があったのだ。子どもたちは耳を疑った。CJCのスタッフが一九四九年二月に残した記録にはこうある。「子どもたちは、母親が生きていることをまったく知らなかった」。記録はさらにこう続く。

二人は、母親は死んだものと思い込んでいたため、その知らせが信じられなかったようです。実際、何かの間違いではないか、自分たちを探しているのは誰かほかの人、たとえば親戚の誰かなのではないかと思っています。手紙に書かれていた住所を二人に教えましたが、二人が手紙のやり取りを始めるかどうかは疑問です。むしろ二人から、母親だというその人に、家族全員が覚えているような思い出を手紙に書き、写真を同封して送ってくれるよう頼んでくれと言われました[4]。

イサクとミフラが慎重な姿勢を見せたのも無理はない。ITSの公文書館にある二人のファイルには、一九四九年四月に記された以下のような文書がある（ちなみにこれは、ほかの公文書館も含め、この二人について確認できる最後の史料である）。

ポーランド赤十字社のドイツ代表団に、母親の住所について確認するよう書面で要請しました。母親に宛てた手紙が「宛先不明」で戻ってきたからです。赤十字社から返事があり次第、またご連絡いたします。[5]

結局、それ以降の手紙のやり取りはなかった。長らく姿を消していた二人の母親はまたしても消息を絶ち、以後二度と現れることはなかった。

＊

イサクとミフラのような事例は、決して珍しいものではない。すでに述べたように、終戦直後の時期は、生き残った子どもたちにとって不安定な苦難の時代だった。それは、親の死について知らされるのを覚悟しながらも、親が生きているのではないかとの希望もまだ抱いていた時期だった。養護施設にいた子どもたちは、解放から数カ月後あるいは数年後に、生き残った親が迎えに来てくれるケースがあることをよく知っていた。実際、行方不明だった親が養護施設に現れ、子どもを引き取っていくといった事例は、一九四〇年代後半どころか、一九五〇年代に入っても続いていた。そのため、こうした環境に置かれた子どもたちは、親が死んでいる可能性に対しても、親が生きている可能性に対しても心の準備をし、そんな相反する心の状態を数年にわたり維持しなければならなかった。このような不安定な状態に長く置かれていたことを考えれば、B家の子ども二人が、母親が生きている可能性に遭遇したときに疑念を抱いたのも当然である。母親は一九四二年にタジクで消息を絶っていた。その七年後にポーランドに生きて現れることなどあるだろうか？

本章では、戦後に家族と再会した子どもたちを取り上げる。両親ともに生きていた場合、片親だけ生きていた場合、あるいはどちらの親も生きておらず、親類と再会した場合などである。感情に訴える話題に事欠かない本書のなかでも、もっとも強い感情を呼び起こす一章と言えるかもしれない。一般的に、戦後の家族の再会というテーマには、ある種の強い思い込みがある。歴史家のレベッカ・ジンクスが述べているように、私たちは、ホロコースト関連の映画や文学によく登場する「家族の再会というカタルシスを引き起こす喜びの光景」に慣れてしまっている。そのため、そんなイメージを捨て、その場に繰り広げられるもっと複雑な現実に目を向けることがなかなかできない[6]。私たちには、生き残った子どもたちにとって、家族との再会はプラスになる、という思い込みがある。終戦後、生き残った身寄りが一人もいない子どもが大勢いたことを考え、家族と再会できた子どもは運がよかったのだと思いがちだ。だがイサクやミフラは、母親が現れたという知らせを聞いても、うれしそうな反応を示さなかった。それは、この二人に限った話ではない。家族との再会が、子どもたちを苦しめる難しい問題になることもあった。戦後に再出発したユダヤ人家庭は、きわめてもろかった。その理由はわからないでもない。すでに見たように、親子は戦時中、何年も離れて暮らしていた場合が多い。そのあいだに双方が大きく変わってしまった。親子はもはや、共通の言語を持っていなかった。子どもは、新たな名前、新たな宗教、新たな国を与えられ、戦時中のホストファミリーに強い愛着を抱いていた。幼くして親と別れた子どもは、両親や親類の記憶が一切なく、事実上見知らぬ人のもとに帰ることになった。

生き残った親や親類も同様に変わった。強制収容所に入れられたり、強制労働や奴隷労働に従事させられたり、身を隠したり、アーリア人のふりをして危険な生活を送ったりしていたため、解放時には肉体的にも精神的にも疲弊した状態にあった。前章で述べたように、大人たちは戦後、ひどい貧困に直面した。政府の補償政策も、まったくないか、あっても不十分なものでしかなかった。そのため子どもはときに、衣食住にも事欠く家族のもとへ帰ることになった。そんな環境にいた家族は、子どもの世話という重荷が増え、崩壊の瀬戸際に追い込まれた。こうして再会を果たした多くの家族は、経済的な不安定さに精神的な衰弱が重なり、悲惨かつ破滅的な状況に陥った。本書の調査の対象になった子どものうち、家族のもとへ帰った子どもは一人として、そのプロセスが容易だったとも楽しかったとも思っていない[7]。一般的に見て、戦後家族のもとに帰った「幸運」な子どもよりも、養護施設にいた子どものほうが、戦後の幼年時代は楽しく、安定したものだったと語っている。この事実を受け入れるのに抵抗があるとすれば、それは、生き残った子どもたちと家族との再会をハッピーエンドととらえる思い込みがそれほど強いからにほかならない[8]。

このように家族との再会を考えると、終戦から長い時間がたったのちも、家庭という親密圏ではいまだ闘いが続いていたことがわかる。これは、ささいな問題でも、まれな問題でもない。戦後にJDC（アメリカ・ユダヤ人合同配分委員会）の財政支援を受けた子ども一二万人のうち、過半数を大きく上まわる八万五〇〇〇人が、生き残った親（たいていは母親）や親類と暮らす生活に戻った。もちろん、不安定な環境における家族の再会は、ユダヤ人だけの問題ではない。作家のドロシー・マカードルは赤十字社の統計を引用し、戦時中に少なくとも片親を失ったヨーロッパの子どもは一三〇〇万人にのぼるとの推計を一九四九年に発表している。その後ヨーロッパ全域で、破壊された家族がたどたどしく戦後の生活を歩み始めた。ユダヤ人であろうがなかろうが、こうした親の多くが、子どもの世話をする手段どころか、その意欲さえ失っていたとしても、驚くにはあたらない[9]。

この家族の再統合プロセスにかかわったのは、当の家族だけではない。支援機関が家族の再会を監視・監督していた。そのためこれは、家庭という親密圏で起きた出来事でありながら、支援機関や支援組織という行政管理的な公共圏で起きた出来事でもあった。これらの組織は自分たちの価値判断を提示し、ホロコースト後の家族のあり方を決めるうえで重要な役割を果たした。つまり、再会は家族の親密なプロセスであると同時に、戦後民主主義における家族の役割に関する当時のイデオロギーの影響を受けた、実践的かつ政治的なプロセスでもあった。当時は、「核家族」という概念が優勢を誇った時代だった（この言葉そのものが、その起源が冷戦時代にあることを示している）。西ヨーロッパでは核家族が次第に、ファシズムや（冷戦が本格化したのちには）共産主義の集団優先主義的傾向から身を守る障壁になりうると考えられるようになった。タラ・ザーラも主張しているように、戦後の西ヨーロッパ諸国には、ナチズムが家族を破壊しようとしたのであれば、家族の復元はヨーロッパの救済につながるとの強い認識があった。こうして、戦後の大規模な人道支援プロジェクトを管理する多くの人々の心のなかで、家族の再統合プロセスと、より幅広い戦後復興のプロセスとが結びついた。とはいえ、戦前の家族のあり方に回帰するわけではなかった。ザーラが指摘しているように当時は、家族のあり方が再考されつつあった時期でもあったからだ[10]。再生される西ヨーロッパ型民主主義の基本的構成要素としての新たな家族像が構築され、政府や組織など、さまざまな関係者がそれを支持した。なかでも熱心に支持したのが、新たな分野の専門家たち、すなわち、UNRRA（連合国救済復興機関）やJDCなどの支援機関を代表する社会福祉スタッフ、児童福祉スタッフ、心理学者、精神科医たちである。彼らは、核家族を回復・保護する必要があると考えていただけでなく、専門家の手でそのプロセスを管理しようとした[11]。

すでに述べたように、これらの専門家は自分たちが、健全な精神、健全な情緒、健全な市民の育成を担う仕事をしていると考えており、こうした仕事と関連づけて核家族という概念を受け入れた。彼らを統括する支援機関は、当時のイデオロギーが求めるところに従い、子どもたちに必要な「支援や愛情の安定した裏づけや安心感」を提供できるのは「好ましい家庭環境」だけだと主張した（これはイギリス内務省の言葉でもある）[12]。実際、支援機関が当時発行していた公衆向けの資料には、よく家族の再統合が論じられ、破壊から再生へとスムーズな移行を果たす物語が掲載されていた。たとえば、合衆国ヨーロッパ児童保護委員会（USCOM）は、一九四七年一二月に公表した四半期報告書のなかで、一九四二年に救出されたジェルミナル・Lという少年の物語を紹介している。ジェルミナルの両親は南アメリカで暮らしており、「両親が南アメリカで築いてきた新たな家庭に少年がたどり着けば、家族は長らく待ち望んでいた喜ばしい再会を果たすことになるだろう」とある。だが、思慮深い読者がこの記事を読めば、五年も両親に会っておらず、もはや親と同じ言葉を話せなくなってしまった少年が、この「喜ばしい再会」をどう受け止めたのかと疑問に思うに違いない[13]。

支援機関が家族の再建をこれほど推奨したのは、新たに発展してきた精神分析学が支援機関の活動に影響を与えていたからでもある。戦後のこの時期、児童精神分析学界は核家族という概念のとりこになっていた。当時の社会福祉スタッフは、「親密な家庭環境が個人の成長や人格形成に欠かせないものだという考え方が確立されている」と主張していたが、実際にはこの概念はまったく新しいものだった[14]。この画期的概念を提唱し、一般大衆にまで広めたのが、戦時中にイギリスに避難してきた子どもたちを調査・研究したアンナ・フロイトとドロシー・バーリンガムである。二人は、家族（特に母親）から子どもを引き離すのは爆撃を受けるリスクよりも有害であると主張し、こう記している。「避難により子どもの生活にもたらされた利点は、家族と別れて暮らさなければならないという事実によって、すべて無に帰してしまうかもしれない」[15]。子どもを親から引き離せば、それだけで子どもの精神や情緒に有害な影響を及ぼすというこの新たな考えは、理想的な家族のあり方について、専門家にも一般の人々にも甚大な影響を与えた[16]。家族はなるべく一緒にいるべきだと主張した心理学の専門家は、フロイトとバーリンガムだけではない。フロイトのほか、メラニー・クライン、ドナルド・ウィニコットなど、戦後初期にイギリスで活躍した児童精神分析学者たちはみな、程度の差はあれ、母子の絆を重視するこの考え方を支持した。そのなかでも熱心に擁護したのが、やはり一般大衆によく知られていたジョン・ボウルビィである。ボウルビィは、子どもを親から引き離すことが、「犯罪者的な性格を生み出す顕著な要因になる」と訴えた。一九五〇年に世界保健機関のために作成した報告書では、幼年時代の「母性剝奪《はくだつ》」は、非行やうつ病、精神遅滞などのさまざまな精神疾患につながり、極端な場合には「感情の喪失」に至り、情緒的関係が損なわれた生涯をたどることになると述べている[17]。

だが、そんな支援機関も内部の書簡や報告書では、家族の再建という理想と厄介な現実とのあいだで綱渡りを演じていたことを認めている。支援機関が懸念していたのは、第一に生き残った親自身の問題である。支援機関のスタッフは、生き残った親（または親類）が子どもの世話を引き受けるにふさわしい精神状態にあるのかどうかを心配していた。これには、生存者（特に強制収容所を経験した生存者）について戦後に広まった偏見が影響している。すでに述べたように、戦後初期の大衆は、大人の生存者たちに対して、ナチズムにより精神を根本的に破壊され、強制収容所などに監禁されていたあいだに道徳的に退廃してしまったというイメージを抱いていた[18]。そのため支援機関のスタッフも、生き残った親は家族を再建するのにふさわしくないのではないか、とりわけ母親は「母性本能」を失ってしまっているのではないかと危惧した[19]。親が子どもを引き取るにふさわしい精神や道徳を備えているかどうかが疑問視されるようになると、支援機関は難しい立場に立たされた。家族の再統合を理念として擁護しながら、実際にはそれがしばしば失敗に終わることを知っていたからだ。実際、イギリス難民キャンプ児童保護運動という組織は、その事務局長自身が「子どもが『家に帰って』もみじめで不幸な生活を送らなければならないのは誠に悲しむべきことだ」と述べていたにもかかわらず、子どもが苦しむことが明らかな場合でさえ、再統合の方針を堅持し続けた[20]。

支援機関はまた、実際的な問題により、再統合された家族が窮地に陥る場合があることも知っていた。戦後にはＪＤＣなどの組織が数万ものユダヤ人家族に物質的な支援を提供していたが、それでもスタッフは、多くの子どもが親元に帰れば経済的苦難に直面することを認識していた。そのような懸念を抱いていたという点では、一部の親（および子ども）も同様である。そのためまれに、経済状況に対する懸念から、子どもを親元に戻さないよう支援機関が協力する場合もあった（前章のドロタの事例がこれにあてはまる）。さらに、前述したように、一部の移住事業が完全孤児のみを対象にしていたため、子どもを早くヨーロッパから連れ出すには、親が生存している事実を隠しておいたほうがいい、と考える親や子もいた。支援機関は、多くの「孤児」が実際には孤児ではないことを知っていたが、ときには嘘がもたらす成果を守り抜こうとする子どもたちに味方することもあった。

つまり子どもたちは、支援組織や生き残った家族が抱くさまざまな考え方や不安のあいだで板挟みになりながら、家族の再統合プロセスでもやはり主体性を持って行動していた。そうである以上、生き残った両親や家族のもとへ帰った子どもたちにどんな結果が待ち受けていたかを考察するだけでなく、子どもたちがその再会をどう受け止めたのか、再開された家族のなかで自分の地歩を確立するためにどんな闘いを繰り広げたのか、といったことも考察する必要がある。だが実際のところ子どもたちは、過去の記憶という領域では主体性を発揮できたが、家庭での過去の記憶をめぐる闘いになると、優位に立てることはほとんどなかった。

＊

「再会」した家族のなかには、すぐにまた離ればなれになる家族もあった。ホロコーストを辛うじて生き延びたかなりの数の親が、生き残っていた子どもを見つけ出し、戦時下のホストファミリーから子どもを引き取るために奮闘努力したにもかかわらず、その後間もなく子どもを養護施設に預けている。これは決して珍しいことではなかった。生き残った家族が経済的・精神的に不安定な状態にあったことを考えれば、驚くべきことでもない。当時は「同伴保護者のいない子ども」を受け入れるため、JDCが運営する養護施設やキブツ〔協同組合〕、児童センターがヨーロッパのあちこちに開設されていた。そのため戦争を生き延びた親は、子どもたちは家庭で暮らすよりこうした施設にいたほうがいい生活を送れるのではないかと考えた。そう考えていたという点では、一部の子どもたちも同様である。そのような親はたいてい、当初は一時的に施設に預けるだけのつもりだった。だが、施設に預けておいたほうが子どものためになると思っていると、預けている期間はいともたやすく長期化し、それがいつまでも続くことになる。実際、母親や父親が戦後の世界で地歩を築くまでのあいだ、一時的に子どもを施設に預けたものの、その期間が延びていくうちに親子関係が疎遠になり、しまいにはその関係を回復できなくなるケースもあった。

　戦後の養護施設に、親が生きている子どもが何人いたのか、正確なところはわからないが、大雑把な推計ならできなくもない。一九四六年九月の時点で、OSE（児童援助協会）の養護施設には一二〇七人の子どもがいたが、そのうち文字どおりの完全な孤児と言えるのは四分の一だけだった。ポーランドにも似たような統計があり、ポーランド・ユダヤ人中央委員会の養護施設に暮らしていた子ども八六六人のうち、完全孤児は二二八人だけである。[21] これらの数字がヨーロッパ全体の傾向を反映しているとすると、戦後施設で保護されていた子どもの四分の三は、少なくとも片親が生きていたと推測できる。また、施設に預けられることを子どもたちがどう受け止めていたのかも、推測できないことはない。マルツェルやドロタの事例でも見たように、一部の子どもは、支援機関の施設で保護を受けるのは、自分たちが望むもの、必要とするものを手に入れるための一時的な方策だと認識していた（二人の場合で言えば、ヨーロッパから移住するためである）。こうした計画に子ども自身が加担している場合もあった。最終的には外国で家族が一緒になるため、あるいはドロタの場合のように、家族のもとに連れ戻されないようにするためである。だが一般的には、施設に預けるという選択により将来どうなるかをはっきり考えないまま、施設に預けてしまう家族のほうが多かった。そのため、支援機関が保護している子どもたちを世界各地に移住させるようになると、「一時的」に施設に預けただけの子どもの行方が家族にはまったくわからなくなってしまうこともあった。

エルヴィン・Bは、まさにそんな経験をした。親がいるのに戦後に養護施設に預けられた大半の子どもとは違い、エルヴィンは戦時中ずっと母親のロサと一緒だった。離ればなれになったのは、戦後になってからである。エルヴィンは一九三七年五月、スロヴァキアのリプトフスキー・スヴァティ・ミクラーシュに生まれた。思い出せる最初の記憶は、父親が労働収容所に連れていかれたときの光景だった。

母に駅に連れていってもらうと、父がいた。ドイツ兵に連行され、持ちものをすべて奪われ、牛用の貨車に押し込まれるのが見えたよ。（中略）いまでもあの光景が目の前に蘇《よみがえ》る。記憶に残っていつまでも忘れられないんだ。四歳だった。父がドイツ兵にかみそりとかいろいろなものを奪われ、服を脱がされたところで、母が私を連れ帰った。[22]

その後間もなく、母親はエルヴィンとともに潜伏生活に入り、一時的な隠れ家や森のなかで暮らした。ロサには貴重なスキルがあった。若いころ、世界イスラエル同盟が実施していた交換留学に参加していたため、ドイツ語が流暢《りゅうちょう》に話せたのだ。そのため、隠れ家から隠れ家へ渡り歩く際には、息子にドイツ語で話しかけることで身を守った（エルヴィンにはドイツ語がまったくわからなかった）。終戦までそのような生活を続けていたため、一九四五年になるころには、エルヴィンの胃は飢えで異常に膨張し、ロサの脚はもう歩けなくなるほど腫れあがっていた。二人は馬車で、母親の故郷であるケジュマロクまで何とか帰ってきたが、そのころにはもう、ロサの体調は入院しなければならないほど悪化していた。エルヴィンは、馬車の後ろを歩いていたところをおばに保護された。おばはエルヴィンを家に連れていき、数カ月世話をしたが、結局はJDCが地元で運営していた児童養護施設に預けた。

エルヴィンの施設での生活はここから始まる。ほかの多くの家族同様、当初は一時的に預けただけのつもりだった。母親は肉体的に疲弊しており、少なくとも当初はとても息子の世話をできる状態になかった。だが母親は、体が回復しても息子を連れ戻さなかった。そのころになると、新たな問題が目前に迫っていたからだ。エルヴィンの拡大家族のなかで生き残ったわずかばかりの人々の目から見れば、スロヴァキアにいても未来はないのは明らかだった。彼らは、スロヴァキアからの移住を考え始めた。そんなとき、ブリハのスタッフがロサに、非合法的にパレスチナに渡航する話を持ちかけてきた。ただし、息子は連れていけないという。だがロサは、このチャンスに賭けてみることにした。というのは、エルヴィンが預けられているJDCの施設はキブツであり、最終的には子どもたちをパレスチナに連れていくつもりでいると聞いていたからだ。ロサは一九四六年、パレスチナに到着したが、密入国を試みたために拘束され、イギリス軍により最初はアトリット〔イスラエル・テルアビブ地区の都市〕、次いでキプロスの拘置施設に抑留された。一方、エルヴィンが暮らす養護施設ではそのころ、イギリスに移住させる子どもの選別が行われていた（そのような話がまとまった経緯についてはよくわかっていない）。その結果、エルヴィンは一九四六年春、サリー州リングフィールドのウィア・コートニー養護施設に送られた。家族は誰も、エルヴィンがイギリスに連れていかれたことを知らなかった。アトリットに収監されていた母親が知らなかったのは言うまでもない[23]。

ここまでは、エルヴィンと母親が離ればなれになったのは、さまざまな状況による。だが、その後ようやく再会できるチャンスが訪れても、離ればなれになっている年月があまりに長かったため、エルヴィンが家族のもとへ帰るのは難しくなってしまった。一九四八年後半、エルヴィンがイギリスにいることをおばがようやく突き止めると、おじがエルヴィンをイスラエルに送るよう施設に要請した（すでにイスラエルは独立国になっていた）。エルヴィンは正規の手続きを経て出国し、一九四九年八月、一二歳のときにイスラエルに到着した。だが、そこに出迎えてくれる家族は一人もいなかった。そのため、母親の家ではなく、ハイファの近くにあるキリヤト・シュムエルの一時収容キャンプに連れていかれ、砂地に張ったテントに寝泊まりした。すると、やがてロサが、ラマト・ハダッサの青年アリヤー養護施設に入れるよう手配してくれた〔青年アリヤーとは、ナチスからユダヤ人の子どもたちを救出した亡命支援組織〕。当時ロサは再婚しており、二番目の夫とその四人の子ども、夫の妹とともにラマト・ガンで暮らしていた。だが彼らには、エルヴィンを養う余裕がなかった。あるいは、そう言っていただけで、事情はもっと複雑だったのかもしれない。エルヴィンはのちのインタビューで当時をこう回想している。「母とは話もできなかった。私は英語しか話せなくてね。それ以外の言葉は忘れてしまった。ヘブライ語も全然わからない」[24]。ロサの夫がエルヴィンの通訳をしなければならないありさまで、この家庭に自分が入れば負担になるのは明らかだった。

エルヴィンは結局、青年アリヤー養護施設に一年間滞在したのち、ギヴァト・ハイムというキブツに移り、そこでバル・ミツヴァー〔ユダヤ人の男子が一三歳になったときに行われる成人式〕を迎えた。キブツから母親に、エルヴィンを引き取るよう要請することもあったが、それについてエルヴィンはこう述べている。

そこの先生はこう言った。「いや、申し訳ないが、あなたがエルヴィンを引き取るべきです。母親と暮らせなければ犯罪者になってしまいますよ。旦那さんに四人の子どもがあるのなら、五人だって育てられるでしょう。エルヴィンの居場所はあなたの家であって、ここではありません。ここは、親のいない子どもたちの場所なんですから。エルヴィンにはあなたがいます。それなのにどうしてご自分の家に迎え入れないんですか？」（中略）母はその後、〈イスラエルのためのユダヤ機関〉に行って、私を引き取ってほしいと泣きついた。その結果、私は南部のある家族のもとに預けられ、そこからアイン・ハロッド（キブツ）に連れてこられた。（中略）母と一緒に暮らしたかった。母親と一緒にいたくない子どもなんていないよ。[25]

エルヴィンが母親と暮らすことは二度となく、二〇一七年に死亡するまでアイン・ハロッドで暮らした。ときどき母親には会っていたが、一九五六年になると母は夫とカナダへ移住してしまった。のちにエルヴィンが語っているところによると、母親から引き離されたこの人生の旅路のなかでもっともつらかったのは、家族の断絶により幼年時代の記憶の大半が失われてしまったことだという。エルヴィンは、手持ちのわずかばかりの記録だけを頼りに、幼少期の自分を再構成するほかなかった。

いまの自分にとっていちばんつらいのは、幼年時代の記憶のほとんどが消えてしまっているということなんだ。七歳のときまで母国語だったスロヴァキア語でさえ、まったく覚えていない。何一つね。父のことも、母と過ごしたころのことも忘れてしまった。（中略）終戦からかなりたってからも、母はあの時期のことを話したがらなかった。生き残ったほかの家族もそう。あの時期については、まったく話をしなかった。[26]

エルヴィンがこの世を去ったとき、キブツの友人や同僚は追悼記事にこう記した。エルヴィンの家には、その幼年時代やイスラエルへの旅路を物語るわずかばかりの公文書を収めた専用の引き出しがあった。「それは自分というパズルを解くささやかなピースだった。それらに囲まれて人生の物語を終えたのだ」[27]

*

養護施設で暮らしていた子どものうち、親が生きている子どもが何人いたのかを推計するのが難しいように、戦後に生き残った親のもとへ戻った子どもが何人いたのかを推計するのもまた難しい。社会学者のダイアン・ウルフは、オランダで生き残った子どもを調査するなかで七〇人の子どもにインタビューを行い、その三分の一が戦後に親のもとへ戻ったことを確認している。この統計をもっと広い範囲に適用できるのかどうかはわからないが、本書の主軸となる人生の物語を提供してくれた一〇〇人の子どものうち、戦後に片親あるいは両親のもとに帰ったのも、やはり四分の一程度である。[28]これら再統合を果たした家庭の子どもたちは戦後、こうした子どもに特有の問題に直面した。というのは、子どもたち自身がホロコーストの生き残りであると同時に、その親もホロコーストの生き残りだったからだ。彼らはよく、核家族の誰かが生き残っていたのだから運がいいと言われた。しかし、これら再会した家族のなかに、戦争の爪痕から難なく脱け出せた家族などほとんどいなかった。[29]

両親のことを覚えていた子どもはたいてい、戦争により変わり果てた両親の姿を見て衝撃を受けた。一部の親は、子どもが最後に見た父母の姿とは似ても似つかないありさまで、栄養失調、疲弊、負傷により衰弱した親はもはや、子どもにとってはいまだ危険に見えるこの世界で、保護者としての役割を十分に果たせるようには見えなかった。たとえば、文芸評論家のショシャナ・フェルマンがこんな事例を紹介している。メナヘム・Sの両親は戦時中、四歳の息子をプワシュフ強制収容所から逃がすことに成功した。両親はその後、この収容所で辛うじて生き延びたが、収容所から帰ってきた両親は「囚人服を身にまとい、やせ衰え、見るからに醜かった」。そのため、二人をとても受け入れられなかったメナヘムは、彼らを「お母さん」「お父さん」と呼ぶ気になれず、名字に「さん」をつける呼び方にこだわったという。[30] これは、決して例外的な反応ではない。両親は外見が変わっただけでなく、心のなかも変わっていた。一部の大人は子ども同様、ホロコーストを生き延びるために、どんな出来事からも距離を置き、感情を抱かないスキルを身につけていた。そんな人々のなかには、戦後になってもこのスキルに縛られている人がいた。戦後子どもに暴力を振るうようになった親は意外に少ない。それよりも、感情的に距離を置く親のほうが多かった。これは、再会した子どもにとっては別種の暴力となった。

また生き残った子どものなかには、戦時中に親から見放されたと感じている子どももいた。こうした子どもは、そんな親をどう信頼すればいいのかと悩んだ。親にそれ以外の選択肢がなかったことが頭ではわかる年齢になっても、自分を見捨てた両親に憤りを感じないではいられなかった。両親により、愛情深く居心地のいいホストファミリーから引き離された場合には、その憤りがさらに高まった。親もとに帰った子どもたちは、こうした憤懣《ふんまん》を親にぶつけた。戦時中は、潜伏先であろうとゲットーや収容所であろうと、安全に暮らしていくためには、おとなしく従順にしている必要があった。だがそんな時代も終わり、いまなら反抗することもできる。[31] 子どもたちは、両親から感情的に距離を置き、両親に触れることを拒み、声を荒げて怒り、食事を拒否した。それどころか、両親が醜い体をしていること、奇妙なアクセントで話すこと、ユダヤ人であることが恥ずかしいと直接訴える場合もあった。戦時中オランダに潜伏していたアンリ・Oは、戦後になって両親がともに生きていることを知ったが、再会の際にはひどくとまどったという。当時アンリはまだ五歳だった。

二人が現れたとき、私はすぐ母だと気づき、「久しぶりだね」と言った。実際、二年半ぶりだったからね。私の人生の半分だ。そうだろ。誰かが「お父さんの膝の上に乗せてもらったら?」と言うから、父の膝の上に座ったんだが、どこか感じが違った。[32]

こうした家庭では、両親も子どももみなホロコースト生存者であるため、それぞれに生き残りをかけた物語がある。だが、子どもがその物語を聞いてもらえる機会はほとんどなかった。再開された家庭のなかで子どもは、戦時中の話をすることもできなければ、尋ねたいと思うことを尋ねることもできなかった。その理由はさまざまある。たとえば、子どものなかには、情緒不安定になった父母の面倒を自分が見なければならず、そのためには自分がしっかりしていないといけない、と思っていた子もいた。また一部の親は、子どもは戦争体験などすぐに忘れてしまうだろうと思っていた(実際に子どもにそう言う場合もあった)。さらには、子どもが戦時中のホストファミリーと築いた関係に嫉妬し、[33] 潜伏していた時期の話をさせなければこうした不愉快な感情を抱かずにすむ、と考える親もいた。そして何よりも、かなりの数の親が、自分の戦争体験は、子どもの体験など遠く及ばない真の苦しみに満ちたものだったと思い込んでいた。心のなかでひそかに、あるいは公然と苦しみを序列化し、子どもの経験など大したものではない、と考えていた[34]。

だが、どれだけ親が戦時中の子どもたちの話を避けようとしても、記憶は思いがけない形で、家庭生活のあらゆる側面に遠慮なく紛れ込んできた。なかには、過去の話を避けるため始終忙しく立ち働き、子どもにもそうするよう勧めた親もいる。だが、こうして意図的につくり出されたあわただしさは、ほかの家族の運命を伝える知らせにより絶えず中断された。新たな知らせを受け取るたびに、誰かが泣き叫んだり、石のように黙り込んだり、閉じたドアの向こうでひそひそ話を交わしたりした。狂気の発作にとらわれる者もいた。また、これら「幸運」とされる家庭では、子どもが自分の体験を語る機会がほとんどない一方で、一部の親は自分の体験をとめどなく話し、その家庭の日常生活のなかに苦悩を持ち込んだ。一九三七年にクラクフで生まれたサウル・Aは、同地のゲットーに入れられたときも、のちにテレージエンシュタットに送られたときも、母親と一緒だった。解放後、二人が父親を探すと、父親は強制収容所を転々とさせられたものの生き延びていた。一九八五年にある心理学者がサウルに行ったインタビューによると、父親はこれらの収容所で過ごした日々のことを絶えず話していたという。だがサウルは、この痛ましい情報の攻撃から身を守ろうと、父が話してくれたことをすべて忘れることにした。

サウル・A：私が後悔しているのは、父がいた収容所の話を覚えていないことだ。いまでは、覚えておくべきだったと思う。だが私には、それができなかった。以前は知っていたのに、もう覚えていない。（中略）父は本当にひどいところにいた。でも、それがどこなのか、どんなところだったのか、もうわからない。

聞き手：腕に番号の入れ墨はありましたか？

サウル：いや、アウシュヴィッツには行っていない。それは知っている。

聞き手：そのうち思い出すかもしれませんね。以前は知っていたのなら、いずれそんなこともあるかと……忘れる決意をしてから何年もたっていますから。

サウル：そう、以前は知っていたんだ。受け入れられる以上の知識を持っていた。父がよく話を聞かせてくれたからね。でも、それから目をそむけてばかりいた。

聞き手：それに、あなたはまだ子どもだったんですよね。お母さんもお父さんも、あなたを守ろうと気をつかっていたのでは。

サウル：父はそうでもないよ。私がいても遠慮なく話をした。

聞き手：お父さんの話を聞いて、どう思いましたか？

サウル：逃げ出したくなったよ。

聞き手：実際に逃げ出しました？

サウル：わからない[35]。

戦時中の体験を絶えず話していた親もいれば、まったく話さなかった親もいる。子どもにとってどちらがつらいのかは、判断が難しい。一九六八年に、ホロコースト生存者を親に持つ子どもの精神障害や情緒障害について、複数の心理学者や精神科医が調査した研究がある（調査の対象になった子どもたちの大半はホロコースト生存者ではなく、戦後に生まれているが、ホロコーストを生き延びて家族と再会した子どもたちと多くの共通点がある）。それによると、「比較的障害の軽い子どもの家庭では、親が戦争について話をすることはほとんどなかった」が、重度の障害を抱えている子どもの家庭では、親が子どもを「とめどなくあふれる恐るべき記憶の聞き手」として利用していたという。[36]

だが、親が片方しか生き残っていない場合には、子どもの状況はもっと複雑になる。片親だけの家庭では、死んだ親の不在が際立つが、それについて話をすることはめったにない。だが、こうした明らかな喪失感は、子どもにとって危険なものになりかねない。子どもがもはや記憶にもない死んだ親について、生き残った親が答えられないような質問、答えたくないような質問をしたがるときには、特にそうだ。こうした状況は、生き残った親と子どものあいだに緊迫した関係を生み出す。子どもは、（きっと理想的であろう）死んだ親と（明らかに心に傷を負っている）生きている親とを比べ、心のなかにいる死んだ親を美化する手がかりになる情報を求めるが、こうした質問は拒絶されるのが常だからだ。

ツィラ・Cとエリック・C（第一章で紹介した）は戦後、ＯＳＥの児童養護施設に預けられて間もなく、父親がアウシュヴィッツから生還してドイツの生まれ故郷に戻っていることを知り、一九四六年九月に父親のもとへ向かった。二人とも、父親のことはまったく覚えていなかった。父親と別れたときには、ツィラはまだ赤ん坊であり、エリックもようやく歩き始めるようになったばかりだったからだ。二人にとって父は、厳しいだけでよそよそしい他人でしかなかった。エリックはのちにこう回想している。

当時の記憶では、父はとても冷たい人だった。だが大人になったいまでは、あんな態度をとった理由について好意的に考えるようにしている。アウシュヴィッツでの経験はひどいものだったに違いないからね。でも当時の父には、優しさも、愛情も、思いやりもなかった。どんな理由があったにせよ、当時私が望んでいたものを与えてはくれなかった[37]。

エリックによると、家庭の雰囲気は重苦しく、沈黙のなかに母親の不在だけが際立っていた。父は母のことを一切子どもに語らず、家のなかには写真の一枚もなかった。そのため子どもたちは、母がどんな姿をしていたのかわからず、もっと優しい親の姿を求めて母を思い浮かべることさえできなかった。父はまた、アウシュヴィッツ時代の話を避け、それについて尋ねることも、子どもたちの潜伏時代の話に耳を傾けることも拒んだ。エリックは言う。「そんな話はまったくなかった。私が経験したことなんて、話す値打ちもなかったんだ」。生き残った父親と生き残った子どもたちとの関係は、わずか数年で破綻した。一九五〇年、父はエリックとツィラを、アメリカに住んでいる母方の祖父母に引き渡し、事実上子どもたちとの関係を断った。エリックはその後、ドイツに短期間出張に行ったときに、父に一度だけ会ったことがある。当時三〇代前半だったエリックはすでに結婚しており、幼い子どももたちもいた。妻と一緒に父と会い、数時間話をしたが、そのときのことをこう述べている。「ありふれた話しかしなかった。父親どころか、仕事仲間と交わすような話だ。ひどい頭痛がしたよ。それだけだった」

＊

ユーディット・Kは一九三八年二月、ベルリン東部で生まれた。家族は一九三九年五月、ユダヤ人難民九〇〇人以上を乗せたドイツの客船セントルイス号でヨーロッパを離れようとしたが、キューバからもアメリカからもカナダからも受け入れを拒否される不運に見舞われた。長い交渉の末、イギリス、フランス、ベルギー、オランダがそれぞれ乗客を受け入れることに同意したため、船はヨーロッパへと戻り、ユーディットの家族はフランス南部のネーという村に身を落ち着けた。そして一九四二年の夏の終わりごろ、家族そろってフランス警察に拘束され、ギュール収容所に連れていかれたが、ユーディットだけはOSEにより収容所から救出された。彼女は、自分がOSEのスタッフに引き渡されたときのことを鮮明に覚えているという。

真っ暗ななか、父に手を取られて歩いていくと、人が何人かいる部屋に着いた。そこがどこなのか、何の部屋だったのかはわからない。まだ四歳だったから。覚えているのは、父の手を握っていたことだけ。やがて父が「あっちをごらん、ユディ」と言って手を放した。私がそちらにじっと目を向けていると、再び手が私の手を握った。ふと振り向いて見ると、それは父ではなかった。父はもういなかった。どこかへ連れていかれてしまって、それ以来二度と会うことはなかった。父がいないことに気づくと、私はひどいヒステリーを起こした。[38]

その後、エナール家の人々がユーディットをかくまってくれた。ネーで暮らしていたころにユーディットの家族と交流があったカトリックのフランス人家族である。彼女は終戦まで、この家で暮らすことになる。エナール夫人は「ママン」〔フランス語の「ママ」〕になり、エナール家の子どもたちはきょうだいになった。「この夫人のおかげでこのうえなく愛情に恵まれた生活を送り」、戦時中も何ごともなく平穏に暮らし、「心から愛されている」感じがしたという。だが、フランスが解放されると間もなく、アメリカに住んでいるユーディットのおじとおばからOSEに連絡があり、彼女を引き取りたいとの申し出があった。ユーディットは当時をこう回想している。

エナール家の人たちと別れなければならない、アメリカにいる家族が私を待っている、間もなくフランスを離れることになると言われても、とても理解できなかった。そこが私の家だった。私が知っている家はあそこしかない。ママンは私と一緒にパリに行くと、OSEの事務所に私を連れていった。そしてそこで、ギュール収容所で私を手放した父と同じように、私を手放した。叫び、泣き、暴れたのを覚えている。父と同じように、ママンもいなくなろうとしていたから。

ユーディットは、OSEが運営するレ・グリシーヌの受入センターに連れていかれ、一九四六年八月、ニューヨーク市行きの船に乗せられた[39]。最終的にはおじとおばを「お父さん」「お母さん」と呼べるようにはなったが、その家になじむまでが大変だった。彼女はもうドイツ語を覚えておらず、英語も知らなかったが、おじもおばもフランス語を話せなかった。また、おじとおばは正統派ユダヤ教のしきたりを守っていたが、ユーディットはエナール家にいたころキリスト教の教会に通っており、おじやおばから「キリスト教は間違っていると言われる」と憤りを覚えた。だが、この見知らぬ外国の家庭での生活でいちばんつらかったのは、過去とのつながりを一切断ち切るよう無理強いされたことだという。

ママンに手紙を書くのをやめるよう言われたの。私にはそれがいちばんつらかった。もちろん、新たな両親はよかれと思ってそう言ったんだろうけど。両親はよくこう言った。「昔は昔、いまはいま。だからもう忘れなさい。過去は捨てて、また一から始めるの」。でも、そんなことできない。

だがユーディットの場合、おじの家になじむのが難しかったこと、過去を忘れて新たなアイデンティティをつくりあげるようにと言われて憤りを感じたことは事実だが、親類の保護のもと、比較的問題のない安定した生活を送ることができた。全体として見れば、戦後親類のもとに引き取られた子どもは、ほかのどんな境遇に置かれた子どもよりもつらい経験をした。その生活は、片親または両親のもとに戻った子どもよりも、養護施設で残りの幼年時代を過ごした子どもよりも、養家や里親の家庭に預けられた子どもよりも困難を伴うものだった。その理由を理解するためには、親類（たいていは生き残ったおじやおば、祖父母である）がどんな動機で子どもを引き取ったのかを考慮する必要がある。言うまでもなく、そのような決断に至る理由はさまざまあるが、多くの親類は主に、死んだ家族に対する義務感から、あるいは、子どもを家族の一員にして自分の一族の名前を受け継いでもらいたいという期待から、子どもを引き取った。これは、耐えられない損失を経験したことを考えれば、理解できなくもない。だが、そうした動機により温かい家庭環境が生まれるとは限らない。親類のなかでも、生き残った子どもの世話をするのにいちばん適しているのは、戦前にヨーロッパから移住した親類や、ほかの国で安定した生活を築いている親類である。そのため多くの子どもが、ユーディットのように海を渡り、一度も会ったことのない親類や、戦前に会ったことしかない親類との暮らしを始めた。だが、義務感から子どもを引き取る決断をした場合、そのような意識が次第に、最愛のきょうだいや子どもが殺されたのに、その子どもはまだ生きているという恨みや憤りへと変わっていくこともあった。こうした家庭の子どもたちは、のちによく、自分がどうしても受け入れてもらえない、望まれない継子《まま こ》のような気がしたと語っている[40]。

ユーディット同様、親類の家庭に引き取られた多くの子どもが、過去を忘れるよう要求する親類に苛立ちを覚えた。それは、あからさまに言われることもあれば、暗にほのめかされることもあった。前述したようにこれは、生き残った親のもとに帰った子どもにもあてはまるが、おじやおばが子どもを引き取った場合には、過去を忘れるよう無理強いする行為が、それとはまた違った、きわめて不愉快な調子を帯びた。一九三九年にチェコスロヴァキアで生まれたデイジー・Lは、戦時中を潜伏先で過ごしたが、戦争が終わると、二人のおばにより潜伏先から無理やり連れ出された。おばは父親の姉妹で、戦争中に夫を失っており、子どももいなかった。のちのデイジーの回想によると、二人のおばは、死んだきょうだいに対しては、その子どもを育てる義務があると強く感じていながらも、デイジーの母親（ひいてはデイジー自身）に対しては、繰り返し不満をぶちまけた。「母に思いやりを示すことはなかった。一度もね」という。おばたちは、つまらない批判や言動ばかりを繰り返すことで、デイジーがこの世でいちばん知りたがっていることを聞かれないようにしていた。薄れゆく最愛の母の記憶を補えるような具体的な情報である。[41]

再会を果たした家族のあいだで記憶がどのように扱われていたかという問題は、本章で紹介したあらゆる事例に影響を与えている。ときにはそれが、子どもと大人の関係を引き裂く断層線となった。先駆的な社会学者であるモーリス・アルヴァックスは、一九二〇年代に初めて「集合的記憶」という概念を提唱し（一九四五年にブーヘンヴァルト強制収容所で死亡している）、記憶はすべて社会的に形成されるものであり、家族は個人の初期の記憶を形成する最初の社会となると主張した。家族は、自分の人生の基本的要素となる初期の自分の物語を、繰り返し自分にフィードバックする。つまり、自分がさまざまな出来事を時系列に沿って配列し、その重要性を考察し、それに意味を付与するのを手助けする。こうした家族と共有する記憶のなかから、家族の一員としての自分、個人としての自分の物語が紡ぎ出されていく。したがって家族の集合的記憶は、過去に対する個人の見方に強い影響を及ぼす。[42]

だがホロコースト生存者の家族では、記憶はたいていそれとは違うルートをたどる。生き残った親や親類は過去の話を拒み、生き残った子どもはそれに反発した。その結果、両者の関係は、家庭内で公然と許される記憶と許されない記憶とのあいだで引き裂かれた。のちの章で見るように、生き残った子どもたちがみな、戦後に過去の話をする機会を奪われたわけではない。一部の養護施設では、戦争体験について話をするよう積極的に奨励された。だが家庭では、そのような会話ができる余地はほとんどなかった。思春期に入るまでのあいだ、ずっとこの問題を心の奥にくすぶらせていた子どもたちは、大人になると、過去を知りたい、自分にはその権利があると主張したいという欲求を爆発させることになる。

第五章　ヴォセル館の子どもたち

パリから三〇キロメートルほど離れたタヴェルニーという村に、ヴォセル館という美しい大邸宅があった。一九四八年当時、そこはOSE（児童援助協会）の養護施設として使われており、およそ五〇人の子どもが暮らしていた。以前は、OSEの社会福祉スタッフであるジュディット・エマンジェやガビ・「ニニ」・ウォルフの保護のもと、「ブーヘンヴァルトの少年たち」の一部が収容されていたが、ほとんどが思春期に達していたこの少年たちは、一九四七年にほかの施設に移されていた。その後ヴォセル館は、六歳から一四歳までの子どもを収容するユダヤ教正統派の養護施設となった。その館長を務めていたのが、エーリッヒ・ハウスマン（フランス語名ではエリック・オスマン）である。ハウスマンは後年、当時を回想してこう述べている。「私のいちばんの願いは、自分の保護下に置かれた子どもたちのために、喜びや優しさに満ちたユダヤの家庭をつくってやることだった」。ハウスマンはどうやら、それに成功したようだ。タヴェルニーに暮らす人々は、ハウスマンの保護下にある幼い子どもたちを「館《やかた》の子どもたち」と呼んでいたが、その子どもたちの多くがのちに、この施設は「愛情にあふれた場所」だったと述べ、館長には「親近感を抱いて」いたと語っている。当時三七歳だった館長は、自身には子どもがいなかったにもかかわらず、子どもたちから「パパ・オスマン」と呼ばれていた[1]。

その子どもの一人が、第一章で紹介したフェリーツェ・Zである。フェリーツェは、ドラヴェイユにあったOSEのほかの養護施設からタヴェルニーに連れてこられた。ドラヴェイユでは苦しい日々を過ごしたという。「ドラグヴェイユのことは覚えていない。(戦時中のホストファミリーだった)パトゥー家から引き離されて、とてもつらかったから。当時はあの夫婦が両親だったの」[2]。ドラヴェイユにいたころのフェリーツェは戦後の新たな現実に適応できないで苦労したが、タヴェルニーに来るとすべてが変わった。そこは、自分の居場所がここにある、自分が愛されていると感じられる、安心と幸福に満ちた場所だった。彼女がそう感じられたのは主に、思いやりや情愛に満ちたスタッフのおかげである。ハウスマンは、ヴォセル館をわが家のように感じてもらう取り組みの一環として、子どもたちを少人数のグループに分け、それぞれのグループにまとめ役となるカウンセラーを置いた。カウンセラーとなったのは、自身も戦時中に強制収容所や潜伏先での生活を経験したことのある、ようやく思春期を過ぎたばかりの若い青年たちである。彼らもまた、その監督下に置かれた子どもたちと同じように家族を失い、家庭など、生活の基盤となるものを求めていた。たとえば、フェリーツェのカウンセラーとなったエレーヌ・エカイゼル(出生時の名前はカヤ・エカイゼル。一九二七年にワルシャワで生まれた)は一九四四年二月、一六歳のときにアウシュヴィッツに移送された。ヴォセル館で少人数の子どもたちの世話を担当したときには、ようやく二〇代になったばかりだった。フェリーツェは、子犬のようにエレーヌについてまわった。エレーヌも彼女を「私の小ネコ」と呼んでかわいがり、八歳のフェリーツェがショック状態や放心状態から立ち直れるよう支援した。

カウンセラーと子どもたちとの絆を深めるのに大きく貢献したのが、温かい親密な雰囲気のなかで行われる「お話」の時間である。エレーヌのグループの子どもたちは、就寝前に集まり、彼女が語る物語に耳を傾けた。フェリーツェは言う。「みんなでエレーヌのそばに座るの。私はいつも彼女の足元に座っていた。エレーヌはよく戦争の話をしてくれた」。もちろん、ありきたりな物語ではない。「エレーヌは強制収容所を経験していたから、信じられないような怖ろしい話をしてくれたんだけど、私たちはそれが大好きだった」。子どもたちはよくエレーヌに、ある話を聞かせてくれるようねだった。一九四五年一月、アウシュヴィッツ収容所からラーヴェンスブリュック強制収容所までの死の行進の際に、エレーヌが目撃したことにまつわる物語である。

みんな雪のなかを歩いていた。するとある少女が、歩きたくても歩けなくなった。そこでまわりの人がドイツ兵に、少女をトラックに乗せてやってくれと頼んだ。ドイツ兵はわかったと言うと、少女をトラックに引っ張り上げて射殺した。その話を聞くたびに私たちは思った。わあっ、なんてすてきな物語なのって。[3]

私たちがホロコーストを話題に取り上げる際、就寝前の物語として取り上げることはまずない。そのため、この少人数グループの子どもたちにとって、この話がなぜそれほど重要な意味を持っていたのかを考えてみる必要がある。子どもたちは終戦から三年後、宵闇《よいやみ》が迫るなか、フランスの田舎にある館の一室でカウンセラーを取り囲み、この話に耳を傾けていた。なぜ子どもたちは、この恐るべき話をするようエレーヌにねだったのか？　数十年後に大人になってからも、この物語が語られた時間を、愛情や温かさに満ちた時間として記憶に留めているのはなぜなのか？

ちなみにエレーヌ自身は、のちのインタビューで、ヴォセル館の子どもたちと楽しく過ごした就寝前の「お話」の時間を回想し、アウシュヴィッツからの死の行進の話をよくしたのは、「生きていくためには闘わなければならない」という意識を子どもたちに植えつけるためだったと述べている。[4]確かに、エレーヌはそのようなメッセージを伝えたいと思っていたのかもしれないが、子どもたちのほうはこの物語をそう受け止めていたのだろうか？　実際、フェリーツェはのちに、それとはまったく異なる見解を提示している。一九九二年のインタビューで、死の行進の物語についてこう語っているのだ。「私たちにとってはわくわくするような話だった。みんな同じ境遇にあったから」。それから六年後の一九九八年にも、同様の話をしている。「本当にすてきな話だった。強い絆で結ばれたすばらしいグループだったの。心から温かみを感じられる施設だったな」[5]。要するに、カウンセラーのまわりに集まった子どもたちがこの物語をそれほど望んでいた理由は、その内容ではなく意味にあった。聞き手である子どもたちも、話し手であるエレーヌ自身も、この物語に登場する殺害された少女も、みな同じ経験をしている。誰もが、ナチスにより死の恐怖にさらされ、家庭や家族を破壊され、混沌とした状態に追い込まれている。そんな共通した過去が、彼らを一つに結びつけていた。この物語は、エレーヌの実際の体験に基づく創作であり、そのなかでは加害者も被害者もはっきりしているため、話し手と聞き手のあいだに心地よい一体感がある。子どもたちはこうした物語を通じて、親や家族を襲った殺人的暴力を理解していったのだろう。そこで提示された過去は、現実と空想により生み出されたものだったが、そのような過去は、ホロコーストを生き延びた子どもであろうがなかろうが、あらゆる幼い子どもの生活の一部となっている。

子どもたちが戦後、生き残った親や親類のもとに戻って苦労したこと、再会した家族のあいだで、子どもたちの戦争体験が親の戦争体験ほど重視されなかったことはすでに述べた。生き残りをかけた共通の戦争経験により戦後の家族の絆が断たれてしまったのなら、なぜ養護施設ではその経験がまったく反対の効果を生み出したのか？　本書の執筆にあたって私が足跡を調査した子どものうち、戦後を養護施設で過ごした子どもの大半が、そこで過ごした日々をいい思い出として語っている。その後家族のもとに引き取られた子どものなかには、のちになって、養護施設で暮らしていたほうがよかったと思った者もいる。私は最初、それを知って衝撃を受けた。核家族の生活環境がいちばんいいとする一般的な考え方に、真っ向から対立するからだ。普通に考えれば、家族より養護施設のほうが子どもに愛情深い支援を提供できるとは思えない。だが、これらの児童養護施設の性質をよく考えれば、その理由を理解しやすくなる。戦後のこの時期の養護施設は、さまざまな点でユニークだった。生存者のコミュニティである以上、養護施設における共同生活には、戦争が公然たる話題にならなかったとしても、戦争という過去が常につきまとった。毎日の生活の背景に戦争という過去がある。すると、生き残った多くのユダヤ人が絶望、衝撃、悲嘆に苛まれていた戦後の時代には珍しく、スタッフも子どもたちもある種の使命感を抱くようになった。

＊

ここで「パパ・オスマン」のヴォセル館を離れ、ヨーロッパ全域に目を向けてみよう。戦後のこの時期の養護施設は、いったいどんなものだったのか？　もちろん、無教養なスタッフが低い水準で運営する児童養護施設もたくさんあったに違いない。だが当時は、子どもの共同生活の理念や運営にまつわる革新的アイデアに彩られた時代でもあった。いろいろな意味で、児童養護施設の黄金時代だったのだ。これらの施設を運営する人々は、「孤児院」という名称を意図的に避け、養護施設を「ホーム」「子どもの共同体」「子ども村」、あるいはシンプルに「家庭」と呼んだ。こうした呼称からもわかるように、これらの養護施設は、戦争により家族を失った子どもを養うという当時の現実的な必要性に応じるだけのものではなく、教育やイデオロギーに関するユートピア的な実験の場でもあった。それは、戦争により多くを失った大人が、進歩的な価値観や子どもに関する研究活動をもとに、破壊されたヨーロッパの社会構造を修復するための新たなモデルを構築するチャンスを提供した。歴史家のダニエラ・ドロンもこう述べている。この時期の児童養護施設は、「児童福祉の専門家が進歩的な教育理論やユダヤの教えを利用し、子どもたちをヨーロッパ社会やユダヤ社会の理想的なメンバー、あるいは指導者に育てあげるための実験室として機能していた」[6]。養護施設の指導者は、戦争により家族から引き離された子どもたちのなかに、さまざまな可能性を見出していた。そこには、進歩的な養育や教育により民主主義志向の市民が生まれるかどうかを確かめられる可能性があった。また共同生活を通じて子どもたちの心の回復を図れる可能性もあれば、あらゆるものを失った大人が「戦争で心に傷を負った子ども」の世話をすることにより、破綻した自分たちの生活を回復できる可能性もあった。

そういう意味で、当時の児童養護施設では、子どもの心理的要求だけでなく、大人の心理的要求も重要な役割を果たしていた。それは、終戦直後の時期に養護施設を運営していた人たちの経歴を見ればわかる。たとえば、シーマ・クロックがそうだ。彼女は戦後、二四歳という若さで、UNRRA（連合国救済復興機関）の活動に参加した。当時ポーランド領だったヴィルノ（現在のヴィルニュス）で生まれたクロックは、戦時中に夫のマルクスとともにポーランドから日本へと逃れたが、数年にわたる苦しい逃亡生活のなかで結婚生活は破綻した。戦後に一人でヨーロッパへ戻ってみると、弟はベルギーの潜伏先で戦争を生き延びていたが、妹二人はその夫や子どもとともに殺害されていた。まだ若く健康だったが、身寄りを奪われて孤独を感じていた彼女は、かつて学んだ教育や児童発達に関する知識を活かそうと、UNRRAの活動に参加した。児童調査部のスタッフとして働き、田舎を歩きまわって建物や物資を調達し、見捨てられた子どもたちに住まいや食料を提供した。そして一九四八年、オーストリアのアメリカ占領地域にあるバート・シャラーバッハにIRO（国際難民機関）の児童養護施設が設立されると、そこの館長に就任した。この施設は、ユダヤ人も非ユダヤ人も含め、平均して六五人ほどの子どもを収容していた。スタッフは主に戦争難民のボランティアで、子ども四人につき一人のスタッフが配置された。スタッフはみなクロックの理念を共有し、この施設を、「子どもたちが過去の悲劇を受け入れ、その悲劇にまつわる敵意や混乱を解消できるよう可能な限り」[7]支援する場所だと考えていた。つまりこの施設を、戦争により家族から引き離された子どもの単なる収容センターにとどまらないもの、子どもの心の回復という大きな使命を具体的に実践できる場所だと見なしていた[8]。

クロックやそのスタッフが子どもを支援するために利用したのは、愛情と寛容と理解だった。子どもたちと同じような戦争体験をしているスタッフもまた、「自分が必要とされている、役に立っている、安心できると感じられるような、一貫して安定した雰囲気に触れられるのを喜んでいた」という。子どもたちは戦時中、制約や危険ばかりを経験してきたので、子どもたちには自分たちの活動を自由に選ばせた。また、それまで子どもたちの話に耳を傾けてくれる大人がほとんどいなかったため、クロックやスタッフは、就寝前にいつも、子ども一人ひとりにお休みのあいさつをしてハグとキスをするついでに、心配ごとを聞いてあげた。「この時間になると悩みを打ち明けられる子どもが多かった」らしい。クロックは、こうしたアプローチが革新的なものだと確信していた。四年後にアメリカで社会福祉の研修を実施したときには、アメリカの社会福祉士が熱心に信奉する「科学的」な方法をついからかってしまったこともある。のちにエッセイにこう記している。「精神分析学者のブルーノ・ベッテルハイムが述べているように、確かに愛だけでは不十分だ。それでもこの特殊な状況では、愛が力になり、さまざまな助けになる。実際、愛情や思いやりや理解がなければ、何をしても不十分な結果に終わる。ケースワークにしてもそうだ」[9]

同様にレナ・クフレルも、戦争により家族を奪われて孤独になり、その怒りや絶望の感情を有益なものに変えたいと思っていた。クフレルもクロック同様、ポーランド人であり、教職の教育を受けており、夫とは離別していた。だがクロックとは違い、戦時中にヨーロッパから逃れることはできず、幼い娘が飢えで死亡し、両親も失ったあとは、アーリア人のふりをして、辺鄙な村で乳母《うば》として働きながら戦争を生き延びた。パルチザンに参加していた最愛の妹フェラも、解放の数日前に密告・殺害されていた。三四歳だった終戦直後のことを、のちにこう回想している。「終戦を迎えた私は、衰弱し、打ちひしがれ、生きていくよすがになるものが何もなかった。それでも、子どもたちが私を救ってくれた。子どもたちを助けたことで、私自身が救われた」[10]。クフレルは、クラクフで戦争を生き延びた子どもたちのために食料や住まいを確保する仕事に身を投じた。当時子どもたちは、最低限の組織的支援しか受けられないまま、ユダヤ人委員会が置かれていた建物の周辺にたむろしていた。子どもたちを助けようとする人はほかに誰もおらず、自分にも行き場がない。そう考えたクフレルはやがて、タトラ山脈の山麓《さんろく》にある保養地ザコパネに児童養護施設を設立した。だが、わずかに生き残ったユダヤ人をポーランドから追放しようとするポーランド国粋主義者の自警武装集団により何度も襲撃されたため、クフレルはスタッフや子どもたちを連れ、夜陰に乗じてひそかにポーランドから逃れ、フランスで施設を再建した。そして一九四九年、保護した子どもたちとともにイスラエルへ渡った[11]。

クフレルは、リトアニア系アメリカ人の学者デヴィッド・P・ボーダーが一九四六年にインタビューしたホロコースト生存者の一人でもある。クフレルは、パリ郊外のベルヴューに再建した施設で子どもたちとともにインタビューを受け、こう述べている。「これは施設ではありません。一つの家族です。(中略)ずっとこの子どもたちと一緒にいたい。彼らが結婚し、子どもをもうける姿を見たい。それが私の『孫』になるんです。私の本当の家族はもういません。ここには誰も」[12]。クフレルもまた、クロックと同じように、戦時中に両親や子どもを失った人たちをスタッフに雇っていた。スタッフは、思いやりと寛容を通じて子どもの心を回復しようとするクフレルの活動に共感し、並々ならぬ貢献を果たした。クロックの養護施設同様、クフレルの養護施設も中心となるのは子どもたちだった。スタッフや子どもたちは、定期的にミーティングを開き、子ども事務局や文化委員会のほか、ささいなけんかや規律の問題に対処する子ども裁判所まで運営した。子ども裁判所は、戦前にヤヌシュ・コルチャック〔ポーランドの小児科医・児童文学作家・教育者〕により初めて導入され、戦後の児童養護施設に広く採用されるようになったシステムである。[13] このように、自主管理を実践し、公開討論に参加し、共同体全体の責任の一端を担うようにすることで、子どもたちが再び社会的スキルを身につけられるよう支援したのである。

児童養護施設におけるこうしたアプローチは戦後に花開いたが、そのような構想はしばらく前からあった。戦時中からすでに、「同伴保護者のいない子ども」の問題の規模が明らかになりつつあったからだ。そんなアプローチを以前から実践していた人物の一人に、アドラー心理学を学んだオーストリアの心理学者エルンスト・パパネックがいる。自由学校運動〔旧弊な知識注入主義を批判し、子どもの内発的能力の尊重、多面的で全人的な教育、大人と子どもとの共同による学校の管理を推進する運動〕を支持し、OSEの心理学者からは〔ときに好意的に、ときに苛立たしげに〕「異教徒」と呼ばれていた人物である。パパネックは、戦時中からフランスのモンモランシーで、難民となったユダヤ人児童のための施設を運営していた。そうしたのは、生まれ育ったコミュニティから引き離され、ナチ・ドイツから逃れてきた子どもたちに、社会への帰属意識を取り戻させることが必要だと認識していたからだ。のちにこう述べている。「そこは、きわめて特殊な問題を抱えた、きわめて特殊な子どもたちから成るコミュニティだった。子どもたちは、怯えるよそ者としてやって来た。私たちは、彼らをもう一度幸せにしてやらなければならない。そのためには、安定した家庭をつくるだけではだめだ。必要なのはパーティや歌ではない。子どもたちを幸せにするというのは、子どもたちを楽しませるということではない。私たちの仕事は、子どもたちが立派に成長し、美しく開花できる環境を整えることにあった」[14]。同様に、スイスのジャーナリストであるヴァルター・ローベルト・コルティも、戦後に養護スタッフが途方もなく大きな課題に直面すると予想し、戦時中の一九四四年にこう提案している。戦争により孤児になった子どもは専用の「子ども村」で保護し、「従来の養護施設や孤児院のように子どもを同質の人間の集団と見なすのではなく、一人ひとりを個人として扱い、少人数のグループに分けて世話をするべきである」。自主管理ができる組織構造にすれば、子どもたちは共同体意識を育める。コミュニティを奪われた子どもにとってそれは、社会的なつながりを再構築する手段となるだけでなく、民主的な生活に戻る手段にもなる、と[15]。

戦後間もなくUNRRAやJDC（アメリカ・ユダヤ人合同配分委員会）の活動に参加したアメリカやイギリス、カナダの養護スタッフは一般的に、社会福祉学や児童心理学の教育を受けていた。一方、ヨーロッパで教育を受けたスタッフは、それとはまったく異なる思想の影響を受けていた。その多くは、教育の専門家を自認していた。二〇世紀初頭の教育改革運動の影響を受け、マリア・モンテッソーリ、ヨハン・ペスタロッチ、ヤヌシュ・コルチャック、アントン・マカレンコ、アンリ・ワロンといった革新的な教育思想家の理論やアプローチを重視する教育の専門家である（ワロンは実際に、「新教育」の理論に基づき、戦後の著名なOSE指導者の一部を直接指導している）[16]。彼らはさまざまな意味で、きわめてヨーロッパ的だった。生まれてから死ぬまでヨーロッパで暮らし、かつての汎《はん》ヨーロッパ的な学術運動の影響を受け、子どもを「国境を再編し、戦後社会を再活性化させるのに欠かせない存在」と見なすヨーロッパ的信念を深く信奉していた[17]。そんな彼らには、ある使命があった。進歩的な教育アプローチを利用して子どもたちを支援し、短期的には子どもの心を回復し、長期的には、ユダヤ人社会の強化や公正な社会の実現に向けて働く未来の指導者を養成するという使命である。

実に壮大なプロジェクトだが、これは必然的に、核家族というイデオロギーが提示する要求とは真っ向から対立する。すでに見たように、戦後初期の支援機関は、アンナ・フロイトやメラニー・クラインといった精神分析学者の主張に基づき、生き残った子どもたちは核家族の環境に戻すのがいちばんいいと考え、声高にそう主張していた。そのため、組織的な生活環境は子どもの心理的要求を満たせるのか、という議論がヨーロッパ中で展開された。この疑問は、ホロコースト後に子どもたちの世話をしていた支援機関の方針や活動に多大な影響を及ぼした。タラ・ザーラの主張によれば、支援スタッフはこの議論をめぐって、イデオロギー的傾向だけでなく地理的結びつきによっても対立した。つまり、「西ヨーロッパの人道支援スタッフが理想視する個人主義」対「東ヨーロッパのユダヤ人難民や政策立案者が理想視する集団主義」という構図である。[18] だが実際のところ、親を失ったり親に見捨てられたりしたユダヤ人の子どもをどうするのがいちばんいいのかという問題をめぐる議論に、きれいに引かれた国境線などなかった。フランスでもイギリスでもポーランドでも、ドイツ、イタリア、オーストリアいずれの難民キャンプでも、あるいはUNRRA、JDC、地元のユダヤ人組織いずれが運営する施設でも、共同生活が子どものためになるのかどうか、子どもの心理的要求だけでなく社会の回復というもっと広い要求を満たしていくためには、必要に迫られて生まれた施設をどう活用していけばいいのかが議論された。[19] その結果、子どもの心の健全な発達には核家族が欠かせないと強硬に主張していた人々でさえ、状況によっては共同生活を受け入れる場合もあった。たとえばアンナ・フロイトは、サリー州のウィア・コートニー養護施設の運営に直接携わっていたが、共同生活に価値があることを認めており、そこから里親に預けられた子どもはほとんどいなかった。実際、共同養護施設の子どものなかで里親家庭に引き取られたのは、幼い子どもだけである。ただしこれは、幼い子どもにはそれが嫌でも拒否できなかったからかもしれない[20]。

児童心理学者や児童精神分析学者がいくら核家族の価値を称賛しても、ユダヤ人家族は戦争により極度に疲弊していた。これら生き残った家族が戦後に苦闘している圧倒的現実を見ながら、家族の力や価値、その安定性を主張し続けるのは難しい。それは、戦後のフランスでOSEの保護下に置かれた子どもの状況を見ればわかる。OSEは公的には、家族の再統合が「もっとも重視すべき急務」だと述べていたが、核家族を擁護するこうした主張は建前でしかなかった[21]。戦後OSEの二五の養護施設にいた子どものうち、両親ともに生きていた子どもはおよそ四〇パーセント、片親が生きていた子どもはおよそ三四パーセントを占める。これは、完全孤児が少数派だったことを意味すると同時に、多くの家族にとって家族の再統合が非現実的な夢に過ぎなかったことを物語っている。そのうえ、こうした状況は時がたつにつれてさらに悪化した。一九四九年から一九五〇年には、両親ともに生きている子どもが、OSEの施設の子どもの九〇パーセントを占めるに至った[22]。OSEの指導者たちはそれが、戦後のユダヤ人家庭がさほど子どもの健康にいい環境ではない証拠なのではないかと懸念した。戦時中にシャンベリーでOSEの秘密組織を運営していたヴィヴェット・サミュエルはこう記している。「ユダヤ人の家族はかつて、子どもを引き留めてそばに置いておきたがる家族、絶対に子どもを手放したがらない家族として知られていた。だがいまでは、フランスだけでなくどこでも、家族がかつてないほど容易に子どもを手放し、組織に預けてしまう」[23]。フランスのユダヤ人家族がもはや、ユダヤ人の戦後復興の場としてふさわしくないのではないかと危惧していたOSEの指導者は、サミュエルだけではない。彼らは当初、ユダヤ人家族が身体的・精神的な健康障害に加え、絶望的な貧困を抱えていることは理解しながらも、内心では育児を放棄する父親や母親を批判していた[24]。OSEのスタッフが、根深い精神疾患の問題が想像以上に家族の再統合の妨げになっていることに気づくまでには、ある程度の時間が必要だった。子どもを家族から強制的に引き離して支援機関に託す民事訴訟が相次ぎ、OSEが「残念ながら精神を病んでいる親や情緒不安定な親がかなりいる」ことを公式に認めたのは、一九五〇年代に入ってからである[25]。

支援機関は、家族が希望どおりの役割を果たせないのなら、養護施設でこの穴を埋めるにはどうすればいいのかと考えた。そして間もなく、共同生活が、破綻した家族の実用的代替手段となるだけでなく、ユートピア的可能性さえ秘めていると見なすようになった。支援機関は、心理的問題を抱えているおそれがあるホロコースト生存者をスタッフに雇えば、その世話を受ける子どもの治療に悪影響があるのではないかと心配していた。ところが実際には、スタッフの多くが子どもを世話することに人生の意義を見出し、計り知れない喪失感と闘わなければならない時期にそこに気持ちを集中させることができた。これは、スタッフにも子どもたちにも大きな効果をもたらした。家庭の場合、ただでさえ感情的・心理的苦悩を抱えている親は、家を取り戻し、財産を回復し、仕事を見つけなければならないという責務により、その苦悩をさらに悪化させている。これらの現実的問題と毎日のように闘っているときに、子どもの世話はさらなる重荷となるだけであり、たいていはその重荷に耐えきれなくなった。一方、養護施設のスタッフの場合、気が重くなるような現実的問題に直面することは一切なく、子どもの世話を重荷どころか使命と考えている場合が多かった。もちろん、すべての児童養護施設がホロコースト生存者をスタッフに雇っていたわけではないが、そうしていた施設では、独自の生存者コミュニティが形成されていた。共通体験から生まれた絆が、その集団のアイデンティティの一部を成すコミュニティである。戦後の耐乏生活から切り離され、同じような戦争体験を持つ仲間に囲まれ、子どもたちもスタッフも、養護施設の環境のなかで力強く成長した。ダニエラ・ドロンはこう記している。「家族の貧困を理解している子ども、新たな養父母のもとに預けられるのを必死で受け入れようとしている子ども、気持ちが通じ合わない親と闘っている子どもが、集団環境を喜んで受け入れたのは、当然といえば当然である」[26]

だが、養護施設は人為的につくられた環境であり、いずれは消えるものである。閉鎖される理由は、資金の制約のためかもしれないし、子どもたちが対象の年齢を過ぎたためかもしれない。いずれにせよ戦後に設立された大半の養護施設は一時的なものであり、当初の役割を果たすと、最終的には消滅した。そのため、そこで幼年時代を過ごした子どもたちが後年になって、養護施設の「家族」に会えないことにひどく苦しむ場合もあった。その家族はすでに解散しており、再び訪れることはできないからだ。彼らが養護施設を離れた理由は、実の家族のもとへ戻った、養家や里親の家庭に引き取られた、新たな国に移住した、養護制度の対象となる年齢を超えたなど、さまざまな理由が考えられるが、そのいずれであったとしても、養護施設に入ってきたときより、出ていくときのほうがつらかったに違いない。彼らはその後数年にわたり、養護施設の「家族」を失った悲しみを抱き続けた。それを詳しく検証するために、タヴェルニーのヴォセル館に話を戻そう。

＊

当時の児童養護施設の館長を務めた多くの人物とは違い、エーリッヒ・ハウスマンはホロコースト生存者ではなかった。一九一五年一〇月にスイスのバーゼルで生まれた彼は、両大戦間期の国際的なユダヤ人青年運動を通じて、戦前からＯＳＥの一部の指導者とつながりがあったが、戦時中はスイスの比較的安全な場所で過ごした。[27]それでも、当初は反ユダヤ主義的な規定により、のちには戦争により故郷を追われたユダヤ人の子どもの世話をする仕事を、数年にわたり続けていた。一九三八年に教員免状を取得したわずか数カ月後には、〈水晶の夜〉事件〔一九三八年一一月にドイツ各地で発生した反ユダヤ主義暴動〕ののちにフランクフルト・アム・マインからスイスへ逃れてきたユダヤ人児童向けの社会復帰キャンプの責任者に任命された。その後、SHEK（スイス移住児童救援委員会）のもとで、難民となったユダヤ人児童のための施設を設立し、戦争のあいだその運営を担った（最初はブース、次いでランゲンブルックの施設を担当した）。終戦後には、OSEの指導者に招かれ、同組織が設立した養護施設の運営にあたり、一九四五年から一九四七年までフォントネ＝オ＝ローズの施設の館長を務めた。そして一九四七年夏、タヴェルニーのヴォセル館の館長に任命され、そこに六歳から一四歳までの子ども五六人を迎え入れることになったのである。[28]

ハウスマンはそこで、戦時中に悲惨な体験をしている人々をスタッフに雇い入れた。カウンセラー（大半は教員としての訓練を受けていなかったが、ハウスマンは彼らを「教育者」と呼んでいた）としてヴォセル館のスタッフになったのは、思春期を過ぎたばかりの青年たちだった。戦時中に潜伏・移送・監禁生活を強いられた彼らにとってそこは、心の回復にうってつけの場となった。フェリーツェ・Zのカウンセラーであるエレーヌ・エカイゼルは、一九四五年五月に東ヨーロッパの強制収容所からフランスに戻ってきた当初は、自身がOSEの保護を受ける身だった。当時一七歳だった彼女は、OSEの基準ではまだ子どもだったからだ。[29]同じく「教育者」のレジーヌ・ラブネルもまた、難民としてドイツからフランスに逃れたのちにOSEの保護を受け、戦前・戦中・戦後にわたりOSEの施設で幼年時代の大半を過ごした。教員としての教育を受けていた数少ないカウンセラーの一人、ビネム・ウゾンスキは、ブーヘンヴァルトの少年たちと一緒にフランスにやって来た。この三人を含め、一七人の大人のスタッフが、子どもたちの世話やヴォセル館の日々の生活の管理を担当した。スタッフには、OS管財係、会計係、料理係とその助手、清掃係、洗濯係、庭管理係、雑用係、看護師などがおり、OS

Eの児童精神科医であるイレーヌ・オポロン医師も毎週施設を訪問していた[30]。

すでに述べたように、OSEの施設で保護されていた子どもの大半は、片親または両親が生きていたが、これはヴォセル館にもあてはまる。ハウスマンが館長時代を回想したのちの記録を見ると、幼い子どもたちの生活の背景に家族の存在が垣間見えて興味深い。その記録によれば、アルベルト・Tは、両親ともに生きていたが、母親が病弱で子どもの世話ができなかった。ジャン＝ポール・Kは、母親が生きていたが、暴力を振るう男と不健全な環境で暮らしていた。ある三人きょうだいは、当初両親と一緒に住んでいた。森のなかに掘っ立て小屋を建て、野菜を育て、鶏《にわとり》を飼って生活していたが、父親が逮捕されたため、母親がOSEに子どもを預けた。「子どもたちは野生児同然で、一度も入浴したことがなかった」という。六人きょうだいのM家の子どもたちは、父親を殺害され、生き残った母親も精神科に入院していた。ミシェル・Rとドニーズ・Rは、父親と姉を殺害され、残ったもう一人の子どもと母親とともに取り残された。母親はつらい決断の末、いちばん上の子どもだけをそばに置いておくことにし、ほかの二人をOSEに預けた。ブーヘンヴァルトの少年たちの最年少グループに属するイジオ・Rは、戦後一人になったが、母や姉がまだドイツの難民キャンプで生きていると信じていた。するとそれは本当だった。そのため、母親がパリに引き取りに来られるようになるまでのあいだ、ヴォセル館に滞在していた[31]。

つまり、ヴォセル館の子どもたちはいろいろな意味で、家族という内輪の世界と養護施設という組織の世界のあいだで不安定な状態にあり、（自分がそれを望んでいるかどうかにかかわらず）誰かが自分を引き取りに来る可能性があることを知っていた。隔週の日曜日には、親類がヴォセル館に招かれて一緒に午後を過ごすこともあれば、子どもが近くで暮らす親類に会いに行くのを許可することもあった。こうして訪れてくる大人のなかに、ドゥドゥ・Pの母親を名乗る女性がいた。ブーヘンヴァルトの少年たちの最年少グループに属する子である。だがドゥドゥは、この女性は自分の母親ではないと主張し、その養子になるのも拒んだ。やがて、その女性がドゥドゥの家族の親友だったことが判明した。女性はその後もたびたびドゥドゥに会いにやって来たが、ドゥドゥはそのたびにそっけない態度をとった。すると女性はあきらめ、アメリカに移住したという[32]。

会いに来る親類がいない子どもにとっては、この日曜日は失われた世界を思い出す落ち着かない一日になった。第三章で紹介したポーレット・Sは、のちにこう回想している。

日曜日には、ほとんどの子どもがどこかへ連れていかれて、いなくなった。ヴォセル館は人けがなくなり、その場にいるのは私だけ。（中略）そんな寂しい週末が嫌だった。みんなはどこかへ行って楽しい思いをしているのに、私はなぜそれができないの？　その理由がわからなかった。私だって、ほかの子と同じようにいい子だった。それなのに置いてきぼりにされるなんて、私が何をしたっていうの？　ほかの子は戻ってきても、何をしてきたか話さなかった。私がやきもちを焼くようなことを言いたくなかったからかもしれないし、楽しい時間が終わってがっかりしていたからかもしれない。施設での普段の生活と週末の外出、二つの別世界があるみたいだった[33]。

だが、この二つの世界を行き来している子どもの多くは明らかに、家庭よりヴォセル館のほうがいいと思っていた。ヴォセル館には、献身的なスタッフがおり、温かく心地よい環境や広い敷地があり、美しく飾られた食卓においしい食事が並ぶ安息日があった。それに比べると、経済的・心理的負担に苦しんでいる貧しい家庭にとても勝ち目はなかった。魅力的だったのは、こうした物質的な豊かさだけではない。多くの子どもたちの心をつかんで離さなかったのは、彼らを信頼し、その自立を促そうとするスタッフの姿勢だった。ポーレット・Sはこう述べている。

私は少しずつ、普通の子どものように行動するようになった。ほかの子と話をするようになり、おねしょも治った。（中略）あそこではすべてが、私たちを家族と思わせるような工夫がなされていた。年上の子は、年下の子の世話の仕方を教えられた。毎日一人を選び、朝はその子の着替えを手伝い、夜はその子のベッドを整えた。信頼されている、役に立っていると思えてうれしかった。[34]

特にうれしかったのは、ハウスマンが金曜日の夜、子どもたちを二、三人ごとのグループに分け、安息日の食事の前に、頭上に肩衣《かたぎぬ》（祈禱用ショール）を広げて祝福してくれたことだ。「祝福が終わると、いつも安心と幸福に包まれているような感じがした」[35]

ヴォセル館の利点はほかにもあった。子どもたちも若いカウンセラーもハウスマンも、絶えず戦時中の体験を語り合っていたわけではない。それでも多くの子がのちに、ヴォセル館での生活がそれほど魅力的だったのは、誰もが喪失感を共有しているという暗黙の了解があったからだと語っている。一九三八年に生まれ、アウシュヴィッツで両親を殺害されたジャック・Fは言う。「誰もが同じ境遇にあった。何があったのかをみんながわかっていた」[36]。やはりアウシュヴィッツで両親を失ったベアーテ・Zもまた、両親を殺害されたという現実認識が日常の背景に静かに漂っており、共通の過去を持つこの感覚が連帯感をもたらしていたと述べている。

聞き手：ご両親がどうなったか知っていたんですか？

ベアーテ：ええ、ええ、知ってた。

聞き手：誰に聞きました？

ベアーテ：よく覚えていない。尋ねたことも記憶にないの。でもわかってた。みんなそう。[37]

戦後初期のホロコーストの「記憶」の性質を考えてみると、集団環境における共通認識が確固たる記憶となり、それが子どもたちに、きわめて特殊なコミュニティへの帰属意識をもたらしたのかもしれない。子どもたちの多くが、ヴォセル館を離れなければならなくなったときにつらい思いをしたのは主に、物質的豊かさや献身的なスタッフの世話以上に、そんな帰属意識が原因だった。ヴォセル館を去れば、戦時中の過去に関する共通の認識がいつも、どこにでもあり、それをもとに一つにまとまっていた環境が失われてしまう。多くの場合、子どもたちはそこから、この過去を共有する人のいない環境、その意味を理解してくれる人のいない環境へ歩み出すことになった。

＊

ＯＳＥは、運営資金の大半をＪＤＣ（アメリカ・ユダヤ人合同配分委員会）に依存していたが、一九四七年以降その資金は年々削減されていった。一九四七年にはＪＤＣがＯＳＥの運営予算の七〇パーセントを負担していたが、一九四八年にはそれが四六パーセントになり、その後も減少の一途をたどった。[38] ＪＤＣがとりわけ懸念していたのが、親のいる子どもがＯＳＥの保護下で何年も暮らしていた点である。この予算の削減によりＯＳＥのスタッフは、子ども（や親）の意思にかかわらず、子どもを親元に返さざるを得なくなった。[39] 親や親類がいない子どもについても、養子縁組の可能性を模索するようになった。

こうした養子縁組は、社会階層間格差の問題を伴っていた。すでに見たように、生き残った親類や養護スタッフ、あるいは子ども自身でさえ、養家の財産や社会的地位を気にしていた。第三章で紹介したドロタ・Jの事例でも、教養のある裕福な家庭に生まれたこの少女に対し、支援機関はカナダの裕福な家族を里親に選んだ。その後、ドロタの父親がイスラエルで生きていることが判明しても、貧困にあえいでいるとわかると、ドロタ本人と里親家庭と支援機関が協力し、父親のもとへ戻らなくてすむよう手配している。同様の傾向は、ヴォセル館の養子縁組でも見られた。ハウスマンもほかのOSEのスタッフも、なるべく裕福な家庭にヴォセル館の子どもを引き取る権利を与えるアプローチを採用した。実際、血のつながりがある家族がいるのに、養子を希望する裕福な家庭が子どもを引き取ったケースもある。ヴォセル館はまた、パリにある二つのシナゴーグ〔ユダヤ教の礼拝堂〕と協力して里親事業を推進していたが、そこから養子縁組に至る場合もあった。その一例として、ハウスマンが回想録のなかで取り上げている「プティ・フレッド」のケースを見てみよう。プティ・フレッドの両親は生きていたが、ひどい貧困に苦しんでいた。当時は辺鄙な田舎に暮らしており、ときどき養護施設を訪れる際には社会扶助を受けていたらしい。そのためプティ・フレッドは里親事業により、シナゴーグに登録していた子どものいない裕福な夫婦と引き合わされた。やがて夫婦はプティ・フレッドを自宅に招いて滞在させるようになった。すると「その子は、この夫婦の裕福で快適な暮らしと両親の家庭とのあいだに著しい相違があることに気づかないではいられなかった」という。プティ・フレッドはこの状況に悩んだが、結局は裕福な夫婦と暮らすほうを選び、正式に二人の養子となった。ハウスマンはさらにこう記している。「さらに喜ばしいことに、養家の夫婦はやがて息子の誕生に恵まれた」。だが、裕福な夫婦に子どもを奪われた実の両親にしてみれば、こんな状況はとても喜ばしいとは言えなかったに違いない[40]。

養子縁組を求めてヴォセル館を訪れたのは、地元の裕福な夫婦だけではない。この養護施設は、国際的な養子縁組を仲介する場でもあった。そのなかでも特に多かったのが、アメリカ人夫婦である。OSEが資金不足に苦しんでいたこの時期には、こうした裕福な養子縁組希望者がOSEの財政問題を解決していたと思われる。だがこうした状況は、養子縁組がその「見返り」として提示される事態を招いた。その恩恵を受けられるのは、頭がよく、見た目が美しく、好感の持てる子どもである。一九四九年には、養子を希望するアメリカ人の男女や夫婦が大勢ヴォセル館を訪れた。すると子どもたちは自分を印象づけようと、いちばんいい服に着替えて踊り、来訪者を楽しませようとした。だが、その一方でOSEのスタッフは、「裕福で、大半は教養も十分にある」養子希望者には、魅力あふれるふるまいをするだけでは足りないのではないか、子どもたちは身体的な魅力を備えてはいるが、「知的な経歴を歩むようには見えない」のではないかと心配していたという[41]。いずれにせよ、子どもたちの未来の進路は、こうしたパフォーマンスで来訪者をいかに喜ばせられるかによって劇的に変わる可能性があった。これらの事実は、この共同生活実験がアメリカの資金（JDCであれ養子を希望する家庭であれ）にいかに頼っていたかを物語っている。また、子どもたちの人生が、戦後のヨーロッパのユダヤ人とアメリカのユダヤ人との実力差により、多大な影響を受けていたことを示してもいる[42]。

だが、養子縁組を喜ばしいものと見なす大人の言動に目を向けているだけでは、真実は見えてこない。公然と語られることはめったになかったが、子どもたちはこの養護施設を離れるのを怖れていた。ヴォセル館にいた大半の子どもはのちに、過去や現在を共有する仲間や「教育者」に囲まれたそこでの生活は幸せだったと語っている。そこを離れるにあたっては、すばらしい未来が待っていると大人からあいまいな約束をされたかもしれない。だが実際のところ、子どもたちの多くは、自分の運命に対するわずかばかりの主導権さえ奪われ、最愛の世界から強制的に引き離されるのだと感じていた。施設の性質上、離別の不安は常にある。家族のもとに戻るにせよ、対象年齢を超えてこれ以上施設にいられなくなるにせよ、いつかはどの子も施設を去らなければならない。それでも、離れるときにはそれを受け入れられない場合が多かった。一九四九年六月、当時一一歳だったポーレット・Sは、ハウスマンのオフィスに呼び出された。そこには、長いあいだ消息の知れなかった兄のジョゼフがいた。そのとき兄が話しかけたが、彼女は兄の話をまったく覚えていないという。

久しぶりにあのなじみの麻痺感が戻ってきた。私は口を開かなかった。やがて館長がオフィスに戻ってきて、兄は出ていった。兄がオーストラリアに行こうと言ったことを理解するまでに、しばらく時間がかかった。何の意味もない言葉だった。ただ、私の生活がまた変化にさらされるというだけ。なぜ、知り合いが一人もいないオーストラリアなの？　のちに聞いた話によると、そのしばらく前、ジョゼフがいる宿泊所の少年たちに、オーストラリアかカナダに移住する選択肢が与えられた。少年たちはどちらの場所もよく知らなかったので、ある少年が代表して世界地図の前に立ち、目を閉じて地図の一点を指差した。するとそこが、カナダよりもオーストラリアに近かったから、四〇人の少年たちはオーストラリアに行くことにしたというの。そのいい加減な判断が、私の運命も決めてしまったというわけ。（中略）ヴォセル館を離れ、そこの大好きな人たちと別れるのは、とてもつらい経験だったと思う。そんな人ごとのような言い方をするのは、それ以降、ヴォセル館でのあらゆる記憶を遮断してしまったから。[43]

ＯＳＥのスタッフは、ショックを受けていたポーレットに地球の裏側へ移住する覚悟をさせようと、これは過去を忘れるいい機会だと訴えた。「過去はなかったものと思って、新たなスタートを切ればいい」。だがそれは、思春期に入りかけていたポーレットが望んでいた言葉でも、必要としていた言葉でもなかった。彼女は大人になると、重荷となる過去は捨てたほうがいいという言葉をなんと心ない言葉かと思うようになった。むしろ過去は、自分が思う本当の自分の中核を成している。五〇年後、ポーレットは *Just Think It Never Happened*（『過去はなかったものと思って』）というタイトルの回想録を出版した。過去を捨てることなどできないこと、忘れるのが子どものためになるという考え方が子どもに害を及ぼすことを強調したいがために、そのタイトルを選んだのだという。

フェリーツェ・Ｚの場合、ヴォセル館を離れる瞬間は一九五一年にやって来た。ニューヨークに住んでいたおじがＯＳＥに連絡をよこし、フェリーツェと姉のベアーテをアメリカに送るよう要請したからだ。だが少女二人は、二重の悲劇を経験することになった。最愛の場所を離れなければならなくなったうえに、アメリカのニューアーク港に着いてみると、二人の移住を要望して宣誓供述書の保証人となった当のおじに、二人を世話する意思がまったくないことが判明したのだ。フェリーツェは、船が目的地に着いたときのことをこう回想している。

> そこにはおばもおじもいなかった。社会福祉スタッフが二人いただけ。二人はフランス語がわからないし、私たちは英語がわからない。そのとき二人はこう言った。「おばさんやおじさんとは一緒に暮らせない。あなたたちを引き取れないらしいの」。ショックだった。ベアーテが泣き出すと、それを見て私も泣いた。ひどい話じゃない。最悪の一日だった。[44]

フェリーツェは数十年後のインタビューで、この強制移住がどんな結果をもたらしたのかを語っている。「自分が壊れてしまったみたいだった」。彼女はそう言いながら、何かを引き裂いたり砕いたりするかのような身ぶりをしてみせた。「それからは何もかも抑え込んだ。フランスでの生活はすべて忘れた」。ヴォセル館だけでなく、実の両親のように愛していた戦時下のホストファミリー（パトゥー家）との連絡も絶った。フェリーツェは、ニューアーク行きの客船ワシントン号に乗る一週間前、パトゥー夫人に手紙を書いていた。これから起きることを何も知らない普段どおりの朗《ほが》らかな手紙だが、それが夫人に宛てた最後の手紙となった。

お元気ですか？　私たちは元気です。今年は会いに行けません。一月二三日に「ウォシントウン〔ママ〕」号でアメリカに行くことになったからです。先週の木曜日にはプールに行って、とても楽しかった。オスマンさんに映画も見せてもらいました。『アラジンと魔法のランプ』と『小さな黒人』と『セーヌ川とロワール川』です。[45]

ポーレット、フェリーツェ、ベアーテとは違い、レジーヌ・Pには生き残った母親がいた。パリに暮らしており、月に二度会いに行っていた。だが、レジーヌがヴォセル館を離れなければならなくなったのは、母親のもとへ帰るためではなく、ヴェルサイユにある「年長者」用の養護施設に移るためだった。彼女はその後、一九五九年に若くしてイスラエルに移住すると、一九六〇年に結婚して二人の子をもうけ、その地でキャリアを積み、一九七〇年代後半に離婚した。そしてちょうどそのころから、自分の過去についてよく考えるようになった。ヴォセル館のオスマン館長やほかの子どもたちに会いたくなったが、それまでに彼らとの連絡はすっかり途絶えていた。ヴォセル館の仲間は、子どもたちがそこを離れた瞬間から消え去っていく一方だったからだ。四〇歳の誕生日が近づくころになると、もう一度あの仲間に会いたいという思いを抑えきれなくなった。レジーヌはフランスに二カ月滞在してヴォセル館の子どもたちの行方を探し、以前の住人仲間数名の居所を突き止めたが、オスマンの居場所を知っている人は誰もいないようだった。当時まだOSEの養護施設が置かれていた(現在もある)ヴォセル館にも電話してみたが、オスマンの住所は教えられないとのことだった。だが一九八一年夏、ついにオスマン家の所在を知る人物を探し当て、成長したオスマンの娘に電話し、一九五五年以来途絶えていたオスマンとの交流を再開できるようになった。レジーヌは、オスマンに宛てた手紙のなかで、ヴォセル館の子どもたちの多くが抱いていた感情を以下のようにまとめている。時間がたつにつれて、ヴォセル館を離れたことで失ったものがわかるようになったという。

あなたが忘れたことはないと思いますが、私たちは、あなたの実の子どもよりも前からあなたの子どもでした。ヴォセル館の仲間やパパ・オスマンのことを思うと、本当の家族のような気がします。月に二度会いに行っていた母よりも本当の家族です。あの子たちにまた会いたくなって居場所を探し出すと、驚くべきことにその子たちもまた、私に会いたかったと言ってくれました。みな、あのころに戻りたい、過去とつながりたいと思っていました。あの道をまたたどりたいと思っていたのは、私だけではありません。私たちは、とても重要なものを失ってしまったという感覚を抱きながら生活するなかで、何か力強いもの、好ましいものに自分を結びつけたいと願っていたのです。[46]

第六章　変容

ジャッキー・Yは一九四一年一二月にウィーンで生まれたが、その事実を知らなかった。幼年時代に何度か、どこで生まれたのか両親に尋ねてみたが、両親はイギリスのハートフォードシャーのあたりだとあいまいに答えるだけで、すぐに話題を替えてしまう。だがジャッキーには、よく理解できない記憶がいくつかあった。たとえば、五歳ぐらいのころ、ほかの子たちと遊んでいたときの記憶がそうだ。そのとき誰かがやって来て、若い夫婦のもとへ連れていかれた。夫婦は、自分を連れて田舎をドライブしたいという。その後ジャッキーは誰かに言われるがまま、一人で夫婦の家に行って数日間泊まるようになり、しまいにはそこで暮らし始め、夫婦を「お母さん」「お父さん」と呼ぶようになった。だが彼には、この奇妙な記憶の意味を明らかにできるほどの情報がなかった。ジャッキーはさらに、繰り返し同じ夢を見ることがあり、それに悩まされると同時に興味を引かれた。ある夢では、大きな家があり、大きな木でいっぱいの広大な敷地が競馬場まで広がっていた。また別の夢では、そびえ立つ波が自分に向かってやって来て、あたり一面を水浸しにした。しかし、こうした夢の話を母親にしても、誰でもそんな夢を見ると言われるだけだった。[1]

ところが一九五一年、ジャッキーが一〇歳になったときに転機が訪れた。同じ学校に通っていた少年が、ジャッキーは養子だと告げたのだ。家に帰って両親を問い詰めると、最初は黙っていた両親も、しまいにはそのとおりだと認めた。ジャッキーは、両親が動揺しているのを見て自分も動揺してしまい、両親をハグしながら、それを知っても自分は何の変わりもないと告げた。二人は自分の両親であり、二人を愛していたからだ。しかし実際には、それを知ったことで変化が起きた。思春期に近い年齢に達していたジャッキーは間もなく、もっと詳しく知りたいと思い、少しずつ両親に質問をするようになった。本当はどこで生まれたの？ 実の両親はどんな人なの？ だが両親は質問に答えてくれないため、不満は募る一方だった。それから数年後のある日、父方の祖母を訪ねると、自分がオーストリア生まれであることを祖母が教えてくれた。この情報には心底驚かないではいられなかった。自分が「お母さん」「お父さん」と呼んでいる夫婦が実の両親でないことは受け入れていたが、自分が「北ロンドンのユダヤ人の子ども」でないとは思ってもみなかったからだ。「これを機に、父母を相手に大変な事態になった」という。両親は憤慨してこの話題を避けようとしたが、ジャッキーはそのままにしておけなかった[2]。もっと知りたくてたまらず、養父母の態度に怒りさえ感じた。「二人はよく自分たちの過去の話をしているのに、私だけ人生の最初の五年間を忘れなければならないんだからね」[3]。ジャッキーは、これからの人生をどう生きていくべきかを考え始めるまさにその時期に自己意識を損なわれ、本当の自分を知る手がかりもなかった。両親は、自分が望むものを何でも買い与えてくれたが、過去についてだけは決して明かそうとしなかった。自分がどこから来たのか父に尋ねても、「父は席を外してしまい、母からは『そんなことを聞けばお父さんを傷つけるだけ』と言われた」[4]。

ジャッキーはまた、過去を知るのに苦労したように、将来を決めるのにも苦労した。一五歳で学校をやめると、理髪店や電気用品店、紳士用衣料品店、製本会社など、さまざまな職業を試してみたが、どれも長続きしなかった。一〇代後半のとき、ダンスパーティである若い女性と会い、間もなく恋に落ちた。プロポーズすると彼女も同意し、二人はシナゴーグで結婚式を挙げる許可をもらうため、ユダヤ人代表者委員会の事務所を訪れた。ジャッキーの養母も婚約者の母親も一緒だった。ユダヤ教では、その儀礼に則って結婚式を挙げるためには、自分がユダヤ人であることを証明しなければならない。それを証明したければ、母親がユダヤ人であることを証明すればいい。普通のユダヤ人であれば、簡単な話である。だがジャッキーの場合、そう簡単にはすまなかった。事務員は、ジャッキーの実の母親がユダヤ人だと証明できるものを見せるよう要求した。

> 養母は、実の母親は間違いなくユダヤ人であり、書類は貸金庫に保管してあると述べ、この言葉を信じてもらえないかと訴えた。だが事務員は、「だめです。それなら貸金庫に行って取ってきてください」と言うだけだった。（中略）私たちは全員でその貸金庫に行った。私はその書類を手にするのが待ちきれなかった。養母が隠そうとしていることを知りたかった。だが、それを見せてくれるよう頼んでも、養母は泣き叫んで書類を手放そうとしない。事務所に戻り、（中略）事務員が養母にその書類を返そうとしたときに、私は思いきって書類をひったくった。すると驚いたことにそこには、私は強制収容所にいたと記されていた。私の本名は、ヨナ・ヤーコプ・シュピーゲルだった。（中略）ほかの人たちがそこに茫然と立ちつくすなか、私はヒステリーを起こした。この忌《い》まわしい場所に関する噂は耳にしており、そこに自分がいたことを受け入れられなかったからだ。それはずいぶん前の話であり、当時はまだ赤ん坊だったと繰り返す養母に、私はこう怒鳴り返していた。「なぜもっと早く教えてくれなかったの？　真実を知らされるのはいつもほかの人からだ！」[5]

その夜、衝撃を受けたジャッキーは怒りに震えながら、自分をどこから養子にもらったのかと父親に尋ねた。父親はしぶしぶ、サリー州のリングフィールドという村にあった孤児の養護施設から引き取ったことを認めた。それからしばらくのちのある晴れた日の午後、ジャッキーは婚約者とともに車でリングフィールドに向かった。地元の警察署で詳しい場所を尋ね、やがて二人は大きな家の門の前に立った。大きな木でいっぱいの広大な敷地が競馬場まで広がっていた。ホロコーストを生き延びた子どもたちを保護していた、かつてのウィア・コートニー養護施設である。ジャッキーが幼年時代によく夢に見た場所が、そこにはあった。

*

本書の調査対象になった子どものうち、最年長は一九三五年生まれ、最年少は一九四四年生まれである。思春期を、身体的に成熟し始める時期から文化的に成年に達する時期までとすると、この子どもたちは、最年長者の場合には一九四〇年代後半に思春期に入り、最年少者の場合には一九六〇年代前半に思春期を過ぎたことになる。本書ではこれまで、終戦直後の子どもたちに焦点を絞り、彼らが新たな家庭（あるいは大きく変わってしまった以前の家庭）に入るプロセスや、ヨーロッパのみならず全世界に散らばっていくプロセスを見てきた。だがここからは、その子どもたちのその後の生活を検証していきたい。彼らの多くは、一〇代に入ると次第に、自分の過去に興味を抱くようになった。思春期はそもそも、「本当の自分とは?」という疑問にしつこくつきまとわれる時期である。それが反抗期と重なると、反抗の矛先はとりわけ、過去の扉をこじ開けることに向けられる。こうして子どもたちは、ときには初めて、本当の親やきょうだいについて知り、かつて彼らのものだった世界、すでに失われてしまった世界の全貌を垣間見るようになる。つまり、ホロコーストを生き延びた子どもたちにとって思春期は、過去との関係を変える時期となった。心身が成熟するにつれ、自分の幼年時代に関する真実を理解できる年齢になったとの自覚が芽生え、事実から彼らを守るために保護者が築いてきた障壁に挑み始める。周囲の大人たちが無害な偽物の過去を主張し、その障壁をいくら強化したとしても、その子どもたちの欲求を抑えることはできなかった。

こうした事態は、きわめて特殊な歴史的状況のなかで起きた。かつては、一九五〇年代にホロコーストについて語られることはほとんどなかったと言われてきたが、実際にはそんなわけではない。とはいえ当時は、戦時中のヨーロッパのユダヤ人に関する情報が容易に手に入る時代でもなかった。ジャッキーは、自分が強制収容所にいたことを知ってショックを受けたのは、「この忌まわしい場所に関する噂を耳にして」いたからだと述べている。ジャッキーには収容所に関する情報源が噂しかなかったようだが、これは、当時同じ北ロンドンで暮らしていたほかの大半のユダヤ人にもあてはまる。ジャッキーは、地元の図書館に出かけ、母親が移送され殺害された残忍なプロセスについてさらに詳しく調べようとしたかもしれない。だが、たとえ大英図書館に行ったとしても、家族の過去の理解に役立つ文献はほとんど見つからなかったに違いない。一九六一年にラウル・ヒルバーグ〔オーストリア生まれのユダヤ系アメリカ人歴史家〕の画期的著作『ヨーロッパ・ユダヤ人の絶滅』〔望田幸男・原田一美・井上茂子訳、柏書房、一九九七年〕が出版されるまで、本一冊分ほどの分量があるホロコーストに関する著作物は、ほんのわずかしかなかった。一九五〇年代前半に出版されたこれらの著作物は印刷部数も少なく、たいていはごく限られた学術関係者が目を通すだけだった[6]。過去に興味を抱いた子どもたちの疑問を解く手がかりになる文献はほかにもあったが、これもやはり、入手するのは難しかった。たとえば、当時ホロコースト生存者団体が制作したイズコールと呼ばれる記念本には、東ヨーロッパのユダヤ人コミュニティの殲滅《せんめつ》に関する貴重な情報が記されている。だがこの書籍は、制作した団体の内部利用を目的としており、イディッシュ語で記されている場合が多かった。イディッシュ語は、ホロコーストを生き延びた子どもたちにとっては永遠に失われた文化遺産の一つである。[7]実際、一〇代や二〇代の初めにホロコーストに関する情報を得ようと、図書館や書店でこっそり調べてみたホロコースト生存者もいるが、彼らに話を聞いても、疑問を解決する手がかりとなる資料を見つけられた人はほとんどいなかった。

ホロコーストに関する学術文献があふれ、誰でもその全貌を知ることができる現代から見れば、戦後数十年にわたりこれほど情報が不足していたことを理解するのは難しい。一九五〇年代は、ホロコーストについて何も語られなかった時代というわけではない。ハシア・ディネルやローラ・ジョクシュといった研究者が証明しているように、この時期もユダヤ人コミュニティはホロコースト犠牲者を追悼する事業を行っており、歴史家のあいだでも研究所の設立や文書史料の保存を進める努力が見られた。[8]それでも、存在する情報を入手するのは難しく、ヨーロッパのユダヤ人が経験した運命に関する「認識」は、憶測や偏見、汚名《スティグマ》に彩られたもの、ときにはのぞき趣味的な興味に満ちたものになった。歴史的にそんな時期だったために、成長して自分の過去に興味を抱いた子どもたちは、重大な困難に直面することになった。

彼らはまた、身近な人々からの支援も受けられなかった。一九五〇年代は広く体制順応主義的な雰囲気が支配した時代だったというと語弊があるかもしれないが、ホロコーストを生き延びた家族はこの時代、身を落ち着けたコミュニティや国に必死に溶け込もうとした（そう期待されてもいた）。こうした家族の多くは、一九四〇年代後半から一九五〇年代前半にかけての時期にヨーロッパを離れ、外国へ移住した（一九四八年にはイスラエルが建国されるとともに、アメリカで避難民法が成立している）。[9]そのため、ホロコーストを生き延びた子どもたちにとっては、一〇代に入った時期と、故国を離れて移住した時期とが重なっている。移住すれば、新たな言語や文化の習得が必要になる。思春期に入ったばかりの子どもにとって新たな世界への順応が難しいのであれば、その親にとってはなおさら難しいことは言うまでもない。彼らはたいてい、ホロコーストを直接経験していない国での生活に適応するため、自分たちの過去を隠蔽しようとした。戦争を生き延び、難民キャンプでの生活を耐え忍び、遠く離れた国に移住してきた親は、新たに受け入れてくれた国や地域から、そこに身を落ち着け、通常の生活に戻るよう期待されていることを知っており、自分たちもそれを望んでいた。これは、ジャッキーの場合のような、養親や里親にもあてはまる。彼らもまた、養子に迎えた子どもや自分を周囲の詮索や疑念から守ろうと、やはり過去に背を向ける選択をした。そのため、ひっそり社会に溶け込もうとしている大人と、自分の家族がいかに周囲と違うかを突きとめようとしている一〇代の子どもとのあいだで気まずい衝突が起きるのも、当然の成り行きだった。

どの家族にも始まりの物語がある。子どもはおそらく誰でも、成長する過程でその物語を呼び起こそうとする。だが、ジャッキー・Yの事例が明らかにしているように、家族の物語に空いた穴を思春期の子どもがしつこく埋めようとすると、子どもにとっても親にとっても悲惨な結果になりかねない。すでに述べたように、多くの親は（実の親、里親、養親いずれであれ）、子どもはいずれ幼少期のことなど忘れてしまうと思い込み、過去に関する話を避ける選択をする。そうする理由はさまざまだ。過去の話をすれば幼少期の悪夢が蘇ってくるのではないか、子どもが安心感を得られないのではないかと心配になる。また、養親の場合は特に、子どもが新たなアイデンティティをつくりあげ、新たな家族になじんでくれることを期待する。親もホロコースト生存者だった場合、親自身の心理的欲求から過去を遮断することもある。子どもが一〇代になるまでに、たいていの親は、過去を家庭に持ち込まないよう何年も心をすり減らす努力をしている。そんなときに、思春期の子どもが過去を掘り起こそうとすれば、受け入れられる過去を中心に注意深く築かれていた家族意識の基盤が崩れかねない。

養親や里親の場合には、ほかの理由で過去を語ろうとしないこともある。たとえば、ジャッキーの両親は、強制収容所にいた事実から息子を守ろうとしていたのかもしれないが、そもそも養子であることを息子に知られたくないという思いがあった。ジャッキーの家庭の過去は、ある嘘（「ジャッキーは実子である」という嘘）を中心につくられており、養母も養父も、この偽の過去を守るために懸命な努力をしてきた。そう努めていたのは、この夫婦だけではない。一九四〇年代から一九五〇年代にかけての時期にはまだ、養子縁組が秘密裏に行われていた。それは養子縁組が、汚点とされる二つの事柄と関係していたからだ。つまり、不妊と非嫡出子である。当時の養親、とくに養母は一般的に、養子縁組をした事実を子どもにも周囲にも知らせないほうがよいと考えていた。そうすることで、家庭内の不妊の問題を隠すと同時に、非嫡出子だとわかった場合に予想されるいじめやからかいから子どもを守った。[10] ジャッキーの両親が真実を隠していたのも、この時代の文化的規範に従ったに過ぎない。[11]

そのため、自分は養子なのだと子どもが気づくと、その事実が子どもの自己意識だけでなく、養母や養父の自己意識にも破壊的な影響を及ぼした。さらに、養親がホロコーストを経験していなければ、過去に興味を抱く子どもの質問に答えられるほどの知識もない。養親はおそらく、子どもの実の両親がどうなったのか知らなかった。ホロコーストに関する知識がほとんどなかったばかりか、前述したように、詳しく知ろうにも当時は情報源がほとんどない。その結果、ホロコーストを直接経験しておらず詳しい知識もない多くの養親や里親は、戦時中のヨーロッパのユダヤ人の経験に関する質問自体に不快感を抱き、それを子どもにぶつけた。そのうえ、自分たちが何も知らないことをいさぎよく伝えようともしない。こうして、子どもが知りたがる過去と、養親や里親が語れる過去とのあいだに溝が生まれると、それが互いの感情を刺激することになる。

養護施設には、一時的ではあれこうした問題を回避できた子どももいた。すでに述べたように養護施設では、戦時中の記憶は個々の家庭とは異なる役割を担った。養護施設の大人が子どもたちに、戦争についてあまり語らなかったとしても、子どもたちには同じ境遇の仲間がいた。過去について頻繁に話すことはなかったかもしれないが、同じ過去を共有しているという認識がなぐさめになった。それを考えると、家族と暮らしていた子どものほうが、はるかに孤独を感じていたに違いない。養護施設の子どもたちは、思春期に入る時期にはたいてい、主にホロコーストを生き延びたほかの子どもたちで構成される社会集団のなかにいた。施設にいない子どもが、こうした集団に接する機会はなかなかない。

では、これまでずっと隠されてきた過去を知った子どもは、それをどう受け止めたのか？　どんな出来事がきっかけで、過去と向き合うことになったのか？　多くの事例では、思春期の始まりが決定的瞬間となった。身体が成熟するとともに、子どもが親に対して新たな期待感を抱くようになったのだ。そのころになると子どもは、大人へと成長しつつあることを実感し、もう過去から身を守ってもらう必要はないと考えるようになる。だが、そのころになると親は、過去から子どもを守る習慣を身につけ、それを容易に手放すことができなくなってしまっている。多くの場合、それが親子関係の対立をもたらす。子どもは真実を知ってもいい年齢になったと主張し、親はそれをいつまでもためらう。だがまれに、この問題をめぐる将来の対立を避けようとして、思春期に入った子どもに隠された過去を自ら打ち明けた親もいる。一九四二年にベルリンで生まれたギッテル・Hは、戦後祖母と暮らしていた。テレージエンシュタットでともに生き延びた二人は、一九五一年に一緒にアメリカに移住した。この祖母は、ギッテルが初潮《しょちょう》を迎えた日に両親のことを彼女に伝えたという。ギッテルはのちにこう回想している。

私が一三歳のとき、祖母は私を目の前に座らせると、生理について話をした。すると翌日、生理が始まった。血を見ても、最初はそれが何かわからなかった。祖母に見せると、「まさかね」と言ったので、すぐにその意味がわかった。偶然、話を聞いた翌日に生理が始まったの。すると祖母はまた私を座らせて、両親に何があったのかを話し始めた[12]。

だがこの知らせは、何の衝撃ももたらさなかった。すでにギッテルは、両親が殺されたことを知っていたからだ。祖母は、ギッテルに直接伝えてはいなかったが、彼女がいる前でほかの人によくその話をしていた。

祖母は、私にはほとんど話をしなかった。私を守ろうとしていたのね。それに私は、生き残りであると同時に、生き残りの孫でもあるから、無意識のうちに質問を避けるようになった。つらいだけだから。（中略）祖母は以前、母はアメリカにいると言っていた。だから、「お母さんはどこにいるの？」と聞かれたら、「アメリカにいる」と答えていた。私たち二人がここ（アメリカ）に来てから祖母がどう言っていたかは覚えていない。（中略）でも祖母はずっと、会う人みんなに（ギッテルの両親の）話をしていた。たとえば、バス停でバスを待っているときに、祖母は一緒に待っていた人にその話をした。私がその話を聞いているとも、理解できるとも思っていなかったみたい。（中略）子どもに聞く気なんかないと思っていたのかも。

祖母は、ギッテルから真実を隠す一方で、無数の他人にそれを語っていた。最終的にはそれが、二人の関係を破綻させることになった。「祖母に育てられたのは本当に不運だった」とギッテルは言う。

ギッテルの事例のように明白な形をとるとは限らないが、思春期に入って家庭内の対立が発生するパターンは頻繁に見られる。子どもは、大人の身体になり、社会的な責任を負うようになると、大人と同じように過去を知る権利があると主張した。それに対して両親は、それに応じようとせず、あるいは応じられずに、暴力に訴えることもあった。第一章で紹介したペーター・Bがまさにそうだ。ペーターは、母親とともにテレージエンシュタットで終戦を迎えると、一九四七年に母親と継父と幼い妹とともにアメリカに移住した。母親は戦後、情緒障害に悩まされていたが、アメリカに移住するとそれがさらにひどくなった。「通常の生活に戻る」ことなどとうてい望めそうになく、移住したときに一一歳だったペーターは思春期に入るにつれ、母親との関係を日増しに悪化させていった。

家にいるのが耐えられなかった。一四歳までに五、六回は家出していると思う。虐待されていたからね。身体的な虐待だよ。少なくとも一日に一回、たいていは一日に二回、母が暴力を振るうんだ。(中略)きっと心のなかでいろんなものが渦巻いていたんだろうね。(中略)だが母は、それにどう対処すればいいのかわからなかった。アメリカに行くと、それを受け入れられるようになるどころか、ますますひどくなった。たぶんそのころ、母の心のなかでそれがふくれあがって、すべてが外にあふれ出てしまうようなきっかけがあったのかもしれない。母はそれを全部、私にぶつけたんだ。間違いないよ。だから私は一四歳で家を出て、二度と帰らなかった。[13]

里親と暮らしていた子どもの場合、思春期における親子の対立はまた別の形をとった。デニー・Mは、養護施設で幼年時代の大半を過ごしたのち、一〇代後半のあいだに四つの里親家庭を経験した。

デニーによると、里親との関係がうまくいかなかったのは、里親がホロコーストについて何も知らなかったからだという。

英語圏のユダヤ人の多くは、実際にホロコーストを経験していない。だから、子どもを引き取るときに、そのあたりの事情を理解していない。カフカの短編小説『変身』を思い出すよ。家族の一員がある日突然、毒虫になる。家族も最初は彼を気づかうが、やがて彼を見殺しにする。（中略）私たちが家庭に入ると、その家族に罪悪感のようなものが芽生える。家族はそれを、心のなかで不快に思い、私みたいに家庭に入ってきた子どものせいにする。だから、どうにもならない状況になる。[14]

＊

家庭内の対立が、子どもの日常に重大な影響を及ぼす場合もある。家庭内での感情的なやりとりをはるかに超えた影響である。家庭が安定していないと、学業に集中できなくなり、学校を続けられなくなるケースが多くなる。デニーは、楽器店の店員として働いたのち音楽の教師になったが、将来の進路を選択しなければならない時期に里親の家庭でつらい経験をすることがなければ、もっと出世できたのではないかと思っているという。「そんなことがなければ、感情的な問題も全部なくなる。感情的な問題は、成績に悪影響を及ぼすからね。反感を抱く家族と暮らしていると、情緒が安定しない」[15]。ホロコーストを生き延びた子どもたちの多くが、似たような思いを抱いていた。思春期になった彼らは教育を通じて、周囲に独立を期待されていることを知る。周囲の大人はもはや、自分たちを

「貴重な生き残り」と見なしてはくれない。まだ幼いころは、慈善や人道的支援の対象と見なしてくれたが、思春期に入るころになると、そんな見方が一変する。養護施設や里親の家庭にいる子どもたちは、そんな変化の影響をもろに受ける。資金が枯渇して施設が間もなく閉鎖されることになったりすると、支援機関のスタッフは、子どもたちを適切かつ迅速に経済的独立へと導くにはどうすればいいかと考えるようになる。その結果、成績のいい子でさえ、たいていは学業をあきらめ、肉体労働職の訓練をせざるを得なくなる。これは、支援機関の指示でそうする場合もあるが、なるべく早く依存関係から脱け出す「いい子」でありたいと望む子どもたちが、自らそう選択する場合もある。こうした教育システムとの出会い（あるいはそれまでの教育システムとの決別）により、子どもたちは自分の価値もわからないいまま社会に出て、もっと環境がよければ出世できたかもしれないという喪失感に苛まれることになった[16]。

大人の保護者たちは、子どもに早く独立するよう促す一方で、そのような選択がもたらす影響を懸念してもいた。たとえばOSE（児童援助協会）の養護施設では、スタッフが子どもたちに「身になる職業訓練」を提供していたが、これはほとんどの場合、学業を犠牲にすることで成り立っていた。OSEの保護下にあった子どものうち、リセ（フランスにおける中等教育の公立学校）で中等教育を修了した者はごくわずかしかいない。一九四七年一〇月、中等教育の奨学金を得られるほど優秀な子どもにJDC（アメリカ・ユダヤ人合同配分委員会）が提供していた給付金がカットされると、修了者はさらに減った[17]。OSEの教育者は、こうして教育機会が失われるのを、子どもたち自身が気にしていない点を不安視していた。スタッフの当時の記述には、子どもたちは学業に対する意欲を失っており、むしろ経済的に独立するため、なるべく早く職業訓練を終えたいと思っているとある。そのほか、なかなか勉強に集中できない子が多いというスタッフの指摘もある。集中できない原因が過去の苦しみにあるとわかってはいても、スタッフにはどうすることもできなかった[18]。

では実際に、過去の記憶と家庭内の対立と学業成績とのあいだにはどんな関係があったのだろう？ ジャッキーは、自分の出自を教えてくれない両親との関係が悪化し、一五歳で学校をやめると、あてもなく見習い仕事や単純な仕事を渡り歩く日々を過ごした。だが、やがて婚約すると、すぐにも定職につかなければならない事態に陥った（タクシー運転手の道を選んだが、これも間もなく退職している）[19]。ペーターは、母親の暴力に耐えられなくなって一四歳のときに家出し、それを機に学校もやめた。「生き延びたよ。何年も、一人でね。テキサスに行って農場の仕事を見つけるなんて、どうってことないよ。いろんな仕事をしながら、あちこちを放浪したね」[20]。移住もまた、子どもたちが教育を受ける機会を損なう結果になった。移住に伴い、言語も、文化も、教育システムも、男女に期待されることも変わるからだ。フェリーツェ・Zと姉のベアーテは、おじの要請によりタヴェルニーにあったOSEの施設からアメリカに移住させられたにもかかわらず、おじが引き取りを拒否したため、ニュージャージー州の養護施設に入れられた。その施設が閉鎖されると、いくつもの里親に預けられ、新たな文化、新たな言語、新たな（予想外の）生活環境に順応するのに苦労を強いられた。その後、一四歳のときにニュージャージー州の中等学校に入れられたが、そのとき学校の進路指導員からはっきりと、自分の特殊な過去が今後の学業に重くのしかかることになると言われた。フェリーツェは当時をこう回想している。

それも問題になった。学校の指導員はこう言った。「そう、英語が第一言語じゃないの。じゃあ、大学進学コースには行けないね。秘書コースにしよう」。私はそれでいいと答えた。当時はまだ、とても素直だったから。はい、それでいいですって。言われたとおりにしたの。その学校の友人のほとんどが、ユダヤ人ではなかった。ユダヤ人の子たちはみな大学に行くつもりだったから、大学進学コースにいた。[21]

＊

子どもたちが思春期に直面したさまざまな困難を考えれば、何年も続く不安定な生活に耐えられなくなる子どもがいたとしても不思議ではない。スュザンヌ・Nは一九三九年一月、パリで三人きょうだいの末っ子として生まれた。戦時中は、当初は女子修道院に、その後は田舎のある家に潜伏していた。その家では、虐待された記憶しかないという。[22] 戦争が終わると、二人の兄とともにOSEが運営するフォンテーヌブローの孤児院に連れていかれたが、一九四八年になって、おじがカナダにいること、そのおじに三人を引き取る意思があることが判明した。そこで三人は一九四八年五月、CJC（カナダ・ユダヤ人会議）の戦争孤児救護事業によりトロントに移住した。CJCの個人ファイルにあるスュザンヌの最初の報告書には、「おじ夫婦の家庭によくなじみ、（中略）その家庭になくてはならない存在になった」という楽観的な記述がある。だが実際には、スュザンヌや兄二人にとってカナダ移住は過酷な経験となった。[23] おじ夫婦はフランス語を話せず、子どもたちは英語を話せなかった。言語の問題を克服しても、また別の問題が現れた。おじ夫婦はスュザンヌや兄が経験したことをほとんど理解しておらず、三人の子どもと大人との関係はぎくしゃくしたものになった。さらに、兄二人は、自分たちは覚えているがスュザンヌは覚えていない両親について話をしたがらず、スュザンヌが一〇代半ばのころに家を出ていってしまった。そのため彼女は、フォンテーヌブローの養護施設にいたころは同じ過去を共有する子どもたちに囲まれて幸せだったのに、トロントでは深い孤独に苦しんだ。
スュザンヌの場合も、思春期に入るとやはり、一九五〇年代後半のカナダという見知らぬ安全な世界で暮らす日常生活のなかに、未知の過去に対する不安が突如として頭をもたげてきた。思春期に入ったばかりのころに、ブナイ・ブリス〔「同盟の友」、世界各地に支部を持つユダヤ人相互扶助組織〕が主催するサマーキャンプに参加したときのことを、こう回想している。

寝る支度をしていると、私の腕に蚊《か》がとまった。隣の子に「殺さないで」と言ったのに、その子は私が蚊に刺されないようにと思ったのか、その蚊を叩いた。蚊を殺せば、血が出てくるでしょう。私はそのとき、叩かれた腕を見て、その血を見た。すると、そばにいた女の子たちも、キャンプ場も、何もかも見えなくなった。見えるのは、まわりにある破壊と死体だけ。私はひどいヒステリーを起こした。指導員がやって来て私を抱き、落ち着かせなければならないぐらいに。[24]

そのときスュザンヌは、子どものころに見たことを思い出していたわけではない。自分が見たことのない場面、両親が殺害された未知の場面を想像していたのだ。そんな場面が彼女の脳裏に強引に入り込んできた理由の一端は、それについて教えてくれる人が誰もいなかった点にある。スュザンヌはやがて、安全だが恐怖の入り混じったこの現在の生活に耐えられなくなった。一三歳のとき（兄二人がおじ夫婦の家を出る前）には、初めて自殺を試みている。

もう意識がなかった。兄二人が、私が夕食に降りてこないのをいぶかって二階にやって来ると、私はそこに横たわっていた。下の兄が、私の肩を揺さぶり、顔を何度もはたきながら（上の兄に）

こう言った。「妹がこんなに両親を必要としていたなんて。おれたちが妹を守ってやらないと」

スュザンヌはナチスに追いかけられる悪夢にも悩まされており、やがて家出を繰り返すようになった。一六歳のときには幻覚を見た。「どこもかしこもハチだらけなの。天井も、壁も。私は半狂乱になった。どこにも触れられなかった」。この発作ののち、もう面倒を見きれないと判断したおじ夫婦から、精神科の病院に入れると告げられた。スュザンヌは当時をこう回想している。

私の心のなかのどこかに、完全に破壊されることを望んでいない部分があったみたい。私は医者に電話して(中略)、集中的な精神分析療法を始めた。(中略)この先生が私を救ってくれたんだと思う。実際、私は自分を破壊しようとしていた。歪《ゆが》んだ思考に陥り、両親が死んだ原因は自分にあると思い込んでいた。ほかの人はみんな死んでいるのに、なぜ自分だけ生きているのかって。何度も自殺を試みた。とても深いうつ状態にあった。トンネルの先に光が見えず、そこから二度と脱け出せないのではないかと思った。ものごとをある程度秩序立てて見られるようになるまでに、一六年近くかかった。

これまでの章で述べてきたように、精神分析医や精神科医は戦後間もない時期から、ホロコーストを生き延びた子どもの精神や感情について持論を表明してきた。だが、思春期に入る前に治療を受けた子どもはほとんどいなかった。思春期になってから治療を受けた子どもはある程度いるが、それでも過半数に満たない。それに、スュザンヌのように、医師に助けられたという子どももいないわけではないが、たいていの場合、ホロコーストを生き延びた子どもと精神衛生の専門家との関係は複雑なものになった。というのは、思春期に入った子どもが精神分析療法を始めても、分析医のほうに、ホロコーストを経験した子どもが成長する過程で直面した特殊な問題を理解し、それに対応するだけの準備ができていなかったからだ。一九六三年、アンナ・フロイトのグループに属するハンガリー系ユダヤ人精神分析医、エディット・ギョムロイ・ルドヴィクが、「エリーザベト」という女児に関する研究論文を発表した。アウシュヴィッツ収容所で終戦を迎え、「四歳ごろ」にイギリスにやって来た子どもである。エリーザベトは一七歳のとき、精神分析療法を受けてみたいと保護者に訴えた。ギョムロイの記述によれば、「思春期に入るにつれて、一人前の人間になる力、自らの能力を信じる力、自らの希望を追い求める力が自分に欠けていることを自覚するようになった」からだという[25]。だがギョムロイの分析を見ると、当時の精神分析理論や手法を利用していた医師にとって、こうした子どもたちが直面している特殊な問題を理解するのがいかに難しかったかがわかる。断片的で不完全な子どもの記憶が、実際の戦争体験を反映していると信用していいのかわからない場合さえあったのである。

記憶をめぐっては、ギョムロイとその若い患者とのあいだで意見が対立した。ギョムロイは、エリーザベトがアウシュヴィッツ時代の記憶を抑圧し、それを空想に置き換えていると確信していたからだ。ちなみに、一九五〇年代や一九六〇年代の時期にはまだ、幼少期の記憶の仕組み（なぜ忘れてしまうのか）に対する理解が進んでいなかった。現在でもなお、完全には解明されていない。私たちは、どんな条件下で育てられようと、幼年時代初期については一貫性のない断片的な記憶しかなく、たいていは三歳以前の記憶がまったくない。オーストリアの精神科医、ジークムント・フロイト〔一八五六〜一九三九年〕が「幼児期健忘」と命名したこの現象は、いまでは一般的に、認知発達のさまざまな要素と関係していると考えられている。そのなかでも中心的な要素となるのが、言語の習得と、自分の人生の物語を形成していく能力である。[26] だが、ギョムロイを含め、当時のフロイト派の精神分析医はこの現象を、「子どもが反発を感じてきた幼児期の原始的衝動の経験を、意識に留めるのを抑止した結果」だと考えていた。つまり、幼児期の記憶がないのは、子どもが最初期の攻撃衝動や性衝動を否定しようとするときに生じる屈辱感や失望感から身を守るための防御反応というわけだ。さらにギョムロイは、エリーザベトの過去の記憶の抑圧は「通常の幼児期健忘」とは違うと思い込んでいた。彼女の幼少期は、「目まぐるしく入れ替わる人間、短期的な関係、つかの間の印象や経験、一定しない言語」に支配されていたからだ。[27] つまりギョムロイは、エリーザベトの過去の忘却は通常の子どもより深いと確信していた。そのため、エリーザベトが治療の際に示した断片的な記憶を、空想として退けてしまった。エリーザベトが、ほかの子どもたちと一緒に「木製の寝台」や「テーブルの上」で寝ていた記憶を提示しても、ギョムロイはそれを、空想をまとめあげるためにつくられた「偽の映像」にすぎないと推測した。だが、一九八〇年代後半になって、この少女は文書史料を通じて自分の幼少期を知った（当時、彼女はすでに四〇代になっていた）。それによれば、彼女は戦時中、アウシュヴィッツに移送される前に、しばらくテレージエンシュタットで暮らしていた。その収容所にあった堅い木の寝台が、実際に彼女の幼少期の経験の中心的部分を占めていたのである。ホロコーストを生き延びた多くの子どもたちは、思春期に入ると、過去をもっと詳しく知りたいという強い欲求に駆られた。だが、その一人であるエリーザベトは、医師にぼんやりしたごくわずかな記憶しか伝えることができず、結局医師はそれを、単なる空想であり、本当の過去は永遠に手の届かないところに完全に封じ込められているとしか考えなかった。エリーザベトはきっと、計り知れない失望を味わったに違いない。[28]

過去の具体的な情報を探し求めていた子どもたちのほとんどは、両親からも保護者からも情報を得られず、医師に頼ることもできなかった。また、研究者も大した助けにはならなかった。子どもに、地元の図書館や書店でホロコーストに関する情報を収集する能力や意欲がどれだけあったとしても、自分が生まれ育った家庭やコミュニティに何があったのかを教えてくれる資料はほとんど見つからなかった。だが、そんな状況であったにもかかわらず、一九五〇年代半ばから後半にかけての時期には、過去に関する十分な情報があることを前提とする法的プロセスが実施されていた。その法的プロセスとは、ナチスによる迫害の犠牲者に向けた、西ドイツの新たな賠償事業である。しかし、子どもの生存者から見れば、この事業は障害だらけだった。補償を申請する人は、自分の記憶を掘り起こし、そこに穴があれば、穴を埋めなければならなかったからだ。つまりこの事業は、明確かつ完全な、一貫性のある戦争体験の一覧表の類《たぐい》を提示することを要求していた。だが、ホロコーストを生き延びた子ども、とりわけ孤児となった子どもには、そんな事実の一覧を提示できるだけの情報がなかった。その一方で、この事業がときに、ほかのルートでは得られない貴重な情報を子どもたちにもたらしてくれる場合もあった。

*

一九五三年連邦補充法（一九五六年に連邦補償法〈BEG〉に改正）は、史上初めて法制化された国家的な補償法である。この法律は、ナチスの迫害により家族や生計の手段を失った人々、あるいは健康を損なわれた人々が、西ドイツ政府から最低限の金銭的補償を受けられるようにすることを目的に制定された。だが実際のところ、ホロコーストを生き延びた子どもたちにとってこの事業は、精神的なダメージをもたらす、過酷で屈辱的なものでしかなかった。というのは、申請者は必ず、迫害を受けたことを証明する文書を入手しなければならなかったからだ。これは、大人なら何とかできたかもしれないが、戦時中に子どもだった被害者にはたいてい不可能だった。こうした子どものなかには、関係公文書を一切持っておらず、出生証明書さえない子もいた。両親の名前、誕生日や出生地、収容所に移送された日付がわからない子も大勢おり、出生時の名前さえ知らない子もいた。そのため、生存者たちは子どもも大人も、補償プロセスの交渉で支援が必要になると、統一損害賠償機関（URO）のサービスを利用した。これは、ドイツやイスラエル以外で暮らす被害者を対象に、連邦補償法に先立って施行されていた地域規模の賠償事業に関する交渉を支援しようと、一九四八年に設立された〔英外務省肝いりの〕法的支援団体である。[29] 連邦補償法が施行されると、個々の被害者とドイツ当局とのあいだを仲介する役割を果たしていたUROは、被害者が支援を頼る主要機関となった。[30] 支局は世界各地にあり、申請者は最寄りの支局を利用できた。各支局はほかの支局と連携し、出生証明書や居住証明書、移送や収容の証拠など、申請者が持っていない必要な資料を入手した。その過程でUROは、ユダヤ人コミュニティの公文書館、各市町村の文書保管室など、ヨーロッパ各地の公文書館と協力した。なかでも重視されたのが赤十字社国際捜索局（ITS）の文書史料で、ドイツの小さな保養地バート・アーロルゼンにある同局の公文書館には、地下に何百万もの文書が保管されていた。ただし、UROがいくら公文書館員や調査員のネットワークと手を組んでも、必要な書類をすべて入手できたわけではない。冷戦の影響により、鉄のカーテンの東側に保管されていた文書史料には手が届かなかった。それでもUROは、さまざまな公文書館と連絡をとり合い、個人（とりわけ何の手段も持たない思春期の子どもたち）の力だけではとてもたどり着けない貴重な文書の入手を仲介する役目を担った。[31]

この損害賠償事業では、補償を求める申請者は、近親者の死亡、健康被害（これには、現在進行中の精神衛生上の問題は含まれない。次章を参照）、財産や所有物の損失、労働能力が完全に損なわれた場合には職業や利益を追求する機会の逸失について、補償を請求できた。このリストを見れば、子どもたちが圧倒的に不利な立場にいることがわかる。子どもでも、親の死亡については補償請求できたかもしれない（親が本当に死んでいることを証明できればの話である）。だが、まだ所有してもいなかった財産や所有物については補償請求できず、迫害により適職につく機会を奪われたと主張することもできなかった。また、子どもが「自由の喪失」に対して補償を請求するのも難しかった。その資格を得るためには、戦時中の生活環境が「非人間的」だったことを証明しなければならない。だが当局は、潜伏先での生活を「非人間的」とは認めなかった。たとえばテレーザ・Eは、当初ワルシャワのゲットーで過ごしたのち、そこからひそかに連れ出され、ワルシャワ近郊に住むポーランド人家族のもとに預けられ、潜伏生活に入った。この場合、ゲットーにいた期間については「自由の喪失」に対する補償を請求できたが、その後の期間については認められなかった。一九五九年、UROロンドン支局は彼女の法定後見人に、以下のような書簡を送っている。

一九四〇年一一月から一九四四年一二月までの期間の補償を請求しましたが、損害の発生開始日（ゲットー封鎖開始時期）もあまりはっきりしません。ゲットーへの抑留に対する損害補償を請求できる期間の始まりは、一九四〇年一一月ではなく、一九四一年一月一五日かもしれません。また、一九四三年一月以降はいわゆる「非合法生活」期になります。テレーザはゲットーから連れ出され、ワルシャワ近郊のユゼフフに暮らすポーランド人家族にかくまわれました。この期間については、テレーザが「非人間的環境」で暮らしたことを示す証拠が必要ですが、それを提示するのは難しいと思われます[32]。

この抜粋から、二つの重要な問題を読み取ることができる。第一に、この賠償事業において、潜伏先で戦争を生き延びた子どもたちは、最初から不利な立場に置かれていた。潜伏先での生活がいかにおぞましいものであろうと、自由や安全、健康がいかに損なわれていようと、ドイツ当局はその体験を補償に値するとは見なさなかった。第二に、ドイツ当局は、異論の余地のない迫害の証拠を提示しなければ請求を受けつけない一方で、欠陥の多い情報に基づいて補償の可否を判断していた。当局は当時、一九五八年までに請求書を提出するよう要請していた。だがすでに述べたように、この時期にはホロコーストに関する歴史的研究がほとんど進んでいなかった。そのため当局は、ワルシャワのゲットーが一九四〇年一一月に封鎖されたという基本的な事実さえ把握しておらず、不正確な事実に基づいて請求を棄却しようとしていた。[33]子どもの申請者に対する当局の判断がいかに恣意的で、不公平で、納得のいかないものだったかを示す事例は、ほかにもある。一九三七年八月にチェコスロヴァキアで生まれたミリアム・Sは、ある農家の家庭に潜伏して戦時中を過ごした。農家の夫婦は、家の二階にある一室に彼女を閉じ込め、一階ではときどきドイツ軍兵士に宿を提供していた。ミリアムはのちにこう回想している。

私はずっとその部屋にいた。夫婦が私に会うことはほとんどなかった。私はだめだと言われていたのにいつも窓際に座り、道の向こう側にあるごみの山にたかるネズミを何時間も見つめていた。（中略）奥さんは、自分たちの身に危険が及ぶことを私がしないように、いろいろと私に命じた。「こうすれば、こうなる」といった具合にね。誰かが来ると、ベッドの下に隠れていなければならなかった。[34]

ミリアムの姉は、ラーヴェンスブリュック強制収容所に送られたが、辛うじて生き延びた。父親はザクセンハウゼン強制収容所で、母親はサレト収容所で死亡した。兄も殺害されている（場所は不明）[35]。それでも、地元のURO支局の法律アドバイザーは、彼女が補償を受けられるかどうかわからないと述べ、こう記している。「彼女が送った、当時は『非合法』とされた生活が非人間的なものだったと証明できなければ、請求は認められません。家族と離れ、偽名を使って潜伏生活をしていたというだけでは請求できないのです。（中略）父親の死亡に対する遺族の補償請求については、ザクセンハウゼンで死亡したという証明書が必要になります」[36]

請求の先送りや棄却を認める規定は日ごとに増えていった。その結果、当局さえきちんと事実を把握していなかったにもかかわらず、事実誤認が含まれるという理由で請求が棄却される事例が増えていった。多くの申請者は、西ドイツ政府の心からの善意を期待して補償請求に踏みきったのに、いざ請求してみると、そこに以前と同じあの嫌悪すべき権力関係が働いていることを知って愕然とした。ドイツ当局はまたも、ユダヤ人を嘘つきや詐欺師と見なしていた。ナチス時代の反ユダヤ主義的な固定観念が、いまだ根を張っていたのだ[37]。そんななかで、当時思春期に入っていたホロコースト生存者は途方に暮れた。大人の申請者であれば、自分が知っている限りのことについては、自分が真実を告げているとはっきり断言できる。だが子どもたちは、どこまでが真実でどこからが真実でないのか、それさえわからない場合が多かった。

ヤネク・E（仮名）は一九三六年にポーランドで生まれ、戦時中にひときわすさまじい経験を重ねた。一九四〇年、故郷のクラシニクに住んでいたユダヤ人が一斉検挙され、強制労働収容所に連れていかれた。そのとき、ヤネクは父親や兄や姉とともにブジンの収容所に、母親だけは別の収容所に送られた。兄や姉はそこで射殺された。ヤネクはその後、父親とともに数々の強制労働収容所や強制収容所を転々とし、ヴィエリチカ岩塩坑での強制労働を経て、最終的にはフロッセンビュルク強制収容所にたどり着いた。父親は、そこで負った頭のけがが原因で、解放後間もなく死亡した。収容所の監視隊員に手ひどく殴られ、三週間も昏睡状態にあったという。父親の死により、当時ザルツハイムの難民キャンプにいたヤネクは、一〇歳にして天涯孤独の身となった。家族のなかの最後の生き残りである。一九四九年、ヤネクはおじの手を借りてアメリカに移住した。そしてロサンゼルスの中等学校に通うかたわら、自由の喪失に対する損害補償請求書を地元のURO支局に提出した[38]。UROのヤネクの個人ファイルには、ヤネクがこの請求のために提示した戦争体験の陳述書は残されていないが、その陳述書に対する法律アドバイザーの返信は残っている。以下を見てもわかるように、その内容はきわめて懐疑的なものだった。

はっきり申し上げますと、あなたは一九三九年一二月からユダヤの星のバッジを身につけていたと書いていますが、それはありえません。当時あなたはまだ三歳であり、法律によれば、子どもは一〇歳になってからバッジをつけることになっていたからです。この点で間違いがあるのなら、ブジンのゲットーに関する記述も間違えている可能性があります。公式文書に基づいて判断すると、ブジンが強制収容所になったのは一九四二年一〇月からです。それ以前は、封鎖されたゲットーではありませんでした[39]。

ヤネクは厳しい状況に直面した。三歳から一〇歳までに経験した混乱期の出来事について教えてくれる人は、もはや誰もいない。ヤネクはUROのロサンゼルス支局の法律アドバイザーに、記憶を振り絞って自分の体験を詳述した。だがその結果は、自分の記憶が「ありえない」こと、「間違っている」ことを指摘されただけだった。それでも当局は、「自由の喪失」に対する少額の補償金の支払いを認めた。それから数年後、ヤネクはもう一度補償請求を試みた。今度は父親の死亡に対する補償請求である。このケースについては、UROの個人ファイルにヤネクの陳述書が残っている。

父はフロッセンビュルクでひどい虐待を受けました。頭をむちで叩かれ、血まみれになって倒れたのです。額《ひたい》には大きな傷が残りました。一九四六年にフランクフルトのそばにあるザルツハイムの難民キャンプにたどり着いたのですが、父は解放直後からずっと、ひどい頭痛がすると訴えていました。症状は次第に悪化し、やがて手の感覚がなくなりました。そしてフランクフルトの病院に連れていかれ、そこで一年半ほど過ごしたのちに死亡しました。医師の話によると、虐待により受けた傷が死因だということです。私は当時、ミュンヒェンに近いバート・アイブリングの児童養護施設にいました。[40]

だが請求は棄却された。

損害賠償事業はこのように、思春期に入った子どもたちに屈辱や苦しみをもたらしたが、その一方で、こうした障害を乗り越え、幼少期の記憶の空白を埋める資料を入手できた人もいる。本当の生年月日、両親の名前、自分にきょうだい（または片親が違うきょうだい）がいた事実などを示す資料である。だが場合によっては、新たに発見された事実に子どもが耐えられないのではないかと危惧し、UROのスタッフが情報を隠すこともあった。ジャッキー・Yは一〇代後半に婚約した直後、損害賠償事業に関するニュースを新聞で知った。

婚約者とともに統一損害賠償機関（URO）に出向くと、とても感じのいい女性が私の話に耳を傾けてくれた。彼女の話によると、養子縁組をしたときすでに、生き残った親類がいないかどうか調査が行われているはずだが、確認のためウィーンの文書保管室に連絡を入れてみるという。数週間後、連絡を受けてUROを訪れると、スタッフがある情報を入手していた。私は一枚の小さな紙片を渡された。その紙には、母が婦人帽子職人だったこと、母の名前と生年月日、私がテレジーン（テレージエンシュタット）に、母がミンスクに移送された日付が記されていた。母は結局、そこから帰ってくることはなかった。これらの日付から判断すると、私は五歳半のときに母から引き離され、母はその直後に、私はその三カ月後に移送されたことになる。ほかの親類については、何の記録もなかった[41]。

だが一九八一年、ジャッキーはさらなる事実を知ることになる。イスラエルを訪れていたあいだにさまざまな支援者と連絡をとり、ウィーン市の文書保管室にある自分の長文式出生証明書を入手してもらったところ、母親が結婚していなかった事実が明らかになったのだ。

それを知ってもさほど驚かなかったが、これまで誰もこの事実にふれなかった理由がわからなかった。私はそれまでに何度も照会していた。それに以前、UROが調査を行った際に、なぜ母親の出生証明書を私に提示しなかったのか？　妻がUROのあの女性スタッフに電話を入れ、私たちが発見した事実を伝えると、彼女は自分の非を認め、その事実は当時から知っていたと述べた。だが、かわいそうな少年の心を傷つけたくなかったため、ほかの人とも話し合い、この情報を伝えないことに決めたのだという。（中略）同じようなことをしている人が、ほかにどれぐらいいるだろう？

損害賠償事業はこのように貴重な情報を提供する一方で、重い精神的負担を課す場合もあった。請求が棄却された場合には、申請者は憤りや屈辱を感じた。そのうえさらに、この状況のなかで提供できる限りの過去を提供したというのに、自分が把握している過去はよくて不正確、悪ければ嘘なのかもしれないというつらい疑念に苛まれた。また、請求が認められた場合でも、精神的負担が軽くなることはなかった。心理学者のサラ・モスコヴィッツによれば、補償金は子どもの申請者に「悲劇的ジレンマ」をもたらしたという。子どもたちは、最愛の両親の死亡に対して当局からわずかばかりの補償金を受け取ることにより、加害者の罪悪感を軽くし、自分の罪悪感を重くしているような気分になった。ジャッキーも、この感覚についてこう述べている。

いくらお金をもらっても、私が失ったものは補えない。私は、自分にこんなひどいことをしてきた人間たちが、わずかばかりのお金で私を払いのけようとしているような気がした。ようやくお金を受け取ったとき、私はそれをずたずたに引き裂き、捨ててしまいたい衝動に駆られた。このお金が、私には決して知ることのできない母の代わりだった。

ホロコーストを生き延びた子どもたちは、思春期に入る前から、自分の過去にわけのわからない穴、埋めがたい穴があることを知っていた。だが思春期に入ると、その過去にまつわる問題（過去の様相や意味、影響）が、これまでとは違う切迫感を帯びるようになった。それまでは、幼少期について何も知らなかっただけだったが、それ以降は、自分が過去に触れないよう周囲が意図的に妨害しているのではないか、自分のこれまでの記憶は単なるつくりものに過ぎないのではないかと感じるようになる。子どもを恐るべき真実から守ろうとしてきた両親やそのほかの大人の苦しみもわからないではないが、子どもにはこうした過去の隠蔽が、対等でない親と子の力関係に起因する重大な問題に思えた。しかもそれが、ホロコーストに対する意識がさほど高くなかった時期、その歴史的プロセスに関する研究がいまだ進んでいなかった時期に起きた。そのため、自分の出自に関する事実を切望していた思春期の子どもたちには、それを手に入れる手段がほとんどなかった。こうした切望はたいてい、大人になるにつれてますます大きくなる。だが大半の人は、本当に経験した恐怖や想像上の恐怖、過去の亡霊、過去へのあこがれに、一人で対処するほかなかった。[42]

第七章　トラウマ

テレージエンシュタットで終戦を迎えた子どものうち、三〇〇人が一九四五年夏にイギリスに連れてこられたが、そのなかに四歳未満の幼児が六人いた（ジャッキー・Yもその一人である）[1]。この子どもたちの世話を担当したイギリス中央基金（ＣＢＦ）の指導者たちは、幼児は専用の施設に入れたほうがいいと判断した。そこで、下院議員を夫に持つレディ・ベティ・クラークから、サセックス州ウエスト・ホースリーにある「ブルドッグズ・バンク」という別荘を借りると、すぐにそこへ幼児六人を移動させた[2]。この六人は当時、世間でかなり関心の的になった。精神衛生の専門家も、幼少期に母親を奪われたこの子たちが、どのように成長していくのかと興味津々だった。当時受け入れられていた精神医学的・精神分析学的見解では、子どもの正常な心理的発達には母親の愛情や思いやりが欠かせないと考えられていた。そのため、幼少期に母親から隔離され、テレージエンシュタットの「母親不在児童棟」に収容されていた六人の幼児は、この理論を検証するまたとない機会と見なされた。この幼児たちに実験対象としての可能性を見出していた専門家のなかには、アンナ・フロイトもいた。偉大な精神科医ジークムント・フロイトの娘で、児童精神分析学という分野の創設に貢献した人物である[3]。

当時、幼少期の発達に関するアンナ・フロイトの見解は、その著作を通じて広く一般に浸透していた。そのなかでも有名なのが、ハムステッド戦時保育所のドロシー・バーリンガムとの共同研究である。ちなみにハムステッド戦時保育所とは、一九四一年から一九四五年にかけて二人が運営していた難民児童のための居住施設である。[4] フロイトとバーリンガムは、子どもに深刻な影響を及ぼすのは、戦争の暴力ではなく、むしろ母親からの離別であると考えていた。実際にフロイトは、確かに戦争は、子どもが生来持っている暴力への欲求を刺激するが、爆弾の脅威よりも避難に伴う情緒不安定のほうが、はるかに大きなダメージを子どもに与えるおそれがあると述べている。つまりフロイトは（少なくとも当初は）この点において、同時代の著名な児童精神分析医と同じ立場にあった。たとえばジョン・ボウルビィも、「幼い子どもを長期間家庭から引き離すと、それが犯罪者的な性格を生み出す顕著な要因になる」と述べ、幼年時代の「母性剝奪」は、非行だけでなく、うつ病や精神遅滞、「感情の喪失」に至る可能性もあると警告している。本当にそのとおりなら、テレージエンシュタットから来た六人の幼児は、情緒面でも発達面でも深刻な問題を抱えることになるはずと考えられた。[5]

そのためアンナ・フロイトは、六人の幼児が快適な環境で暮らせるようにするため、そして精神分析学的手法の訓練を受けたスタッフに幼児を注意深く観察させるため、ハムステッド戦時保育所で一緒に働いていた二人の養護スタッフをブルドッグズ・バンクに派遣した。ドイツから亡命してきたダン姉妹、ゾフィーとゲルトルートである。ダン姉妹は、幼児の毎日の行動を丹念に記録した。かんしゃくを起こしたり、ほかの子と仲良くしたり、新たな言語に苦労したりしている姿を観察し、親指やよだれ掛けをしゃぶって安心したり、おねしょをしたり、性器をいじったりするたびに、それをメモした。アンナ・フロイトは、ロンドンのオフィスでこれらのメモを受け取ってその意味を考察し、一九五一年にゾフィー・ダンと連名で、これらの幼児に関する『グループ育児実験』と題する論文を発表した。この論文はいまでも児童精神分析学における画期的な研究と見なされており、大学でこの分野の教育に使われるほとんどの教科書に登場する。[6]

アンナ・フロイトとゾフィー・ダンは、この幼児の行動のなかでも普通とは違う行動に興味を持った。とりわけ関心を抱いたのが、幼児たちが大人に愛着を形成するのに慎重で、むしろ幼児同士で強い絆を結んでいた点である。論文によれば、子どもたちは「激しやすく、落ち着きがなく、攻撃的で、扱いが難しかった。強い自体愛〔自分自身の身体に向かう性活動の様式〕を示し、一部においては神経症の初期症状が見られた」という[7]。だが、それにもかかわらず二人は、こう結論した。子どもたちは「欠陥があるわけでも、社会規範から外れているわけでも、精神に異常があるわけでもなかった。リビドーをグループ内に向けることを覚え、その力によってある程度の不安を克服し、社会的な態度を示した」。結果的にこの幼児たちの事例研究は、母親との親密な関係を失えば子どもは必ず心に傷を負うという基本的な考え方に疑問を投げかけた。幼少期に母親から引き離されたとしても、子どもには回復力があるようだった。つまり、フロイトとダンは、「母子関係の混乱はどのようなものであれ間違いなく重要な病原因子になる」というジョン・ボウルビィやその支持者らの見解が誤っていると主張したことになる[8]。ブルドッグズ・バンクの「実験」により、児童精神科医や児童精神分析医は、子どもの心の発達には母親の愛情が欠かせないという見解の再考を迫られた。

だが、フロイトとダンの論文はこの時代の産物でもあった。すでに見たように、精神分析学に詳しい戦後の養護スタッフは、ホロコーストを生き延びた子どもたちは戦争体験により「常態を喪失」しているが、それがいつまでも続くわけではないと主張した。保護者を失ったヨーロッパの子どもたちは戦争でどうしようもない傷を負ったという一般メディアの報道から、子どもたちを守らなければならないと感じていたからだ。また、そう主張する養護スタッフの念頭には、資金の問題もあった。支援機関がヨーロッパ各地で運営している養護施設には、莫大な資金が必要だった。だが、その存在理由が失われてしまえば、寄付者が財布のひもを緩める気もなくなってしまうかもしれない。つまり、終戦直後の時期に養護スタッフが、子どもたちは迫害を受けた経験により〔訓練を受けた専門家による治療を必要とするほど）深い心の傷を負ったが、専門の治療を受ければ「正常」に戻れると主張したのには、きわめて現実的な、実際上の理由があったのだ。アンナ・フロイト自身、同時代のほかの精神分析学者と同様に、児童指導診療所に外部の世界が入り込む余地はないと主張していたにもかかわらず、こうした問題とは無縁ではなかった。フロイトがハムステッド戦時保育所を運営し、ブルドッグズ・バンクの運営資金を調達することができたのは、アメリカ戦争孤児里親計画という慈善団体によるところが大きかった。この団体がフロイトの活動に資金を提供していたのは、フロイトやそのスタッフがアメリカの篤志家《とくし》に、保護下にある子どもたちも物質的・精神的支援があれば、心理学的に健全な、喜ばしい人生を送れるようになると説得したからにほかならない[9]。

結局、アンナ・フロイトとゾフィー・ダンが先の論文で出した結論は、それから一〇年以上にわたりほとんど疑問視されることはなかったが、やがて、この論文に代表される学界のコンセンサスが覆されるときが来た。その原動力となったのが、あの西ドイツの賠償事業である。この賠償事業をきっかけに、精神科医や精神分析医のあいだで、ホロコーストを生き延びた子どもたちは本当に、一九五〇年代初頭にフロイトやダンが主張していたような回復力を備えていたのか、むしろ戦争体験により心にいつまでも残る傷を負ったのではないか、という議論が生まれた。そこで本章では、その過程でいったい何があったのかを検証していくことにしよう。すでに述べたように、子どもたちがこの補償金を手に入れるのは難しかったが、その過程で、幼少期の重要な情報を入手する機会に恵まれた子どももいた。その一方で、この事業を通じて心理的「トラウマ」という概念に関する幅広い議論が生まれ、ホロコーストを生き延びた子どもたちがその議論で重要な役割を担うことになった。精神衛生の専門家たちが、その子どもたちの心の発達や、戦争で荒廃した幼年時代が心に長期的な弊害を及ぼすのかという問題に新たな関心を示すようになった最大の要因は、この賠償事業やそれにまつわる問題にある。それにより、ホロコースト生存者と専門家との関係が変わってしまうと、結果的にこの両者のあり方も変わった。そのため、ホロコーストを生き延びた子どもたちの戦後の歴史を記そうとするなら、子どもたちと精神衛生の専門家の世界との関係や、子どもたちがその世界に抱いていた不安や希望を考慮することが欠かせない。また、児童精神医学・精神分析学・発達心理学の戦後の歴史を跡《あと》づけようとするなら、ホロコーストを生き延びた子どもたちを考察することが必要になる。こうした子どもたちに関する専門家の研究により、子どもの発達に関する専門家の見解や、親子関係の重要性、心理的「トラウマ」という概念そのものが、根本的に変わったからだ[10]。

*

私たちはどういう意味で「トラウマ」という言葉を使っているのだろうか？　現代の英語では一般的に、悲惨な出来事や心をかき乱す出来事を「トラウマになる」と表現するように、そういった出来事やその短期的・長期的影響を説明する概念として「トラウマ」という言葉をとらえている。だが、こうした使い方や、その背後にある概念は、二〇世紀後半に生まれたものに過ぎない。実際、オックスフォード英語辞典を見ると、このような意味で「トラウマ」が使用された最初期の事例（「あなたが抱えているトラウマを知っている」）は一九七七年となっている[11]。「トラウマ」という言葉や概念が心理的苦痛を表現するものとして一般的に使用されるようになった過程は、実に興味深い。これは、一九六〇年代から一九七〇年代にかけて、精神衛生の専門家によるこの概念の扱い方が大きく変わったことに起因している。この変化は、臨床心理学の療法にも、一般大衆の理解にも、学術的な研究にも劇的な影響をもたらした（たとえば、歴史家は一九八〇年代および一九九〇年代以降、過去の「トラウマ」

が現代の社会に及ぼした影響を調べることにも多くの時間を割くようになった)。その変化をもたらした要因はさまざま考えられるが、なかでも重要なのが、賠償事業により引き起こされた激しい議論である。西ドイツの一九五六年連邦補償法(BEG)に基づいて長期にわたり繰り返された請求・棄却・不服審査請求を通じ、精神科医や精神分析医は、怖ろしい出来事が個人にいつまでも影響を及ぼすことがあるのではないかと考えざるを得なくなり、これまでその分野を支配してきた基本的見解に異議を唱え始めた。こうしてトラウマの概念をめぐり、専門家のあいだで一〇年以上に及ぶ対立が始まると、ホロコースト生存者たち(特に幼年時代にホロコーストを経験した人たち)は、相矛盾する主張の板挟みになった。幼少期にどんなに怖ろしい戦争体験をしていようと、それが個人にいつまでも影響を及ぼすことはないとする主張と、幼少期に迫害を受けた生存者は、生涯にわたりその悪影響や後遺症に悩まされるとする主張である。

一九六〇年代から一九七〇年代にかけてこの変化が起きる前まで、精神科医は一般的に、心理的トラウマは悲惨な出来事に対する一時的反応に過ぎないと考えていた。そのため、長期にわたる精神的苦しみについては、こうした出来事に由来するものではなく、遺伝的なもの、もしくは(一部の精神科医が述べていたように)脳の物理的損傷によるものと推測していた。実際、「トラウマ」という言葉は、「外傷」を意味するギリシャ語を語源としており、医学的文脈では昔もいまも、主に身体的外傷を表現する言葉として使用されている。第一次世界大戦中に「戦争神経症」という言葉で兵士たちの情緒不安定を表現したフレデリック・モットやチャールズ・マイヤーズといった精神科医は、こうした精神的苦しみの原因が、戦闘による脳の損傷にあるのではないかと考えていた。同時期にはまた、鉄道事故にあった人のなかに、その事件の衝撃にいつまでも苦しんでいる人がいることに医師が頭を悩ませていたが、この場合もやはり、このような心理的疾患は身体的損傷に原因があると見なされていた（その疾患が「鉄道のとげ」と呼ばれていた事実も、それを証明している）。当時は、機械化が進んで危険性が増していた職場でも、工場の事故で負傷した人がいつまでもショック症状に悩まされることがあった。だが、政府が労働者を補償する法律を導入し始めると、こうした神経症を患う人を疑う声も出てきた。それは本当の病気なのか、それとも仮病なのか？　この問題は議論を呼び、身体的損傷ではなく、極端な経験や感情の動きによりショック症状に陥ったのではないか、とためらいがちに主張する精神科医も現れはしたが、そんな彼らでさえ、その精神的苦しみが長期的な影響を及ぼす可能性があるという見解を受け入れることはなかった[12]。

　フロイト派の精神分析学者たちは「トラウマ神経症」について別の見解を抱いていたが、怖ろしい出来事が健全な個人にいつまでも影響を及ぼすことはないと考えている点では同じだった。古典的なフロイト派の見方によれば、トラウマは、個人の生まれ持った気質に原因があるか、性的な要因に基づき、幼年時代の家族関係から生じるという。彼らはまた、「トラウマ神経症」の症状が現実世界の出来事に起因する可能性を否定し、無意識的な動機が根本原因だと考えた。ジークムント・フロイト自身、こう主張している。「客観的に存在した危険により起こる神経症、心的装置の奥深くにあるレバーが関与しない神経症などあるはずがない」[13]。トラウマの原因は、生まれ持った気質、あるいは幼少期の家族関係から生まれた不安や欲求にあるというこの見解は、一九四〇年代後半や一九五〇年代に心の支援を求めてきたわずかばかりの大人のホロコースト生存者と精神分析医とのあいだに軋《あつ》轢《れき》を生み出した。イギリスや北アメリカの支援機関で働く精神分析学に詳しい精神衛生の専門家たちは、大人の生存者たちのあいだに、驚くほど多様な心因性の症状が見られることに気づいていた。筋肉痛、片頭痛、無関心、不安、記憶障害などだが、これは頻繁に報告されていた症状のごく一部に過ぎない。だが専門家たちは、この症状が戦時中の体験と関係している可能性があるとはまるで考えなかった。実際、彼らのメモには、患者の戦時中の経験に関する記述がほとんどない。大人の生存者たちがいくら、この情緒障害は戦争体験に起因するのではないかと主張しても、「ほとんどの専門家は聞く耳を持たなかった」という[14]。こうした専門家たちは、子どもについては、怖ろしい戦争体験が精神的弊害をもたらす場合があることをある程度認めてはいたが、それでもその弊害がいつまでも続くとは思っていなかった。戦時中に迫害を受けた経験がいつまでも子どもに影響を及ぼす可能性があるとは考えられなかったいちばんの要因は、子どもの記憶能力は成長とともに発達していくという当時の認識にあった。

子どもの記憶の問題については、古典的なフロイト派精神分析学者と児童発達心理学者とで見解が異なっていたが、子どもは幼少期に起きた出来事を覚えていられないと主張している点では同じだった。私たちがまったく記憶を持たない三歳までの期間について、「幼児期健忘」という言葉を初めて用いたのはジークムント・フロイトである。フロイトの見解によれば、実際には子どもは幼児期の記憶を持っている。だが、その記憶（特に、異性の親に反道徳的な欲求を抱いた記憶）があまりに圧倒的な力を持っているため、のちに自我が発達すると、それを抑圧する。そのため、無意識ではその後も、この記憶が行動の動機となり続けるが、それを意識的に思い出すことはできなくなる。一方、発達心理学者は幼児期健忘について、これとは異なる見解を採用していた。スイスのジャン・ピアジェなど著名な心理学者は、脳が未発達な幼い子どもは永続的な記憶を形成できず、就学年齢前までの記憶プロセスはまとまりがなく、断片的なものになると考えていた。そのため児童心理学者たちは、幼少期に怖ろしい体験をしても、その出来事の記憶そのものがいずれは消え失せてしまうため、それが成長していく子どもにいつまでも有害な影響を及ぼすことはないと思っていた。それに対し精神分析学者たちは、脳が成長しても、幼少期の記憶は（抑圧された状態で）保持されていると考えていたが、親子間の性的衝動に関心を抱くばかりで、外界の出来事には重きを置かなかった。その結果、フロイト派の精神分析学者も古典的な児童心理学者も、同じ考えを共有するに至った。幼少期にホロコーストを経験しても、子どもはその事実を覚えていられないため、それがいつまでも心に影響を及ぼすことはない、と[15]。

実際のところ、「幼児期健忘」に関する発達心理学者の見解ががらりと変わったのは、一九八〇年代や一九九〇年代になってからだ。そのころから新世代の実験心理学者が現れ、三、四歳までの記憶がない理由について新たな理論を提唱するようになった。彼らは実験により、ごく幼い子どもはおろか赤ん坊でさえ、数日前、数カ月前、あるいは数年前の出来事を覚えていられることを証明してみせた。それでもこれら初期の記憶が、大人になるまで保持されることはない。その理由について、アメリカの心理学者であるロビン・フィヴァッシュやキャサリン・ネルソンらは一九八〇年代にこんな説を提唱した。初期の記憶を保持する能力は、子どものコミュニケーション能力の発達と関係している。子どもが人生の出来事について語る力を身につけ、親などの大人の手を借りて人生の物語を形成していくにつれ、子どもは「幼児期健忘」の段階から脱却していく。ここで重要になるのはコミュニケーション能力だけではない。子どもは、社会的に成長するにつれ、物語を固定する「足場」を獲得し、物語の形式を理解するようになり、その時点で記憶の仕方を変える[16]。要するに子どもは、過去の話をするのに必要な言語を獲得し、人生の物語を語る方法を親や社会で出会う他人から学ぶにつれ、それまでとは違った方法で記憶を保持するようになる、ということだ。だがこの見解は、幼年時代にホロコーストを経験した人たちにとっては、とりわけつらいものかもしれない。こうした子どもたちの身近には、過去の出来事について語り、それを時系列順に整理し、その意味を理解し、人生の物語に組み込む方法を教えてくれる親がいなかったからだ。彼らのなかには、大人との接触を制限されていたため（潜伏先でも収容所でもゲットーでも）、あるいは母国語を捨てて急いでほかの言語を習得しなければならなかったため、言語の習得が遅れた者もいたに違いない。またこうした子どもたちは、初期の記憶が形成される社会的環境を奪われていた。記憶が社会的に構築されるのだとすれば、それにより「幼児期健忘」の期間が平均より長くなった子どもも大勢いたのではないかと思われる[17]。その一方で、その子どもたちが所有していた記憶は、いかに断片的でぼんやりしたものであれ、彼らが幼少期の人生の物語をいかに語るかに、いつまでも重大な影響を与え続けたことだろう。

いずれにせよ、西ドイツで賠償事業が始まった一九五〇年代には、精神科医も心理学者も精神分析学者も、戦時中の迫害が健全な個人の心理にいつまでも弊害を及ぼすことはないという見解でほぼ一致していた。大人についても、恐るべき悲惨な出来事を経験してもすぐに回復できると考えられた。子どもについては、そんな経験もいずれは忘れてしまうだろうと考えられた。当時の精神衛生の専門家たちにはまだ、この立場を疑問視すべき説得力のある証拠がなかった。だが、賠償事業がこうした考え方を一変させることになる。ここで念頭に置いておかなければならないのは、ホロコースト生存者にとってもその請求を評価・判断する専門家にとっても、補償請求プロセスが数年もの長期間に及んだことだ。連邦補償法を運用する当局に雇われた医師は、請求者にいまも現れる心理的症状と戦争体験とのあいだに因果関係はないという前提に立ち、情緒不安定なホロコースト生存者は戦争前から情緒不安定だったのだと主張し、精神的損害に対する補償請求を棄却した。すると生存者たちはそれに不服を申し立て、もっと理解のある医師の意見を求めた。ちょうどそのころ、鋭敏な目を持つ一部の医師たちが、生存者たちに共通の症状が見られることに気づき始めた。その一人が、ドイツ生まれのアメリカの精神科医・精神分析医、ウィリアム・ニーダーランドである。連邦補償法に基づき補償を申請していた八〇〇人以上のホロコースト生存者を診察する立場にあったニーダーランドは、自分が診た生存者に共通の症状が数多く見られることを発見した。不安、慢性的なうつ状態、睡眠障害や悪夢、記憶・認知障害、あるいは、筋肉痛や胃腸の異常、頭痛などの身体的症状である。そこでニーダーランドは、この症状こそ、生存者が「かなりの規模、重度、持続期間を持つトラウマ」に耐えてきた証拠であり、生存者たちは「はっきりとした病型」と見なしうる症候群を発症しているのだと主張し、これを「生存者症候群《サバイバー・シンドローム》」と命名した。[18] ニーダーランドの業績は、生存者の治療に関してだけでなく、心的外傷（トラウマ）という概念の形成にも画期的な役割を果たすことになった。

　ニーダーランドの見解は、当時受け入れられていた精神医学の考え方と異なるばかりか、西ドイツの賠償当局が採用していた精神科医の立場と真っ向から対立するものだった。賠償当局は当時、膨大な数の請求を棄却するために、従来の精神医学の見解を採用していた。一九六六年末には、生存者からの申請の三分の一以上を棄却している。ただしこれは、請求を棄却された多くの申請者が不服の申し立てを行ったあとの話である。それ以前には、提出された請求の半数以上が棄却されていた。[19] 当局は、慢性的な不安、悪夢、心因性の痛みといった症状は、先天的なものか、幼年時代以来解消されない病気によるものか、戦後の生活に適応できないことに原因があるのではないかと主張した。歴史家のダグマー・ヘアツォークはこれについて、「迫害や収容所以外のあらゆるものが原因とされた」と批判している。[20] また、当局は正統的な学説をそのまま繰り返すだけでなく、「批判を封じ、自分たちの判断を正当化するためなら、利用できるありとあらゆる理論を意図的に採用した」とも主張している。[21] その結果、正統派の精神衛生の専門家（ドイツのほか、どこにでもいた）と先駆的な精神科医や精神分析医とのあいだで、次第に対立があらわになってきた。先駆的な医師たちは、怖ろしい出来事を経験したことにより、心にいつまでも残る傷を負う場合があるという見解を受け入れつつあった。[22]

　この対立は、学術専門的なものであると同時に政治的なものでもあった。賠償事業は、ナチスの政策や活動により心身に受けたいつまでも消えない損害に対して、誰が責任をとるのかという倫理上の問題と密接に結びついていた。実際、西ドイツ当局は、当時もまだ続いていたナチス犠牲者の苦しみに対して、誰が補償金を支払うべきなのかという難しい問題が持ち上がる政治的・文化的風潮のなかで、この事業を展開した。だが当局は、ヘアツォークが批判したように、請求者の症状を遺伝や気質、性格、環境のせいにしようとした。これはユダヤ人に限らず、申請する可能性のあった幅広い犠牲者にあてはまる。一九五六年戦時補償法は、民族や宗教、イデオロギー、政治的信条により迫害されたあらゆる犠牲者の補償請求を認めていた（この原則はもともと、アメリカ軍が西ドイツを占領していた時代に提示したものである）。しかし、当時まだ続いていた心の問題に対する補償については、強制収容所を経験した非ユダヤ人もユダヤ人と同じように、請求が棄却される場合が多かった。これには、冷戦時代の政治、および西ドイツやそのほかの西ヨーロッパ諸国における大戦の記憶が影響していた。移送・監禁された理由や背景が何であれ、精神状態の悪化に苦しんでいた請求者にとってそれは、心にダメージをもたらす悲惨な経験だったに違いない[23]。

トラウマの影響について両サイドの専門家の対立が始まると、怖ろしい出来事が健全な人にいつまでも心理的混乱をもたらす場合があることを決定的に証明しようとする専門家も現れた。こうした専門家は、アンナ・フロイトとゾフィー・ダンの研究に疑問を投げかけた。というのは、賠償当局が雇っている精神科医のなかに、フロイトとダンの結論を引用して、子どもの申請者の請求を棄却する者がいたからだ。たとえば、ドイツ生まれのアメリカの精神分析医マーティン・ワンが、精神疾患を患っていた若い女性について報告している。その女性は、フロイトやダンの研究対象になった子どもたちと同じように、まだ幼児のころにテレージエンシュタットで終戦を迎えた。この女性の補償請求に対し、当局の医師は、フロイトとダンの研究を盾にそれを棄却した。「ほかの研究を見ても、迫害を受けたことによる弊害がいつまでも続くとは立証されていない。アンナ・フロイトの研究によれば、両親から引き離されたテレージエンシュタットの子どもたちの混乱も、時間がたてば消えている」。当局の精神科医がフロイトとダンを引き合いに出して子どもの補償請求を棄却していたのなら、より理解のある精神科医や精神分析医がフロイトとダンの研究結果そのものに疑念を抱くようになるのも当然である。実際、アンナ・フロイト自身も、子どもの補償請求の棄却に自分の研究が利用されていることに衝撃を受け、家族から引き離され強制収容所に監禁された経験が、子どもにいつまでも悪影響を及ぼす場合があるとは思わない専門家がいることに驚きを表明するようになった[24]。

*

一九六〇年代後半になると、先駆的な専門家たちがこの対立に見られる冷酷な政治的側面に反発し、幼年時代にホロコーストを経験した生存者に対する分析や治療のアプローチを変えた。トラウマがいつまでも影響を及ぼす兆候を探し始めたのである。当時は、こうした専門家の数が増え、国際的なネットワークが形成され、この分野における従来の見解に挑もうとする機運が高まっていた。一九六七年にコペンハーゲンで国際精神分析学会の会議が開かれるころにはすでに、トラウマに関する従来のフロイト派の考え方では、迫害から数十年が経過してもホロコースト生存者に顕著な症状が見られる理由を説明できないという点で、幅広い意見の一致があった[25]。それを受け、同学会の精神科医や精神分析医は次第に、一部の生存者が経験した長期に及ぶ臨床症状や、これらの症状によく見られる発症の遅れに関心を抱くようになった（新たな考え方にいまだ納得しない精神科医は、こうした発症の遅れこそ、その症状が戦争体験と関係していない明らかな証拠だと見なしていた）。また、「巨大な心的外傷」

（先駆的精神科医の重要人物の一人、ヘンリー・クリスタルの言葉）が個人だけでなく家族にも影響を及ぼす可能性がある点にも関心が集まった[26]。

これらの専門家は、ホロコーストを経験した子どもと、ホロコーストを経験した両親のもとに生まれたが直接戦時中の迫害を経験してはいない子どもの双方に目を向けた。一九六〇年代半ば、モントリオールのユダヤ人総合病院精神科の研究員であるヴィヴィアン・ラコフとジョン・シーガルは、この問題に頭を悩ませていた。モントリオールには、戦後カナダに移住してきたホロコースト生存者が大勢いたが、市内の病院はフランス語を話すカトリック教徒向けの病院と英語を話すユダヤ人向けの病院に分かれていたため、精神的な問題を抱える市内のユダヤ人は、まず間違いなくユダヤ人総合病院を訪れる。だがラコフとシーガルは、強制収容所からの生還者を親に持つ子どもが家族精神科に助けを求めてくる事例が多いことに衝撃を受けた。一九六四年から一九六六年までの期間に同科に来たおよそ一〇〇のユダヤ人家族のうち、その四分の一が「強制収容所を経験した家族であり、モントリオールのユダヤ人人口に占めるその割合に比べるとあまりに多い」という[27]。二人はこの事実を受け、迫害というトラウマの後遺症に苦しむのはその犠牲者だけではなく、「家族そのものが、トラウマにより重度の障害を負った個人の集まり」なのではないかと考えた[28]。また、臨床現場で働く精神科医が、戦時中の迫害による被害がいつまでも続くだけでなく、世代を超えて引き継がれる場合さえあると考えるようになったころ、精神分析医も同様の結論に達していた。だが、本書においてそれ以上に重要なのは、戦後に生まれた子どもが親の戦争体験により甚大な悪影響を受けているのであれば、戦争や迫害を自ら経験した子どもについても、戦時中の記憶があるかどうかにかかわらず、その経験にもっと目を向けるべきだと、精神分析医が考えるようになった点にある。コペンハーゲンで開催された国際精神分析学会の会議では、数名の専門家が登壇し、幼年時代にホロコーストを経験した生存者の事例を紹介した。たとえば、イスラエルの精神分析医H・Z・ウィニックは、Rという自分の患者について報告している。当時大学生だったRは、一九三八年にフランスで生まれ、キリスト教徒の家庭にかくまわれて戦争を生き延びた。戦後、生き残った母親のもとへ戻ったが、二人の関係はぎくしゃくしてうまくいかなかったという。やがてRが思春期に入ると、心の問題に悩まされるようになった。それまでは学校の成績もよかったのに、思春期になったころからうつ状態になり、学習障害や重度の胃腸障害に見舞われ、最終的には学校を退学した。ウィニックによれば、精神分析療法を三年間続けた結果、学校に再入学できるようになり、胃腸障害も部分的には緩和されたが、「標準的な作業や社会的要求に自分を適応させている」だけで、もっと深い親密な人間関係にはいまも及び腰だという。ウィニックは結論として、Rは戦時中、ホストファミリーの家庭で比較的安全かつ安定した生活を送っていたにもかかわらず、その症状の多くは「強制収容所症候群」の患者に見られる症状と一致していると述べている[29]。

精神科医のラコフやシーガル、および精神分析医のウィニックは、一九六〇年代半ばに助けを求めて病院を訪れた若者たちに、迫害の影響が世代を超え、長期的に影響を及ぼしていることに関心を示した。それに対し、オランダの精神科医・精神分析医のハンス・ケイルソンは、それよりはるかに広範なアプローチを採用した。病院に来ない若者にまで調査の手を広げ、長期にわたるトラウマの悪影響は、その治療を求める一部の若者どころか、幼年時代にホロコーストを経験したほとんどの若者に見られると主張したのだ。一九六七年、ケイルソンは史上初めて、幼年時代にホロコーストを経験した生存者に関する大規模かつ長期的な心理学的調査にとりかかった。ドイツ生まれのユダヤ人であるケイルソンは、ナチスが政権をとった直後に医師の資格を得ると、ドイツを離れてオランダへ移り、戦時中はオランダのレジスタンス組織の医師として働いた。そして戦後になると、オランダのユダヤ人孤児を保護するために設立されたユダヤ人組織〈レスラト・ハ＝イェレド〉に協力し、一九七〇年までその顧問精神科医を務めていた。そのため、ホロコーストを生き延びた子どもが直面する長期的な心の問題を研究するには絶好の立場にあった。実際、調査に着手したころにはすでに、レスラト・ハ＝イェレドをはじめ、オランダの支援機関に保護された子ども三五〇〇人を診察した経験があった。[30]

一九六七年夏、ケイルソンはかつてレスラト・ハ＝イェレドに保護されていた子どものなかから二〇〇人を無作為に選んで連絡をとり、追跡調査への参加を依頼した。すると大半はその依頼を引き受けてくれたが、ケイルソンによると、「きわめて積極的な反応があった場合」でさえ、大人になった子どもたちは以前の医師との再会に「非常に攻撃的な感情」をあらわにしたという。子どもたちは、自分が忘れられ、最終的には以前の保護者から見捨てられたと感じていた。参加を依頼したときにこう応えた者もいた。「遅すぎる。一五年前だったら助けてほしかったのに。がっかりだよ」[31]。以前の子どもたちと話をするうちにケイルソンは、ホロコーストを生き延びた幅広い大人が「強制収容所症候群」関連の症状に苦しんでいるのなら、戦時中に思春期前の子どもだった人たちにはその症状がいっそうはっきり現れるのではないかと推測するようになった。なぜなら、「生物学的に自我が脆弱な」時期に屈辱や迫害の恐怖を経験しているからだ。[32] そこでケイルソンは、ウィリアム・ニーダーランドが指摘した「生存者症候群《サバイバー・シンドローム》」の症状（重度の不安、慢性的なうつ状態、および頭痛や胃腸障害などの身体的症状）を参考に症状リストを作成し、それに離婚や学校での成績不振といった「心理社会的」指標を加えた。そして、子どもにとって母親との離別ほどつらい心の傷はないという前提に立ち、母親から引き離された年齢、およびその後ホストファミリーなどの代理親から引き離された回数により子どもを分類して分析を行い、以下のような結論を得た。離別に伴う「持続的なトラウマ」は子どもに、一見目立たないものの重大な影響を及ぼす。子どもが幼ければ幼いほど、その悪影響は大きい。子どもが戦時中に過ごした場所が強制収容所だったか潜伏先の家庭だったかは重要ではない。戦時中の体験がどうあれ、ホロコーストを生き延びた子どもは正常に発達できていない（ケイルソンは「正常な発達」を、「心理社会的に悪影響を及ぼす問題がない」ことと定義している）[33]。とりわけ、生後一八カ月から四年のあいだに母親から引き離された子どもは、その心理的代償にひどく苦しんでおり、「正常な発達」を達成しているのは三パーセントにも満たない。それより年上の子どもは多少ましだが、このグループでさえ大多数（八〇パーセント以上）が、戦争体験によりいつまでも消えない心の傷を負っている、と[34]。

ケイルソンの研究は、子どもには回復力や適応力があるとするこれまでの見解を、明確に否定するものだった。とはいえ、ケイルソンが「正常」な発達の判断に使った指標のなかには、ホロコースト生存者の心の傷を示すというよりはむしろ、当時の社会的混乱を示しているに過ぎないものもあった。いつまでも消えない心の傷を示すものとして、「離婚」「失業」「知力と成績の食い違い」といった指標に目を向けることで、子どもたちの人生の選択に影響を与えた社会状況をほぼ無視していたのである。たとえば、離婚や離別は、一九六〇年代後半から一九七〇年代前半には次第に一般的なものになりつつあった。また、一九七三年のオイルショック以降、世界的な不況により失業も増えていた。だがケイルソンは、ホロコーストを生き延びた子どものサンプルを対照群と比較していない。さらに、それ以上に問題なのが、低い学歴や成績不振を、いつまでも消えない心の傷と結びつけている点だ。先に述べたように、こうした子どもたちがより質の高い教育や高等教育を望んでも、保護者（生き残った両親や親類、支援組織など）がそれを認めないのが一般的だった。「心や感情の大きな乱れにより教育上の成長が阻害されることもある」というケイルソンの主張には確かに一面の真実はあるが、この研究では、子どもに対する保護者の期待度が低く、教育に対する展望が限られていたという点が考慮されていない。[35]

一九六七年に始まったケイルソンの調査は一九七八年まで続いたが、この間に、「トラウマ」という概念に対するアプローチも、ホロコーストの歴史に対するアプローチも劇的に変わった。トラウマとなる経験の影響がいつまでも残る問題は、賠償事業にまつわる議論を通じて表面化したが、本当の意味でこの問題に関する精神医学的研究が盛んになったのは、ベトナム戦争以降である。当時は、ベトナムからアメリカに帰還した兵士が帰国から数カ月後あるいは数年後に経験した、心の傷がもたらす症状に関心が高まっていた。また、おそらくはそれ以上に、精神的問題に苦しむベトナム帰還兵への補償を求める大規模な政治運動が、精神科医や反戦活動家のあいだで活発化していた。[36] 一九七〇年代に入ると、精神科医や心理学者の国際機関が、「トラウマ」やその後遺症に関する概念を根本から見直し、新たな理解に基づき、その症状や新たな診断ツール、新たな治療法をまとめる作業に乗り出した。その結果、医師が精神的疾患を診断する際の重要な情報源とされ、一九七〇年代を通じてそのまま利用されていた『精神障害の診断と統計マニュアル（DSM）』が、広範囲にわたり大幅に改定された。一九八〇年に出版されたDSM-Ⅲでは、きわめて重要な改定ポイントの一つとして、新たに「心的外傷後ストレス障害（PTSD）」という疾患が正式に掲載された。そこに紹介されているPTSDの症状のチェックリストには、大人のホロコースト生存者を調査したウィリアム・ニーダーランドや、子どものホロコースト生存者を調査したケイルソンが提示した症状の多くが含まれている。そのなかでも重要なのが、PTSDの重要な指標の一つとして発症の遅れが挙げられている点である。それは、かつて西ドイツの賠償事業当局の依頼を受けた精神科医が、生存者の補償請求を棄却するために利用した指標でもあった。[37]

同時期には西側諸国で、ホロコーストの歴史に対する一般認識も変わりつつあった。ここで忘れてならないのは、ホロコーストに関する関心の高まりが、長期にわたる（世代さえ超える）精神的症状を定義しようとする専門家を後押しした点である。すでに述べたように、一九五一年にフロイトとダンが研究を発表したころには、ホロコーストに関する学術的研究がほとんどなく、一般の知識も限られていた。実際、アンナ・フロイトは、幼児たちがテレージエンシュタットでどんな経験をしたのか理解するため、テレージエンシュタットにいた経験のある大人数名を同僚に紹介してもらったという。つまりフロイトは、収容所内の生活について、彼らの話をもとに理解するほかなかったのである。[38]だが、ラコフとシーガルがモントリオールで若い患者の治療を行い、ケイルソンがオランダで長期的な調査を始めるころになると、この状況が大きく変わり始めた。一九六一年にエルサレムでアードルフ・アイヒマンの裁判が開かれると、ヨーロッパのユダヤ人が戦時中に受けた迫害の規模が、一般の人々にも知れわたった。また、精神科医の研究を通じて、強制収容所での経験がいつまでも消えない弊害を及ぼすことが認識されたことにより、社会の側の意識が変わったという側面もある。その結果、少なくとも英語圏の国々では「生存者症候群《サバイバー・シンドローム》」といった言葉が一般に浸透した。[39]

こうした変化により、当時はじめて精神科医や精神分析医は、一つの不可解な問題を突きつけられることになった。トラウマがもたらす症状は、それを経験してから数年間、あるいは数十年間続く場合がある。またケイルソンによれば、幼年時代にホロコーストを経験した生存者のほとんどがその症状を示しているという。それなら精神衛生の専門家たちはなぜ、一九六〇年代になるまでそれに気づかなかったのか？　専門家はこの疑問に対して、歴史的・文化的背景が変わった結果だとは考えず、一種の抑圧が働いていたからだと考えた。一九八二年には、心理学者のマーティン・バーグマンと精神分析学者のミルトン・ジュコヴィがこう主張している。子どもであれ大人であれホロコースト生存者にとって、一九四五年からの一〇年間はいわば「潜伏期」だった。つまり生存者たちは、抑圧こそが「ホロコーストに対処・適応するための健全な手段であると思い」、「トラウマとなる期間を全面的に否定・抑圧することでそれをようやく達成していた」が、「やがて過去の耐えられない記憶が蘇り、生存者につきまとうようになったのだ」、と。[40] このように、「抑圧」は専門家の側にあったのではなく患者の側にあったのだという思い込みは、長期にわたり疑問視されることがなかった。だが一九六〇年代後半、ポーランド生まれのアメリカの精神分析医ジュディス・ケステンバーグが、六カ国で活躍する精神分析医数百人を対象に、ホロコーストを生き延びた子どもやホロコースト生存者の子どもへの治療アプローチについて調査を実施した。すると、その結果は衝撃的なものとなった。ほとんどの精神分析医が、家族が戦時中に経験した迫害と、子どもがのちに抱えることになった精神衛生上の問題とを関連づけていなかったのだ。ケステンバーグは、子どもの患者が精神分析医にホロコーストの話をしたがらないのではなく、むしろ精神分析医のほうが患者とホロコーストの話をしたがらないのだと結論し、一九八二年にこう記している。「子どもは幼年時代の空想を超える現実の恐怖に直面するよりも、それを否定・抑圧するほうが得意だという一般的見解に、児童精神分析医も左右されがちだった」。その結果、「その親と精神分析医とのあいだで、沈黙の共謀（公表すると不利になる事実に対して沈黙を守ろうと申し合わせること）が成立していたと思われる」。[41] このケステンバーグの調査は、専門家にとって不愉快な事実を明らかにしている。つまり「潜伏期」というのは、患者ではなく、専門家がホロコーストの恐怖に対処・適応するための手段に過ぎなかったということだ。

＊

子どもには「回復力」があるというそれまでの基本的見解は、心の傷が広範囲にわたり長期間持続的に影響を及ぼすという考え方に取って代わった。では、当の生存者たちはこの変化をどう受け止めていたのだろうか？　トラウマとなる経験の長期的影響を再考するよう求めた精神科医や精神分析医は、ホロコースト生存者の側に立って闘う活動も展開していたが、当の生存者たちがこうした活動を歓迎していたとは一概には言えない。生存者は大人も子どもも、これらの専門家が病気にこだわる姿勢に不満を抱いていた。生存者たちは確かに、たびたび不安に悩まされ、自身を圧倒する記憶に苦しんでいたかもしれないが、誰もが自分は病的なものを抱えていると思っていたわけではない。それに、生存者のなかには、自分が「(身体的・心理的・道徳的に) 正常」であることを家族や地域や当局に証明しようと懸命に努力している人が大勢いた。それなのに、理解のある専門家が心の傷の長期的影響を強調すれば、そんな努力が水の泡になってしまいかねなかった。

こうした事情を知ると、一九六〇年代から一九七〇年代、一九八〇年代前半にかけての重要な時期に、幼年時代にホロコーストを経験した生存者と精神衛生の専門家とが、互いをどう見ていたのかを理解しやすくなる。この二方向の視線に重要な意味があるのは、この時期に両者が互いに深く影響し合っていたからだ。すでに述べたように、専門家は幼年時代にホロコーストを経験した生存者と出会うことで、トラウマの性質に関する見解を改めることができた。一方、生存者は「トラウマ」議論の両サイドにいた専門家と交流・対立することで、ホロコースト生存者という自分のアイデンティティを見つめ直すことができた。トラウマについて懐疑的な従来の専門家に対しては、いつまでも消えない不安やうつ状態に苦しんでおり、幼少期の経験が人生に重大な悪影響を及ぼしていると主張した。しかし、トラウマに対して理解や配慮を示す専門家に対しては、不安や愛情の問題は大人になっても残ってはいるが、永遠に癒せない心の傷を負ったと考えるほど深刻な問題ではない、と強調せざるを得なかった。

一九七〇年代後半になり、精神衛生の専門家と幼年時代にホロコーストを経験した生存者とが膝を交えてこれらの問題を議論する機会が増えると、こうした対立や憤懣が顕在化するようになった。それは、当時行われたインタビューを見ればわかる。一九七〇年代後半から一九八〇年代前半にかけての時期は、心理学者たちがホロコーストの心理的遺産についてさらに詳しく学ぼうと、ホロコースト生存者を対象にインタビュープロジェクトを実施し始めた時期にあたる。そのなかには、幼年時にホロコーストを経験した生存者だけを対象にしたプロジェクトもあった。こうしたプロジェクトを実施する心理学者や精神分析学者は、トラウマとなる出来事には長期的な影響力があると確信し、インタビューの聞き手を務める人たちに対して、生存者の人生の物語からトラウマ障害の兆候を聞き出すよう指導した。つまりこのプロジェクトは、学者側が長期的トラウマの問題に高い関心を抱いていた事実を反映していた。だが生存者のなかには、自分たちの生きた経験を病的なものと見なそうとする意図に対して、強く反発する者もいた。

一九八二年、ジュディス・ケステンバーグは、〈児童の組織的迫害に関する国際調査〉と呼ばれるインタビュー収集プロジェクトに着手した。幼年時代にホロコーストを経験した大人一五〇〇人以上のインタビューを収集するプロジェクトである。以前の調査により、多くの精神分析医が患者の幼少期のホロコースト体験を避けていることを知ったケステンバーグは、このプロジェクトを、臨床現場ではほかの精神分析医が避けている難しい問題を掘り下げるチャンスだと考えた。そしてこのインタビューを通じ、記憶があろうがなかろうが、子どもたちは戦争体験というトラウマが及ぼす影響にいまも苦しんでいることを証明しようとした。そこで、インタビューの聞き手を務める人たちに対し、インタビュー対象者からトラウマ障害の症状を聞き出すよう指導した。当時の精神分析学の学識を生存者の体験とどう関連づければいいのかを明らかにしようとしたのである。だが実際にインタビューをしてみると、生存者はしばしばこの意図に対して慎重な姿勢を示した。インタビュー対象者の多くは、ケステンバーグらが自分たちの人生に関心を示してくれたことに心から感謝しており、なかには、親や配偶者、子どもにも伝えていない話をしてくれる人もいた。だが、あまりにしつこくトラウマの兆候を尋ねる質問が繰り返されると、それが見当違いであるどころか、ばかばかしい質問でさえあることを、さまざまな方法で聞き手に伝えようとした。

たとえば、「専門家」である聞き手に気を配りつつ自己を主張しようと、トラウマを聞き出すことばかりに熱心な聞き手に対し、ユーモアを使ってやんわりと非難した。その好例が、R・Gへのインタビューである。彼女は一九三七年、当時ポーランド領だったヴィルノ（現在のヴィルニュス）で生まれた。やがて両親とともにヴィルノのゲットーに入れられ、父親とはそこで死別している。その後、母親の手によりひそかにゲットーから連れ出され、複数の農家の家庭を転々としながら戦争を生き延びた。一九八四年八月、ケステンバーグが彼女にインタビューをすると、しばらくは辛抱強く質問に答えていたが、やがてユーモアを使ってケステンバーグの質問をたしなめるようになった。ケステンバーグは、トラウマ障害の症状を聞き出そうとチェックリストに沿って質問していたのだが、R・G本人はそんな症状があるとは思っていなかったからだ。

ケステンバーグ：ホロコーストの影響はありますか？　後遺症のようなものは？　ホロコーストに関連する不安や悩みは？
R・G：悩みって言われても。誰にでも悩みはあるんじゃないの？
ケステンバーグ：妊娠中はどんな気分でした？　問題はありませんでしたか？

R・G：ええ、何も。
ケステンバーグ：出産も問題なく？
R・G：自然分娩です。
ケステンバーグ：育児に不安はありましたか？
R・G：不安……そうね、最初の子のときはちょっと過保護だったかも。
ケステンバーグ：おなかが空いているのに食べないことはありますか？
R・G：いいえ、食にはまったくこだわりがないの。
ケステンバーグ：あなたはユダヤ教の正統派でしたね？
R・G：正統派かと聞かれたら、正統派ではないかな。
ケステンバーグ：でも、保守派かと聞かれたら、そうですよね。
R・G：まあ、家ではコーシャー〔ユダヤ教の食事規定に従った食品〕を食べてる。その点では宗教を守っていると言えるかな。あと、娘たちがユダヤ人でない友だちを家に連れてきたら動揺するかも。実際、すごく動揺すると思う。娘たちには、生まれたころからそう言ってる。この話をすると、娘たちはいつもこう言う。「ほら、またオーブンの話だよ」。すると私はこう言うの。「そのとおり。動揺してオーブンに頭を突っ込んじゃう」
ケステンバーグ：誰の頭を突っ込むの？
R・G：私の。
ケステンバーグ：あなたが頭を突っ込むの？
R・G：そう。
ケステンバーグ：娘さんがユダヤ人でない友だちを家に連れてくると、あなたがオーブンに頭を突っ込むの？

R・G：ええ（笑い）[42]。

R・Gがここで辛辣《しんらつ》な笑い声をあげたのは、ユダヤ人生存者が自分をオーブン（かまど）に入れるというジョークが、いかにも皮肉っぽいと思ったからだろう。だがケステンバーグが、このジョークが自分に向けられたものだと気づくまでには少々時間がかかったようだ。R・Gは、この精神分析医がトラウマの症状を探そうとして見当違いな質問をしていることを教えてやりたいと思って、そうしたのである。

記憶の問題が、インタビュー対象者の不満を募らせるケースも多い。ケステンバーグは、幼年時代にホロコーストを経験した生存者の多くが戦時中の経験を覚えていないのは、記憶を抑圧しているためであり、自然な幼児期健忘によるものではないと確信していた（「エリーザベト」を診察したエディット・ギョムロイ・ルドヴィクと同じである。ケステンバーグもギョムロイ同様、精神分析学の教育を受けていた）。そこで、「失われた」記憶を回復しようと、手がかりを提示してインタビュー対象者の想像力を喚起するインタビュー手法を考案した。だがインタビュー対象者は、記憶の喪失は心理的問題に起因するという前提にしばしば苛立ちを覚えた。その好例が、ギッテル・Hへのインタビューである。ギッテルは、まだ幼児のころにテレージエンシュタットに入れられ、解放されたときにはまだ三歳にもなっていなかった。インタビューの聞き手を務めたのは、ジュディス・ケステンバーグの夫であり、賠償事業の法律の専門家として活躍していたミルトン・ケステンバーグである。

ケステンバーグ：ナチスのことは覚えていますか？

ギッテル：いいえ。
ケステンバーグ：ブーツは？　ナチスのハイブーツのことですが。
ギッテル：いいえ。写真でなら見たことはあるけど。
ケステンバーグ：幼少期のことは覚えていませんか？
ギッテル：ええ。
ケステンバーグ：テレージエンシュタットにいたころ、監視隊員を見ませんでした？
ギッテル：何も覚えていない。
ケステンバーグ：でもブーツは？
ギッテル：ブーツ？　いいえ。
ケステンバーグ：あのブーツを覚えていませんか？　映画以外で？
ギッテル：おばあさんが教えてくれたことしか知らない。
ケステンバーグ：あなたが記憶を取り戻す手助けをしているのですが。
ギッテル：それはわかってるんだけど。[43]

ケステンバーグのプロジェクトで聞き手を務めたサラ・モスコヴィッツも、この時期に独自のインタビュープロジェクトを実施している。その対象になったのは、アリス・ゴールドバーガーが館長を務めていたイギリス・サリー州のウィア・コートニー養護施設で幼年時代を過ごした経験のある子どもたちである。モスコヴィッツは一九七七年から一九八〇年までの三年間に、子どものころウィア・コートニーで暮らしていたことがある生存者二四人にインタビューを行ったが、その内容は図らずも、この歴史的時期における心理学者と生存者との複雑な関係を明らかにしている。モスコヴィッツがこのプロジェクトに取り組んだ目的は、大人の反社会的行動の原因は幼年時代のトラウマにあるという学説を検証することにあった。だが、インタビュー対象者はこうした彼女の動機を知ると、自分の人生の物語が心理学の学説の検証に利用されることに反発を感じた。そのため、なかにはプロジェクトへの協力を拒否する人もいれば、このインタビューを利用して心理学者の検証に対する不満を表明してやろうと考える人もいた。たとえば、プロジェクトの初期にインタビューを受けた人物のなかに、五歳のときにテレージエンシュタットから解放されたデニー・Mがいる。デニーは、インタビューを受けた一九七七年には三七歳になっており、中等学校の音楽教師という仕事に満足していた。インタビューによれば、子どものころはいろいろな問題を抱えていたが、思春期になるころからその問題に向き合うようになり、大人になったいまはごく普通の人間になったと思っているという。

子どものころはとても神経質だった。そう聞いているよね。よく騒ぎを起こしていたと思う。数年間は一人で寝ていた。なぜかわからないけど、不眠症で寝つくのに時間がかかったんだ。当時は、ドアのところにおもちゃの衛兵を置いていた。異常なほど死を恐れていたんだろうね。八歳のころかな。でも、これまでに頭がおかしな大人にはたくさん会ったけど、彼らと比べると、自分はきちんと分別をわきまえていると思う。まったく不安がないとは言えない。確かに、少々敏感すぎるところもあるけど、それが毎日の生活に影響を与えることはない。[44]

デニーはさらに、自分の正常性を強調するかたわら、インタビューされる立場を逆転させ、相手が自分たちを「異常」視する先入観を抱いていないかどうか確認している。

ところどころ気になるんだけど、あなたは私たちに対してある種の思い込みがあるんじゃないの？　ほかの人たちと同じように、何かこう、この人はあれを経験したとか、これを経験したとか、施設にいたとか、家族がいないとか考えて、直感的に、この人はうまく話せないんじゃないか、どこか精神に異常があるんじゃないかと思っていない？　……ほかの人たちも、私たちは正常じゃないと思っている。以前、診療所（アンナ・フロイトが運営する児童指導診療所）の人たちがよく施設にやって来て、パーティを開いていた。でもその人たちは、私たちには何も話しかけない。ただあたりをぶらぶらして、私たちを見ているだけ。あの人たちはなぜそこにいた？　いったい何を探していた？

だが、ここで何より重要なのは、辛辣にもデニーがこうした心理学者の研究を、ウィア・コートニーの一部の子どもたちも経験したナチスの人体実験と関連づけていた点である。心理学者たちは戦後になってもなお、子どもたちを実験台と見なしていた。デニーは教師になる勉強をしていたころ、一九五一年に発表されたフロイトとダンの論文を読んで気が動転したという。

教師になる勉強をしていたころ、子どもの発達を扱う教科書に、アンナ・フロイトの「グループ養育実験」に関する記述があった。それを見て衝撃を受けたよ。あの人たちは実験のために私たちを一緒にしていたのか？　ドイツ人が私たちを使ってあれだけ実験していたのに、まだ足りないというのか？

結局モスコヴィッツは、デニーをはじめ、ウィア・コートニーで幼年時代を過ごした人々へのインタビューを通じて、幼年時代に経験したトラウマが長期にわたり心に影響を及ぼすという自分の思い込みを深く反省し、その結果をまとめた著書にこう記している。「彼らの人生は、幼少期の母子関係を絶対的に重視する心理学（特に精神分析学）の文献が主張しているほど、荒涼としたものではない」。トラウマの長期的影響を検証するために始めたインタビューは、結果的に、こうした子どもたちがいまなお異常というレッテルを貼られ、そんな汚名を着せられる現実と日々闘っていることを教えてくれたのである。モスコヴィッツは、同業者の「病気探し」を批判してこう記している。

> 私たちは心的機能の科学的評価にこだわるあまり、人間を評価する基準を狭め、無意識のうちに、正常と異常とに分類されたカテゴリーを通じて優劣を判断していたのではないか？（中略）ホロコースト生存者たちが、精神衛生の専門家に助けを求めようとしない傾向が強いことはよく知られている。これまでの研究では、その理由は主に、生存者の側に信頼感や病理学に関する知識が不足しているからとされており、医師側の「専門家」的な態度が問題視されることはほとんどなかった。だがそのような態度が、またしても烙印《らくいん》を押され、分類され、劣等感を抱かされるのではないかという不安を相手に与えているのである。[45]

モスコヴィッツのこの結論が示しているように、一九七〇年代後半から一九八〇年代前半にかけての時期に、精神衛生の専門家と幼年時代にホロコーストを経験した生存者との関係は大きく変わった。それにより専門家が、ホロコースト生存者のトラウマと回復力とのバランスを再考するようになっただけではない。インタビュー収集プロジェクトを通じてこうした生存者と密接にかかわったことにより、生存者が専門家に対し、いかに不満を抱いていたかが明らかになった。自分たちの人生の物語が求められ、収集され、分析されたのは、その人間的な側面を明らかにするためではなく、心理学の学説を検証するためだったことがわかったからだ。ジャーナリストのヘレン・エプスタインの言葉を借りれば、精神衛生の専門家は精神病理学にこだわるあまり、「ホロコースト生存者をほかの『正常』な人々（そこには精神科医も含まれる）から区別していた」。そのため生存者は、中年にさしかかる一九七〇年代後半になると、トラウマにまつわる症状や専門の臨床用語に詳しいとされる精神科医が、自分たちを「戦争で心に傷を負った子どもたち」という領域に永久に閉じ込めてしまおうとするのに抵抗したのである。[46]

第八章　幸運と言われた生存者

一九六六年、当時二六歳だったツィラ・Cは、戦時中に自分を救出し、その後の世話をしてくれたOSE（児童援助協会）のスタッフに手紙を書いた。一九四六年にOSEの施設を離れ、アウシュヴィッツから生還してドイツにいた父親と暮らすようになって以来、OSEに連絡をとったのはそれが初めてだった。OSEのスタッフから、父親と再会してからの生活がどうだったか知らせてほしいとの連絡を受け、その後の自分の人生の物語をつづった手紙を送ったのである。そこには、居場所が定まらなかった幼年期から思春期にかけてのことが詳しく記されていた。一九五〇年には兄とともに、アメリカにいる祖父母のもとに送られたが、祖父母は二人を里親に預けた。だがツィラは、そこで一カ月ほど過ごしただけで、養護施設に入れられた。しばらくのちに別の里親に預けられたが、やがてまた養護施設に戻り、そこで三年を過ごした。一六歳のとき、その養護施設が喘息《ぜんそく》の子どものための療養施設に変わると、また別の里親のもとへ預けられたが、やがて法定成人年齢に達すると、すぐに里親の家を出た。手紙はさらにこう続く。

自分で部屋を借りて、婦人服店の店員として働きました。一六歳のときからしている仕事です。六カ月後、一三歳のときに養護施設で出会った男性と結婚しました。夫が社会福祉関係の大学院に通っていましたので、仕事はその後も続けました。二年後、双子が生まれ、その一年半後、三番目の子どもが生まれました。現在、私は二六歳、双子は五歳、いちばん下の子どもは四歳です。（中略）幼年時代は理想とはほど遠かったのですが、比較的普通の生活を送れています。こうして生きていられるのも、あなたがたのおかげです。心の底から感謝しています。[1]

「比較的普通の生活」。幼年時代にホロコーストを経験した生存者は、大人になって、混乱していた幼年期や思春期からの決別を願うようになると、それを必死に探し求めた。少なくとも、当時の数少ない資料からはそう読み取れる。実際、公文書館を調べても、彼らがそのころどのような心境にあったのかを理解する手がかりになる資料は、さほど残ってはいない。そのため、定職につき、家庭を築き、後半生につながる進路を切り開く努力をしていた彼らにとって、過去がどんな意味を持っていたのかはわからない。だが、ツィラが実に前向きな口調で、普通の生活を実現できたと述べている点については、さほど驚くべきことではないのかもしれない。彼女はきっと、以前の保護者たちの努力が実を結んだことを伝えたかったのだろう。この陽気な外面の裏にもっと複雑な感情が隠れている可能性も考えられるが、当時の資料からはそれを証明できない。

ところが、ツィラのその後の回想を見ると、激動の思春期を経て母親になり、中年へと変遷していく彼女の人生の物語は、それよりはるかに陰影に富んだものになっている。ツィラは一九八七年、文書史料のなかに再登場する。当時四七歳だった彼女は、〈児童の組織的迫害に関する国際調査〉の一環としてジュディス・ケステンバーグのインタビューを受けた。ＯＳＥに手紙で近況を報告してから二一年が過ぎたそのころになると、彼女は「比較的普通の生活」の追求をすっかりやめ、過去の経験のせいで自分が周囲の人たちとどう違うのかを明らかにしようと調査を始めた。子どもはもう大人になり、夫とも一九六八年に別れていた。ＯＳＥに手紙を書いたわずか二年後のことである。インタビューによると、一九歳で結婚した当時は、「普通」の生活を実現するのに必死だったため、夫と過去について話し合うこともなかった。だが結局、過去を葬《ほうむ》ろうとする努力は長続きしなかった。当時のことをこう述べている。夫と結婚したのは「夫が父親に似ていたからなの。当時の私には父親が必要だった。でも二七歳になると、もう父親は必要なくなった」。そしてむしろ、周囲の人たちと同じように考え、同じように行動しようとする果てしない努力をやめたいと思った。だがそれには、かなりの時間が必要だった。

四〇歳になるまで、普通になろうと必死だった。つまり、自分はほかの人たちとさほど違わないふりをしていたのね。でもある時点で、ほかの人たちとまったく同じにはなれないことに気づいた。過去のせいで私は変わってしまった。少なくともそんな感じがする。[2]

ツィラは離婚後にセラピーを受けた。実際、それは役に立ったが、セラピストと幼年時代について話をすることはなかった。だが四〇代前半になったある日、夢を見た。それが、過去との向き合い方を変えるきっかけになった。

ある晩、こんな夢を見た。背中の真ん中、二つの肩甲骨のあいだあたりに、こんなに大きくて赤い、ひどい傷があった。それは公印のような形をしていて、端が少し伸びて、奇抜な感じになっていた。夢のなかの私は、この傷を治すには、傷を開くしかないことを知っていた。そのときの感触はいまでも覚えてる。背中の皮をつまんで、ゆっくりとめくっていく。するとそこに、深さ二、三センチメートルぐらいの箱みたいな穴があって、小さな黒い虫が無数にいるの。この夢は、いまこそ過去を明らかにするときだ、ホロコーストについて調べる決意を固めるときだと言っているようだった。

ツィラは間もなく、ホロコーストに関連する修士課程の勉強を始めた。「私がホロコーストという言葉を持ち出すたびに会話がすぐに打ち切られてしまう」ことに気づいてもひるまなかった。一九八七年にインタビューを受けた当時は、歴史学の博士号の取得に向けた勉強をしていた[3]。こうした学究生活について、彼女はこう述べている。それは学術的な作業であると同時に、「自分の過去を探る旅路でもあった。(中略)そうしないではいられなかった。タイミングもよかった。子どもたちは成長し、親元を離れていた。ようやく一人になった、いまこそ過去と対峙するときだと思ったから、そうしたの」

だが、ツィラが過去を見つめ直そうと考えたのは、生活に変化があったからだけではない。周囲では、ほかの変化も起きつつあった。一九八二年、ツィラはアメリカ・ユダヤ人委員会の事務局員を務めていた。そのころ、有名なナチハンター(戦犯追及者)であるセルジュ・クラルスフェルトとベアーテ・クラルスフェルトが委員会事務局を訪れた。その際にツィラは、セルジュ・クラルスフェルトが執筆した『フランスから強制移送されたユダヤ人の記録』の当時まだ出版されていない英語版を借り受けることができた。フランスから強制移送されたユダヤ人全員の運命をまとめた、記念碑的な労作である[4]。彼女の家族(ツィラ、母親、父親、兄のエリック)は、一九四〇年にドイツからフランスのギュール収容所に移送されている。そのため、この記録名簿に母親の運命に関する情報が含まれている可能性がある。彼女はそれまで、母親についてほとんど何も知らなかった。

机に向かうと本を開き、一ページずつ見ていった。やがて移送番号三三のページにたどり着くとそこに……墓石を見つけたような感じだった。自分の目が信じられなかった。そこには私の両親の名前が、二人一緒に並んでいた。ギュールからアウシュヴィッツに移送されたとある。それを見たとたん、私は動転し硬直状態に陥った。体中の血が全部抜けてしまったような気分だった。茫然とそこに座っていた。信じられなかった。（中略）何もかもがその一点に収斂《しゅうれん》していくような、とても奇妙な感覚があった。

一九七〇年代後半から一九八〇年代前半にかけて、「何もかもがその一点に収斂していく」ような感覚を味わったのは、ツィラだけではない。大人になったばかりのころには普通の生活を追い求め、中年になるころには過去について詳しく知りたい欲求に駆られるというのは、幼年時代にホロコーストを経験した多くの人に見られる現象である。こうした変化が、ライフサイクルの自然な変化により触発されたという面は確かにある。子どもが成長して親の手を離れ、キャリアが確立されてしまうと、過去を見つめ直す時間も余力も生まれる。だがその一方で、一九七〇年代には、ホロコーストに対する世間の関心も高まっていた。では、幼年時代にホロコーストを経験した人たちが中年にさしかかったころから抱き始めた過去を詳しく知りたいという強い欲求と、周囲の世界の関心の変化とのあいだには、どんな関係があったのだろうか？

＊

この疑問はつまり、個人の記憶と、一般に「集合的記憶」と呼ばれる周囲の世界の記憶との合流点がどこにあるのか、ということでもある。幼年時代にホロコーストを経験した人たちがホロコーストの歴史に関心を向けるようになったまさにその時期に、その周囲の世界も同様に、ホロコーストの歴史に関心を寄せた。となると、幼年時代にホロコーストを経験した人たちは、広く社会に起きている変化の影響を受けたに過ぎない、とつい考えたくなる。だが実際には、彼らが過去の悲惨な出来事に関する明確な知見を求めるようになった事実と、「集合的記憶」の変化とのあいだに、はっきりとした関係や直接的な因果関係はない。確かに、過去が政治的・文化的に違った役割や意味を帯びるようになると、個人もその変化に反応するが、どう反応するかは予測がつかない。それに、地域や社会の変化だけでなく、家族という私的な世界の変化がきっかけとなって、過去との関係を見つめ直そうとする場合もある。

ホロコーストの「集合的記憶」(これは一般的に、ホロコーストに関する世間の理解や関心を意味する)を研究している歴史家は、どんな出来事がこの「集合的記憶」を発展させるきっかけとなったのかについて、さまざまな議論を展開している。たとえば一部の歴史家は、政治的・地政学的・法的な出来事を重視し、一般の関心が高まった原因として、一九六一年のアイヒマン裁判、一九六七年の第三次中東戦争、一九七三年の第四次中東戦争、一九七〇年代のホロコースト否認運動の拡大、一九九〇年代の冷戦体制の崩壊などを挙げている。[5]このように政治的な出来事が及ぼした役割を重視する歴史家に対し、ほかの学者(主に文学研究者や精神分析学者)は、個人の過去への取り組みが重要な役割を果たした点を強調し、世間の関心が高まるまでに時間がかかったのはトラウマや抑圧のためだと主張した(「歴史的背景とは無関係だ」という表現がよく用いられた)。この観点から見ると、「ホロコーストの集合的記憶」を発展させるきっかけとなった重要な出来事は、もっと以前から起きていたことになる。つまり、個人の日記や回想録が、一般の理解を発展させるのに重要な役割を果たしたというわけだ。実際、一九五二年に『アンネの日記』が出版された(一九五九年には映画化された)のを皮切りに、一九五〇年代半ばから後半にかけて、回想録が立て続けに出版された。たとえば、一九五五年にはカ・ツェトニックの『ダニエラの日記』〔蕗沢紀志夫訳、河出書房新社、一九六三年〕がアメリカでベストセラーになった。一九五八年にはエリ・ヴィーゼルの『夜』がフランスで、プリーモ・レーヴィの『これが人間か』〔竹山博英訳、朝日新聞出版、二〇一七年〕がイタリアの大衆向け市場で出版された〔ツェトニック、ヴィーゼル、レーヴィいずれもアウシュヴィッツ収容所からの生還者〕。これらがいずれも、「集合的記憶」を発展させる重要な出来事になった。[6] こうした文献はその後、一九七〇年代に入ってから飛躍的に増えた。また同時期には、ホロコーストをテーマにした映画やテレビ番組が、視聴者の大きな注目を集めた。たとえば、アメリカのミニ・テレビシリーズ『ホロコースト』が一九七八年にアメリカで、一九七九年にヨーロッパ諸国で放映されている。[7]

では、こうした政治的・文化的な出来事により、ホロコーストを直接経験していない広範な一般人の「集合的記憶」が発展したのであれば、それはホロコースト生存者の記憶の形成にどの程度影響を与えたのだろうか？　政治的・文化的な出来事と、個人や家族、友人同士の記憶という私的な世界とは、どう関係していたのか？　ホロコーストを経験してはいるが必ずしもそれを記憶しているわけではない人々に、こうした裁判や紛争、回想録やテレビドラマはどんな役割を果たしたのか？　これらの出来事が「集合的記憶」にも個人の記憶にも重大な影響を与えたのであれば、過去についてもっと知りたいと切望していたホロコースト生存者は、それにとりわけ強く反応したのではないかと考えられる。だが実際には、そんなことはなかったようだ。幼年時代にホロコーストを経験した人たちが、大人になって過去を見つめ直そうと思った瞬間について語るのを聞いても、そこで政治的な事件や文化的な作品に言及することはほとんどない。過去を見つめ直す主な要因となったのは、誰もが経験するようなもっとありふれた出来事だった。つまり、結婚や出産、離婚、両親の死などである。[8]

だからと言って、ホロコーストに関する一般の関心の高まりに、彼らが何の影響も受けなかったというわけではない。ツィラのように、ホロコースト生存者の多くは、育児に追われる時期が過ぎたころになって、過去を見つめ直す作業に戻った。その際、当時ほかの人たちが彼らの過去の物語に関心を寄せつつあった状況も、その作業を促すきっかけになったと思われる。幼年時代にホロコーストを経験した人たちは、一九七〇年代から一九八〇年代にかけて彼らに関心を抱き、その研究を始めた心理学者や精神分析学者を必ずしも受け入れていたわけではない。だが、受け入れるかどうかにかかわらず、こうした関心を抱く外部の人々は、彼らに過去を尋ね、その返答を求めてきた。それまでホロコースト生存者は、過去について尋ねられるたびに、すぐさま話題を変える日々を送っていた。そんな彼らの物語がいまや、熱心に求められるようになったのだ。だが、幼年時代にホロコーストを経験した人たちの多くは、自分の過去に関する基本的な事実をまだ知らなかった。突如として自分たちの過去の物語を聞きたがるようになった専門家に、それをどう伝えればいいのか?

また、外部の人々が幼年時代にホロコーストを経験した人たちの物語を聞きたがるようになったのは、ホロコーストに対する意識が高まったからだけではない。二〇世紀最後の数十年間に変化した時代精神はほかにもあった。一九八〇年代になると欧米社会は、児童や幼年時代の経験に対する考え方を一変させた。子どもの意見や言い分の価値（および証人としての権利）が司法の世界で新たに認められ、子どもが法廷で証言するようになった。[9]子どもには子どもの権利があるというこの考え方は、やがて国連にも採用され、一九八九年には〈児童の権利に関する条約〉が採択された。[10]また、一九八〇年代には、児童発達心理学者が幼少期の記憶のプロセスの再検討を始め、幼児どころか赤ん坊でさえ長期記憶が可能なことを証明するとともに、こうした初期の記憶がやがて失われてしまう理由の解明に取り組んだ。[11]つまり、一九八〇年代になると、証人として、あるいは記憶の主体としての子どもの価値が次第に重視されるようになり、幼年時代にホロコーストを経験した人たちにも、その経験を証言する能力があるのではないか、と考えられるようになった。さらに、一九六〇年代後半の大衆的な社会運動以降、はっきりと自分の意見を述べる行為そのものが従来にない力を持つようになるとともに、これまで公共の場で無視されてきた人々の声にも耳を傾けるべきだ、という認識が広がっていった[12]。そして、自分の意見を表明すべきだ、という新たな要請と、人間性心理学に基づく新たな認識の広まりが結びついた結果、感情を公の場で率直に表明したほうが健康にも精神衛生にもよく、有益な結果をもたらすと見なされるに至った[13]。こうした風潮は、幼年時代にホロコーストを経験した人たちにも影響を及ぼさないではいなかった。そのころになると、この新たな状況のなかで過去を探索する機会が増えただけでなく、過去について表明する手段も、それに耳を傾けてくれる聴衆もはるかに多くなった。

一九七〇年代から一九八〇年代にかけてのこの「記憶をめぐる認識の転回《メモリー・ターン》」により、幼年時代にホロコーストを経験した人たちは頻繁に過去を思い出すようになり、むしろ過去について考えずにはいられなくなった。では、それ以前の時代はどうだったのだろう？　歴史家たちは最近になって、一九七〇年代以前の欧米諸国ではホロコーストについて語られることがほとんどなく、「沈黙」が支配していたという見方に異議を唱えている。これは、複雑な要素がからんだ問題である。すでに述べたように、当時の養護施設、人道支援事業、家庭、地域には、ホロコーストから目を背けようとする人々がいた。その一方で、目を背けることを拒否する人々もいた。保護していた子どもたちと過去について率直な話をしていた支援機関のスタッフや、沈黙する家族に反発していた思春期の子どもなどである。だがそんな彼らも、大人になるにつれ、こうした探求的な精神を維持するのが難しくなった。ツィラがＯＳＥのスタッフに送った手紙でも見たように、大人になったばかりのころ、親になったばかりのころには、過去との向き合い方を変える必要があった。一九五〇年代から一九六〇年代にかけて、彼らの多くは、自分たちが穏やかで落ち着いた、実りある生活を送っている姿を見せようとした。配偶者や職場の同僚、隣人、あるいは以前の保護者に、「普通」の生活に無事溶け込んでいる姿を見せようとした。それは、自分たちが社会にうまく適応している証拠であると同時に、自分たちのためになされたこれまでの努力が無駄ではなかった証拠でもあった。つまり彼らは、自分たちに救済されるだけの価値があったことを証明したかったのだ。

その点では、支援機関にもある程度の責任がある。一九五〇年代後半、CJC（カナダ・ユダヤ人会議）は、一〇年前にカナダへ移住させた「戦争孤児」の追跡調査を実施することにした。その子どもたちが大人になって実りある生活を送っている現状を提示できれば、この事業が結果的に成功だったことを証明できると考えたからだ。CJCはこの調査を、ベン・ラピン博士に依頼した。以前からCJCの委員を務めていたトロント大学の社会福祉学の教授である。ラピンは早速、CJCの事業を通じてカナダに移住した一一一六人以上の生存者の追跡にとりかかった[14]。だが間もなく、かつてCJCの保護下にあった子どもたちの多くが、意図的に姿をくらましていることが明らかになった。この事業により預けられた地域に残っている者はほとんどいなかった。また、引っ越した者が移動先に関する情報を残しているケースもあまりなかった。それに、多くは姓名を変え、名前を英語風に改めたり、名字のつづりを変えたりしていた。だがCJCは、以前の子どもたちを追跡するラピンに最低限の支援しかしなかったため、ラピンはカナダで流通しているイディッシュ語の新聞およびユダヤ系の英字新聞すべてに広告を出し、子どもたちの行方を追った。その結果、孤児本人からの連絡は二件しかなかったが、孤児の配偶者からの連絡が多少あった。配偶者が当人に、この調査への参加を勧めてくれたのだ。しかし、かつてCJCの保護下にあった子どもたちの大半は、「連絡を思いとどまるか、広告にわざわざ反応するほどの気力がなかった」[15]。CJCの追跡調査に協力的でないのは明らかだった。

それでもラピンは、配偶者や親類の支援を得て、かつてCJCが保護した孤児二三七人の現住所を突き止め、それぞれにアンケート用紙を送付した[16]。このアンケートはラピンが作成したもので、結婚しているか、子どもはいるか、経済状態はどうか、移住時に預けられたのは「無償」家庭か「有償」家庭か、里親家庭や施設での生活はどうだったか、コミュニティに積極的に参加しているか、まだユダヤ教に則った生活を送っているか、といった質問が並んでいる[17]。アンケートが社会への溶け込みや経済的な独立を重視している点を考えれば、それに答える気になった「孤児」が一三一人しかいなかったのも驚くにはあたらない。ラピン自身も認めているように、回答者にはかなりの偏りがあった。回答してきたのは、経済的あるいは社会的に「成功」していることが一目でわかる人たちばかりだった。ラピンの言葉を借りれば、「その後出世した」人、つまり、進歩的な職業についたり、事業の立ち上げに成功したりした人やその家族である。ラピンは結婚も成功の指標と見なしていたが、男性の回答者の大半は結婚しており、女性の回答者も一人を除いて全員結婚していた。男性は全員仕事についており、女性は全員専業主婦である(未婚の一人は教師だった)。彼らの回答を見ると、かつて保護した子どもたちは大人になる過程で、一九五〇年代のカナダの社会にうまく溶け込んでいるようだった。そこでラピンはこう結論した。現在、子どもたちのほとんどが独立して暮らしている事実こそが、この事業が成功だったことを証明している。「現代の都市社会で長期にわたり独立を維持するのは並たいていのことではない。自発性が求められるうえ、高い効率や、社会的なスキルの持続的な行使が必要になる」[18]

支援機関から独立したことが、この事業が成功した証拠になるのなら、この回答者たちは大成功を収めた事例と言えるだろう。だが、その回答を読むと、落ち着いた普通の生活をしている姿を示さなければという思いと、その奥にある何かがおかしいという思いとのあいだで、葛藤や違和感を抱えていることが行間に垣間見える。ある回答者は、全体的に見て自分の人生はどうかという質問に、自分に不満を口にする権利はない、と答えている。「一二年前に望んでいたことを考えれば、いまの生活への不満などたかがしれている。私は幸せだし、何の問題もない」。[19] こうした断定的口調は逆に、実際はそうではないのではないか、という疑念を抱かせる。CJCはラピンの調査結果を喜んだ。その内容を記した書籍が一九六三年に *The Redeemed Children*（『救済された子どもたち』）というタイトルで出版されると、メディアもそれを大々的に取り上げた。カナダのほとんどの日刊紙がこの調査に関する記事を掲載し、大手ニュース週刊誌〈マクリーンズ〉に至っては、CJCの活動を「二〇世紀最大の人道支援事業」と絶賛した。[20] だがCJCの指導者は、このうわべの大成功の裏側で、居心地の悪い思いをしている人たちがいることを知っていた。一部の「孤児」は、過去についてももっと多くのことを、すぐにでも知りたいと躍起になっていた。ベルギーで生まれたW兄弟は、潜伏先で戦時中を過ごしているあいだにほかの家族全員の行方がわからなくなり、一九六〇年代前半には過去に関する情報を必死に探し求めていた。姉がいたことは覚えているが、最後に見たのは兄弟が五歳にもなっていないころで、その名前さえ覚えていなかった。兄弟はやがて、残りの親族の捜索をCJCに依頼したが、その際に、捜索している事実を内密にするよう要請した。兄弟は当時すでに二〇代半ばになっていたが、それでも養親には、自分たちが行方不明の家族について調べていることを知られたくなかったからだ。[21] 幼年時代にホロコーストを経験した人たちは大人になるにつれ、過去を知りたいという願望と、混乱で始まった人生がハッピーエンドに終わったと思わせたいという希望との板挟みになった。それが過去へのアプローチにも影響を与えたのである。

*

一九五〇年代から一九六〇年代にかけての時期には、幼年時代にホロコーストを経験した人たちの日常生活に、突如として過去が介入してくる瞬間があった。それは、婚約や結婚など、人生が新たな段階に入る節目の出来事に関係している場合が多い。すでに述べたように、ジャッキー・Yはシナゴーグに結婚式を申し込む際にそれを経験した。自分がユダヤ人であることを証明しようとする過程で、自分が強制収容所にいたことを初めて知ったのだ。そんな経験をしたのはジャッキーだけではない。ユダヤ人コミュニティの管理組織に自分がユダヤ人であることを証明しようとして腹立たしい経験をしたり、その証明に苦労したりした人は、ほかにもたくさんいる。エステル・Tは、自分が子どものころアウシュヴィッツにいたことは知っていたが、両親がどのように死んだのか、自分がどのように戦争を生き延びたのかといったことは何も知らなかった。そんな彼女もまた、ユダヤ教正統派の男性と結婚しようとしたときに同様の経験をした。

結婚しようとすると、シナゴーグの組織がくだらないことを聞いてきたの。たとえば、「ご両親はどこにいますか?」とかね。それが、きちんとした結婚式を挙げるための障害になる。そう、シナゴーグで結婚式を挙げたければ、両親の出生証明書が必要なの。でも、私たちにはそれがない。笑わないで。シナゴーグで結婚式を挙げるためには、自分がユダヤ人であることを証明しないといけないのに、私にはそれができないの![22]

ここでエステルが、インタビューの聞き手に「笑わないで」と言っている点に注目してほしい。これは、話し手も聞き手も、アウシュヴィッツから生還した自分がユダヤ人であることを証明するのに苦労しなければならない事実が、悲劇でもあり喜劇でもあると思っていたことを示唆している。エステルの言葉からはまた、結婚によりさらに幅広いアイデンティティの問題が持ち上がるおそれがあったことも想像できる。たとえば、宗教上のアイデンティティが問題になるかもしれない。ホロコーストを生き延びたのちに養護施設で育った人たちは、その施設がユダヤ人により運営されていたとしても、信心深いユダヤ人家庭がどういうものなのかきちんと理解していないのではないか、その理解不足によりユダヤ人になりすましているだけだと思われるのではないか、と不安になった。[23] あるいは、もっと根本的なアイデンティティの問題に直面する場合もある。結婚相手に、本当の自分についてどれだけ話ができるのか？ 真実を明らかにすれば結婚を拒否されるのではないか？ 新たな家庭に過去をどこまで持ち込んでいいのか？ なかには、そんな危険に対する最大の防衛策は、何も言わないことだと考える人もいた。戦時中、フランスの田舎に身を隠しているあいだにほかの家族を全員失ったレア・Rは、インタビューの聞き手に簡潔にこう述べている。

聞き手：過去の経験について話したことはありますか？
レア：いいえ、夫にも話していない。
聞き手：どうして？
レア：そんなことできない。
聞き手：戦争体験について誰かに尋ねられたことは？
レア：あるけど、フランスで過ごしたとしか言っていない。

聞き手：それはつらいから？

レア：そう。[24]

同じような経験をしていない結婚相手に過去の話をするのは危険だったが、結婚相手を選ぶのにも危険が伴った。アグネス・Gは、まだ幼児のころにハンガリーで終戦を迎えると間もなく、生き残った両親とともにイギリスに移住したが、一〇歳のときに父親が自殺した。それにより家庭は貧困に陥り、母親との関係は「窮屈で息が詰まりそうな」ものになった。その後、一九六八年に結婚したが、結婚相手を選ぶ際には、自殺した父親が厄介な影響を及ぼしたという。

私の結婚相手は短気な気難しい男で、よく怒鳴ったり毒づいたりしていた。でも私は、親戚などおらず、男がまるでいない環境で育ったから、十分な教育は受けられたけど、男については知る機会がなくて、男はそういうものだと思い込んでいた。そんな男ばかりじゃないと気づいたころには、もう小さな子どもが三人もいた。（中略）私が父のいない環境で育ったから、特に男の子には父親が必要だろうと思って、離婚したくてもずいぶん我慢していた。[25]

それから数十年後、結婚生活は終わりを告げた。アグネスの回想によると、夫は別れぎわに、こんな言葉で彼女を責めたという。「おまえはホロコーストにとりつかれてるって言われた。でも夫は、それに対する私の気持ちを理解してくれなかった」

ジャック・Fもやはり結婚生活のあいだ、過去に関する話ができなかった。ジャックは戦時中を、OSEにかくまわれてフランスのタヴェルニーで過ごした。そして戦後、養親に引き取られてアメリカに渡り、一九六四年に結婚、娘と息子をもうけた。そのころになると、過去についてもっと知りたいという欲求が高まってはいたが、「過去のことを考えるようになっても、妻とそんな話をすることはほとんどなかった」という。だが一九七四年に離婚し、過去について話ができなかった結婚生活が終わると、それまでのくびきから解放され、自分の幼少期についてじっくりと考えられるようになった。「それ以来、自分はこれからどうすればいいのかという問題を、これまで以上に考えるようになった。そのころはちょうど四〇歳を迎えたばかりで、中年の危機に直面する時期でもあった。私は自分の背景にあるものをすっかり忘れていた。そんな人は大勢いるんじゃないかな」[26]

結婚により自分の過去との関係が複雑化する場合もあれば、子どもの誕生によりそうなる場合もあった。幼年時代にホロコーストを経験した人たちの多くは、娘や息子の誕生を喜ぶかたわら、かつて自分の誕生を喜んでくれたいまは亡き母や父に思いを馳せた。あるいは、自分が両親に育てられた経験がないため、どう子育てをすればいいのかわからないのではないか、と不安になった。子どもが生まれたときではなく、子どもを育てていく過程で不安に苛まれた人もいる。子どもにいつ、どのくらい話しかければいいのか？　また、子どもが成長し、自分が最後に親を見た年齢になると、過去の記憶が蘇ってくることもあった。ポーレット・Sは、娘が四歳になったときのことをこう回想している。

それは、私が母親から引き離された年齢だった。私は娘を抱き上げるたびに、その当時の母はどれほど苦しい思いをしていたのだろうと思った。私がその後どうなるかはわからなかっただろうから。そんなことを考えていると、やがて娘を抱けなくなってしまった。キスをすることも、触れることもできない。この感情と闘おうとしたけど、どうにもならないの。娘には、本とかゲームとか、好きなものを買ってあげたけど、一緒には遊べなかった。[27]

一九七〇年代後半、幼年時代にホロコーストを経験した生存者にインタビューをした心理学者のサラ・モスコヴィッツは、彼らにとって子どもの誕生は一種の救いだったと述べている。「象徴的な意味で、新たな世代が誕生するごとに、失われた命がそれに置き換わり、死者に約束するようにこう告げる。あなたの種も、あなたの名前も、あなたの家系も、消えてはいないのだ、と。死んだ親にちなんだ名前を子どもにつけるのは、象徴的な意味での復活なのである」[28]。だが実際には、それほど単純な感情で説明できるものではない。子どもの誕生が、潜在的な恐怖を招き寄せ、悪夢を呼び起こし、失われた命を思い出させることもある。死んだ親にちなんだ名前を子どもにつける行為にしろ、象徴的に死者を「復活」させてカタルシスを得るためだけとは限らない。周囲の思惑に反して、それを自分のアイデンティティを主張する手段にしようと考える場合もある。こうした命名は、母や父の死を受け入れる行為になるだけでなく、家庭内での沈黙に対抗する行為にもなりうる。

先に紹介したペーター・Bは、虐待をいとわない暴力的な母親を嫌い、一四歳のときに家出した。最初の子どもが生まれると衝動的に、その男の子に父と同じエリックという名前をつけた。だが父は、戦争中に殺害されたわけではなかった。妻と息子を見捨て、上海に逃げたのだ。一方、ペーターと母親はテレージエンシュタット送りとなった。ペーターが自分を見捨てた父親にちなんだ名前を息子につけたのは、姿を消した父親をしのんでのことではなかった（ペーターが父親と再会することは二度となかった）。それはむしろ、母親に対する反抗心から生まれた行為だった。ペーターはこう回想している。

「エリック」という名前をつければ、母を遠ざけられるのではないかと思ったんだ。父は私たちを見捨てた。少なくとも私はそう思っている。そんな父に母が愛情を抱いていたとは思えないからね。実際、そのとおりになったよ。私はそのとき、母の心のなかにある憎しみや怒りはすべて父に向けられていたんだと確信した。[29]

ジャッキー・Yのエピソードを見ると、子どもに名前をつけるという行為が、死んだ親に対する敬意や、生きている親に対する反逆のほか、自分のアイデンティティの主張にも利用されていたことがわかる。ジャッキーは、最初の娘が生まれると、死んだ母親と同じエルサという名前をつけようとしたが、養親に反対されてしぶしぶあきらめた。だが、その二年後に二番目の娘が生まれると、もう以前のようにあきらめようとはしなかった。

今回も自分の意思を両親に伝えた。私はもう独立して、結婚もしていた。自分がしたいようにできるはずだ。それでも、両親は強く反対したよ。だから私も、ある程度は二人の希望に従うことにした。妻とも相談し、エルサではなくエリサという名前にして、ガビというミドルネームを入れた。でも出生届を出すときに、この二つの名前のあとにエルサという名前をつけ足した。結局、娘の名前はエリサ・ガビ・エルサになった。[30]

このエピソードには、ジャッキーが人生のこの時期にどんな気持ちを抱いていたのかが端的に現れている。当時は、過去を探求したいというジャッキーの欲求が、それを妨げようとする養親の思いと摩擦を起こしていた。娘の名前にほとんど同じ言葉が二つ並ぶことになった結果を見れば、ジャッキーが、養親を傷つけたくないという思いと、過去を取り戻したいという思いとのあいだで葛藤し、苦しんでいたことがわかる。「私を理解しようとしない養親の態度のせいで、過去をもっと知りたいという計り知れない欲求が蘇った」[31]

子どもの誕生と同じように、親の死（実の親であれ養親であれ）もまた、過去に対する思いを募らせるきっかけになった。親の死は、突如としてさまざまな感情を引き起こす可能性があった。最近死んだ親と戦時中に殺害された親の両方を追悼することになる場合もあれば、過去を探求する障害が取り除かれたという思いと、記憶が重荷となって自分の肩にのしかかってくる感覚が入り混じる場合もある。それが、自分と子どもとの関係にも影響を及ぼし、家庭にどこまで過去を持ち込むべきかという問題を引き起こしたこともあったかもしれない。クラクフのゲットー、潜伏先、テレージエンシュタットでの生活を経験したサウル・Aは、自分の幼年時代の真実を子どもには伝えないようにしていたが、生き残っていた父親が死ぬと、それ以上沈黙を貫くことができなくなった。

過去の話は一切しなかった。考えることさえなかった。悪夢を打ち消すために過去を忘れる決心をしたときから、過去を追い払っていた。過去を呼び戻すきっかけになったのは、何よりも父の死だった。私はそれまで、過去について考え、過去について話す重荷を背負っているのは父だと無意識に考えていたんだと思う。[32]

＊

一九七〇年代および一九八〇年代にホロコーストへの一般の関心が高まるまでの数十年間、幼年時代にホロコーストを経験した人たちは、幼年時代についてもっと知りたいという思いと、「比較的普通の生活」を実現したいという希望とのあいだで板挟みになっていた。結婚生活や家庭生活にどこまで過去を持ち込むべきなのか、子どもが成長したときにどこまで事実を伝えたらいいのか、親の死により追加された記憶の重荷をどの程度担えばいいのか、といった問題に悩まされた。だが中年になるころから、明確な意志をもって自分の過去に関する情報を探そうとする者が現れ始めた。そのなかには、「内世界（心のなか）」を探索し、これまで見逃してきた記憶の断片を掘り起こし、そこから幼年時代の物語を具体化する情報を引き出そうとする者がいた。また、「外世界」を探索し、自分が生まれた場所や戦時中に過ごした場所を再訪する者もいた。さらには、学術的なアプローチを採用し、当時増えつつあったホロコーストに関する学術文献を読みあさり、自分の家族に何が起きたのかを理解しようとする者もいた。実際そのころには、こうした過去への旅（精神的な旅、学術的な旅、文字どおりの旅のいずれであれ）に適した環境が整っていた。中年になれば、大人になったばかりのころに経験した忙しい生活からも解放される。外国へ情報を探しに行けるだけの金銭的余裕もある（一九七〇年代や一九八〇年代になると国外旅行が格安になったという背景もある）。また、東ヨーロッパ出身者の場合、徐々に冷戦の雪解けが進んだ結果、以前は難しかった旅行が可能になるとともに、それまで閉ざされていた公文書館の資料に個人でも容易にアクセスできるようになった。こうした要因により、これまでとは比べものにならないほど、過去の探求が可能になった。

「内世界」の探求は、一九八〇年代に大々的に発展したポピュラー心理学の影響をある程度受けている。当時は、催眠や誘導イメージなどの手法を利用した療法により、幼少期の性的虐待の記憶を「回復」すると主張する、無数の書籍がベストセラーになっていた。心理学の専門家はこうした考えを一笑に付し、それが広まることに懸念を抱いていたが、それでも多くのセラピストや法律関係者、一般大衆が「回復記憶」という概念を受け入れるのを防ぐことはできず、そのような療法を提供するセラピストは増える一方だった。先に述べたように、一部の精神科医は、幼年時代にホロコーストを経験した生存者は、「幼児期健忘」により記憶を失っているのではなく、記憶を抑圧しているのだと考えていた。それなら当然、その記憶を回復できる可能性もあることになる。そのため一部の生存者は、催眠に頼って幼少期の記憶の穴を埋めようとした（だがたいていは成功しなかった）[33]。多くの専門家は当時から、こうした手法ではセラピストが患者の記憶に不適切な影響を及ぼしかねないと指摘していたにもかかわらず、一九八〇年代後半には「回復記憶」療法が主流となり、文化的現象にまでなった。エレン・バスとローラ・デイヴィスの共著『生きる勇気と癒す力――性暴力の時代を生きる女性のためのガイドブック』〔原美奈子・二見れい子訳、三一書房、二〇〇七年〕といった大衆向けの本が人気を集めたのも、この時期である[34]。この療法は、一九九〇年代に入ると組織的な抵抗に直面した。一九九二年に精神衛生の専門家や性的虐待の告発を受けた親が設立した〈偽記憶症候群財団〉などの圧力団体が、「回復記憶」運動が推奨する思わせぶりな療法に対して反対運動を展開した。また、エリザベス・ロフタスなどの研究者が実験により、被験者を間違った記憶へと容易に誘導できることを証明しつつあった。だが、それ以前の一九八〇年代半ばから後半にかけての時期には、「回復記憶」という概念が一般大衆に広く浸透していた。その舞台となったのは主にアメリカだが、そのほかの西側諸国も明らかにその影響下にあった[35]。

ジャック・Fも、催眠を利用して、意識の手の届かないところにある過去の記憶の断片をつなぎ合わせようとしたが、結局は成功しなかった。一九八三年のインタビューでは、催眠が失敗に終わると、自分の過去の人生の穴をどう埋めればいいのかわからなくなってしまい、その穴の存在にますます耐えられなくなったと不満を述べている。

私は一九三八年に生まれた。手元にある書類からわかるのは、一九四一年に母が収容所に送られ、一九四三年に父が死んだことだけ。私がどのように救出されたのかもわからない。ただ、ほかの子どもたちとの話から、OSEのスタッフがホストファミリーを見つけてくれたらしいということは知っていたがね。でも、そのホストファミリーの名前さえよくは覚えていない。確かボカユとか、そんな感じだったと思う。その言葉が頭に残っているんだ。姉もいたよ。彼女が実の姉であることは間違いないと思うんだが……よくはわからない。何でもそう思い込んでいるだけかもしれない。証明してくれる人がいないんだから。[30]

一方、「外世界」を探索する人もいた。ジャックが催眠を試していたころ、ギッテル・Hはドイツを再訪し、幼年時代の記憶の穴を埋めようとした。両親について、あるいは子どものころの自分について何かを知っていそうな人に片っ端から手紙を書き、会う約束をとりつけた。だが、実際に自分が姿を見せると黙り込んでしまう人もいて、ギッテルはすっかり気力を失ってしまった。会う約束をしていた家族から会うのを拒否されてショックを受けたときのことを、こう回想している。

戦時中、こっそり自分の母親に牛乳を分けてくれていた女性と会う約束をしていたのに、その女性から一向に連絡がなくて。そこでこちらから電話したんだけど、なかなか電話口に出てくれないの。やがて娘さんが代わりに電話に出て、母は風邪気味で体調がよくないと伝えてきたから、「ちょっとした贈り物もあるんですけど」と言うと、「誰かほかの人にあげてください。時間がありませんので」と言って、乱暴に電話を切ってしまってね。それ以来、この家族からは何の連絡もない。どうしてかわからなくて、気になってはいるんだけど、私にはどうしようもないから。[37]

ギッテルはこの旅行により、ジャックと同じような気持ちにたどり着いただけだった。ドイツを訪れて「大量の書類」を手に入れたが、「そのなかのどれかが事実だったとしても、どれが事実なのか」がわからなかったからだ[38]。

また、自分自身の過去に関する手がかりを追い求めるのではなく、ホロコーストへの一般の関心が高まっている現状を利用してホロコーストについて学び、出身コミュニティの破壊というより大きな歴史のなかに、自分の家族の歴史を位置づけようとする人もいた。その好例が、すでに紹介したツィラ・Cである。そのほか、スュザンヌ・Nもまた、両親が殺害された経緯についてほとんど何も知らないことに耐えられなくなり、ホロコーストに関する文献をむさぼるように読みあさった。

> 本や映画、新聞など、ありとあらゆる媒体を通じて強制収容所の実態を学んでいくうちに、両親がそこで最期を迎えたことに気づいた。とても受け入れがたい事実だった。あの死体、あの骸骨《がいこつ》のどれか二つが私の母や父だなんてね。私の子どもたちはきっと幼いころから、そのことも、それに対する私の気持ちも、知っていたと思う。私が椅子に座って涙を流していると、いつも膝の上に乗ってきて「ママ、どうしたの？」って尋ねるから、そのたびに両親に何があったか話していたの[39]。

幼年時代にホロコーストを経験した人たちは、過去の記憶の穴に直面すると、ホロコーストに関する文献を読んだり、情報を求める旅に出たり、自分自身の心の奥底を探索したりした。すると、よく耳にするあの言葉に疑問を抱くようになった。生き残った人たちは「幸運」だという言葉である。精神分析医のマーティン・バーグマンとミルトン・ジュコヴィは、幼年時代にホロコーストを経験した人やホロコースト生存者の子どもを調査対象とした一九八二年の研究論文のなかで、ある女性患者の事例を紹介している。戦時中、まだ子どもだったその女性は、ワルシャワのゲットーからひそかに連れ出されてカトリックのホストファミリーに預けられ、戦後になると、両親は殺害されていたためおばに引き取られた。その論文によると彼女は、集中的なセラピーとおばの死を経験すると、自分は幸運だという感覚が次第に崩れ始めたという。論文には、以下のような彼女の言葉が引用されている。

私は何年ものあいだ、戦争の被害を受けていない、ゲットーでも幸運に恵まれた、と声を大にして主張してきた（実際、幸運にも生き延びることができた。それが幸運だとしたらね）。幸せなことに、母も、育ててくれたおばも、もう一人のおばも私をとてもかわいがってくれた。でも、身を守るためのそんな考えそのものが、少しずつ崩れていった。たいそうかわいがってもらったと言っていたけど、実は何度も見捨てられる経験をしていたの。おばは、私をゲットーから連れ出して助けてくれたけど、やがて一〇歳の私を見捨ててイスラエルに移住してしまった。それは、私に対する復讐なの。おばの娘や姉は死んでしまったのに私だけが生き残ったから。幸運は、担いきれない重荷になる。[40]

幼年時代にホロコーストを経験した人たちに重大な変化が起きた一九八〇年代前半に書かれたこの論文が、生き残った子どもたちは「幸運」だという考え方が後景に退いた点を報告しているのは注目に値する。この論文によれば、その考え方は、幼年時代にホロコーストを経験した人たちが自分の身を守るために自分の周囲に築きあげたもの、「激しい否定と抑圧によってつくりあげた」ものであるため[41]、抑圧した思いがいずれ解き放たれ、そうした神話が崩壊するのも当然だという。だが、この論文を執筆した二人は、生存者の周囲の世界が変わりつつあることに気づかなかった。生き残った人たちは「幸運」だという考え方が、トラウマとなる思考を回避して自分の身を守るために彼らがつくりあげた神話どころか、それ以上の意味があることに気づかなかった。その考え方はむしろ、幼年時代にホロコーストを経験した人たちを取り巻く社会がつくりあげたものだった。両親や親類、養護スタッフらが、苦しむ子どもたちを慰《なぐさ》めるために、そして彼らの不安や経験を拭い去るために、この神話を利用したのだ。しかし、いまやその子どもたちは中年になり、当時の大人の保護者らは他界しつつあった。こうした時代の流れとともに、生き残った子どもたちは「幸運」だという考え方は、もはや身を守る護符とはならなくなり、抑圧された記憶の重さに耐えきれずに崩壊していった。それは、特定の歴史的状況のなかでつくりあげられた社会的概念であり、もはやその歴史的状況が終わりを迎えようとしていたのだ。

第九章　ホロコースト生存者になる

ハリー・Mは、幼年期から青年期、成人期に至るまでずっと、自分がホロコースト生存者と言えるのかどうかわからなかった。一九三七年にベルリンで生まれた彼は、〈水晶の夜〉事件が起きる直前に、両親と兄、姉とともにドイツを離れ、ベルギーのアントウェルペンに移住した。ある警官から、間もなく暴力的迫害が始まるという情報を入手していたからだ。その後、戦争が始まると、当初はさまざまなベルギーの都市を転々としていたが、一九四二年からは潜伏生活に入った。両親はもはや使われていなさそうなアパートに隠れ、子どもたちはホストファミリーや児童向けの施設に預けられた。当時五歳だったハリーはヴァンダーリンデン家にかくまわれ、一九四四年九月にベルギーのナチス占領が終わるまでの期間をそこで過ごした。結局、両親も兄も姉も生き残ったが、親類の多くが殺害された。

この場合、彼らは「ホロコースト生存者」あるいは「ホロコーストの生き残り」と言えるのか？ハリーはよくわからなかったが、兄や姉は、自分たちは生き残りとは言えないと考えていた。ハリーの記憶によれば姉は、この家族は大変な事態を何も経験していないと言っていたらしい。実際、捕まることもなければ、飢えに苦しむこともなかった。ハリーは言う。「だから、私もずっとそう思っていた。ほかの人たちは拘束されたり逮捕されたり、怖ろしい収容所に送られたりしていたけど、私たちはそんなことを一切経験していなかったから」[1]。当時は、家族が戦争体験についてあまり話をしないため、ハリーはひときわ過去との断絶を感じていた。というのは、兄や姉は潜伏期間のことをよく覚えていたが、自分はまるで覚えていなかったからだ。

だが、ハリーは成長するにつれ、過去との関係は家族が語る物語よりもはるかに複雑で、もっと多くの問題を抱えているのではないか、と考えるようになった。一九五〇年代後半、当時ワシントン大学の学生だった彼は（一九五〇年に家族全員でアメリカに移住していた）、幼年時代に経験したホロコーストについて詳しく知りたいと思い、強制収容所に関する本を手当たり次第に読んでいった。すると間もなく、幼年時代について話をすると涙が止まらなくなるという現象に悩まされるようになった。セラピーを試しても効果はなかった。二〇代後半のころ、シアトルの精神科医を訪れたときのことは、いまでも鮮やかに覚えているという。その精神科医は、いきなりこう言って彼を驚かせた。「きみは自分を特別な人間だと思っているんじゃないのか？　自分は運がいいと思っているから、特別だと思うんだ」

自分は運がいいのか？　死を免れただけでなく、「生き残り」にもならなくてすんだから幸運なのか？　ハリーはのちにこう述べている。「確かに当時の私は、自分が生き残りだとは思っていなかった。東ヨーロッパにいた人たちや、ゲットーや収容所にいた人たちこそが生き残りだと思っていた」。だが、事態は徐々に変化していった。それはハリーだけでなく、ほかの家族にもあてはまる。一九八一年になると、この家族が戦時中に大変な事態に巻き込まれたことはなかったと、ずっと主張していた姉が、エルサレムで開催された第一回ユダヤ人ホロコースト生存者世界大会に参加した。ハリーが姉に参加した理由を尋ねると、姉は「いろいろと言い訳を並べていた」そうだが、そのころから、家族が主張する比較的安全で幸運な戦時体験の物語にほころびが見え始めた。それから二年後、ハリーは同様のイベントがアメリカのワシントンD.C.で開催されることを知った。史上最大規模のホロコースト生存者集会となった第一回ユダヤ人ホロコースト生存者アメリカ大会である。ワルシャワ・ゲットー蜂起の四〇周年記念日に合わせて開催されたこの大会には、ホロコースト生存者やその家族が一万六〇〇〇人も参加したという（そのうち、幼年時代にホロコーストを経験した人はおよそ二四〇〇人）[2]。その当時、ハリーはすでに結婚して子どももおり、ワシントンD.C.に住んでいた。そこで、自分がホロコースト生存者の集会にふさわしい人間かどうかわからなかったものの、大会に参加してみることにした。するとその場で、予想もしていなかった精神的カタルシスを体験した。ハリーはこの数十年間、戦時中に大した経験をしてこなかったと自分に言い聞かせて生きてきた。幼年時代の話をすると涙が出てくる理由がわからなかった。そのため、自分に参加する権利があるかどうかもわからないまま大会に参加したのだが、会場に入ったとたん、自分に驚くべき変化が起きたことに気づいた。大会では、当時の大統領ロナルド・レーガンがスピーチを行うことになっていた。ハリーはレーガンの熱狂的な支持者だったわけではない。だが大統領がステージに立ち、参加した大勢のホロコースト生存者を前にスピーチを始めたときのことをこう回想している。「突然、涙が止まらなくなった。自分の過去の経験が認められ、正しく評価されたと思えたんだろうね」

＊

ハリー・Mが自分の経験を生き残りと見なせるのかと悩んでいたころ、幼年時代にホロコーストを経験したほかの人たちも同様の疑問を抱えていた。「ホロコースト生存者」という概念がどこまであてはまるのかという疑問である。この概念の範囲は、決して不変ではない。その意味や用法は、一九八〇年代に入るまでの数年間に大きく変わり、一九九〇年代以降にさらに劇的に変わることになる。実際、本書ではこれまでずっと「child survivor」（「子どもの生存者」を意味する。訳文ではこれまで、文脈に応じて「ホロコーストを生き延びた子ども」や「幼年時代にホロコーストを経験した生存者」などと訳し分けてきたが、以後は便宜的に「幼年時生存者」とする）という言葉を使ってきたが、一九八〇年代以前の議論でこの言葉を使うのは、厳密に言えば不適切である。それまでは、このような言葉が使われることはなかったからだ。大人の生存者の場合でさえ、「生存者」と呼ばれる資格があるのは誰なのか、その言葉には心情的・精神的・実存的にどんな意味があるのか、といった点については必ずしも明確ではなかった。二一世紀に入った現在では、ホロコースト生存者を幅広い視野でとらえ、第二次世界大戦以前および大戦中にナチスやその協力者に殺害される脅威に直面しつつも生き延びたすべての人を、ホロコースト生存者に含めている。つまり、強制収容所を生き延びた人々だけでなく、潜伏、アーリア人への偽装、安全な地域（ソ連など）への避難、ヨーロッパ大陸からの逃亡、パルチザンへの参加など、そのほかの方法で生き延びた人々も、そこに含まれる。合衆国ホロコースト記念博物館（USHMM）は、ホロコースト生存者をこう定義している。「ユダヤ人であるかないかにかかわらず、一九三三年から一九四五年までのあいだに、ナチスやその協力者の人種的・宗教的・民族的・社会的・政治的政策により、追放・迫害・差別されたあらゆる人々」。つまり、紛れもなくホロコーストの主たるターゲットとなったヨーロッパのユダヤ人だけでなく、より幅広い定義を採用している。[3]

しかし、「生存者」という言葉の意味をこれほど幅広くとらえるようになったのは、比較的最近のことである。この言葉がホロコーストを生き延びた人を指す標準的な用語として定着するまでには、五〇年以上の月日が必要だった。[4] 英語では、戦後初期のころから「生存者、生き残り（survivor）」という言葉が使われていたが（一般的には収容所の名称をつけ、「ブーヘンヴァルトの生き残り」「ベルゼンの生き残り」などと言われた）、当時はさほど一般的な言葉ではなかった。戦後初期のころは、ホロコーストを生き延びた大人は「強制移住者（DP）」、子どもは「同伴保護者のいない子ども」や「ユダヤ人戦争孤児」などと呼ばれていた。ほかのヨーロッパの言語では、強制収容所の生存者は自分たちを「抑留者」と称していたが、主に収容所仲間のあいだや、終戦直後にフランスなどに数多く誕生した親睦団体のなかで使われていただけだった。また、難民キャンプ内では、生存者はシェリト・ハ＝プレタと呼ばれた。これは聖書に登場するヘブライ語で「難を免れ、残った者」〔旧約聖書のイザヤ書第三七章三二節。訳語は新共同訳による〕を意味するが、難民が離散してキャンプ自体がなくなると、次第にこの言葉も使われなくなった。「抑留者」を除き、これらの言葉はいずれも、生存者の現状やそれにまつわる問題を強調している。つまり、強制的に移住させられ、国を失い、親を失い、一民族の残存者となっている現状である。そこには、「生き残り」という後ろ向きな視点はない。「生き残り」という言葉は、生き延びるという過去の行為に基づいているが、上記の言葉は、苦境に陥った現在の視点から生存者をとらえている。とはいえ、それらの言葉が同情的だったというわけではない。とりわけ「強制移住者（DP）」という言葉は、難民キャンプの居住者や彼らが体現している苦境に対して、支援機関や政府が抱いていた不満や苛立ちを暗示する蔑称でもあった[5]。

戦後初期に「生存者」「生き残り」という言葉が使われた場合には、その意味が限定されていた。つまりそれは、収容所の生き残りを指すものと見なされた。そのため、強制収容所以外で生き延びた人々は、自分の体験を生き残りという概念と結びつけるのが難しくなった。だが、生き残りでないのなら、彼らはいったい何なのか？　ハリーの家族が数十年間主張してきたように、殺害を免れた幸運な人でしかないのか？　生き残りの定義をめぐるこのあいまいさについては、収容所以外で生き延びた大人も子どもも実感していたが、とりわけ悩まされたのが子どもである。というのは、子どもの大半が潜伏先で生き延びたからだ。これにより、子どもたちの過去との関係はいっそう複雑になった。それまでホロコーストを生き延びた子どもたちを指すのに使われていた言葉は、子どもたちが成長するにつれて意味を失った。子どもたちが大人になってしまえば、もはやどう見ても「同伴保護者のいない子ども」ではない。子どもたちが親になってしまえば、「ユダヤ人戦争孤児」とも言えない。それに、彼らの親が生きていた場合には、どう呼べばいいのか？　彼らには、自分たちの人格形成期に深い影響を与えた経験や感情を網羅し、そのアイデンティティを示す具体的な言葉がなかった。

また当時、「ホロコースト生存者」という言葉には、現在のようなプラスの意味はなかった。現在、ホロコースト生存者は道徳的権威として重要な地位を占めているが、これは一九九〇年代以降に徐々に浸透した考え方に過ぎない。かつてはこの言葉に、道理に外れた者や恥ずべき者という意味合いが含まれていた。アネット・ヴィヴィオルカ〔第二次世界大戦およびジェノサイドを専門とする歴史家〕が指摘しているように、一九六一年のアイヒマン裁判が、生存者が新たな社会的アイデンティティを構築するきっかけとなったのは確かだ。これを機に、彼らの物語に対する見方が変わり、その物語が信頼できるもの、尊重すべきもの、注目すべきものと見なされるようになった[6]。だが、この変化が実を結ぶまでには、数十年に及ぶ月日が必要だった。一九八〇年代初頭になってもまた、ユダヤ人ホロコースト生存者アメリカ大会の主催者は、その大会の目的として、「しま模様の服を着せられ、頭を丸坊主にされた、飢えに苦しむ人々」という生存者の一般的なイメージを打破したいと述べていた[7]。ホロコースト生存者は、周囲の人から暗黙のうちに、生き延びるためには基本的な道徳までないがしろにしてきたのだろうと思われていることを、嫌というほど知っていた。心理学者のエヴァ・フォーゲルマンの言葉を借りれば、生存者は「生きていくために悪いことをしてきた」と思われていた。ホロコースト生存者を歴史の貴重な証人と見なす現代の視点からは想像しがたいが、一九八〇年代に入ってもなお、強制収容所の生き残りたちは、同情を向けられると同時に、疑惑の目を向けられていた[8]。

では、「幼年時生存者」という言葉はどうだろう？　これは、一九八〇年代前半から、サラ・モスコヴィッツなどの心理学者が使うようになった言葉である。そのころになると、幼年時代にホロコーストを経験した人たちは、自分の過去に対して新たなアプローチを示した。幼年時代の経験が及ぼす長期的な影響についてじっくり考え、断片的な記憶から一貫した幼少期の物語を紡ぎあげるのに役立つ情報を探し求めるようになった。中年になって本格的に過去の探求を始めると、ばらばらの物語を一つにまとめるため、一つひとつの経験をより幅広い枠組みにはめ込むために、次から次へと情報を求めた。「幼年時生存者」という言葉が登場した背景には、こうした形での共通の経験があった。社会学者のマーガレット・ソマーズはこう述べている。アイデンティティは、自分の物語の叙述パターンを確立する過程を通じて形成される。人間は、すでに確立された物語のレパートリーのなかに自分の経験を位置づけていくことによって、アイデンティティを構築していくのだ、と。こうして一九八〇年代になるころには、ホロコーストを生き延びたという物語が、その姿を変えつつあった。「生存者」という言葉の定義が流動的になり、幼年時代にホロコーストを経験した人がその枠組みのなかに自分たちを含めることが可能になった[9]。ただし、ここで注意しなければならないのは、当時もいまも、子どものころにホロコーストを経験した人すべてが、この「幼年時生存者」という言葉に共感を寄せているわけではない、という点だ。この新しい言葉には、公的（社会的）な記憶の変化に合わせてそれぞれの経験をとらえ直し、生き残りの意味に対する新たなアプローチを主張するという点で、政治的な意味合いが含まれるからだ。幼年時代にホロコーストを生き延びた人すべてが、この立場に同調しているわけではない。だが、それに同調する人は、「幼年時生存者」という概念の発展により、過去の生活や現在のアイデンティティとの関係を根本的に改めることができた。

こうした変化が生まれた背景には、一九八〇年代に入る前からすでに、別の方面から「生存者」という言葉の範囲を押し広げようとする動きがあったことも指摘しておかなければならない。ホロコースト生存者の一部の子ども（ホロコーストを生き延びた両親のもとに戦後生まれた子ども）は、一九七〇年代半ばごろから自分たちを、「第二世代の生存者」あるいは単に「第二世代」と呼ぶようになった。このような動きは、アメリカのごく少数のグループから始まったが、瞬く間に世界的な広がりを見せた。それは、女性運動における意識高揚法《こうよう》（新しい自己形成の支援を目的とするグループ心理療法）や、ベトナム帰還兵がトラウマとなる記憶を克服するために利用した「ラップグループ」（共通の問題について自分の経験などを包み隠さず語り合うグループ）が流行していた歴史的時期と深く関係している。この運動の最前線にいたホロコースト生存者の子どもたちは、一九七〇年代に登場したアイデンティティ・ポリティクス（人種・民族・ジェンダーなど特定のアイデンティティを持つ集団が、社会的地位の向上を目指して行う運動）とこうした療法とを結びつけ、少人数のグループ療法を通じて、両親の戦争体験が自分たちの生活（終戦後に始まった生活）に及ぼす影響を検討した。するとたちまち、自分たちが育った家庭に数多くの共通点があり、それぞれが似たような影響を受けていることが明らかになった。こうして共通の物語があることが明らかになると、ホロコースト生存者の「第二世代」としての一体感が生まれた。一九七九年にはヘレン・エプスタイン（ジャーナリスト。生後九カ月のときにアウシュヴィッツの生き残りである両親に連れられニューヨークに移住）のベストセラー『ホロコーストの子供たち』（マクミラン和世訳、朝日新聞社、一九八四年）が出版され、「第二世代」の生存者という概念が英語圏の幅広い読者に広まった。[10]

この「第二世代」と「幼年時生存者」との境界はあいまいである。どちらのグループも、家庭内において喪失・混乱・沈黙を経験しているという点で共通している（沈黙ではなく饒舌《じょうぜつ》に直面する場合もある。どちらのグループにも、戦争について語るのをやめようとしない親は多かった）。実際、幼年時生存者の多くが、一九七〇年代半ばにこの「第二世代」グループが登場すると、それに参加してみた。しかしやはり、そこが自分たちにふさわしい場だとは思えなかった。「第二世代」という概念が、ホロコーストを直接、実際に経験したという事実を否定することになるからだ。収容所で生き延びた人たちのように「生き残り」とは見なされず、「第二世代」にも属さないとしたら、自分たちの物語はいったいどこにあてはまるのか？　ホロコースト生存者が集まるイベントは、こうした問題を浮き彫りにした。これら三つのグループに属する多くの人たちが一堂に会し、互いの物語に耳を傾け、誰の経験が「生き残り」と呼ぶにふさわしいかを議論するうってつけの機会を提供した。実際、ユダヤ人ホロコースト生存者アメリカ大会では、幼年時代にホロコーストを経験した人たちの多くが、自分が「ホロコースト生存者」を名乗っていいのか疑念を抱いたまま大会に参加した。だがこの大会を機に、彼らはその名称を採用するようになった。また、個人としてだけでなく、集団としても初めて「ホロコースト生存者」を名乗るようになった。参加者たちが大会後に、幼年時生存者のための支援団体の設立に乗り出したのだ。

こうした進展は、アメリカという具体的な場所と関連しているが、それは決して偶然ではない。アメリカで映画や小説、テレビ番組のテーマにホロコーストが取り上げられる機会が増えるにつれ、これらの作品は海外にも輸出され、アメリカ版ホロコースト史が、アメリカ国内でも国外でも一般の人々の注目を集めた[11]。当時の時事評論家たちは、ヨーロッパでのホロコーストの記憶がヨーロッパから離れた土地で掘り返されているという奇妙な事実を考察し、このような文化的関心の高まりにより、ヨーロッパのユダヤ人の殺戮が矮小化されてしまうのではないか、と危惧していたほどだという。ユダヤ人ホロコースト生存者アメリカ大会直前の〈ワシントン・ポスト〉紙の記事にはこうある。「これは別の大陸、別の世代の物語であり、新たな世界である。鉤十字《かぎ》がパンクファッションに再利用され、アウシュヴィッツがたとえに利用され、ホロコーストがテレビシリーズになっている」[12]。こうした展開は、アメリカにおけるホロコーストの新たな政治利用とつながりがある。一九七三年、アメリカの主要ユダヤ人組織は初めて、ホロコーストの記憶の保護を年次総会の議題に組み込んだ。次いで、ホロコーストの記憶に対する国の立場を確立するため、政府が公式戦略を次々に打ち出すと、政治的な要請によりこうした活動は勢いを得た。一九七八年にテレビ・ミニシリーズ『ホロコースト』が放映された一カ月後には、ジミー・カーター大統領がホロコーストに関する大統領諮問委員会の設立を発表し、委員長にエリ・ヴィーゼルを指名した。そのような行動に出たのは、歴史家のエドワード・リネンソールが記しているように、それが「もっとも都合のいい最善の政策」だったからだ。つまりこれは、カーターがパレスチナ解放機構への支持を表明したことによりユダヤ人指導者のあいだで高まっていた疑念を、多少なりとも払拭するための措置だったのだ[13]。一九八〇年一〇月には、連邦政府によりアメリカ・ホロコースト記念評議会が設立された。合衆国ホロコースト記念博物館（USHMM）の開館に向けた資金集めを担う組織である（同館は一九九三年に開館した）。ホロコーストの記憶は、ユダヤ人組織にとってもアメリカにとっても政治的な問題になりつつあった。そのような事態は、まだほかの国では見られなかった。イスラエルでさえなかったと思われる[14]。

USHMMが開館するのは一〇年後のことだが、ユダヤ人ホロコースト生存者アメリカ大会ではすでに、それが今後の課題として明示されていた。一九八三年三月には連邦政府が、ナショナルモールに隣接する二つの建物を博物館用に確保したと正式に発表しており、これらの建物の鍵を引き渡す象徴的なイベントがこの大会の目玉の一つとなった[15]。これは、博物館設立運動にかかわる何らかの政治的圧力が、大会に影響を及ぼしていたことを意味している。博物館の計画をめぐっては、エリ・ヴィーゼルなど、「ホロコースト」や「ホロコースト生存者」の定義について激しい議論が展開された。

アメリカ・ホロコースト記念評議会の委員は、ホロコーストは紛れもなくユダヤ人の事件だと主張したが、評議会に参加していた政府代表者は、ユダヤ人犠牲者だけでなく、強制収容所内で組織的に殺害された人すべてを含めたホロコースト観を要求した。大会は記念評議会が直接組織したものではないものの、こうした議論が大会にも影響を与えた。大会の主催者は、ユダヤ人生存者へのこだわりをあからさまに示しながらも、「ホロコースト生存者」の定義を幅広くとり、生存者ではない家族（特に子ども）の参加を認めた。そのため、大会の参加者一万六〇〇〇人のうち、およそ四〇〇〇人が生存者の子どもだった。[16]実際、大会が実施されるころには、三〇〇〇人近くの会員から成るワシントンD.C.の団体など、北アメリカ全域に「第二世代」の組織が何百とあった。[17]大会に参加した第二世代の一人、ジャネット・ビンストックは、〈ワシントン・ポスト〉紙の記者の取材を受け、こう語っている。「二年前から、生存者の子どもという自分のアイデンティティを見つめ直すようになり、それが、ホロコースト生存者である父の話に初めてじっくりと耳を傾けるきっかけになった。「それ以前は、自分の子どもに戦争の話をどんなふうに伝えるべきか、そもそもそんな話をすべきかどうか悩んでいた。でも、実際にどんなことがあったのかを知ったいまでは、それは必須事項になった。絶対に伝えなければいけないと思った」[18]

大会の主催者はこのように、「ホロコースト生存者」の定義を幅広くとり、ホロコーストを経験した家族を持つ人すべての参加を認めたが、まだ幼年時生存者特有の経験を受け入れるまでには至っていなかった。大会に出席した幼年時生存者には、自分たちは主催者が想定していた参加者のイメージに合致しないのではないか、と不安になる機会がいくつもあった。たとえば、主催者は参加者に、専用の用紙に自分の物語を記載するよう要請していた。その用紙には、戦時中にどこにいたのかという質問があり、収容所、ゲットー、避難所、森林という四つの選択肢が用意されていた。これは、「生存者」について幅広い定義を採用していたことを意味しているが、幼年時生存者の経験を網羅してはいない。こうした生存者の大半は、避難所ではなく、潜伏先の家庭で戦時中を過ごしていたからだ。大会は「生存者」という概念について寛容なアプローチを採用していたものの、ところどころに見られるこうした問題により、彼らの疎外感は一層強まった[19]。

それにもかかわらずこの大会は、幼年時生存者に決定的な変化をもたらした。それをリアルタイムで立証した証拠もある。というのも、大会の主催者がボランティアを雇い、参加者に自由にインタビューをさせてそれを記録するという、斬新なアイデアを実践してくれたからだ。このボランティアは、カセットテープレコーダーを携え、会場となった各ホールを歩きまわり、三〇〇人以上に及ぶ参加者へのインタビューを記録した。参加者はこうしたインタビューがあることを事前に知らされていなかったため、インタビューはリハーサルなしの自然なままの状態で行われた。したがってこのインタビューには、テープレコーダーが回っているあいだでさえ自分のアイデンティティに疑問を抱いていた幼年時生存者の気持ちが、そのままとらえられている[20]。それを聞くと、これらの生存者たちが、自分を何と呼ぶべきか、自分の物語を語る権利をどう主張すればいいのか、といった根本的問題に苦しんでいたことがわかる。彼ら自身が自分の物語をどう定義すればいいのかわかっていなかったように、インタビューをしたボランティアもまた、インタビューした相手をどう分類すればいいかわからなかったらしい。そのためボランティアは結局、彼らを「孤児」という項目でまとめることにした。だがこれは、インタビューを受けた人物の大半が当時四〇代だったこと、彼ら全員が親を失っていたわけではないことを考えると、いかにもつたない分類である。「孤児」という言葉に頼らざるを得なかったところを見ると、できるだけ広く「生存者」をすくいあげようとする大会主催者の善意はわかるものの、インタビューを収集した人々は暗黙のうちに、年上の生存者の経験を優先するという序列化の罠に陥っていたと思われる。「孤児」という言葉を使うと、これらの生存者が両親を失ったことが重要であり、ホロコーストを生き延びた彼ら自身の経験は二次的なものに見えてしまう。両親こそが本当の犠牲者だと言っているようなのだ。

そのためか、幼年時生存者の多くは、インタビューを受けるとまずは、強制収容所で死亡したり生き延びたりした自分の両親やほかの家族と結びつけて、自分の物語を語った。たとえば、一九三五年にベルリンで生まれたフェリツィア・Nは、インタビューの冒頭でまず、自分は「非生存者の子ども」だと述べた。これは明らかに、生存者の子どもである「第二世代」の体験と自分の体験とを区別するためだろう。フェリツィアは、自分の経験にどれだけの価値があるかわからなかったため、家族の一人の話から始めた。アウシュヴィッツの生き残りで、まだ一度もインタビューを受けたことのないおばの話である。だが、フェリツィア自身の生き残りをかけた物語もまた、それだけで十分に悲惨な内容だった。彼女は、父親が一九三七年に職を求めてパリに移って以来、母親と二人で暮らしていたが、〈水晶の夜〉事件の直前、四歳のときに、安全を期して父親のもとへ送られた。だが、パリでの父親の生活は不安定で、「食べていくためにあくせく働かなければならなかった」ため、フェリツィアは一日中、狭いアパートの部屋で一人で過ごした。そして一九四二年のある日の午後、たまたま遊びに行っていた友だちの家で父親が逮捕されたことを知らされた。アパートに戻る鍵すらなく、パリでまったくの一人ぼっちになってしまった彼女はその後、アパートの管理人に助けられ、次いでユダヤ教正統派の養護施設のスタッフに助けられた。その養護施設が閉鎖されると、あるホストファミリーがかくまってくれたという。フェリツィアは、見知らぬ人に自分の経験を話すのは初めてであり、どこを強調すればいいかもよくわからなかったため、インタビューの大半を、自分を救ってくれた人々の勇気を称える言葉に費やした。「生き延びるのは運次第だった。ときには計画も大切。私の場合は善意もかな……いえ、善意はそうと伝わらないこともあるか……あとは、ほかの人たちと生活を分かち合い、与え合ったことも重要ね。その人たちの生活も危険で、逃げ場のない状況に追い込まれていたの」。だが、インタビューを受けているあいだずっと、自分自身の気持ちや記憶をどう伝えればいいのかと悩んでいたらしく、ふとした瞬間にそれがあふれ出てきた。こうしたささいな情報に目を向ければ、自分を救ってくれた人たちへの感謝の気持ちの奥に、不安や苦しみに満ちた広大な世界があることがわかる。たとえば、彼女はこんな過去を語っている。父親の逮捕を受け、ひどい孤独と恐怖に苛まれた彼女は、母親からもらったスカーフ（両親のものだった唯一の所持品）を手に取ると、それをずたずたに引き裂き、その切れ端を食べたという。「母親にすがりつこうとでもするようにね。母親とは四歳のときに別れたきり会っていない」[21]

この大会で収集された証言は、幼年時生存者が自分たちの体験談を、生存者の物語と見なせるのかどうかと考え始めていた時代を反映している。それと同じように、その数年後に行われたインタビューは、「幼年時生存者」という明確なアイデンティティへの理解が浸透していった時代を反映している。大会に参加したこれらの生存者の多くがのちに、あの大会をきっかけに変化が生まれたと語っている。ジャック・Fは、一九九一年に行われたインタビューのなかで、あの大会は二つの意味で自分にとっての転換点になったと述べている。第一に、あの大会で、両親の身に何が起きたのかを知ることができた。大会の会場には、セルジュ・クラルスフェルトが執筆した『フランスから強制移送されたユダヤ人の記録』があった。ジャックは、それを調べて両親の名前を発見したときの衝撃をこう語っている。

ある人が両親について尋ねてきたので、何も知らないと答えると、クラルスフェルトの『フランスから強制移送されたユダヤ人の記録』があるところに案内してくれた。「ご両親がいつ収容所に送られたかわかります?」と聞かれたが、両親については名字以外、何も知らない。私はさまざまな案内人の手を借りて、やがてK(ジャックの出生時の姓)という名前を見つけた。三八ページに父の名前があった。(中略)あれには心を揺さぶられたよ。二人の名前が紙面上にあったんだ[22]。

第二に、あの大会のおかげで、ほかの幼年時生存者と持続的な関係を結べた。大会の参加者は、同様の経験を持つほかの人の氏名や電話番号を記した名簿を持ち帰ることができた。それにより彼らは、ネットワークをつくるのに必要な情報を手に入れた。大会は広い意味で、幼年時生存者が顔を合わせ、自分たちの人生の物語に共通する側面を認識し合う契機となったのだ。ジャックは一九八五年、ほかの仲間とともに、ワシントン・ボルチモア地区に暮らす同じ世代の生存者を集め、幼年時生存者の団体を設立した。一九九一年のインタビューのなかで、こう語っている。「一九八三年の大会がこの団体を生み出すきっかけになった。そこでかなりの数の仲間を把握できたからね。でも、こういう団体はいずれ生まれていたと思う。同じような気持ちを抱いている人はほかにもいた。四〇代半ばは中年の危機が訪れる時期だからね」

ジャック・F同様、フェリーツェ・Zものちに二つのインタビューで、あの大会のおかげで「幼年時生存者」という大きなグループへの帰属感を手に入れられたと語っている[23]。前述したように、フェリーツェは戦後、しばらくタヴェルニーの養護施設で暮らしたのち、アメリカに移住していた。そのため、その大会でジャックと再会できたことが強く印象に残っているという。どちらも相手のことを覚えてはいなかったが、二人とも同時期にタヴェルニーにいたのである。フェリーツェは結局、それから数年がたち、一九九一年五月にニューヨークで開催された第一回潜伏児童国際大会に参加したあとになってようやく、幼年時生存者の団体に加入した。だが、一九八三年の大会で年上の生存者の態度に腹を立てたことが、同じ境遇にある人を探し始めるきっかけになったようだ。

あの大会が開催されることがわかると、収容所にいたことがないのに参加してもいいのかどうか悩んだ。収容所にいたことを示す証拠が何もなかったから。私はあの収容所にも、この収容所にもいなかった。せめて腕に数字の入れ墨があれば自分の苦しみを人に伝えられるのに、とさえ思った。（中略）年上の生存者たちは「当時は子どもだったんだろ。だったら何がわかる？ 覚えてないじゃないか」と言う。実際、大会の会場でよくそう言われた。「覚えてないんじゃないの」って。だから、一九九一年の潜伏児童の大会は本当によかった。そこにも苦しみはあったけど、別種の苦しみだった。喪失の苦しみね。[24]

一九三八年にパリで生まれたジャクリーヌ・Rは、一九四三年にOSE（児童援助協会）の手を借りて中立国のスイスに密入国し、スイスのホストファミリーのもとで戦時中を過ごした。両親は戦争を生き延びたが、一九四八年まで親元に戻ることはなかったという。彼女の場合も、大会に参加したことが、同じような境遇の人を探すきっかけになった。

大会に参加すると、大きな心の重荷が下りたような気がした。ユダヤ人であることに誇りを感じ、（ここで泣き始めた）そこで会った人たちから力をもらえた。（中略）その後、同世代の人たちと会って話をすることが必要だと感じた。ずっと孤独だったの。私たちには、同世代の人が少なすぎるような気がする。大勢が殺されたから。[25]

ジャクリーヌは一九八五年、ほかの仲間と協力し、ニューヨークに幼年時生存者の団体を設立した。フェリーツェ同様、一九九一年に開催された潜伏児童の第一回国際大会にも参加し、深い感銘を受けた。一九九二年に行われたインタビューでは、一九八三年のアメリカ大会が、過去をもっと詳しく理解しようとする旅路の幕開けになったと述べている。

あの大会がすべてをもたらしてくれたみたい。過去に取り組むようになったのも、一九八三年からだから。いまでは、過去が私をどのように形づくり、私の行動や信念、価値観にどんな影響を与えたのかがわかる気がする。両親のことも、以前よりよくわかった。二人が経験したことと か、失ったものとか、私との関係とか。

ジャクリーヌの言葉が示唆しているように、「幼年時生存者」という共通のアイデンティティの発展には、精神的・感情的・知的な努力、あるいは個人および集団としての努力が必要だった。一九八三年のアメリカ大会は、ホロコースト生存者とは誰なのか、生き残りとはどの範囲を指すのか、といったより大きな物語が変化していくなかで、幼年時生存者がその大きな物語のなかに自分自身の物語を組み込んでいく場面や機会を提供した。彼らがそうしたのは、「生存者」や「生き残り」と呼ばれることを求めていたからだけではない。生き延びてきたことの意味を、これまでとはまったく異なる形で探求したかったからだ。彼らのこのプロセスを通じて、社会の側の意識も変わった。いまでは誰もが、「幼年時生存者（child survivor）」という言葉になじんでいる。

一九八二年、ジャック・Fは地元の強制収容所生存者団体の定期会合に参加したが、のちにそのときのことを回想し、そこでひどく疎外感を感じたという。「彼らに共感できなかったし、彼らのほうも私たちに共感できなかった。私たちの視点から見れば、彼らは何もかも失っていた。だが彼らの視点から見れば、私たちは本当の苦しみを知らないという」[26]。ハリー・Mも、一九八三年のアメリカ大会で感動的な体験をした直後に同様の会合に参加し、やはり同じような印象を抱いた。そこでハリーとジャックは、ほかの仲間とともに、もっと若い世代の生存者のための団体を別に組織することにした。ハリーは言う。「最初の会合は七人だけだった。でも、あとは増える一方だった」[27]

こうして、ワシントン・ボルチモア地区幼年時生存者協会が設立された。この団体は、いまも会合を続けている。だが当初は、この組織が心の穴を埋める役割を果たしてくれたことは確かだが、基本的な目的をめぐって意見が対立することもあった。会員で寄り集まって、いったい何をするのか？一部の会員は、ほかの団体がしているように、セラピストを招いて組織を指導してもらうことを望んだ。しかしほかの会員は、セラピーをこの団体の主たる目的にすることに強硬に反対した[28]。団体の初期メンバーの一人であるパウル・Zは、当時をこう回想している。

当初は、専門家を呼んでこの組織を指導してもらうべきかどうかという問題に、かなりの時間を費やした。私のほか、大勢の人がそれに強く反対した。個人的には、セラピーに反対ではない。でも、この団体でグループ治療は望ましくないと思ったんだ。私はよく幼年時生存者たちが抱く、何でも心理学で説明しようとする衝動に抵抗した。幸せになれるかどうか、いい結婚生活が送れるかどうかは、それとは関係ない。何でもそのせいにしてしまうのはよくないよ。[29]

初期メンバーたちは結局、セラピストの指導が必要だという主張を退け、むしろ共通の背景を持つという事実から生まれる力を重視することにした。パウルは言う。「ある意味では、ここの人たちは……そう、同級生みたいなものだよ。私にはそういう人がいないから」。ジャックは、さらに踏み込んでこう述べている。「あんな過去を抱えて生きてきた四〇代半ばから五〇代前半にかけての人たち……彼らにとっていちばんの薬は、会って話をし、どんな形でもいいから心を開くことだよ。同じ経験をしてきた人にならば、何の説明もしなくていい」。ハリーによれば、この団体はまた、年上の世代の生存者団体との交流を早々にやめた。当初は、「年上」の世代の団体と「年下」の世代の団体が一緒になって話をする機会を何度か設けたらしい。だが、「年上の世代はいつも、『おまえたちに何がわかる？　まだ子どもだったじゃないか』と言う」。そのため、年上の世代とは距離を置かざるを得なくなったという。[30]

一九八三年のアメリカ大会ののち、アメリカやカナダ、ヨーロッパ諸国、オーストラリアなどに、同様の幼年時生存者の団体が何百と設立された。それは、この変化が国境を越えて影響を及ぼしたことを意味している。[31] これらの団体への参加を通じて、幼年時生存者と過去との関係は一変した。ハリーやジャックが述べているように、このような団体の設立には反抗的な側面があった。従来の生存者とは違うこと、なおかつ生存者と呼ばれる権利があることを主張したいという思いがあった。大西洋の反対側にいた人たちも、その思いに変わりはない。アンリ・Oは、一九九〇年代前半にイギリス幼年時生存者協会が設立されると、すぐにこの組織に加入した。幼年時生存者が独自の存在であること、その体験にも十分な価値があること、年上の世代の生存者の批判を退け、独自のネットワークを築けることを知り、大きな満足感を覚えたという。アンリは協会の会員の意見を代弁し、年上世代の生存者団体についてこう述べている。「あの人たちは必要ない。私たちは若い。まだ五〇代だ。こちらのやりたいようにやるさ。だから、あの人たちとは手を切った」。当時の会合で何をしていたのか尋ねると、アンリはこう答えた。「話をしたよ。自分の説明をしなくていいから、気兼ねなくね」[32]

こうして新たなネットワークが設立されるにつれ、「幼年時生存者」という言葉は、この集団のアイデンティティに欠かせない要素となり、自分たち特有のさまざまな経験を表現する言葉となった。最初の幼年時生存者団体（心理学者のサラ・モスコヴィッツの支援により一九八二年に設立されたロサンゼルス幼年時ホロコースト生存者会。一九八三年のアメリカ大会以前に設立された唯一の団体である）の創設メンバーの一人、デイジー・Mは、この新たな言葉の発見に感動した当時のことをこう回想している。

あの最初の日に、私をはじめ、その場にいた人たちの心を打ったのは、「幼年時生存者」という言葉だった。私たちの多くはそれまで、このグループに独自性や正当性があることに気づいていなかった。特殊なグループであるがために、ホロコースト生存者として認識されることがなかったから。でも、その記念すべき会合の終わりに、一部の人たちがまた会合を開き、この「新たな」テーマをさらに掘り下げることに決めた。こうしてすべてが始まったの。[33]

この言葉には、戦争体験を共有しているだけでなく、戦後のつらい経験も共有しているという認識が含まれている。彼らは絶えず、幼かったから覚えていないはずだとか、本当の苦しみを知らないとか、誰よりも運がよかったと言われてきた。だがこの言葉には、幼年時代の経験など重要ではないと何十年も言われ続けた苦しみに対する理解も、そのような考え方の背後にある思い込みを拒絶する思いも込められている。ポーレット・Sは、オーストラリアのメルボルンに幼年時生存者団体が設立されると、すぐにこの組織に加入した。その当時のことを、のちにこう述べている。

私はいつも、当時は幼かったから覚えていないはずだとか、そんな幼少期の経験など何の影響もないとか言われてきたけど、まったくそんなことはなかった。実際、当時のことはよく覚えていた。ただ、断片的でまとまりがないだけ。家族の話や公文書、歴史書の力を借りてこの断片をつなぎ合わせるのに、一生分もの時間がかかった。過去の経験からどれだけ深い影響を受けているのかを理解するのにも、それと同じぐらいの時間がかかる。でも、一九九二年にメルボルン幼年時生存者会に入会すると、それが転機になった。そこで、ほかの人が自分の物語を語るのを初めて耳にし、それに共感できた。それに、生存者会がとても手厚い支援をしてくれて、もう孤独を感じることもなくなった。（中略）以前はよく、自分の頭がおかしいのではないかと思っていたけど、いまでは、自分がいかに混乱していたのかを理解できるようになった。私のせいじゃなかったんだ、と。[34]

一九八七年、アメリカの東海岸にある複数の幼年時生存者団体の代表が一堂に会し、広がりゆくネットワークをまとめる統括組織の設立について協議した。代表者たちは、一九八八年に第一回会議を開いて以降、現在に至るまで定期的に会議を開催している。一九九七年にはこの統括組織が正式な団体として発足し、〈ユダヤ人幼年時ホロコースト生存者世界連盟〉と命名された。一九九九年に最初の会報が発行された当時は、加盟団体は一二カ国の二八団体だけだったが、それから一〇年のあいだに、四大陸一五カ国の五三団体にまで増えた。[35] ネットワークがグローバル化し、規模が拡大するにつれ、加入者も増加の一途をたどり、その多くは、自分の経験が理解されるだけでなく、ほかの生存者の経験と同等に扱われ、尊重されるようにもなったことに、多大な安堵感を覚えた。世界連盟の代表を務めるステファニー・セルツァーは、毎日寄せられる加入希望者からの無数の電話に対応していた当時のことを、こう記している。「半世紀以上沈黙を貫いていたという話をする人が多かった。なかには、自分の子どもたちは大人になったいまでも親の過去を何も知らないと言って、むせび泣く人もいた」[36]。幼年時生存者を代表する組織の存在により、彼らに共通する物語を公の場で伝えることが可能になった。その結果、生存者自身も自分の体験を、より大きな物語に欠かせない価値ある物語、耳を傾けるべき物語と見なせるようになった。かつての「孤児」は、同世代の生存者との一体感を主張し、年上世代の生存者の物語とも「第二世代」の物語とも異なる形の物語を提示するなかで、その主観的経験を自分たちの物語の中心に据えた。その結果、それまでとはまったく別の形で過去を語ることができるようになった。

第一〇章　それぞれの物語

一九九七年、当時ロンドンで暮らしていた五七歳のデニー・Mは、ショアー映像歴史財団生存者プロジェクト（これにより収集された資料は〈映像歴史アーカイブ［VHA］〉と呼ばれる）が行う、生存者の人生の物語をひもとくインタビューに志願した。最初はデニーも、そのような取り組みに協力するのはいいことだと思っていたに違いない。このプロジェクトは、五万人に及ぶホロコースト生存者のインタビューを収集するという壮大な目標を掲げていた。だが当時、イギリスに暮らしていた生存者の参加が比較的少なかったため、プロジェクトのスタッフはその数を増やそうと、生存者のネットワークに参加を呼びかけた。そこでデニーが、つき合いのあるほかの生存者数名とともに、参加を表明したのである。

デニーは以前にもインタビューを受けたことがあったが、心理学者のサラ・モスコヴィッツに自分の物語を語ってから、すでに二〇年の月日が過ぎていた。そのときに、明敏なデニーがインタビューされる立場を逆転させ、聞き手に自分たちを「異常」視する先入観があるのではないかと尋ねたことは、すでに述べたとおりである。だが当時は、モスコヴィッツの質問に当惑しながらも、そのような先入観に負けず、さまざまな出来事について自分なりの見解を主張することはできた。それはインタビューのテーマが、彼自身の心の発達にまつわるものだったからだ。だが、ショアー映像歴史財団生存者プロジェクトのインタビュー担当者が投げかけた質問は、そうではなかった。デニーはそれにひどく動揺した。自分にはよくわからないことを担当者から根掘り葉掘り執拗に質問されたのだ。担当者が求めていたのは、自分の幼年時代の具体的な事実だった。
インタビュー担当者はまず、生まれた日と場所をデニーに尋ねた。ありがたいことに、この質問には答えられた。だが、担当者は次いで、母親について尋ねた。するとデニーは、自分の生みの親についてはほとんど何も知らないことを告げるほかなかった。

母のことは何も覚えていない。どんな容姿をしていたかも。ベルリンで生まれたということは知っているが……母に関する情報がほとんどないんだ。どんな仕事をしていたかとか、母のことは何も知らないと言っていい……直接知っている情報にしろ、記録による情報にしろ、何の手がかりもないんだから。[1]

デニーは、幼年時代に関する質問に気まずい思いをしていることを相手に伝えようとしたのだが、うまく伝わらず、担当者の質問はなおも続いた。今度は父親について尋ねられた。「何の情報もないから、学歴も、職業も、どんな人間だったかも知らない」。次いで、自分がユダヤ人だと知っていたかどうかと尋ねられた。「いや、かなりのちになって知った」。においや味にまつわる記憶はないかとも尋ねられた。「何も」。そして、テレージエンシュタットでの日課を説明できるかと尋ねられたところで、デニーは突然スムーズに語れなくなった。相手に伝わる言葉を必死に探しながら、まとまりのある物語を求める相手に、収容所の記憶は断片的なものでしかなく、それをうまく統合するのは難しいと訴えた。

できないよ、そんなことは……とても無理だ……それほどはっきりしてない……当時の記憶なんてまったくまとまりがないんだから。ずっと寝ていたんじゃないかなと思う。だからおそらく……日課のことなんてわからない。何らかの食事があったということぐらいしか。当時の記憶はごちゃごちゃしていて、いまでは意味がわからないものばかりだから。当時だって意味がわかっていなかったのかもしれない。

デニーのインタビューは見るに堪えないものだった。少なくとも私にはそう見えた。インタビュー担当者は具体的な事実について質問を繰り返すのだが、デニーはそれに答えられず、やがて本能的にカメラを避けるようになった。返答は短く素っ気ないものになり、表情は硬くなった。そして最後にもう一度、適切な言葉を見つけようと眉間《みけん》にしわを寄せながら、抑え込まれた怒りに震える声で、それらの質問がこちらの気分を害していることを相手に伝えることにした。

記憶がばらばらなんだ。それを使って物語を紡ぎあげようなんて無理だよ。当時はその……あの……まだ幼かったからよく覚えていない。(中略)でも、それが一種の記憶喪失だとは思わない。別に忘れたいと思っていたわけじゃないから。

本書ではこれまで、幼年時生存者の戦後の生活や記憶を検証する際に、私的な世界にのみ目を向けてきた。つまり、生存者たちが過去について、家庭やコミュニティのなかで、あるいは自分の心のなかで行ってきた対話(あるいは沈黙)である。だが、一九八〇年代や一九九〇年代になると、こうした状況に変化が生じてきた。戦時中にまだ子どもだった人が自分たちを「幼年時生存者」と認識するようになる一方で、彼らの物語に耳を傾ける人も増えた。心理学者や歴史家は、彼らの物語を積極的に追い求めた。こうした変化により生存者たちは、数多くの機会を手に入れると同時に、相当なプレッシャーにもさらされた。デニーのように、世間が自分たちの人生の物語に興味を抱いてくれることに感謝しながらも、ある程度まとまりのある物語を期待するインタビュー担当者には苛立ちを感じた。そのような期待は、断片的でその意味を把握するのが難しい記憶とは、うまくかみ合わなかったからだ。

だが、こうした欠点があるにもかかわらず、この時期に行われたインタビューは、実に興味深い歴史的情報源と言える。実際、本書でもそれを重要な情報源として利用しているように、それは幼年時生存者の人生経験全体を垣間見る格好の史料となっている。彼らが家族との再会をどう受け止めたのか、どんな気持ちで養護施設を離れたのか、思春期をどう切り抜けたのか、自身が親になることにどんな意味があったのかを探求・考察できたのは、この時期に行われた一連のインタビューで、彼らがこれらの問題について語ってくれたからにほかならない。それがなければ、彼らの人生を形づくってきた出来事やそれにまつわる感情を再構成するのに苦労したに違いない。このインタビューが貴重な理由はほかにもある。この時期まで幼年時生存者には、インタビューされるという経験がほとんどなかった。そのため、インタビューの聞き手も受け手も、どうインタビューに対処すればいいのかわからなかった。したがって、少々逆説的ではあるが、これら初期のインタビューはのちに行われるインタビューに比べて、自由な場合もあれば自由でない場合もあった。幼年時生存者のインタビューがどうあるべきかという主観的・客観的概念に縛られることもあれば、縛られないこともあった。場合によってはデニーのように、もっと年上の生存者向けに設計されたインタビュー形式に沿った物語が要求されることもあった。あるいは逆に、まだ「幼年時生存者の物語」に対する社会の期待が明確になっていなかったため、のちの時代には考えられないほど自由に、デリケートな問題やそれにまつわる感情が語られることもあった。

私たちは普段から、家族、友人や同僚、コミュニティのメンバーを相手に、自分の過去について語っている。だがそれと、インタビューのなかで自分の過去の人生を語るのとはまったく違う。もしこうしたインタビューを経験したことがないのなら、自分がそれにどう対処するのかを少し想像してみるといいかもしれない。こうした形での語りには、見知らぬ聞き手や居並ぶ録音機器を前に、自分はどんな人間なのかという話をするだけでなく、自分がこれまで歩んできた道のりの意味を理解し、その選択を相手に納得させることもまた必要になるからだ。一九八〇年代および一九九〇年代に実施された大規模なホロコースト口述史プロジェクトにはすべて、幼年時生存者へのインタビューが含まれている。これは、プロジェクトの設計者たちが、ホロコースト当時子どもだった彼らの経験を「生存者」の経験と認識していたことを意味している。それにより幼年時生存者たちは、ホロコーストの歴史という、より大きな枠組みのなかに彼らの物語を組み込もうとする新たな聞き手に出会った。こうした新たな聞き手が現れたことで、過去に関する幼年時生存者の話し方は一変した。口述史プロジェクトそれぞれの目的、およびその発案者の動機が、幼年時生存者の物語の形にも強い影響を及ぼし、その影響を受けた物語が公の場に現れることになったのである。[2]

そこで本章では、過去に関する幼年時生存者の語り方に影響を与えたさまざまな要素を検証していくことにしよう。その要素とは、「証言」に対する考え方、さまざまなインタビュープロジェクトが採用したアプローチ、徐々に形成され、確立されていった幼年時生存者の物語の叙述パターン（それにより、自分の過去を語る際に言いやすくなる経験もあれば、言いにくくなる経験もあった）、そして一九八〇年代および一九九〇年代に見られたホロコーストに対する社会の側の集合的意識の重大な変化（これは特にアメリカで見られ、物語の語り手の認識にも聞き手の認識にも影響を与えた）である。歴史的状況が変われれば、当然こうした物語のあらゆる側面がその影響を受ける。それにより、物語に使われる言葉も変わる。意識的かどうかにかかわらず、政治やイデオロギーに関する問題が、生存者が話す内容や聞き手が尋ねる内容を左右することもある。[3]

*

読者のなかには、私が「物語」という言葉を使っていることにお気づきのかたもいるだろう。私は何も、一部の生存者がこの言葉を不快に思っていることを知らないわけではない。この言葉が、作り話、でっちあげ、嘘といったことを連想させるからだ。だが私は、そういう意味で使っているわけではない。インタビューはすべて物語だ。何らかの期待や歴史的状況に影響を受け、認識できるパターンに合致する話を求めてくる特定の聞き手に対し、自分やその過去を演じて見せるのである。私たちはいつも、現在というレンズを通して、現在の生活や聞き手の要求に沿うような形で、自分の過去を物語る。口述史《オーラルヒストリー》を研究するアレッサンドロ・ポルテッリによれば、インタビューで「話をするとき」と「出来事が起きたとき」とのあいだには複雑な関係があるという。私たちはインタビューのなかで、覚えている過去の出来事を話すが、その際には、特定の歴史的状況のなかにいる自分という存在を通じてその物語を提供する。[4]誰でも、自分の人生の物語の語り方は、時代とともに変わっていくのである。これは幼年時生存者にもあてはまる。

私たちは自分の物語を語る際に、目に見えないさまざまな要素によって築かれた足場をもとに物語をつくりあげる。その要素とは、聞き手が期待していることを話し手がどの程度理解しているか、話し手が（意識的または無意識的に）利用できる確立された叙述パターンがあるか、などである。だが、一九八〇年代および一九九〇年代にはまだ、幼年時生存者が半ば公開のインタビューで自分の物語を語るといった前例がなかった。したがって彼らの側に、特定のパターンに従って自分の物語を語るべきだとか、物語を（暗黙の）ある一定の範囲内にとどめるべきだといった感覚がまだなかった。そのため、こうした初期の対話には、のちの時代には不快だとか無分別だと見なされることを話せる余地があった[5]。

幼年時生存者もまた、ほかの人と同じように、聞き手の期待に合致する物語をつくりあげる。その際には、ある特定の表現が利用される場合が多い。現代の西洋の文化圏では、子どもや幼年時代について議論する場合によく、無垢《むく》という言葉が強調的に使われる。だが、幼年時生存者のインタビュー収集が本格的に始まったばかりの当時はまだ、話し手や聞き手の心のなかに「幼年時生存者」というアイデンティティがあまり根づいておらず、戦時中の幼年時代に関する物語を無垢という概念に沿ったものにすべきだ、という考え方が、さほど強い影響力を持ってはいなかった。そのため聞き手の側は、のちの時代にはぶしつけだと見なされることでも自由に質問でき、話し手の側も、それに自由に（少なくとも現在よりは自由に）答えられた。初期のインタビュープロジェクトには、そんな事例が無数にある。怒り、罪悪感、恥といった感情や、報復といった問題について、現在の価値観に縛られない自由な対話が見られるのである。ここではそのなかから、報復というテーマを取り上げてみよう。というのは、子どもが暴力的な報復行為を夢見、求め、実行してきたという話は、「無垢な幼年時代」という概念を大きく損なうため、現在の幼年時生存者の物語にはほとんど出てこないからである。だが報復という行為は、本書の中心テーマの一つと大いに合致する。子どもを受動的な犠牲者としか見なさない考え方は、歴史的な記録を反映しているとは言えないし、実際の子どもが持つ主体性を反映しているとも言えない。戦争に巻き込まれた「無垢」な子どもは、単なる暴力の対象として描かれることが多いが、報復行為を実行する子どもは、間違いなく主体的に歴史にかかわる存在である。野蛮な正義を行使する子どもというイメージがいかに不愉快であろうと、その事実は変わらない。

現代の人間は子どもをこのようなイメージでとらえたがらないが、終戦直後に生き残った子どもたちの世話をした大人は、まったくそんな態度をとらなかった。むしろ、こうした大人の多くは、ホロコーストを生き延びた子どもたちが、ドイツ人やその協力者に象徴的あるいは現実的な報復を行おうとしていると思っていた。これはさまざまな意味で、道徳の危機的状況だったと言っていい。アイルランドの作家ドロシー・マカードルは、強制収容所を生き延びた子どもたちは、長らく「積極的・意図的な悪事が行われる環境」で暮らしていたせいで、「狂ったように復讐を望んでいる」という記事を執筆し、読者の不安をあおった。収容所で経験した暴力は、子どもたちの心や行動から容易に消えることはないだろうとも記している。世界ユダヤ人会議のバーナード・ギリスも同様の懸念を表明し、収容所を生き延びた子どもたちは「絶えずわき上がる残酷な感情を抱えている。自分たちが味わった苦痛や屈辱を他人に与えることで、抑圧された怒りを爆発させ、解放する必要性を感じているようだ」と述べている。また、UNRRA（連合国救済復興機関）の社会福祉スタッフとしてインタースドルフ男子修道院に児童センターを設立し、のちにCJC（カナダ・ユダヤ人会議）の戦争孤児救護事業にも協力したグレタ・フィッシャーは、こんな記録を残している。センターの子どもの「ほぼ全員」が、ドイツ人など、ドイツのあらゆるものに燃えるような強烈な憎しみを抱いており、報復を求め、それを口にしないではいられない状況にある、と。フィッシャーらは、こうした激しい感情が子どもの社会復帰の妨げになるのではないかと心配したが、人道支援スタッフのなかには、それは、数カ月あるいは数年に及ぶ生活環境の悪化や屈辱に対する健全な反応だと主張する者もいた。たとえば、社会福祉スタッフのマーゴット・ヒックリンの回想に、こんなエピソードがある。一九四五年夏、ウィンダミアの受入センターで、テレージエンシュタットから生還した少年数名が、ポーチに並べられていた椅子を破壊した。教育係がなぜ椅子を壊したのか尋ねると、少年の一人は「収容所でナチスの頭を砕いてやるチャンスがなかったから」と答えた。ヒックリンはこう記している。「それは、知見や分別を言葉を荒げもせず示してくれたのだから、それ以上質問する必要はなかった。そんなこのグループに信頼や誠実が戻りつつある証拠だった。そのためなら、どこからどう見てももろそうな椅子が多少壊されてもかまわなかった」[6]

戦後初期の大人が、子どもたちは報復を望んでいるという考えにそれほどとりつかれていたのに、のちの物語からこの話題がすっかり消えてしまったのはなぜだろう？　その理由には複雑な要素が絡んでいる。大人の不安と実際の子どもの生活とのあいだに隔たりがあったことは言うまでもない。子どもたちはただ報復を夢想していただけで、具体的な行動には出なかったのかもしれない。だがなかには、実際に報復を実行した子どももいる。彼らはのちに、その物語をどう語ったのだろう？　歴史家のアティナ・グロスマンによれば、報復は、終戦直後のユダヤ人生存者とドイツ人との関係を特徴づけるさまざまな感情の一つだったが、この感情はのちに「棚上げされて忘れ去られ、ユダヤ人からもドイツ人からも、思い出すのも気まずい取るに足りない感情と見なされるようになった」という。[7]だとすると問題は、それがいつ集合的記憶から消えたのかということになる。それはどうやら、数十年のあいだに徐々に進み、聞き手によって異なる形態をとったようだ。歴史家のナオミ・サイドマンがこの変化に気づいたのは、学者のあいだに激しい論争を引き起こした論文のなかで、ある事実を指摘したときだったという。ノーベル平和賞受賞者エリ・ヴィーゼルの自伝的小説『夜』のフランス語版（一九五八年）ともとのイディッシュ語版（一九五六年にアルゼンチンで *Un di velt hot geshvign* というタイトルで出版された）とのあいだに、根本的な相違があるという事実である。フランス語版では、ブーヘンヴァルト強制収容所から解放されたときに一六歳だったヴィーゼルは、当時のことをこう記している。「一部の若者がヴァイマルに行き、じゃがいもや衣服を手に入れたり、少女と寝たりしたが、復讐の兆候はなかった」。だがもとのイディッシュ語版には、寝た少女はドイツ人であり、一緒に寝たどころかレイプされたとある。しかもこれでさえ、このイディッシュ語版でヴィーゼルが求めていた「復讐という歴史的使命」を果たすには不十分だと記されている。つまり、イディッシュ語版はユダヤ人の読者を対象に、「無法な報復の光景」を描写し、「レイプは『復讐という歴史的使命』を果たす義務の履行には役立たないもの」と述べているのに対し、フランス語版は主にカトリックの読者を対象に、「それよりもはるかに無垢な戦後のイメージ」を提示している。そして最終的には、この無垢なイメージが主流となり、オリジナル版に記載された暴力は、一九九六年にサイドマンがこの論文を発表するまで、忘却の彼方《かなた》に追いやられることになった。[8]

だが、子どもの復讐というイメージに対する不快感が世間に定着したのは、もっとのちのことなのかもしれない。一九八一年、精神分析学者のジュディス・ケステンバーグは、〈児童の組織的迫害に関する国際調査〉プロジェクトを立ち上げた（これにより収集された資料は〈ケステンバーグ幼年時ホロコースト生存者証言アーカイブ〉と呼ばれる）。このプロジェクトによるインタビューの大半は、一九八〇年代半ばに行われている。このインタビューの際に、ケステンバーグも彼女に協力したインタビュー担当者も、生存者には必ず、戦後に復讐行為について考えたり実際に行動したりしたことがあったか、そのような行為についていまでも考えることがあるか、と尋ねた。そして、相手が復讐を望んでいたこと（あるいはいまも望んでいること）を否定すると、担当者はためらいなくその点をしつこく追及した。

ジュディス・ケステンバーグ：ゲットーにいたとき、あるいは潜伏先にいたときに、復讐してやりたいと思いましたか？

R・G（一九三七年ヴィルノ生まれ）：いえ、そんなことは思わなかった。

ケステンバーグ：のちに復讐を考えたことはありますか？　仕返しをしてやろうとか。ドイツ人やリトアニア人を見ると……

R・G：ちょっといい？　私はドイツで育った。ドイツ人ばかりの学校に通っていて、ユダヤ人は私だけだったの。

ケステンバーグ：そのドイツ人には何もしなかったんですね。でも、ヴィルノのゲットーにいたナチに出会い、その男をどうにかできるとしたら、どうします？

R・G：暴力ってこと？

ケステンバーグ：さあ、こちらが尋ねているんですが。

R・G：いえ、どうにかしようなんて思わない。言葉では何か言うかもしれないけど。

ケステンバーグ：何と言います？

R・G：わからない。たぶん……何も言わないかも。無視するだけかな。わからない。[9]

ケステンバーグは著作のなかで、幼年時生存者がドイツ人に対する報復を望んでいたことを否定しているが、それに関する質問にこだわっていたところを見ると、終戦直後に復讐を望んだ記憶があり、当時もそれを望んでいたという生存者はかなりいたと思われる。

ミルトン・ケステンバーグ：道路でナチに会ったとしましょう。まわりにはほかに誰もいません。そいつは仲間を射殺しました……大勢のユダヤ人を殺害した男です。あなたは銃を持っています……

L・A（一九三九年ワルシャワ生まれ）：私ならそいつを撃つね。

ケステンバーグ：その男を撃つことに抵抗はありませんか？

L・A：いいえ、抵抗なんてまったくない。その場で射殺するよ。銃を持っていたらすぐにね。

ケステンバーグ：その男に話しかけたりしませんか？

L・A：「この薄汚いナチ野郎め」とか言うぐらいだろうね。実際にそんなことになったら、そいつを苦しませるためにゆっくりと殺すよ。ポーランド野郎でも撃つかな。[10]

ケステンバーグの精神分析学に基づくこのプロジェクトは、復讐の問題に狙いを定めているという点では珍しいかもしれないが、この問題は、この時期に行われたほかのインタビューでも話題にのぼり、ときには「公式」インタビューの片隅にふと顔を出すことさえあった。一九三六年にポーランドで生まれたヤネク・Eは、一九九四年にショアー映像歴史財団生存者プロジェクト（VHA）が始まると、その年にインタビューを受けた。このプロジェクトのインタビューを受けたデニーらと同様に、ヤネクもまた、相手が尋ねる質問の多くに答えられないことに苛立ち、早くインタビューを終わらせるよう何度も頼んだ。そして最後に、「ひどい受け答えだったけど、できるだけのことはした」と述べたところで、インタビューは終わったかに見えた。録音テープも止まった。だが、インタビュー担当者が手にしていた質問リストを脇へ置いたとたん、録音が再開された。担当者は、ワルシャワのゲットーにいた子どもがドイツ人兵士を射殺したという話を始めた。するとヤネクは、おそらく録音が再開された事実に気づかないまま、自分も終戦直後に同じようなことをしたと告げた（当時は一〇歳前後だったと思われる)。「つまらない話だよ。大した話じゃない。ある男を射殺したんだ。そいつが、私たちをよく殴っていたドイツ人の監視隊員だと気づいていてね。そいつは『違う、おれじゃない。おれじゃない!』と言ったけど、私は当時銃を持っていたから、それで撃った」。ヤネクはそんな話を、何げない余談のようにつけ加えた。だがインタビュー担当者は、暴力で報復した過去の暴露話に興味を抱き、もっと詳しい話を求めた。ヤネクはそのとき、カメラがまわっているのに気づいたらしく、自分がしゃべりすぎたこと、この情報が不利な証拠になりかねないことに不安げな表情を浮かべたが、それでもかまわず相手の質問に答え始めた。

ヤネク・E:子どものころは、人生なんて何の意味もなかった。ただ、その日その日を生きていただけ。そのころ、銃を持っていたんだ。

聞き手:その銃はどうやって手に入れたんですか?

ヤネク:自分で見つけたのか、誰かからもらったのかもわからない。よく覚えていない。

(その後、フロッセンビュルク強制収容所にいた監視隊員を見た話をする。彼は父とそこに収容されていた)

ヤネク:そいつを撃った。終戦直後のころは、射殺なんて大したことじゃない。みんなやってたよ。

聞き手:ほかの人がやっているのを見たんですか?

ヤネク:ああ、もちろん。ザルツハイムの難民キャンプでは、よくそんなことがあった。監視隊員の仕事をしていたユダヤ人を捕まえては、ひどい目にあわせたり、警察に突き出したりしていたよ。同じユダヤ人のなかにも、ユダヤ人に暴力を振るっていたやつは大勢いたからね。だがいまはもう、あいつらを恨んではいないよ。あいつらもそうしないと生きていけなかったんだから。[11]

インタビューはここで突然終わる。ヤネクは最終的に、収容所でドイツ人に協力していたユダヤ人を許しはしたが、ドイツ人の監視隊員を撃ち殺したことは少しも後悔していない。だがここで重要なのは、ヤネクはこのあとにもいくつかインタビューを受けているが、復讐の物語はこれ以後一切語られることがなかったという点だ。ヤネクは、初めてその物語を語ったときの相手の驚きぶりを見て、一〇歳の少年が大人を射殺したというエピソードが、幼年時生存者に期待される物語の範囲を大きく逸脱していることに気づいたかのように、それ以後は、聞き手の期待に沿うような内容に自分の物語をつくり変えた。無垢なイメージとは相容れない複雑な感情を取り除いたものへ、物語を変更した。そうしたのはヤネクだけではない。復讐などの問題はそれ以後、幼年時生存者の口述史から次第に姿を消した。それは、幼年時生存者の物語のあるべき姿が確立されるにつれて、インタビューの聞き手がそのような質問をしなくなったからであり、インタビューの受け手がその姿にふさわしくない事実を自発的に語らなくなったからである。

＊

私たちはなぜ、過去についてインタビューするのか？　また、こうして収集した物語をどのように分類しているのか？　私は口述史の専門家である。つまり、歴史的な出来事を経験した人々へのインタビューを通じて過去を研究している。そのため、その人生の物語を採集する行為を「口述史インタビュー」と呼んでいる。だがこの言葉が、ホロコースト生存者（あるいはほかのジェノサイドの生存者）へのインタビューを表現するのに最適な言葉と見なされるようになったのは、つい最近の話である。それまで数十年ものあいだ、学者たちは「証言」という言葉を好んで使ってきた。一見すると、こうした分類はささいな問題にこだわっているだけではないか、インタビューをどう分類しようが違いはないのではないか、と思えるかもしれない。だが実際のところ、この分類は、ジェノサイド生存者が提示する物語にきわめて大きな影響を及ぼしてきた。めったに認識されることはないが、「証言」という言葉には排他的な性質がある。「証言」という言葉が、司法に起源を持つことは言うまでもない。司法という公の場で、何らかの出来事の証人が、自身の記憶を、信頼できるような形で、確実かつ論理的かつ正直に提示する（ことが求められる）。このような状況のなかで証言が信頼できるものと見なされるためには、出来事に関する証人の説明が一貫したものでなければならない。それが時代とともに変わるものであってはならない。だが、「ホロコーストの証言」という概念は、それもまた同じ司法（戦争犯罪に対する戦後の裁判や、一九六一年のアイヒマン裁判など、人道に対する罪に関する裁判）に端を発してはいるものの、司法の場というよりはむしろ学術的な環境から発展してきたものである。一九七〇年代および一九八〇年代を通じてホロコーストへの一般の関心が高まると、それと同時に、「ホロコースト修正主義者」（一般的には、以前もいまも、「ホロコースト否定論者」と同義である）の著作も増えた[12]。こうして一九七〇年代以降に修正主義が発展すると、ホロコーストの研究では信頼性が重視されるようになった。そのため主要な研究者は一様に、自分の研究に主観的な報告を利用するのを避けた。ホロコースト史を研究する第一世代の歴史家たちは、少しでも主観的経験に頼ってしまえば、修正主義者の格好の餌食になるだけだと考えた。実際、ラウル・ヒルバーグの『ヨーロッパ・ユダヤ人の絶滅』などの基本的文献はいずれも、生存者の経験談を利用するのをかたくなに避け、加害者の官僚たちが記した主観的感情が一切混じっていない資料をもとに、ホロコーストの物語を紡いでいる。自身も幼年時代にホロコーストを経験し、最初期の映像インタビュープロジェクトにかかわった精神分析学者のドリー・ラウブは、当時の歴史家が断固として生存者の経験談を利用しようとしなかったと回想し、こう述べている。「何よりも正確であることが重要だった。さもないと、歴史修正主義者が何もかも信用できないものにしてしまう」[13]

だがやがて、ホロコーストに関心を抱くほかの分野の学者（特に文学研究者や心理学者）が、個人の記憶を軽視する歴史学界のかたくなな態度に異議を唱え始めた。この学者たちは、ホロコースト生存者の経験談の収集に着手すると、司法の場から「証人」や「証言」といった言葉を借用しながら、個人の記憶にも価値があり、その記憶により歴史学が無視してきたホロコーストの側面について語ることが可能になると主張した。文学研究者のサラ・ホロヴィッツはこう述べている。「『証言』という言葉は、急増しつつある生存者の物語を含むものへと拡大されたことにより、いわば倫理的な仕事を果たした。それは、生存者の記憶を除外してきたこれまでのホロコースト議論を矯正する手段になった」[14]。一九七〇年代後半から一九九〇年代半ばにかけて、ホロコースト生存者の音声・映像「証言」を収集するプロジェクトが広がるにつれ、「ホロコーストの証言をする」行為そのものが日常化・慣例化された。こうして「証言」という言葉が受け入れられ、ホロコースト生存者の口述史が「証言」として収集・分類されるようになった。

だが、ここで問題になるのが、「証言」を提供する「証人」がインタビューの目的をきわめて正確に理解している点である。証言では常に、客観性、事実、出来事の論理的順序が重視される。過去の出来事が一貫性をもって正確に語られなければならないことを、話し手も聞き手も理解している。だが、幼年時生存者の場合、記憶の正確さに自信がなく、記憶している出来事を論理的な順序で並べることができないケースが多いため、自分の物語を「証言」という枠組みに適合させるのに苦労することになる。こうした生存者は、幼年時代の物語に一貫性を持たせるのに必要な、ごく基本的な事実さえ覚えていないこともある。だがそれ以上に問題なのは、自分が入手した情報や、生き残った親類や公文書から収集した断片的な知識が、実際には誤っているかもしれないことを自覚している点にある。実際、姉だと思っている人物が本当に姉だったのかどうかさえわからないと述べたジャック・Fのように、自分が受け入れている過去について、その信憑性を疑う生存者もいる。歴史家で精神分析学者でもあるヘンリー・グリーンスパンが述べているように、「証言」が大人の生存者の物語の一形式に過ぎないのなら、それは根本的に、幼年時生存者の物語に適しているとは言えない[15]。

では、これらのインタビュープロジェクトの立案者が幼年時生存者に「証言」の提供を求めていた場合、そこにどんな目的があったのか？　初期のプロジェクトにはそれぞれの目的に沿った期待があり、それが、インタビューの受け手が話す内容に劇的な影響を及ぼした。それぞれのプロジェクトが何を期待していたのかは、尋ねられる質問や求められる反応からわかる。たとえば、トラウマとなる過去を克服して現在は充実した生活を送っていることを強調した、カタルシスをもたらす救済物語を期待しているプロジェクトもあれば、ヘンリー・グリーンスパンが言う「心理的対話」（トラウマが生存者の生活に及ぼす持続的影響を反映した物語）を望んでいるプロジェクトもある。インタビューの受け手は、相手が与える手がかりを読み取ってプロジェクトの目的を理解し、それに従って自分の物語をつくる。それに合わせて、喜ばしい事実やトラウマとなっている事実を強調し、混乱がいまも続いているとか、最終的には救われたなどと証言する。

「心理的対話」を求めるプロジェクトの大半は、言うまでもなく心理療法士や精神分析学者が立案・実施したものだ。一九七〇年代後半から一九八〇年代にかけて複数のプロジェクトが実施されたが、なかでも〈フォーチュノフ・ホロコースト証言映像アーカイブ（ＦＶＡ）〉を収集したプロジェクトは、多大な影響力を及ぼした（この名称が使用されるようになったのは一九八七年からだが、資料自体は一九八二年からイェール大学図書館に収蔵されている）[16]。だが、本書においてもっとも注目すべきは、ジュディス・ケステンバーグが主導した〈児童の組織的迫害に関する国際調査〉プロジェクトだろう。というのは、それが現在に至るまで、幼年時生存者のみに焦点を絞った大規模なインタビュープロジェクトとしては唯一のものだからだ[17]。ケステンバーグがこのプロジェクトを実施した主な目的は、子どもがいかに迫害を経験・記憶するか、それが子どもの心にどんな影響を及ぼすかを理解することにあった。彼女は、ナチスに追われた経験は、幼い子どもにも「消えない影響」を残しているはずだと考えていた。そこでほかのインタビュー担当者と協力し、インタビューの相手に具体的な記憶がなくても、感覚や想像力を駆使して物語を語るよう促す「運動感覚技法」を開発した。たとえば、インタビュー担当者が幼年時生存者に、列車でテレージエンシュタットに連れていかれたことについてどんな記憶があるかを尋ねるのではなく、そのあいだ自分を抱いていたのはどんな人物だったと思うかと尋ねる。また、特定の手触りやにおいに関する記憶があるかどうかを尋ねる。

　ケステンバーグらがこのようなアプローチを採用したのは、一九八〇年代になってアメリカで、子どもがどう記憶するのか、とりわけトラウマとなる出来事をどう記憶するのかという問題が、公の場で広く論じられるようになっており、それに影響されていたからにほかならない。すでに述べたように、この時期になると実験心理学により、幼児のようなごく幼い子どもでも数カ月あるいは数年にわたり出来事を記憶できること、成長するにつれてその記憶が失われていくだけであることが証明された。こうした実験的研究により子どもの記憶に対するアプローチが見直されるようになると、「記憶の回復」を謳《うた》うポピュラー心理学が流行し、催眠や誘導イメージなどの技法を使えば、忘れられた幼年時代の経験（特に心に衝撃を与えた経験）を潜在意識の奥底から取り戻すことができるとの主張が蔓延した。ケステンバーグらが利用した技法は、この「回復記憶」のセラピストたちが利用した技法に驚くほど類似している。彼女たちもまた、誘導イメージ法を使い、感情や感覚を重視し、インタビューの受け手が「回復」した記憶に対して抱く疑念を否定した。

前述したように、ケステンバーグらのインタビューを受けた幼年時生存者のなかには、このプロジェクトがトラウマやその長期的影響にこだわっている点に不快感を示す者がいたが、それと同じように、このプロジェクトがイメージや感情、感覚を通じて「記憶を回復」することにこだわっている点に懸念を示す者もいた。たとえば、一九四二年にハンガリーのセゲドで生まれたアニコ・Sは、当時まだ赤ん坊だったため、母親や兄とともにセゲドのゲットーからテレージエンシュタットに移送させられたことを覚えていなかった。そこでインタビュー担当者は、彼女に誘導イメージ法を実施した。このインタビューの内容を見ると、このプロジェクトのインタビュー担当者が、想像や感覚も記憶として重視すべきだとかたくなに主張していたことがわかると同時に、真実を反映した「証言」を提供する義務があると考えていた一部の生存者が、インタビュー担当者のそのような態度を不快に感じていたことがわかる。インタビュー担当者がアニコに、テレージエンシュタットに到着したときに自分の髪を切った人物を思い描いてみるよう促すと、アニコはしばらくためらったのち、思いきってこう述べた。その人物は「中年の女性」だったかもしれない。カーキ色の制服を着ており、「髪はブロンドだったような気がする」と。

アニコ・S：でも実際には、何の記憶もないと思う。
聞き手：でも、あなたはもうずいぶん多くの記憶を語っていますよ。そんなに多くの記憶を語ってくれた人はほかにいません。それなのに、どうして何の記憶もないと言うのですか？
アニコ：何の記憶もないとしか思えない。

聞き手：それでも、あなたはその女性がどんな姿をしていたか覚えていた。そうですよね？　しかもあんなに詳しく。

アニコ：そんな人は見なかった。見たかもしれないと思ったこともなかった。

聞き手：あなたは、何の記憶もないと自分に言い聞かせようとしています。それはたぶん、あなたが大人のような記憶を求めているからです。そんなものはありえません。子どものころには、子どもの記憶しか持てません。あなたが私に語ってくれたこと、その女性が何歳ぐらいで、くすんだ金髪だったというのは、子ども時代のあなたの経験なんです。

だが、インタビュー担当者がまた何かの色について尋ねると、アニコはその質問に答えるのを拒否し、想像と記憶との境界を明確にしようとした。

アニコ：わからない。思い出そうとはしているんだけど、誠実に答えないといけないから。

聞き手：あなたは誠実に答えていますよ。こちらからはどうにもできませんし、そうすべきでもありませんから。[18]

こうした様子を見れば、実際にはインタビュー担当者がアニコに、色や感覚についての誘導尋問に対する彼女の返答が記憶そのものなのだと信じ込ませようとしていることは、一目瞭然である。テレージエンシュタットに到着した当時二歳だったアニコは、明らかに「幼児期健忘」の時期にあたる。収容所へ入所したときのことを覚えているとは思えない。

ケステンバーグのプロジェクトが収集したインタビューはこのように、インタビューの聞き手と受け手が共同で生み出した空想物語になることもあった。生存者はそれに気づき、ときには憤りをあらわにした。それは、このプロジェクトの根本目的にまつわる混乱があったことを物語っている。このインタビューの目的がセラピーだったとしたら、空想的な部分もさほど問題にはならなかったかもしれない。だがインタビューを受けた生存者たちは、このプロジェクトの主要目的が、幼年時代に迫害された経験の分析にあることを知っていたと思われる。[19] また、「証言」という概念に慣れ親しんでいたため、迫害が自分の人生に及ぼした影響について客観的な説明を求められているのだと認識していた。そのため、ただでさえ証人としての自分の役割を疑問視していた幼年時生存者たちは、あいまいな感覚を記憶だとする主張や誘導イメージ法を受け入れられなかった。当時流行した「回復記憶」についてケステンバーグらがどう考えていたにせよ、彼女たちが採用した技法は、明らかにその時代の影響を受けていた。現在なら、そんな技法を採用する者はまずいない。ケステンバーグらが収集したインタビューを利用する研究者が少ないのは、そのためかもしれない。[20]

ケステンバーグのプロジェクトが、幼年時生存者の口述史に対する心理学的アプローチの典型だとすれば、ショアー映像歴史財団生存者プロジェクト（VHA）は、「救済」や「カタルシス」の物語をつくりあげるアプローチの典型と言える。一九九四年に映画監督のスティーヴン・スピルバーグにより立ち上げられたこのプロジェクトは、この創設者が制作した映画のビジョンをそのまま受け継いでいる。救済というテーマを主軸に置いたスピルバーグの映画『シンドラーのリスト』はその前年に公開され、興行的に大成功を収めていた。スピルバーグはこの映画の製作過程で、映画のアドバイザーとして協力したポーランド人生存者の物語に、大いに心を動かされたという。だがVHAは、映画の製作に参加した生存者よりも、この映画そのものから多くのヒントを得ている。映画のラストを飾るあの祝賀的な雰囲気が、このプロジェクトのインタビューの「典拠」となった。歴史家のノア・シェンカーの言葉を借りれば、それが「この記録プロジェクトと、そこに見られる希望や寛容を育む語り口とを結びつけている」のである。[21] VHAのインタビュー担当者は、生存者からさまざまな形で救済の物語をうまく引き出し、それを「証言」と呼んだ。たとえば、生存者が自分の経験を時系列に沿って語れるよう、うまく設定された質問を行い、インタビュー全体を三つの部分で構成した（シェンカーはこれを「古典的なハリウッド映画の枠組みを想起させる」と述べている）。インタビューの二〇パーセントを戦争に至るまでの時期に、六〇パーセントを戦時中に、残りの二〇パーセントをそれ以後にあてたのだ。だが、何より注目すべきは、生存者一人ひとりに対して、インタビューの最後に「未来の世代に遺産として何を残したいか」を尋ね、それに答えさせる際に、生存者の家族をビデオカメラの前に呼び寄せた点である。[22] インタビューのこの部分は、『シンドラーのリスト』のラストシーンと深い関係がある。映画はそこで、白黒映像からカラー映像に変わり、こんな字幕が表示される。「現在ポーランドで生き残っているユダヤ人は四〇〇〇人に満たないが、シンドラーが救ったユダヤ人の子孫は六〇〇〇人を超える」。[23] 映画でもインタビューでも、カメラは子どもや孫に焦点を絞り、楽観的なメッセージを伝える。ナチスはヨーロッパのユダヤ人の絶滅に失敗した。生存者たちは再び世代の連鎖を生み出している、と。

VHAのインタビューはまた、プロジェクトが掲げた壮大な数値目標にも影響された。プロジェクトの創設者たちは、これが世界最大規模のインタビューコレクションになることを望み、当初のインタビュー収集目標を五万人に設定した（この目標は一九九九年に達成され、現在では五万四〇〇〇人を超えるインタビューが収蔵されている）。[24] つまり、質よりも量を重視した。実際、インタビュー担当者は、最低限の訓練しか受けていない場合もあった。経歴に関するアンケート形式の質問リストに従ってインタビューを行い、（少なくともプロジェクト最初の数年間は）インタビューの長さを二時間以内に収めるよう求められた。生存者との対話を発展させるのではなく、定められた質問リストに従うよう指導されもした。その結果、工場の製造ラインのように画一的なインタビューになり、多様だったかもしれないホロコーストの物語は一定の形式に簡略化され、インタビューの聞き手と受け手とのダイナミックな関係も平板なものになってしまった[25]。

こうしたＶＨＡのアプローチにより、インタビューを受けた生存者はいずれもさまざまな問題に直面したが、なかでも苦労したのが幼年時生存者だった。というのは、デニー・Ｍの事例を見ればわかるように、幼年時生存者は、まるで国勢調査員のような聞き手の質問にほとんど答えられなかったからだ。答えられない質問を浴びせられることに憤りを覚え、それによりインタビューの聞き手と受け手の信頼関係が崩れることもあった。また、インタビューの聞き手が定められた質問にこだわればこだわるほど、生存者の記憶の穴を明らかにする結果になったからでもある。聞き手は、ケステンバーグのように想像や感覚で過去の穴を埋めようとするのではなく、逆に、彼らの物語にさらなる穴を開けた。それにより生存者は次第に動揺し、ときには感情的になったり取り乱したりした。たとえば、一九三九年にプラハで生まれ、幼児のころにテレージエンシュタットに移送されたズデンカ・Ｈは、一九九七年にＶＨＡのインタビューを受けた。インタビュー担当者はまず、彼女の両親について尋ねた。

聞き手：母親は何という名前でしたか？

ズデンカ・Ｈ：名前はわかるけど、母については何も言えない。覚えていないから。何の思い出もないの。

だがインタビュー担当者は、ズデンカが最初に母親の記憶はまったくないと述べたにもかかわらず、質問リストに従い、また母親について尋ねた。

聞き手：母親について何か覚えていますか？

ズデンカ：いま言ったでしょう。何も覚えてない。

母親について三度目の質問をされると、ズデンカはとうとう我慢できなくなって言った。「養護施設の人にも尋ねられたけど、そのころでさえ何も言えなかった！　何の記憶もないの！　収容所にいたころからしか記憶がないんだから」[26]

フォーチュノフ・アーカイブなどのプロジェクトで実施されたインタビューには、生存者の心を癒す目的があったのかもしれないが、VHAのインタビューにそんな目的があったとはとうてい言えない。このインタビューで嫌な経験をしたという幼年時生存者は多い。ズデンカは二〇〇七年に受けたインタビューのなかで、VHAのインタビューに苛立ちを覚えたと述べている。

テレージエンシュタットにどんなおもちゃがあったかとか、どんなにおいを覚えているかとか、ユダヤ教の祝日に何をしたかとか、そんなことばかり聞くの。でも、収容所にユダヤ教の祝日とかおもちゃなんてあると思う？（中略）当時子どもだった生存者にインタビューをする人は特別な訓練を受けているって聞いていたけど、どういう訓練を受けたらああいう質問ができるんだろう？　だって、収容所に行ったとき、私は三歳半だったの。そんなときのこと覚えていられる？　収容所にいたころにはっきり覚えていることなんて、三つか四つしかない。頭を丸坊主にされたことと、つくりつけの狭い寝台で寝たことと、雪の日に裸で走りまわったこと……どれも鮮やかに覚えてる。[27]

ここでもケステンバーグのプロジェクトの場合と同じように、記憶に関する質問をめぐって、インタビューの聞き手と受け手の信頼関係は崩れた。だが、ケステンバーグの場合は、想像を記憶と見なすことに生存者が不快感を覚えたのに対し、ＶＨＡの場合は、提供できる以上の詳細を要求する不適切かつ見当違いな質問に答えるのを生存者が拒否した。ズデンカの言うように、彼らはみな、幼い子どものころの経験などそんなに覚えていられないことを知っていた。その点では、ケステンバーグのアプローチに理があった。ケステンバーグらは、子どもの記憶が本来断片的であることを理解していたため、感覚的経験を重視し、生存者の物語の連続性にはあまり固執しなかった。

文学理論を研究するジェフリー・ハートマンは、ホロコースト生存者へのインタビューが、時間のずれ、母語でない言語の使用、インタビューが行われる意図などの要素に影響されていると述べ、それらの要素を「枠組み条件」と呼んだ。インタビューの受け手は、この枠組み条件に応じて情報を提供したり隠したりする。自分が語りたい物語を語れないと思って事実を隠すこともあれば、聞き手が聞きたがっている話に合致する物語をつくりあげることもある。[28]実際、本章で紹介したように、初期の多くのインタビュープロジェクトは、その枠組み条件により、幼年時生存者が語る物語を制限してきた。ケステンバーグが実施したような「心理学的」インタビューでは、イメージの想像や感覚を探求するだけでなく、それを記憶として採用するインタビュー担当者の態度が、インタビューの受け手の思いと合致しなかった。生存者たちは、不確かさや欠落があっても、覚えているとおりに自分の物語を語りたいと思っていた。またＶＨＡのようなプロジェクトでは、時系列に沿った詳細な物語へのこだわりが、インタビューの受け手に不満を抱かせる結果になった。生存者たちは、子どものころに特有の記憶が、質問者の限定的な質問に適合しない場合があることに気づいていた。それに、カタルシス的な物語を強要してくるVHAの姿勢も受け入れがたかった。そのインタビュー手法により、自分たちの物語の穴があらわになる場合は特にそうだ。穴だらけの人生を明らかにされて、カタルシスなど語れるはずもない。そして、これらすべての枠組み条件の上に、「証言」という概念による制約があった。この概念は、これら初期のインタビュープロジェクトすべてに利用され、幼年時生存者には見出しようがない一貫性や論理性を要求した。

＊

幼年時生存者の物語を望む聞き手が、家族という私的な世界を越え、さまざまな理由でその「証言」を収集しようとする心理学者や人文学者にまで広がるにつれ、彼らの物語は、個人的な意味を超えた様相を呈するようになった。「幼年時生存者」に共通する物語の形式が現れてきたのだ。すでに述べたように、そのおかげで生存者が語りやすくなる経験もあれば、語りにくくなる経験もあった。こうした物語の形式は、これまで話すのが苦手だった人にとって、物語を組み立てるためのテンプレートとなる。だが、これで以前より話しやすくなったと思い込む罠に陥ってはならない。なかには、それでもなお自分の物語を語るのに難しさを感じている人もいる。

口述史家はよく「整然たる語り」という言葉を使う。これは、個人が組み込まれている文化の表現や象徴、様式を用いながら、自分の人生の物語を語る状態を表現するものとして、歴史家のグラハム・ドーソンが提起した言葉である。口述史家は、話し手がうまく物語を組み立てる場合にも、話し手がその物語を一貫性のあるもの、認識できるもの、耳に心地よいものとして提示する場合にも、その言葉を用いる。一方、それに対する言葉である「混乱」は、話し手が自分の文化に共通する話法に沿って主観的経験を組み立てられない状態を指す。こうなると不安感が生まれ、物語がばらばらになりかねない。この自己が崩壊したような感覚は、一九八〇年代や一九九〇年代に幼年時生存者に実施されたインタビューによく見られる。デニーが自分の記憶は断片的なものだと主張したり、アニコが実際には何の記憶もないと述べ、正直に言えば収容所の話などできないと言ったりしたときがそうだ[29]。

ホロコーストに関する物語について考察する際には、この「整然」「混乱」の問題がいっそう複雑になる。というのは、インタビューを収集する多くのプロジェクトが、「遺産」や「伝達」といった表現を採用しているからだ。これは、プロジェクトの核に、未来志向の道徳的要請があることを意味している。このような要請のもとでは、生存者の物語は、話し手が未来の聞き手に残す遺産となる[30]。だが、未来へ残す遺産として物語が語られる場合には、話し手にも聞き手にもさまざまなことが要求される。こうした物語は第一に、理解しやすいものでなければならない。理解できなければ、未来世代に向けた物語に何の意味があるだろうか？ 第二に、整然とした自己を提示しなければならない。混乱・崩壊した自己では、有害な贈り物を後世に伝えることになりかねない。このように、「遺産」という表現により話し手は、自己発見の成功物語を提示するよう要求される。そのなかでは、記憶の不確かさや欠落など、幼年時生存者の人生の物語の根本的な要素は薄められてしまう。こうした整然とした物語では、幼年時生存者が自分の過去について重要な情報を発見する衝撃的な瞬間（ジャッキー・Yが、まず自分が養子であることを知り、次いで外国で生まれたことを知り、最終的に強制収容所にいたことを知ったときのことを思い出してみてほしい）が、統合された自己を構築していくステップとして表現される。その結果、自己が引き裂かれたような思いをしたその衝撃の瞬間に、彼らがそれをどう受け止めたのかは考慮されない。
何度かリハーサルをすれば、亀裂だらけの記憶からでも、ある程度一貫性のある物語を紡ぎ出せるようになる。本書の調査で私がインタビューをした幼年時生存者は、すでに何度もインタビューを受けたことのある人がほとんどだった。ほかのスキルと同じように、インタビューで自分の人生を説明するスキルも、練習次第で上達させられる。だがときには、自分の人生の物語をまだ誰にも語ったことがない人に出くわし、整然とした物語には、話し手にも聞き手にも訓練が必要なのだと痛感させられることもあった。私の心にとりわけ印象に残っているのは、本書の調査を始めた当初にインタビューをした女性である。彼女は、この調査全体を通じて唯一匿名を希望した人物だった。ここでは、レオーラと呼ぶことにしよう。このインタビューは普段どおり、二言三言挨拶を交わし、うちとけあうための簡単なゲームをしたのちに始まった。だがレオーラは、インタビューを始めるとすぐに緊張感をあらわにし、「何を話せばいいのかわからない」と小声で言った。そこで私は、まずは自分の名前と生年月日、生まれた場所を教えてほしいと告げた（私は以前からずっと、インタビューの初めにそうしている。これには、記録に間違いがないか確認するという実用的な意味もある）。だが、彼女はそれさえ言えなかった。生まれた日も場所も、出生時の名前も知らなかったからだ。レオーラが手をもみ、困ったような顔をするので、私は、あなたの戦後の生活について聞きたいと思っていること、自分が関心を抱いているのは現在のあなたであって出生時のあなたではないことを伝えた。それでも、彼女のもっとも基本的なアイデンティティである名前がないという圧倒的な事実が、二人のあいだに重々しく横たわることになった。[31]
レオーラの話によれば、彼女は戦時中、フランスの田舎に暮らす農家の女性にかくまわれていた。

その女性はとても貧しかったらしく、二人はたびたびひもじい思いをし、冬になると寒さに身を震わせた。二人のあいだには愛情のようなものが育まれたが、フランスでかくまわれていたほかの子どもと同じように、戦後になるとその女性から引き離されたという。レオーラは、これまで誰にも（夫にも子どもにも）話してこなかったこれらの物語を、一生懸命語ってくれた。たどたどしく、ためらいがちではあったが、それが彼女の物語であり、二人ともそう認識していた。だが、物語はやがて、避けては通れないあの記憶の深い亀裂にさしかかった。潜伏期間中は、彼女の本名を知る者がいなくても問題にはならなかった。しかし戦争が終わると、自分の人生の中心に巨大な穴があることに突如として気づかされた。自分の名前がわからなければ、まだ生きているかもしれない両親を探すことも、きょうだいや親戚を探すこともできない。自分を、その家系のどこかにつなげるすべがないのだ。彼女はいわば白紙の状態にあった。どこからともなく現れた子どもである。

それに気づいたときの空しさは想像に余りある。レオーラには、自分が何者でもなくなった物語、その孤独からゆっくり一歩ずつ前に進んでいくのに多大な努力を要した物語を語ろうにも、それができなかった。一方、私も、それを聞く心の準備ができていなかった。その当時はまだ、一見すると中身がないように見える物語、圧倒的な存在感を持つ巨大な欠如に苛まれた物語にどう対応すればいいのかわかっていなかった。私たち二人は言葉を失い、物語の形を見出せないまま、ただむせび泣くほかなかった。

第二章　沈黙

ここでしばらく、一九四〇年代後半、イギリス・サリー州のリングフィールド村にあったウィア・コートニー館に話を戻そう。一九四五年一二月、同館は一部改装され、ホロコーストを生き延びた子ども向けの養護施設となった。対象となったのは、当時一二歳未満だった子どもたちである。一九四六年半ばには、二四人の子どもがそこで暮らしていた。この施設の女性スタッフを集める際には、アンナ・フロイトが重要な役割を果たした。その大半が、戦前に難民となり、フロイトが運営するハムステッド戦時保育所で働いていたドイツ系やオーストリア系のユダヤ人である。このスタッフは、子どもの直接観察と精神分析学による心の回復という「二重アプローチ」の訓練を受けていた[1]。

館長のアリス・ゴールドバーガーの指導のもと、スタッフは子どもたちに快適で居心地のいい、開放的な環境を提供しようと努めた。その環境になくてはならない要素となったのが、過去との対話である。ゴールドバーガーが月報に記しているところによれば、子どもたちは戦時中に目撃したことをしきりに話したがり、スタッフもそれを推奨していたという。ウィア・コートニーでの生活に慣れると、「子どもたちは徐々に、どこにいるかわからない母親のことや実家のことを話し始めた」。だが、こうした対話は一筋縄ではいかなかった。ゴールドバーガーの一九四六年六月の記録にはこうある。「一部の子ども、特にアウシュヴィッツ収容所にいた子どもは、「収容所に関する恐るべき物語を繰り返し語る」。「いまだに、収容所での怖ろしい出来事や殺害された親戚との再会を夢に見る」。「だが、こうした体験や恐怖を自由に話せることが、大きな慰めになる」[2]

戦争に関する話を子どもたちに奨励するゴールドバーガーの方針は、ウィア・コートニーの日常生活における重要な側面になるとともに、そのスタッフの仕事ぶりを外部に紹介する際に欠かせない要素となった。一九四〇年代半ばから後半にかけて、イギリスのメディアはこの養護施設をよく取り上げ、スタッフの言う、戦争に関する対話が子どもたちにもたらす心理学的効果を大げさに書きたてた。ジャーナリストのハワード・バーンは、一九四八年にこう記している。終戦から三年がたち、ウィア・コートニーの子どもたちに心の回復が見られるのは、過去について話をするこの習慣のおかげだ、と。バーンの言葉はさらにこう続く。

ゴールドバーガー氏は、身体が急速に回復しても、心が回復しているとは限らないことをよく理解している。子どものころに神経の問題を発見・治療しておかないと、のちに計り知れない不幸に見舞われかねない。そのため子どもたちには、いかに悲惨な記憶であろうと、過去に対峙し、それに対する思いを言葉にするよう勧めた。ある幼い少女は、この施設にやって来る途中、だしぬけにこう言った。「お母さんが許せない。お母さんは部屋に入ってきてパンをくれると、すぐに帰ってくるからと言って出ていったきり帰ってこなかった」。だが少女は、母親が約束を守れなかった理由を聞かされると、それまで抱いていた見捨てられたような気持ちから解放され、それ以降母親を恨まなくなった。[3]

アンナ・フロイトの後援により運営されていたこの施設では、精神分析学的指針が日常業務にまで浸透していた。ゴールドバーガー自身も、専門家ではないものの精神分析学的な訓練を受けていた。そのため、当時の精神分析学の理論と実践を採用していたほかの施設やセンター、宿泊所のスタッフ同様、ゴールドバーガーやそのスタッフも、戦時中の経験について話をさせることに治癒的効果があると信じていた。過去を思い返して口に出せば、子どもたちはつらい記憶を乗り越え、前を向いて生きていけるようになる、と。

痛ましい過去の出来事について話をする行為、公開の場あるいはそれに準じた環境で「口に出して言う」行為に、心の健康を回復する効果があるという見解は、現代のセラピー文化の根本原理となっている。歴史学によれば、一般的にはそれは、一九六〇年代の人間性心理学の発展や、それと大衆文化との多種多様な交わりから生まれたとされている。[4] だが実際には、一九六〇年代よりもはるか以前、戦後初期に精神分析学の影響が拡大するにつれ、特定の環境や地域ではすでにそのような見解が定着していた。つまり、ゴールドバーガーやそのスタッフが採用していた方針は、それほど珍しいものではない。実際、すでに述べたように、同様のアプローチは、ホロコーストを生き延びた子どもが集団環境で暮らしていたほかの場所でも採用されていた。ポール・フリードマンなどの「精神衛生」の専門家も、それを推奨している。もちろん、戦争の話をさせれば、治りかけていた心の傷を再び開くことになるとか、現在や未来に目を向けようとする子どもの妨げになると考える大人も大勢いた。こうした大人は、放っておけば幼い子どもたちは自然に戦争時代を忘れていくのだから、わざわざ過去を思い出させてそのプロセスを妨害する必要はないと思っていた。だが、過去に関する対話を支持する人は、決して少数派ではなかった。彼らは、戦争に関する対話が、生き残った子どもたちを心理的・情緒的・道徳的に正常な状態へと導くためのプログラムに欠かせないものであると、公共の場で広く訴えていた。そのため、それが子どもたちの心の回復プロセスに必要な治療ステップだと主張する養護スタッフは大勢いた。

文書史料を見れば、過去の話をするこの「治療法」がウィア・コートニーで大いに推奨されていたことを示す証拠はいくらでもある。ところが、こうした文書史料ではなく、ウィア・コートニーにいた子どもたち自身がのちに語った口述史や回想録を見ると、興味深い謎に直面する。子どもたちの誰一人として、ウィア・コートニーがそのような場所だったとは述べていないのである。彼らは一様に、ゴールドバーガーやそのスタッフに愛情や敬意を抱き、施設についても居心地のいい環境だったと語っている。それなのに、戦時中に経験したことを自由に話せる場だったとは、一言も述べていないい。それどころか、そこでは過去の話をしなかったというだけでなく、過去の話をしてはならなかったとまで述べている者もいる。上から沈黙を強制されていたというのである。幼児のころテレージエンシュタットで終戦を迎え、ブルドッグズ・バンクで一年過ごしたのちにウィア・コートニーにやって来たベラ・Rは、当時をこう回想している。

幼年時代はずっと、何であれ詳しい説明をしてくれる人がいなかった。ただ、そこへ行け、あれをしろ、と言われるだけ。そのせいで大変だった。わからないことは自分で解決するしかなかった。だから、よく心のなかでいろいろと考えた。口には出さないでね。口に出してはいけないと、いつも言われていたから。ドイツ語を話すのも禁止されていたから、早く英語を話せるようにならないといけなかった。過去の話をする人なんて誰もいない。話をするよう勧める人もいない。収容所のこととか、以前自分たちの身に起きたことは話さないという不文律のようなものがあった。いつも明日や来週のことばかり考えていて、過去に目を向けることなんてまるでなかった。過去とはすっぱり縁を切ったみたいに。五歳の子どもには、それがつらかった。(中略)きっと、あまりにひどい経験だったから、それにふたをしようとしていたんじゃないかな。そのことはもう忘れましょう、悪い記憶はみんないい記憶に置き換えてしまいましょう、ってね。[5]

ベラは、本書の調査でインタビューをした最初のホロコースト生存者だった。その日の午後、ベラとしばらく一緒に過ごし、真実を求める彼女の熱意に感銘を受けたことをよく覚えている。そのため、彼女の話が嘘だったとはとても思えない。むしろこの話は、深遠な真実を伝えているのではないかと思われる。それは、私たちが語る物語の内容だけでなく、それを語る理由も重要であることを示唆している。文書史料には、ウィア・コートニーで戦時中の過去に関する対話が推奨されていたという明白な証拠がある。それなのに、そこにいた子どもたちは、それと矛盾する記憶を抱いている。それならば、そのような話をした目的がどこにあるのかを探らなければならない。沈黙していたことしか記憶に残っていないほど、こうした対話をすっかり忘れてしまったのはなぜなのか？　この問いは、過去の話をする意味や、話す行為とのちの記憶との関係を探ることにもつながる。

本書ではこれまで、時代とともに変わる歴史的背景や人生の浮き沈みを通して、記憶や、それと人生とのかかわりを見てきた。そこで述べてきたように、戦時中の過去に関する対話や沈黙は、戦後の各時代にわたり、幼年時生存者の生活を特徴づけるテーマとなってきた。そういう意味で、ウィア・コートニー養護施設の事例は、戦後間もない時期にホロコーストを思い出すことの意味だけでなく、後年におけるその当時の記憶についても、多くのことを教えてくれる。対話が推奨されたという記録と沈黙していたという記憶とが矛盾している状況はいみじくも、終戦直後の時期に過去を語る際に、子どもと大人とではこの話題にアプローチする視点がまったく異なっていたことを示唆している。大人が対話によって成し遂げたいと望んでいたことは、ときに子どもの要求や欲求とは大きく異なった。大人の意図と子どもの反応とのこの食い違いが、話すという「治療」行為に関するのちの記憶にも影響を及ぼしたのである。

＊

ホロコースト生存者が過去について沈黙していたと語ったことに、どんな意味があったのだろう？本書ではこれまで、沈黙についても、それを打ち破ろうとする試みについても、さまざまな事例を紹介してきた。一部の親や保護者は、幼い子どもは戦争のことなど覚えてはいないだろうと考え、戦争に関する話を避けたが、それに対して子どもは、成長するにつれ、この沈黙に異議を唱えるようになった。また、タヴェルニーの養護施設などのように、まったく異なるタイプの沈黙が支配している場所もあった。そこでは子どもたちは、それぞれの戦時体験について語り合わなくても、同じ過去を共有しているという認識により、慰めを得られた。さらに、社会レベルでは当初、個人の記憶は「沈黙」を強いられていたが、一九七〇年代以降にホロコーストへの一般の関心が高まるにつれて、そのような状況が変わり始めた。歴史家がホロコーストにまつわる「沈黙」について議論する場合、念頭にあるのはたいてい、この社会レベルでの沈黙である。歴史家も生存者も数十年にわたり、戦後初期はホロコーストへの一般の関心が欠如していたうえに、生存者の声が根本から拒否されていたと主張してきた。生存者は過去について話をしたがっていたのに、誰も耳を傾けてくれなかったのだ、と。こうした主張は、二一世紀が始まるころまでは幅広く受け入れられていた。つまり、歴史家デヴィッド・セザラニの言葉を借りれば、一九四五年から一九七〇年までは「研究する価値さえない」不毛な期間だったという見解に対して、「心地よい意見の一致」があった[6]。

ホロコースト生存者も、戦後はかたくなに沈黙していたというこの主張に手を貸し、戦後最初の数十年間は自分たちの物語に耳を傾けてくれる人がいなかったと訴えた。だが、精神分析学者のヘンリー・グリーンスパンが述べているように、この見解は生存者の後年の経験の影響を大きく受けている。一九八〇年代および一九九〇年代に生存者が一斉に証言を始めたころには、ホロコーストが文化的にも政治的にも重要な話題になっており、「ホロコースト生存者」という言葉そのものが正しく評価され、地位を高め、敬意を払われるようになっていた。そんな一九九〇年代の理解ある雰囲気から見れば、戦後最初の数十年間は、まったくの無活動状態に見えたに違いない。[7] それなら、ウィア・コートニーにいた子どもたちがのちになって過去の話をしたことがないという記憶を抱くようになった謎も、そのような視点から解釈できるかもしれない。すでに述べたように、幼年時生存者は、一九八〇年代および一九九〇年代に一斉にインタビューを受けるようになるまでのあいだ、さまざまなタイプの沈黙を経験してきた。自分が沈黙する場合もあれば、他人が沈黙する場合もあった。養親や里親の家庭、職場や地域、自分自身の心のなかで沈黙する場合もあれば、結婚相手や子どもに対して沈黙する場合もあった。そのため、生存者がインタビューを受けるようになるまでの数十年間は、自分たちが過去を語るのを誰にも認めてもらえなかった時代、自分たちの物語に耳を傾けるどころか、誰も関心を向けてくれなかった不毛の時代だったように思えたのではないか、と。

しかし過去一〇年のあいだに、徐々にではあるが確実に、この「沈黙にまつわる神話」は崩壊していった。私自身をはじめとする歴史家の研究により、この神話を否定するさまざまな事実が立証されたのだ。戦後初期の数十年間にも、ホロコーストを記念するさまざまな行事があった。殺害されたヨーロッパのユダヤ人の記憶をつなぐ草の根の活動も無数にあった。生存者たちは当初から熱心に証言を収集し、ホロコーストを記録にとどめるための歴史調査委員会を設立していた。重要な学術研究もあった。一部ながら、家庭や地域のなかで、あるいはもっと広い公の場で、死者を記憶・追悼するために尽力したユダヤ人もいた。そして何より、生存者自身がこうしたプロセスにきわめて主体的にかかわっていた。こうして、戦後初期に関する認識が著しく変化すると、私たちがここで議論している沈黙など「存在しなかった」のではないかと主張する者も現れた[8]。

それを考慮すると、ウィア・コートニーの事例は、戦時中の話ができなかったという主張に説得力があったため、次第にそうとしか説明できなくなったと考えたほうがいいのかもしれない。一見するとこれは、反論の余地もない自明のことのように思えるが、そのような見解が現れたのは比較的最近のことである。この見解の中心には、戦後間もない時期には過去の話ができなかったという世間の思い込みがある。口述史家は以前から、過去に関する集合的記憶が支配的になり、一人ひとりの複雑な物語をあいまいにしてしまう場合があることを経験してきた。インタビューの場にいる聞き手も話し手もたいていは、この支配的な記憶から生まれた物語を知っているため、それが「第三者」としてインタビューに介在することになる。すると話し手は、一般に受け入れられているその物語に自分の物語を合わせてしまう。それこそが聞き手が期待している物語なのだと思い込んでいるからだ。なかには、自分の物語をその支配的な物語に合わせようとしない人もいるが、そういう人はたいてい、自分の物語には話す価値もなければ耳を傾ける価値もないと主張する。それは聞き手が聞きたがっている内容ではないと思い込んでいるからだ。そのため、ウィア・コートニーの事例のように、養護施設で過去の話をたくさんしたという事実を示す証拠は意味がないと見なされ、幼年時生存者の後年の物語から排除されてしまった。つまり、沈黙が支配していたのではなく、それを否定する証拠が一人ひとりの物語に入り込む余地がなくなった。そんな証拠が意味をなさなくなってしまったのである[9]。

これで、ウィア・コートニーの事例に見られたような対話と沈黙をめぐる矛盾の理由は、合理的に説明できる。だがこれは、考えられるさまざまな要素の一つでしかない。戦後にウィア・コートニーのような環境でなされていた対話の意味を考えれば、ほかの要素も浮かび上がってくる。いったい大人は、子どもに過去の話を奨励することで何をしようとしていたのか？　大人の目的や信念は、子どもの要求や欲求とどれほど関連づけられ、どれほど乖離《かいり》していたのか？　多くの大人は、対話を通じて心理的重荷から自身を解放することが、何よりも子どものためになると強く信じていたが、事情はそれほど単純ではない。こうした戦後の対応に対して、子どもには子どもの思惑があった。子どもたちが保身のため、自分の過去の一部を明かそうとしないケースは頻繁に見られた。

過去に関する対話を奨励する大人は、決して一枚岩ではなかった。彼らは子どもの証言を、さまざまな目的に利用した。その目的により、大人は大きく三つのグループに分類できる。調査員、証言収集者、児童心理学の信奉者の三つである。調査員とは、特定の目的のため子どもの物語を求めていた大人を指す。親類を追跡する手がかりを探すため、あるいは、その子どもが移住事業の対象になるかどうかを判定するためだ。こうした調査に関係する大人は主に、支援機関のスタッフだった。子どもの個人ファイルの作成を担当しており、子どもの経歴に関する情報を収集するのが仕事だった。子どもたちは、新たな養護施設、新たな地域、新たな国へ向かうたびに、さまざまな支援機関の世話になっていたため、こうした調査員に複数回出会うこともあった。こうした調査を実施していた主要機関の一つが、ＵＮＲＲＡ（連合国救済復興機関）の児童調査部である。この組織は何よりもまず、同伴保護者のいない子どもを生き残った親類と結びつける任務を負っていた。そのため、ヨーロッパ全域の難民キャンプで、自分の経験について語れる年齢の子どもすべての調査を目標に、同伴保護者のいない子どもに幅広く聞き取り調査を実施した。そのスタッフは専門の心理学者ではなかったものの、児童養護に関する最新の精神分析学理論に接しており、その大半は、子どもに聞き取り調査を行うプロセス自体が、子どもたちの心の回復に多大な効果があると信じていた。聞き取り調査は数時間にわたって行われ、スタッフは子どもに母国語で歌を歌わせるなど、さまざまなツールや手法を使ってその心を開かせようとした[10]。

児童調査部などで働くスタッフの多くはおそらく、心から子どものためを思って、子どもたちに戦時中のことを尋ねていたのだろう。ところが子どもたちは、その聞き取り調査に必ずしも積極的に応じていたわけではない。児童調査部のスタッフには明確な目的があったが、子どもたちの意図がその目的に合致するとは限らない。スタッフは、子どもを親類のもとへ返す任務を負っていたが、どの子もそれを望んでいたわけではない。そのため、ごく幼い子でさえ、家族のもとへ、あるいは生まれた地域や国へ強制的に帰される事態から逃れようと、情報を隠そうとすることがあった。偽の名前や生年月日、違う国籍や故郷を伝える子もいれば、自分が「調査」されていることに気づいて話をやめてしまう子もいた。たとえば、一九四九年に児童調査部のスタッフが、ある少年についてこう記している。「とても扱いにくい。調査されているとわかってからは、一切答えようとしない」。スタッフはこの少年に何度も聞き取り調査を行ったが、少年はまじめに応じることなく、二つの異なる氏名を騙《かた》り、二つの異なる国籍や複数の生まれ故郷を伝え、生年は一九三二年とも一九三六年とも一九三七年とも答えた。スタッフが真実を強要すればするほど、少年の真のアイデンティティは遠ざかっていくばかりだった。この少年は結局、暮らしていた養護施設から姿を消したため、一九五一年に調査は終了となった[11]。

幼年時生存者のなかには言うまでもなく、偽の身元を使って戦時中を過ごしていた者もおり、人生の物語の一部を隠す習練を十分に積んでいた。特に幼い子どもは、それまでの人生の大部分を偽の身元で暮らしていたため、レオーラのように、戦争が終わるころには自分の本当の身元をすっかり忘れてしまっている場合もあった。また、本当の身元と偽の身元とがきれいに混じり合い、子ども自身にも調査する大人にもそのもつれがほどけなくなることもあった。さらに、こうした子どもはよく、権威のある大人に深い不信感を抱いていた。支援機関の大人たちは、話をすることが心の治療につながると固く信じて子どもの話に耳を傾けていたのかもしれないが、それでも彼らが子どもに話を促す背景には、その子どもにさらなる支援を受ける資格があるかどうか、移住事業の対象にふさわしいかどうかを確かめるという目的があった。そのため、このような聞き取り調査の際に、戦時中につちかった隠蔽の技術、過去の想像的創作やまったくの捏造を利用したほうがいいことは、ごく幼い子どもたちでさえ知っていた。こうして見ると、支援機関のスタッフがどのような考えを抱いていたにせよ、話す行為が常に心の治療に役立っていたとは言えないことがわかる。

　実際、すでに述べたように一部の子どもは、移住事業のニーズに合わせ、自分の物語をためらうことなく変更した。では、こうした想像上の物語は、その後どうなったのだろう？　のちの記憶のなかでどう考えられるようになったのだろうか？　一九三五年にポーランドのビャウィストクで生まれたアーロン・B（仮名）は、カナダの戦争孤児救護事業に参加できることを願い、一九四七年にカナダ・ユダヤ人会議（ＣＪＣ）のスタッフの聞き取り調査を受けた。アーロンの個人ファイルには、その人生の物語の概要が簡潔に記されている。それによると、当初は両親とともにヴィルノで暮らしていたが、一九四一年になると「両親により田舎の友人宅に預けられた。両親はその後、強制労働収容所に移送された。戦後、両親がウーチの収容所にいたことを聞きつけたおばが、アーロンを見つけ出し、ウーチに連れていった」という。この記録には、母親の名前はハリーナ・Ｂ、父親の名前はハイム・Ｂとある。両親ともにエストニアに移送され、「一九四三年に強制収容所で死亡した」らしい。また、「母方の親類」であるおばはルート・Ｂとある。当時は近くのハラインにあった難民キャンプにおり、職業訓練を通じた復興のための機関（ＯＲＴ）から裁縫《さいほう》師になる訓練を受けていた。[12]

　ＣＪＣのスタッフは、難民キャンプ内の児童養護施設や児童センターにいる孤児が本当に完全孤児なのかどうかを入念に確認していたが、それでも、アーロンの母方のおばがなぜアーロンの父親と同じ姓なのかを疑問視した者はいなかったようだ。アーロンは結局、CJCの移住事業の対象者として認められ、一九四八年二月にオーストリアからカナダへ移住した。ルート・Bも、ORTの訓練の結果、スキルのある難民を受け入れるカナダの事業への参加を認められ、その二カ月後にカナダへ移住した。CJCは最後まで、アーロンの物語におかしな点があることに気づかなかった（一九五〇年にアーロンの個人ファイル作成を終えるころには、やや不審に思っていた節はあるが）。一九五〇年二月二日の日付がある個人ファイルの最後の資料にはこうある。「『おば』のB夫人は、難民の仕立職人としてこの国に来た」[13]

実は、アーロンがCJCのスタッフに語った過去の物語は、必要に迫られて捏造したものだった。母親と父親として提示された二人の人物は、実際には、強制収容所で殺害された母方のおばとその夫だった。両親により田舎に連れていかれ、潜伏生活を送ったのは本当だが、その際には母親のルートもともに潜伏生活を送り、戦時中はずっと一緒に暮らしていた。戦後、アーロンをウーチに連れていったのも、おばではなく母親だった。その後、二人してオーストリアのシュトローブルにある難民キャンプに来たのだという。この事例からもわかるように、子どもが戦後、支援機関の調査員に語った物語は、まったくのでたらめであることがよくあったが、それには正当な理由があった。当時は、子どもには移住を認めるが、生き残った親には移住を認めないという残酷な方針がまかり通っていた。そのため子どもは、不当な制度の要件に合致するように、自分の物語をつくり変えた。アーロンの物語を見れば、アーロンが自ら主体性を発揮していたことがわかる。利用できる手段を利用して制度の裏をかき、母親とともに難民キャンプから脱け出し、新たな生活に向かうことに成功したのである。

だがこれは、一九四七年の時点では必要な嘘だったかもしれないが、嘘をつく必要がなくなったのち、アーロンはそれをどう考えるようになったのだろうか？　アーロンは一九九八年、ショアー財団のVHAプロジェクトが実施したインタビューに応じているが、母親が生きていた事実を数年間隠していたことには一言も触れていない。そのときの話では、シュトローブルの難民キャンプにいたころに暮らしていた養護施設は「孤児専用だった。そこにいたほとんどの子どもには両親がいなかったと思う」と述べている。これはつまり、一九四七年にCJCのスタッフが収容所に来たころにはすでに、自分が完全孤児であるふりをすることに慣れていたことを示唆している。だがいずれにせよ、一九四五年から少なくとも一九五〇年まで（あるいはもっと長い可能性もある）自分が精力を傾注した長期にわたる隠蔽行為について語ることはなかった。それよりもむしろ、母親が生きていた事実を隠す必要などなかったことを意味するような話をしている。「カナダやアメリカで議論があり、やがて両政府が孤児を引き取ると宣言した。でも、それが決まったころには、完全孤児が不足していた。大半がもうイスラエルに行ってしまったからね。そこで両政府は、完全孤児がいないのなら、片親だけの孤児を引き取ることにすると決めたんだ」。だが実際には、CJCがそんな方針変更をしたという事実はない。こうしてアーロンの物語のなかの嘘は、五〇年の時をへて複雑な変化を遂げた。このように、物語のなかのいびつな要素を取り除き、混乱した道のりを整然と説明しようとする傾向は誰にでもある。

あるいは、アーロンもほかの幼年時生存者たちも、隠蔽の呪縛から逃れられなかったのかもしれない。現代の聞き手は生存者に同情的であり、アーロンと母親が二人の関係を長いあいだ隠しとおさなければならなかった事情を打ち明けても、理解を示してくれるに違いない。難民キャンプという絶望的な場所から逃れるためなら、誰でも同じように真実を曲げるのではないかと思ってくれるだろう。

だが、必要に迫られて人生の物語をつくりあげ、つくり変えながら大人になった生存者たちの場合、いくつもの偽の身元と想像上の過去が重なり合い、もはや解きほぐせないほど深く自分の人生の物語に織り込まれてしまっていることがある。そうなると、過去に関する沈黙が意識的なものなのか無意識的なものなのか、もはや判断できなくなってしまう。[14]

*

子どもの物語を要求する権利は誰にあるのだろうか？　アーロン・Bの場合、CJCのスタッフは、移住に必要なものとして少年に過去の物語を要求し、アーロンはこの取引に対し、でっちあげた過去を提供した。だが、物語を提供する見返りが何も得られない場合はどうなのだろう？　戦後の数カ月から数年のあいだ、ヨーロッパなどに設置された難民キャンプではどこでも、ボランティアがホロコースト生存者の証言の収集に取り組んでおり、この事業の対象には子どもも含まれていた。ヨーロッパの一四カ国では、ユダヤ人生存者により歴史調査委員会や文献情報活動センターが設立され、ヨーロッパのユダヤ人の惨状を記録する小規模なプロジェクトが無数に実施された。最盛期には、ドイツのイギリス・アメリカ占領地域だけで、そのようなプロジェクトが五〇近く存在したという。[15]これらの事業は主に、さまざまな感情に駆られてボランティアとして参加した生存者により運営されていた。歴史調査委員会は、ユダヤ人迫害のあらゆる証拠を隠滅しようとしたナチスに対抗するため、あるいは失われたユダヤ人コミュニティの文化遺産を保護するため、ユダヤ人の過去に関するあらゆる足跡を記録しようと、ナチスがあわてて退却した際に残していった資料や写真のみならず、犠牲者の手記や手紙、生存者の物語、失われたユダヤ人世界の歌・詩・伝承まで収集した。[16]こうした作業の主たる目的は、司法の場および教育の場に、ナチスの犯罪の規模を示す証拠を提示することにあった。ニュルンベルク裁判により、ナチ・ドイツが、ヨーロッパのユダヤ人人口の三分の二に相当する五七〇万人ものユダヤ人を殺害したことが立証されていたが、当時は西ヨーロッパ諸国もソ連の勢力範囲にある国々も、このユダヤ人迫害の特異性を軽視または無視しようとしていた。その傾向は、冷戦が始まるといっそう強まった。西ドイツが敗戦国から重要な同盟国になったからだ[17]。そのため、戦後に生存者のインタビューに取り組んだ活動家には、具体的な意図があった。収集した証拠を、ナチスの戦犯の裁判に利用すると同時に、ナチスの犯罪の性質や規模について、政府や機関、非ユダヤ人を教育するのに活用するという意図である[18]。

これらのプロジェクトは市民レベルのものだったが、収集したインタビューは少数にとどまらなかった。たとえば、ポーランドのユダヤ人歴史調査中央委員会は、最大規模となるおよそ七三〇〇件もの証言を収集した（そのうちの四〇〇件は子どもの証言である）。戦後数年間に実施された同様のプロジェクトを合計すれば、ボランティアが収集した子どもの証言は数千件に及ぶ[19]。だがこれらのプロジェクトの「証言収集者」のあいだでは、子どもの物語に対する考え方が必ずしも一致してはいなかった。なかには、子どもの証言には、大人の証言にはない真実や感情面での重要な意味があり、非政治的で正直だと考える者もいた。また、子どもの証言に歴史的資料としての価値があるかどうかは疑問だが、話をする子どもにとっても、子どもが迫害にどう対処したかを理解しようとする専門家にとっても、こうした話には心理的な価値があると考えて証言を収集している者もいた[20]。しかし、過去の話をすることにそんな治療効果があると考えていた場合でさえ、収集者にとっては、そんな治療よりも、ナチスの犯罪を立証したいという思いのほうが強く、それが証言の内容にも影響を及ぼすことになった。彼らが収集した証言には、戦前の生活のことがほとんど含まれていない。それは、子どもが戦前のことを話したがらなかったからではなく、収集者が子どもに、迫害された経験を中心に話をするよう求めたからにほかならない。また、終戦後の内容も含まれていない場合が多い。つまり、これらのプロジェクトの目的は、過去と現在のあいだに横たわる連続的な出来事と偶発的な出来事から成る、生涯全般にわたる物語を子どもに語らせることにはなく、裁判や教育に利用できる迫害の証拠を記録することにあった。それを考えれば、聞き手の人人の目的と話し手の子どものニーズとが頻繁に衝突したことは想像にかたくない。

これら戦後初期の子どもの証言において、子ども自身の声と証言収集者の声を区別するのは難しい。ラトヴィア出身のアメリカの心理学者デヴィッド・ボーダーが、一九四六年に鋼線式磁気録音機を用いて記録した二〇件の子どもの証言を除き、こうした証言はすべて収集者が紙に書きとめていた。[21] ある程度年齢が上の子どもの場合は、直接自分で物語を筆記することもあったが、幼い子どもの場合は、聞き手である大人が物語を記録した。すると証言は、その過程で大人の選別・編集を受けることになる。子どもは、大人の念頭にある目的や、さまざまな歴史調査委員会が設定した指針に沿った一定の形式に従って、話したり書いたりするよう求められる。物語を書きとめる大人が、迫害を受けた事実に読者の目を向けたいと思っているのであれば、子どもが戦時中に何を思っていたかなど、無関係で不必要と判断されたことは除外されてしまう。[22] 証言が書籍として出版される場合は特に（たとえば、一九四七年にマリア・ホッホベルグ＝マリアニスカが編集した証言集 *Dzieci Oskarżają*〔英語版のタイトルは *The Children Accuse*〕がある。これには、ユダヤ人歴史調査中央委員会が収集した五五人の子どもの物語が掲載されている）、大人の編集者は当然、特定のタイプの物語を掲載しようとする。実際、戦時中にユダヤ人を支援していたポーランドの地下組織ジェゴタの一員だったホッホベルグ＝マリアニスカは、この証言集の序文にこう記している。「レジスタンス活動や闘争に従事していた私の戦時中の経験は、子どもたちが経験した恐怖、誰にも訴えられない苦しみ、勇気ある忍耐に比べれば、意味のないつまらないもの、話す価値さえないものに思える」。そこで、「ユダヤ人の子どもに対するナチスの政策や行為、およびユダヤ人の殺害をいとも簡単に忘れてしまった戦後世界を告発する」ためにこの証言集を構想し、その構想に基づいて掲載する物語を選別した、と。[23] つまり、誰にも訴えられない苦しみや勇気ある忍耐をさほど経験しなかった子どもの証言は、意図的に除外されたのである。

これらのプロジェクトにかかわった大人の多くはまったく気づいていなかったようだが、子どもが思いどおりに話せない要因は無数にあった。大人の側の動機、環境による制約、権威ある人間に対していまだに子どもが抱いていた疑念、偽の身元を主張してきた過去、過去の一部を隠す必要があるという子どもなりの考え、それらすべてが、子どもが自由に話すのを妨げる障壁となった。証言の収集にかかわってきた大人の多くは当初から、子どもに話をさせれば心にプラスの効果があると思っていた。実際、そのような効果があった子どももいたかもしれない。だが、子どもが自由に過去の物語を語れなかった状況を考えると、それが心を回復する効果を及ぼしたとは思えない。こうして、話をする子どもと記録する大人との対立を示す内容のほとんどは、歴史調査委員会の書庫に収められる際に証言から削除されたが、その対立が垣間見える興味深い資料が残っているケースもわずかながらある。これは特に、比較的小規模な証言収集プロジェクトに見られる。そのようなプロジェクトでは、歴史調査委員会が設定した形式に、さほど厳密にこだわることもなかったからだろう。

その一例が、シュロモ・ツァムが収集した四二人の子どもの証言である。ポーランド・シレジア地方のビトムでヘブライ語学校の校長をしていたツァムは、一九四五年の秋にポーランドからドイツに向かい、そこの難民キャンプで証言を収集した。[24] そして証言を原稿にまとめると、それをポーランドのユダヤ人歴史調査中央委員会に提出した。このツァムの仕事において注目すべきは、彼が子どもに提示した質問や意見は削除されているものの、最終的に編集された証言の一部に、対話時に交わされた言葉がそのまま残っていた点である。そこには、対話が緊張をはらんだものだったことを示す証拠がある。たとえば、ある少女の短い証言を見れば、子どもたちがこの証言収集プロジェクトに積極的、あるいは熱心に参加していたわけではないことがわかる。

伝えられないこと、言ってはいけないこと、恥ずかしくて言えないことばかり。どうせ何を言っても信じてもらえないし。（中略）どうしてホルィンから逃げてきたのか、どの村に逃げ込んだのか、どうやって助けられたのか、そんなことあなたに関係ない！[25]

この少女の反応を見ると、迫害の真実性や事実にこだわるツァムに憤りを感じていただけでなく、ホロコーストを経験しているツァムにも自分の物語は理解できない、と思っていたことがわかる。このような対立は、ツァムが収集したほかの証言にも見られる。当時九歳だったブスハ・Wは、ツァムに促され、戦時中に三歳の妹シュラミットと畑や果樹園に隠れていたことを語り始めたが、間もなくして突然、話をやめてしまった。

ドイツ人は森にも発砲した。両親はいなかった。これまでずっと、シュラミットと一緒に、アレクサンドロフスカとかネトレバとか、そんな村を歩きまわっていた。パンを恵んでくれない人はいなかったけど、一晩泊めてくれる人はいなかった。だから夜は、畑や果樹園で過ごした。牛小屋に忍び込んだこともある。

あのころ、シュラミットはよくこう言ってた。「ブスハ、子牛の母親は裏切らないって知ってる？　母親はいつも子牛の耳をなめてるでしょ。私も子牛になりたい！」ってね。ストーブの上にある木の台で寝ているネコを見ると、「ネコになりたいな！」って言ってた。それから自分の小指をながめて、にやにやしだすの。でも、こんな話、誰にもしたくない。[26]

この短い証言にも、事実を重視するツァムと、事実は心を動揺させるものでしかないと考える子どもとの対立が見て取れる。子どもたちにとって重要なのは感情だった。ブスハは、母親を求めて苦悶する妹の記憶が自分の戦争体験の中心にあるのに、そんな話は、事実という観点から見ればさほど重要ではなく、聞き手の役には立たないことに気づいた。そこで、権威ある大人に対して自分の意思を主張したいときに、よく幼い子どもがする行動に出た。話をやめたのである。証言を収集するプロセスには、子どもの感情や疑問、子どもなりの話し方を受け入れる余地がほとんどなかった。そのため子どもたちはときに、自分の声を封殺することで、そのプロセスを妨害しようとした。

ツァムも、同じ仕事をしていた大勢の人たちと同じように、子どもに自分の物語を語らせることが心の治療につながると思っていたが、彼が収集した証言は、問題がそれほど単純ではないことを証明している。ツァムの主たる目的は、子どもが迫害された事実を立証することにあったが、一部の子どもたちは、こうした事実調査への参加を明確に拒否した。さらに指摘しておきたいのが、ウィア・コートニーの子どもたちと同様に、ツァムが証言を収集した子どもたちも、ツァムとの対話についてのちに何一つ語っていない点である。二〇一一年、学者のボアズ・コーエンとベアーテ・ミュラーが、ツァムが以前証言を収集した子どもたちに会って話を聞いた。ところが彼らは、資料に記載された物語が自分のものであることは認めたものの、そんな形で自分の物語を語ったことを覚えている者は一人もいなかった。話すという行為について、大人たちは戦後の子どもの心の回復に効果があると思っていたが、子どもにとっては、まるで記憶に残らないほど取るに足りないことだったのだろう。あるいは、沈黙せざるを得なかったことを思い出したのかもしれない。[27]

*

これまで述べてきたように、大人の調査員や「証言収集者」の多くは、迫害を受けた話をすることが、子どもの心の健康にいいと考えていた。それが主要な動機ではなかったにせよ、それが彼らの仕事を促す側面はあった。それに対し、子どもに話をさせて心の回復を図ることを第一の目的とする大人も、当然ながらいた。対話療法の効果に関する精神分析学的理論を学んだ児童福祉の専門家や養護スタッフは、子どもの心の回復には、過去の話をさせることが重要かつ不可欠だと考えていた。歴史家が「沈黙にまつわる神話」を否定・破壊してくれたおかげで、現在では、前述したような証言収集プロジェクトが当初から幅広く行われていたことがわかっている。ところが、収集や記録、記念や記憶のためではなく、心の回復のために対話を奨励してきた人々に関心を向けることは、これまであまりなかった。

これは、ホロコースト生存者は話をしたがっているのに、それに耳を傾けたがる人がいなかったというこれまでの見解を覆すテーマである。精神分析学に精通した専門家は戦後初期の当時、その正反対の主張をしていた。生存者たちは大人も子どもも、戦争について話をしたがらない傾向にあるが、それでも話をさせるのが養護スタッフの役目だと思っていた。たとえば、精神科医のポール・フリードマンは一九四八年、ヨーロッパの難民キャンプにいる子どもたちと話をしたのち、子どもの生存者にも大人の生存者にも、戦時体験に立ち向かうよう促す必要があると述べている。「生存者たちはみな、程度の差はあれ、本当の感情を押し殺してきた。生き残りたいという思いから、良心や社会的感情に従うのを避けてきた。その結果、心が歪み、ひずんでしまっている」。そんな心の問題を解決するためには、戦時中の体験について話をさせたほうがいいという。

記憶をたどるこうした行為は、残酷で耐えられないものだ。しかし、患者が喪失した自信を回復し、最初の衝撃を乗り越えられるだけの愛情や理解さえあれば、問題はない。極限の経験をした人を人間社会に連れ戻すためには、それが必要だ[28]。

フリードマンをはじめ、戦後初期の精神衛生の専門家たちは、ホロコーストを生き延びた子どもの心や情緒の回復を求めていた。では彼らは、思い出させることで具体的にどうしたいと思っていたのだろうか？　当時の最新の児童心理学を学んでいた養護スタッフは一様に、過去の話をさせる意義を確信していた。あるスタッフはこう記している。「そうすれば子どもは、恐るべき心理的負担から解放される。そのため、子どもに話をするよう促すことが何よりも重要になる」[29]。だが、このアプローチはまだ生まれたばかりであり、ほとんど実証されてもいなかった。そのため、患者の子どもに対話療法を実施すべきかどうかについては、著名な児童精神分析医のあいだでも意見が分かれていた。現場で働く養護スタッフからは、大人を相手に戦争の話をさせたら子どもの情緒や行動が改善されたようだという事例報告は数多くあがっていたものの、子どもに話をさせれば心の治療に効果があることを実際に証明する証拠はさほどなかった。それでも、子どもに戦時中の話を奨励（あるいは強制）していた大人の養護スタッフがどんな結果を期待していたのかについては、一考してみる価値がある。一部の養護スタッフが、過去の話をさせることが、子どもの心を回復させる幅広い取り組みの一環として欠かせないものだと考えていたことは間違いないが、その最終的な目的は、子どもの情緒や行動を正常な状態に落ち着かせることにあった。そのほうが、養子縁組など、その後のステップの準備をさせるのに都合がいいからだ。ウィンダミアの受入センターで子どもの世話をしていたマーゴット・ヒックリンも、ポール・フリードマン同様にこう記している。子どもたちは「あらゆる手を尽くして、心のなかで戦争体験を歪め、忘れようとしてきたと思われる」が、子どもの生存者に養子縁組の準備をさせるためには、子どもに過去の話をするよう促すステップが欠かせない。「過去を『忘れた』ように見える子どもは、新たな家族に自分を適応させられない場合が多い」。こうした子どもは「本当の家族を失った苦しみを『忘れる』ことで自己防衛を図っていた時期が長く、家庭的な雰囲気から遮断されていたため、そのような雰囲気に耐えられない」。そのためのちに、「窃盗、愛情や信頼の欠落、逃亡、不健康」などの問題行動や神経症を起こすおそれがある、と。[30]

そこで、話をさせることを奨励していた大人たちは、その治療効果を確信していたにもかかわらず、いわばそれを手段として利用し、所期の目的を達成しようとした。すなわち、養親や里親になってくれそうな人たちを満足させるような（あるいは少なくとも彼らを驚かせないような）情緒や行動へと、子どもたちを誘導しようとしたのだ。話をさせることを通じて、子どもの記憶が生み出す破壊衝動を手なずけ、抑制できるようにする。つまり、その目的は、子どもたちが自分の人生の物語のなかに戦争体験をうまく組み込めるようにすることにあるのではなく、新たな家族がいる世界へと入っていけるように、重荷となっている記憶から子どもたちを解放することにあった（新たな両親やきょうだいが、戦争の恐怖について知りたがることはほとんどなかった）。過去の話をさせれば治療効果があると言いながら、実際には、生き残った子どもたちの行動・感情・心理・記憶から好ましくない部分を取り除こうとしていたのだ。実際、子どもがこうした記憶につながるアイデンティティの一部を受け入れるのではなく、それを排除することを目的としていた事例が、少なくともある程度はあった。
その結果どうなったかについては、すでに述べたとおりである。養護スタッフは養子縁組に向け、子どもたちを健全な状態へと仕立てあげようとした。養家でも、多くの子どもは過去への扉を完全に封鎖された。その点についてはジャッキー・Yの事例で紹介しているが、ベラ・Rの物語にも同様の傾向が見られる。ベラはジャッキー同様、幼くしてウィア・コートニーから養子に出されたが、その養親もまた、当時五歳だったベラに、それまでの記憶を消して新たな自分をつくりあげるよう強要した。

過去のことは忘れろ、できるだけ過去のことは考えないようにしろと言われた。私に選択の権利はなかった。そのとき私の人生にどれほど大きな変化が起きたか想像できる？　新たな名前、新たなアイデンティティを与えられたの。まったく別の過去がつくられたわけではないけど、似たようなものね。本当の過去はなかったことにされた。過去が記録されていたテープが消去されたような感じ。でも、消せない記憶もある。[31]

ベラは思春期に入り、大人になるにつれ、過去について知りたいという思いを募らせ、それを訴えては養親と衝突した。過去を封鎖するバリケードは無数にあり、それを解体するのに数十年もの時間がかかった。養親が死ぬまで守りとおした過去もある。ベラ自身は、こうした意図的な忘却に抵抗しようと終生努力を続けてきたが、記憶のなかでは、こうした障害が「沈黙」と混同されていたのかもしれない。[32]
こうして見ると、かつてウィア・コートニーの養護施設にいた生存者たちが一人も、そこで過去の話をしたことを思い出さなかったのは、さほど驚くべき事実ではない。話すという行為は、養護スタッフの要求を満たし、不安を解消する手段にはなったかもしれないが、それが子どもたちの要求を満たしていたとは言えない。大人の側に、望ましい養子に見えるよう子どもの心を安定させるという狙いがあったように、子どもの側にも、それに抵抗する理由があった。すでに見てきたように、養護施設という既知の安全な世界を離れ、新たな家庭という未知の世界に旅立つことを望まない子どもは大勢いた。また、過去を語ることで何らかの褒美が得られる場合には（それがたとえ、養護スタッフに褒めてもらえるだけであったとしても）、過去の物語を話して大人に喜んでもらおうとする子どももいたが、なかには、自分の置かれた状況に合致するよう物語を捏造する子もいた。本書の冒頭で紹介したミナ・Rの物語は、その典型的な事例である。ミナはある日、館長のアリス・ゴールドバーガーに、自分は目の前で母が頭を撃ち抜かれるのを見たと語った。ゴールドバーガーの一九四六年八月の記録には、こう記されている。ミナは「それ以来、落ち着きを取り戻し、意識も明瞭になって論理的に話ができるようになり、茫然とした表情をすることも、ずっとつくり笑いを浮かべたままでいることもなくなったように見える。毎週アンナ・フロイトの児童指導診療所で治療を受けているが、そこの先生も彼女の様子の変化を指摘している」[33]。だが、ゴールドバーガーののちの記録によると、ミナの精神状態の突然の回復は長続きしなかった。六年後の一九五二年一〇月、ゴールドバーガーは驚きもあらわにこう記している。「ミナの母親はドイツで生きており、娘の行方を探しているという」[34]

偽りの過去の話をしたこのミナの行為を、どう解釈すればいいのだろうか？　その際には、この話がある状況のなかでなされたことを考慮する必要がある。ミナは、過去の話をするようスタッフから期待されており、そうすればスタッフが喜ぶことを知っていた。実際、話をしてみると、そのとおりのことが起きた。医師でさえ、精神状態の改善が見られると喜んでくれた。だが、母親が殺害される場面を目撃したと述べていたにもかかわらず、実際には母親は生きていた。このミナの物語の価値は、事実にいかに忠実かという点にあるのではなく、事実からいかにかけ離れているかという点にある。ミナのような子どもは、必要とあらばためらいなく、心に思い描いた空想上の過去を大人に提示した。その物語は一見すると、母親が殺害される場面を子どもが目撃したという怖ろしい物語に見える。だがそこに、ささやかな反抗的行為、わずかばかりの意思の主張、ちょっとした子どもの主体性を読み取ることもできる。

そう考えると、大人と子どもという上下関係に惑わされることなく、話すという行為や沈黙について、新たな視点から考察することが可能になる。ウィア・コートニーの事例に話を戻そう。この養護施設では戦後、過去の話をすることが奨励されたが、それにより大人が期待していたことと子どもが期待していたことのあいだに食い違いがあった。過去に関する大人と子どもの対話は、相矛盾する希望と相異なる不安に満ち、きわめて複雑にもつれ、対立を生み出すことさえあった。そのため、この対話のことは、子どもたちののちの記憶から完全に抹消されてしまった。養護スタッフは、記憶の重荷を軽減・消去するためのツールとして対話を利用したが、子どもたちのほうは、それを口にすることを望んでいなかったのだろう。

そこで、用心深い子どもたちは、適当な過去をつくりあげ、過去を隠蔽した。自分の思いどおりに話せないことを知っていたため、可能な限り、貴重な私的遺産として自分の記憶を守った。そう考えると、戦後初期の対話のなかに、抵抗し、隠蔽し、大人たちの要望に合致するよう過去をつくりかえようとする子どもたちの努力が無数に詰まっていたとしても、驚くにはあたらない。したがって、子どもたちの個人ファイルや戦後の「証言」のなかに存在するこうした対話記録は、さまざまな思いが交錯した情報源と見なすべきである。それは、戦後初期にホロコーストの記憶をまとめる試みがあったことを示すと同時に、その試みが失敗に終わったことを示している。

この対話記録はまた、現在について、年齢とともに変わる記憶の意味についても、多くのことを教えてくれる。戦後初期のあの時期、対話療法を奨励していた人たちは、子どもに過去の話をさせれば、過去は鳴りをひそめるという前提に立ってそうしていた。こうして過去を手なずけ、封じ込めれば、子どもたちは前を向いて歩んでいけると思っていた。だが、記憶はそんなふうに作用しない。本書でこれまで述べてきたように、幼年時代の記憶は生涯にわたり執拗に影響を及ぼし続ける。背景のなかに隠れ、ほとんどその声が聞こえないこともあれば、耳をつんざくような騒音をたてることもあるが、それを黙らせたり、退けたり、抑え込んだりするのではなく、全体のなかに組み込むべきだと絶えず主張してくる。幼年時生存者たちは、自分の過去を手に入れようと数十年も闘ってきた。時間をかけて、記憶している情景の意味を理解しようとしてきた。それを念頭に置けば、のちの人生の物語が「沈黙」というイメージに彩られた理由、話をしたというかつての行為が記憶に残っていない理由がよく理解できる。話すという行為の最終目的が過去を切り離すことにあるのなら、沈黙するしかない。

終章　最後の証人

トラウマ。証言。生き残り。沈黙。

数十年にわたるホロコースト研究を通じて学者を導いてきた中心的概念と言えるのが、この四つである。これらはいまや、ホロコーストを理解するうえで欠かせない要素となっている。だが、幼年時生存者の人生というプリズムを通して見ると、それぞれが、多少異なるどころか、まったく異質な性質を帯びてくる。幼年時生存者は、これらの言葉そのものに異議を唱えたわけではないにせよ、その背後にある概念について再考を促した。その物語のなかに「トラウマ」を見出そうとする専門家が現れると、自分たちのなかに病的状態を探そうとする外面的な行為に疑問を投げかけた。「証言」を求める学者が現れると、過去を事実や論理に沿って語りたいのにそれができないもどかしさを覚えた。「生き残り」と言えるほどの体験をしていないのではないかと言う人が現れると、当初はそう思ったが、のちには「生き残り」の定義そのものを自分たちの人生まで含めるよう変更すべきだと主張した。数十年にわたる「沈黙」について考察する学者が現れると、過去に関するこれまでの対話はどれも自分たちの要求や希望、関心を満たしていなかったことが明らかになった。

本書では、第二次世界大戦が終わり、幼年時生存者が収容所やゲットー、潜伏場所を離れたあとの道のりをたどってきた。彼らは、周囲の大人たちとの新たな関係に入った。その大人たちとは、生き延びた両親や親類、養親や里親、あるいは、子どもたちが戦争により心理的にも情緒的にも「常態を失った」と考え、正常な行動や感情を取り戻すにはどうすればいいのかと心配していた支援機関のスタッフである。幼年時生存者たちはその後、さまざまな組織や個人に引き取られた（あるいは見放された）。この引き取り競争により、実際の生活だけでなくアイデンティティも、地域や国境を越えた移動や変更を強いられた。実の両親との暮らしに戻ったにせよ、幼年時代のあいだを養護施設で過ごしたにせよ、里親や養親に引き取られたにせよ、彼らは成長するにつれて、断片的な記憶と、周囲の大人が提示する過去との相違に悩まされた。自ら過去の調査を始めると、それをめぐって保護者と対立した。だが大人になるころには、世間がホロコーストに関心を抱くようになり、望みさえすれば、自分の家族や出身コミュニティの運命について情報を得られるようになった。自分たち独自の人生や経験を表現しようと、「幼年時生存者」という新たな言葉を採用する者も現れた。自分たちの物語に耳を傾けてくれる人が新たに現れると、物語の語り方にも新たな形が求められた。それにより、過去の一部の話が前面に出やすくなり、それ以外の話はますます口に出しにくくなった。こうした人生の旅路を通じて、幼年時生存者の多くは、「自分は何者なのか？」という疑問に絶えず苦しんだ。戦後の七〇年間にわたり、時代によって異なる視点からこの疑問に取り組むことを余儀なくされた。終戦から七五年がたったいま、彼らはこんな疑問を口にしているかもしれない。いまの自分は何者なのか？過去について知ると自分はどうなるのか？　知らないとどうなるのか？

いまでは幼年時生存者の物語は、真正な「ホロコースト生存者」の物語として受け入れられるようになった。彼らはこれまで、自分たちの物語が受け入れられ、認められる程度に応じて、過去に関する話し方を変え、それに従って過去の経験を再構成してきた。なかにはそのために、自分のアイデンティティをすっかりつくり変えてしまった人もいる。アグネス・Gは、二〇一四年に私が行ったインタビューのなかで、自分がいかに激しい変化を経験したかを語った。彼女は結婚生活に終止符を打つと、シェフィールド大学に通ってホロコースト史の修士号を取得した。それまで主婦および母親として過ごしてきた自分の人生を改め、生存者としての社会的役割を果たそうと思ったのだという。

それを機に、私のアイデンティティは変わった。一六年間ウースターシャー〔イングランドの中西部州〕の村で暮らしてきたけど……そんな中流階級の生活を離れて、シェフィールド大学に通った。いまの私は、ホロコースト生存者なの。この五年で、ホロコーストについて語るホロコースト生存者になったの。（中略）問題は、自分の人生や家族、自分の身に起きたことが普通ではないとわかっているのに、それが普通だと思い込んできたことにあるんだと思う。自分の話を聞いていた人が愕然として、「心を打つ話ね。圧倒される」とか、そんなことを言うと、私はついまわりを見まわしてしまう。自分のことを言っているとは思えなかったから。そんな経験を経て、自分に対する理解が変わった。いまでは、私のような人が口を開くことが大切なんだと痛感している。私はよく、聴衆を前に話をするときにこう言うの。「私の後ろには、直接あなた方に話ができなかった六〇〇万人のユダヤ人が立っていると思ってください」[1]

公の場で過去について語る人は、現在の幸せな生活という観点から語る場合が多い。かつて前途に横たわっていた不安や疑念は消え失せたという物語である。最近行われたインタビューでも、自分の物語がハッピーエンドを迎えたことを強調しようとするケースがよく見られる。しかしすでに述べたように、彼らは現代のインタビュープロジェクトの形式に従い、そうするよう促されているに過ぎない。こうしたプロジェクトでは、生存者の物語のなかの感動的な部分、救いとなる部分、遺産となりうる部分が強調される。だが、こうした語り方により失われてしまうものもある。幼年時生存者の物語では、その人生のなかで繰り返し自己の断絶を経験したことも語られている。むしろその断絶が、物語の基本的構造になくてはならない要素となっている。アグネスは、生存者としての自己を見出すため、ある程度社会的地位のある妻および母親というアイデンティティに根差した自己を捨てた。徐々にそうなったのではなく、意図的に、堂々と、過去のアイデンティティと縁を切ったのである。それにより自分自身も、コミュニティにおける自分の立場も一変した。

アグネスはこの変化をおおむね喜んでいるが、なかには、「生存者」という新たな立場を受け入れたことにより、以前から感じていた孤独感や違和感が強まったという人もいる。エルヴィン・Bには、それを痛切に感じる出来事があった。二〇一七年に他界する数年前、彼はある取り組みに参加した。生存者がこれまでの人生の物語を地元の子どもに語り、子どもたちがそれをもとに演劇を創作するという取り組みである。子どもがいなかったエルヴィンは、子どもに接するこの機会を楽しんでいたが、この取り組みが終わってしまうと、ひどい孤独感に苛まれた。

子どもたちが私の物語を演じるの見て、救われたような気がしたよ。自分が正しく理解され、関心の的になっているような感じかな。演劇が終わると、キブツ〔協同組合〕の友人たちからありとあらゆるねぎらいの言葉を受けた。これまでずっとストレスを抱えてきたから、本当にうれしかった。私の人生について尋ねてくる人も、私に関心を抱いてくれる人もいなかったからね。アイン・ハロッドのキブツに六〇年暮らしているけど、ホロコーストの経験なんて尋ねられたこともなかった。私が話そうとしなかったのかもしれないがね。いまではもう七六歳だよ。

この一〇年は一人で暮らしていたから、子どもたちとの作業を通じて受け取ったぬくもりや愛情は、大きな力になった。ずっと孤独に暮らしてきた自分に、過去の経験を伝えられる相手ができたんだから。心に重くのしかかっていた石がとれたみたいだった。だが、それも終わってしまって、いまはむなしさを感じるばかりだ。もう子どもたちと接する機会もない。つらいよ。[2]

アイデンティティが変わり、コミュニティにおける立場が変わると、その物語の内容も変わる。前述したように、理解ある聞き手（特に、救いのある物語を期待する聞き手）が現れると、話し手には一貫性のある筋の通った物語が要求されるようになる。実際、多くの幼年時生存者が、時間をかけて習練を積み、そのような語りをしてきた。だが、こうした物語を提供するためには、整然とした物語にふさわしくない部分を隠す必要がある。たとえば、歴史家のチャド・マクドナルドが、ベルナルト・Gの事例を紹介している。ベルナルトは子どものころ、キンダートランスポート事業によりイギリスに渡ったが、ドイツに残った両親や姉はリガに移送され、殺害された。二〇〇九年に執筆された回想録を見ると、両親は移送される直前まで短い手紙をベルナルトに送っており、それで「両親がまだ生きていることを知った」とある。二〇〇四年の談話にも、両親から短い手紙を受け取っていたという同様の内容が見られる。ところが、それ以前のインタビューを見ると、のちの回想や談話には出てこない心を突き刺すような事実が語られている。大人になるとこの手紙を見るのがつらくなり、その存在に押しつぶされそうになったため、手紙を燃やしてしまったという。談話の内容にこうした差があるのはおそらく、自分の物語を語るのに次第に慣れてくるにつれ、手紙そのものやその焼却にまつわる感情を探ることに耐えられなくなってしまったからだろう。その感情とは、過去の一部をうわべだけでも抑え込まなければならないという罪悪感や苦悩である。手紙を燃やしたという行為は、ベルナルトの人生のその瞬間に過去が頭をもたげ、自分に襲いかかってきたことを意味している。だが、自分の物語が整然となっていくにつれ、その瞬間はもう、物語のほかの部分と調和しなくなってしまったのだ。[3]

整然とした物語を求めるあまり、ほかの点が犠牲になってしまう場合もある。たとえば、確実性の問題である。幼年時生存者の多くが、両親の運命や自分の幼年時代など、過去に関する真実を突き止めようと苦闘してきたことは、すでに述べたとおりである。だが、整然性の問題において、自分の物語から好ましくない部分を排除しようとする生存者側の思いと、破壊された自己を回復していく物語を要望する聞き手側の思いとが絡み合っていたように、確実性を求める思いもまた、生存者側と聞き手側の双方にあった。幼年時生存者は、幼かった当時の生活に関する事実を見出そうとする努力を数十年も続けた末、いまになってようやく、その長期にわたる苦労の成果を味わえるようになった。その物語がいまだ不完全であり、基本的な事実がいまだはっきりしなかったとしても、以前よりは充実した物語を語れるようになった。しかし、努力してやっと手に入れたこの勝利の裏では、いまだ残る不確実な部分を徐々に削ぎ落とす作業が行われていた。一方、この物語の聞き手も、不確実な物語を受け入れようとしなかったと思われる。「証言」には、既知の事柄が要求される。未知の事柄は、それが幼年時生存者の人生の物語の本質的要素となるほど深遠かつ根本的な事柄であったとしても、徐々に隅に追いやられていく。というのは、実際に起きたことのほうが理解しやすく、「実際に起きたこと」を求める思いが「証言」という形式に組み込まれているからだ。これもまた、幼年時生存者が口にできることとできないことに影響を及ぼす。

一九九五年、幼年時代にホロコーストを経験した生存者の回想録とされる書籍がドイツ語で出版され、間もなくそのほかの言語にも翻訳された。英語版のタイトルは *Fragments: Memories of a Childhood,*

1939–1948（『断片集――幼年時代の思い出　一九三九～一九四八年』）である。この本には、ビンヤミン・ヴィルコミルスキと名乗る人物の物語がつづられている。ビンヤミンは、リガのユダヤ人が虐殺された際に両親と別れ、ボートでポーランドに逃れたが、その地でまずはマイダネク強制収容所に、次いで別の収容所（アウシュヴィッツを想起させる記述がある）に入れられた。戦争が終わると、クラクフのユダヤ人孤児院に預けられたが、七歳ぐらいのころにスイスに連れていかれ、そこの家族の養子になったという。

この物語に登場するさまざまなエピソードは、似たような経験をした幼年時生存者の記憶を呼び覚ましたに違いない。著者は、自分の記憶の質やその信憑性に疑義を呈しつつも、その意味を理解するため長年にわたり努力を重ねたと述べ、こう記している。「数年にわたる調査、記憶のなかにある場所への旅、専門家や歴史家との無数の対話により、これまで説明のつかなかったばらばらの記憶の多くを明らかにできた」[4]。また、この本に見られる不確かな記述やあやふやな言いまわしのなかにも、時間がたつにつれて確固たる事実に変わっていったと思われるものがいくつかある。たとえば著者は、まだ幼い子どものころ、父とおぼしき男性が車で壁に押しつぶされるのを見たと記している。ところが一部の翻訳書では、表紙にはっきりと、父が殺されるのを見たとある。また、この本のなかでは、著者が二番目に連れていかれた収容所を明示していないが、宣伝用の資料や著者へのインタビューを見ると、そこはアウシュヴィッツだったという。

この本の出版から三年後、ダニエル・ガンツフリートというスイスの若いライターが、スイスの週刊紙〈ヴェルトヴォッヘ〉に、『断片集』はフィクションであると主張する二つの記事を発表した。その記事には、この回想録の著者の名前はビンヤミン・ヴィルコミルスキではなく、ブルーノ・デッセカーだとある。この人物は一九四一年、スイスで未婚の母のもとに生まれ、幼年時代を孤児院で過ごしたのち、デッセカー家の養子になったという。こうして『断片集』に厳しい視線が注がれ、物語のあらゆる部分が検証されるようになると、その過程で重大な問題がいくつも浮かび上がってきた。なぜ、こんな怖ろしい過去が捏造されたのか？　生存者の物語を疑えばどうなるのか？　生存者を再び迫害の危機にさらすことになりはしないか？　この著者は、幼年時生存者の物語をきわめて雄弁に語っていたため、いわば生存者が手本とすべき人物のように見なされていた。ライターのブレイク・エスキンが指摘しているように、理想と化してしまった人物の物語が疑問視されるようになると、その人物個人の問題だけではすまなくなる。関連するそのほかの物語の信憑性まで損なわれてしまうおそれがある。捏造されたホロコーストの回想録は、まっとうな回想録まで疑わしいものにしてしまう。それにより、あらゆる回想録が疑問視されることになりかねない。

一九九〇年代前半以降に出版された幼年時生存者の真の物語を騙るフィクションは、ヴィルコミルスキあるいはデッセカーの本だけではない。この本は、そのもっとも有名な一例に過ぎない。実際、複数の文学賞を受賞し、捏造と判明するまでは、ホロコースト文学の新たな古典になりうる作品として幅広く評価されてもいた。私は本書の調査にためにインタビューをした人たちに、『断片集』を読んだことがあるか、あるいはそれにまつわる騒動を知っているかと尋ねてみた。すると、読んだことがある人はほとんどおらず、そんな騒動について聞いたことがあるという人もあまりいなかった。しかしそれでも、こうした疑似回想録が出まわっていることは知っており、それに対抗するためにも、自分が過去を語るときには、確実に証明可能な事実だけを語る必要があると強調していた。このように、『断片集』などの疑似回想録の登場により、幼年時生存者が自身の物語に対して抱く考え方や語り方も変わった。自分たちの物語について、改変されたり美化されたりしているところがあるのではないかと疑われるおそれがあることに、強い不安を抱くようになった。彼らはそれまでもずっと、自分の人生の背景を成すごく基本的な事実さえ、大変な苦労をして手に入れてきた。なかには、家族や両親（実の両親であれ養親であれ）との関係にまつわる真実を知るために、計り知れない代償を払った人もいる。普通の人は、こうした事実を知っていることを当然のことのように考えるが、幼年時生存者にとっては、苦労してようやく手に入れた事実である。そのため彼らは、個人としても共同体の一員としてもそれを大切にした。たった一つの嘘の物語が、ほかの物語の信憑性を損なうことになるからだ。誰もが既知の事柄のみを重視すれば、それがあらゆる物語を守る防波堤になる。

こうして、幼年時生存者の物語に既知の事柄が織り込まれるようになる一方で、聞き手もそれを期待するようになった。私たちは一般的に、話をする際には、幅広い聴衆に受け入れてもらえるように話をする。本書では、幼年時生存者が自分の物語をどう語ってきたのかを時代とともに見てきたが、そのなかでも記したように、記憶やその物語は、個人と社会、話し手と聞き手双方の影響を受ける。個人の記憶を、幼年時生存者の人生の物語やその語り方に対する世間の期待から完全に切り離すことはできない。こうした世間の圧力に対する生存者たちの反応は複雑であり、そんな期待をものともしない場合もあれば、反抗的になる場合もあるが、たいていは素直に期待に沿おうとする。本書の核になる物語を提供してくれた人たちは、子どものころからずっと、戦時中のことなどすぐに忘れるはずだ、あるいは忘れるべきだと言われてきた。そのため、過去の記憶に触れ、その意味を理解しようとする努力は、絶えず人生の背景に抑え込まれていた。もちろん、折りに触れて幼年時代の記憶を振り返ることは誰にでもあるが、普通の人であれば、現在の自分と過去の自分のあいだに横たわる空白を埋めようとする際に、さまざまな内的・外的障害に直面することはまずない。

だが、二一世紀に入って二〇年が過ぎ、いちばん年下の幼年時生存者でさえ七〇代半ばにさしかかっているいま、こうした障害の内容が変わりつつある。なかには、これまでと同じ内的障害がいまも残っており、これからも消えることはないだろう、という人もいる。本書の調査のためのインタビューを計画していた際に連絡した人のなかにも、丁重にインタビューを固辞した人が数名いた。こうした人は、相手が誰であれ（研究者だろうが配偶者だろうが自分の子どもだろうが）、過去に関する話を一切したがらない。これまでも、いまも、過去を直接見つめることに耐えられないのだ。しかしその一方で、話をすることに抵抗のない人、話をしたがる人、話をするのが義務だと思っている人もいる。彼らには、聞き手になってくれそうな人が大勢いる。本書に登場した幼年時生存者の多くは、記録として残す口述史インタビューに協力するだけでなく、学校や博物館、記念行事などで定期的に講演を行っている。そんな活動に懸命に取り組んでいるのは、時間がどんどん過ぎていくばかりだからだ。いまではとうとう、幼年時生存者たちがホロコースト生存者の最後の世代、あの大量殺戮の最後の証人となってしまった。こうした立場が与えるプレッシャーは並たいていのものではない。一部の幼年時生存者たちは、いわば最後の語り手として、自分の物語を語らなければならないと痛切に感じている。聞き手はもはや、ホロコーストの背景にあった特殊な歴史的状況を知らず、自分たちの物語を、究極の恐怖体験から「感動的」な回復を果たした象徴的な物語としか考えないかもしれないが、それでも語る義務がある、と。

私が本書のためにインタビューを行った人物の一人に、ツィヴィア・Pという女性がいる。彼女は、私が二〇一五年にインタビューして以来、合衆国ホロコースト記念博物館（USHMM）の「直接体験者」講演シリーズなどの公共行事に参加し、定期的に自分の物語を語るようになった（その際には、結婚後の姓と英語化した名前を用い、シルヴィア・Rと名乗っている）。語りがうまいため、その物語は実に説得力に富んでいる。その様子をとらえた動画が複数インターネット上に公開されているが、あるウェブサイトにはこう紹介されている。「心温まる感動的な物語。幼い子どもが絶えざる恐怖と孤独に直面しながらも、支えとなる希望や愛情を見出し、果敢に生き延びていく」。オンラインで確認できる複数の記録を見る限り、どれを見てもツィヴィアの語り口にほとんど違いはない。その物語は、だいたい以下のような内容である。

ツィヴィアは一九三五年一月、ポーランドのウーチで生まれた。一九三九年九月、ドイツ軍がウーチを占領すると間もなく、父や母、姉とともにゲットーに閉じ込められた。やがてゲットーからの強制移送が始まると、行動力のあった父親は、連れ去られそうな危険が迫ったときのために、彼女が隠れられる場所を探しておくようになった。それを何年も続けたおかげで、彼女は生き延びることができたのである。だが小さな子どもにとって、ナチスが急にやって来て、ほかの人たちを死地へ連れていくあいだじっと身を隠しているのは、耐えられないほどの恐怖だった。そんな経験のなかに、ゲットーにいた五年間で「最悪の経験」と語るエピソードがある。当時、家族が暮らしていた中庭を囲む壁の外側には、墓地があった。ある日、ナチスの手入れがあった。父親はツィヴィアを連れてその壁を越えると、墓地に浅い穴を掘り、そこに彼女を寝かせた。そして、迎えに来るまでそこで黙ってじっとしていろと言い、彼女の上にわらや草をかぶせた。彼女は一晩中、そこで横になっていた。翌日も一日中そこにいた。その後救い出されたが、墓地で一人待っていたときの恐怖は、その後もなかなか消えなかった。ツィヴィアはこう回想する。「穴から出されたあと、私は何にでもひどく怖がるようになった。そのような状態はずっと続き、大人になっても消えなかった。四〇年ものあいだ、ドイツ人が穴のなかに隠れている自分を殺しに来る夢を見た」[5]

ところが、ツィヴィアが二〇一五年に私に話してくれた物語は、これとは少々異なる。そのような違いが生まれた原因は、私がインタビューを行った意図にある。彼女が最近の講演で幼年時代の話をするときはいつも、主にホロコーストの話を期待している聴衆が相手だった。そのため、戦後の彼女の人生の物語は、ホロコーストに特化したこの物語のなかで、ある決まった役割を与えられているだけだった。その後の自己の再構築に成功したことを示すだけの役割である（非ユダヤ的なイメージに抵抗がなければ、墓地に埋められた自分の象徴的復活を示すものと言ってもいい）。だが、私がツィヴィアにインタビューしたときには、聞き手である私に、そのような聴衆とはまったく違う意図があった。私は、戦後の彼女の人生に関する話を聞きたいと思っていた。話の大半をホロコーストで埋め尽くし、それ以外のことはすべて「心温まる」「感動的」なメッセージに凝縮してしまう物語とは正反対の物語を望んでいた。ツィヴィアはそんな私に、家族がゲットーに閉じ込められたこと、父が自分を隠すためにさまざまな努力をしてくれたこと、墓地に埋められたあの「最悪の経験」、恐怖と悪夢に満ちたその後の数十年間について語った。ところがそのあとで、ほんの余談のような感じでこう述べた。自分の人生のなかでもっともつらかったのは、墓地で過ごした夜や、ゲットーで暮らした数年間ではない。むしろ、戦争が終わってからずいぶんたったあと、夫が死んだときのほうがつらかった、と。[6]

私はこれを聞いて、革新的な物語だという印象を受けた。それが、ホロコースト生存者の物語に対する現在のアプローチを代表する「過度の単純化」に異議を唱える内容だったからだ。現在のアプローチには、生存者の身に起きた最悪の出来事とは戦時中の出来事であり、その後の人生は、その恐怖から離れ、少しずつ着実に自己を再構築していく期間でしかない、という前提がある。だがツィヴィアは一瞬にして、貴重な体験の証言者とそれを恭《うやうや》しく拝聴する聞き手という関係を破壊してみせた。彼女の人生における最悪の瞬間は、配偶者の死という、実にありふれたものだった。戦争やその恐怖はすでに後景に退き、あらゆる人間の人生に普通に見られる喪失や哀悼が前景を占めていた。それを知って私は、二〇一四年末にインタビューしたジャッキー・Yの最後の言葉を思い出した。その言葉は、こうした物語が現れる理由をうまく説明している。ジャッキーはため息交じりにこう語った。

「結局、自分とその過去は、二台の列車のようなものなんだと思う。過去はあっちに行き、自分はこっちに行ったんだよ」[7]

日本語版解説

第二次世界大戦がようやく終わりを告げ、ヨーロッパ・ユダヤ人が大戦中にこうむった破局的災厄は、ナチ・ドイツがおかした「人道に対する罪」の追及を通じてその犯罪概念をはじめて国際社会に知らしめたニュルンベルク裁判等で少しずつ明らかになっていった。虐殺された約六百万人のうち、子どもの犠牲者は四分の一を占めていたとも指摘される。一方で「幸運にも」生き延びた子どもの数は、英米を中心に連合国のさまざまな人道支援組織の保護を受けられた子どもの数を基本にして、約一五万人と見積もられているが、子どもの生存者の割合は、生きてホロコーストを潜《くぐ》り抜けられなかった子どものだいたい一〇分の一（いま少し正確には一一%）のスケールとされている（『星をつけた子供たち――ナチ支配下の子供たち』デボラ・ドワーク著、芝健介監修・甲斐明子訳、創元社、一九九九年）。一方この推計値に含まれない生存者もまだかなりいるはずであるが、東西冷戦体制解体後もほとんど把握されていないのが偽らざる現状である。

本書は、ホロコーストを生き延びた子どもたちの「戦後」の生活、心情や経験を基本的なテーマにしている。この解説小稿では、彼らがナチ・ヨーロッパ支配下、とくに戦時中どのように生きていたのか、何を犠牲にして生き残れたのかという歴史的前提条件について、ユダヤ人の子どもたちの生活をとり巻いていた環境や生活状況をまず確認しておきたい。子どもたちが多くの困難に直面しながらホロコーストを潜り抜けた経験のなかでも、戦時体験に重要な影響を及ぼした局面として、①中立国や連合国への逃亡、②ゲットーや通過収容所での生活、③強制収容所での生活があったが、それとともに④この上なく好ましいものから嫌になるほどひどいものまでかなりばらつきのあった潜伏生活があげられる。身体的・精神的・性的虐待も受けやすく弱々しい子どもたちが、以上のような戦時生活の諸局面で最も深刻に感じていたのは、恐怖と孤独であった。

解放された強制収容所で（場合によってはそこからの強制撤退としての「死の行進」の途次）、あるいはキリスト教家族の一員として偽装され、あるいはまた修道院の奥深くに預けられ、中には村から村へ転戦するパルチザンに混じって森をさまよい歩く姿で、さらにはまた民間の、なかんずく農家にかくまわれた形でしばしば発見された子どもたちの多くが、孤児になっていた。またこれは生き残る手だてにもなった方便だったが、実際より老けた齢《よわい》を騙り、身体は子どもの姿をしているものの既に立派な大人であると自称するケースも頻繁に見られた。

幼い生存者たちも、圧倒的にホロコーストの犠牲となった子どもたちに劣らず虐待され、屈辱を受け、強制的に働かされ、飢えに悩まされ、甘えることも許されず酷寒下放置され、また医学的生体実験の恰好の対象にさえされた。最も近しい家族を失い、幼年期享受しうる当然の権利を奪われ、幼稚園や初等学校にも通えず、身元を偽り赤の他人の恩顧にたよって生活していたのである。

八歳でキリスト教徒の家庭の子として偽装された少女ヤナ・レヴィの場合、「戦慄を覚えるほどのたまらない恐怖」だったとのちに述懐したものには、「自分の本名が何だったのか、もう憶えていませんでした。〔中略〕忘れることがどうしても必要だったので、本当に忘れ切ってしまったのです。〔両親が〕今の私の名前を知らなかったら、私を見つけだせないことはわかっていました。〔中略〕その人〔ほかの人間〕になり切ってしまった。だから〔中略〕その下に潜んでいたはずの私のこともだれひとりわからない」という重大な不安も含まれていた（ドワーク、前掲書）。

戦時中オランダの農村に身を隠したとき、やはり八歳だったモウリッツ・コーヘンの場合は、別の場所に潜伏した一〇歳と一二歳の兄がいたが、どちらも生き残れず彼だけが生きて戦後を迎えた。四〇年後、子どものホロコースト史を最も精力的に跡づけた歴史家デボラ・ドワークに以下のように語っている。「戦時中ぼくは子供だったし、毎日生きることに精一杯だった。戦争がもたらしたものに衝撃を受けたのは戦争が終わってからです。ぼくの戦争は、〔ナチ・ドイツとオランダとの戦いが始まった〕一九四〇年でなく、一九四五年に始まりました。父と母が、兄たちが、もう戻らないと知った時、その時ぼくの戦争が始まったのです。みんないないという考えに慣れるのには何年もかかりました。自分の境遇、そう、自分が天涯孤独だということを受け入れ、自分を立て直すには長い時間が必要でした。〔中略〕それだけ、生き残った者にかかる重圧は大きかった。ぼくは子供ながら、そのすべてをひとりで負っていかなくてはならなかったのです」（同上）

みずからのアイデンティティを消し去ってまで環境に順応・適応してようやく生きることを許されるような過酷な状況があったこと、感情を殺し悲しみさえ殺して生き延びた子どもたちの感情的麻痺あるいはトラウマないしサバイバー・シンドロームが、戦後も往々にして悪夢となって存続していた事実を、私たちは重く受け止めねばならない。

本書で紹介された百人の子どもたちは、基本的に一九三五年から一九四四までに生まれた終戦（解放）時に一〇歳以下だった子どもたちである。これまで歴史研究の対象にされることは、ほとんどなかった。この年代の子どもたちはホロコーストのあいだ、高齢層を除外すれば、他のどの年齢層にもまして生き残れる可能性が少なかったというのが実情であるが、生き残っても戦前の記憶がぼんやりとしているか、そもそも存在せず（戦前そのものをまったく経験してない）、また幼いころの記憶の鍵となる詳細を満たし教えてくれる大人が生きていない場合が多かったから、自らの原点となる過去の物語を組み立てようと何十年も苦闘することになった。

人道支援組織のスタッフ、また場合によっては再会できた両親や縁戚者、預けられたホストファミリーや育ての親、精神衛生の専門家等、自分をケア・観察・養育し、自らの人生を特徴づけてきた人たちとの諸関係においても、最愛の世界から強制的に引き剝がされるつらい体験をそれぞれ刻印されながら、他方では無害な偽物の過去という形での嘘をつかれ、ないがしろにされていると感じつつ、解釈しようもない記憶とともに取り残されていることが多かったのであった。この子どもたちは心身成熟期から文化的成年に達していく思春期を、最年長者の場合一九四〇年代後半に迎え、最年少者の場合一九六〇年代前半に終えたことになるが、自分の幼年時代の真実を知り理解できる年齢になったという自覚も芽生え「本当の自分とは?」という最も根本的な問題の解を求める小「歴史探索者」にならざるをえなかった。「過去の扉」をこじ開けることに関心を集中し、惨酷な事実から彼らを守ろうと保護者たちが築いてきた障壁にも挑んでいったが、戦時中のヨーロッパのユダヤ人に関する歴史的情報が容易に手に入るような時代でもなかった。

一九五〇年代の西独・連邦補償法はナチスの迫害により家族や生計手段を失い健康を損なわれた人びとが最低限の補償を受けられるためのものだったが、申請者は迫害を受けたこと、あるいは戦時中の生活環境が非人間的だったことを証明しなければならず、戦時中に子どもだった被害者にはたいてい不可能だった。実際のところ、当局は彼らの体験を補償に値するとはみなさず、請求を却下することになった法的プロセスは、被害者の記憶の空白を埋める情報や貴重な資料を提供する機会にもなりうる意想外のケースがあった一面、ほとんどの場合の請求棄却という帰結自体、被害者にとっては、酷薄《こくはく》で屈辱的な体験を再度味わわされるつらい局面にほかならなかった(第六章「変容」)。戦後史(第二次世界大戦終了後の世界史的過程)の決定的な局面としてようやく問題の全貌をあらわしつつあるといっても過言ではない戦後補償過程の歴史そのものが、現在本格的な見直しへと向かって進行中であるが、ここにもかつての子どもたちの視線からのアプローチが欠けてはならないことを著者クリフォードは静かに訴えかけている。本書ならではの視点が示されているといえよう。この西独の賠償事業問題を契機に、精神科医や精神分析医のあいだで以下のような議論が生まれた重要性も著者は見逃していない。ホロコーストを生き延びた子どもたちは、一九五〇年代初頭にアンナ・フロイトたちが主張していたような回復力を備えていたのか、むしろ心にいつまでも残る傷を負ったのではないか、という議論である（第七章「トラウマ」）。

一九六〇年代から七〇年代にかけて、トラウマ概念に対するアプローチも、ホロコーストの歴史に対するアプローチも劇的に変わったという。トラウマとなる経験の影響がいつまでも残る問題は、補償の法的プロセスにまつわる議論を通じて表面化したが、本当の意味でこの問題に関する精神医学的研究が盛んになったのは、ベトナム戦争以降であると著者は指摘する。ＰＴＳＤ等を念頭におけば、やはりそうなのだと解説者なども納得させられてしまうのであるが、ホロコーストを幼年時代に経験した人たちにもその経験を証言する能力があると認識されるようになっていった過程を跡づけることこそ、むしろ無視されてきた重要なテーマなのであり、本書の眼目たることをここであらためて強調しておかねばならない。

アメリカのテレビ・ミニシリーズ『ホロコースト』が欧米や日本で放映された一九七〇年代末以降、ランズマン監督『ショア』の公開も相俟って、ホロコーストを直接経験していない広範な一般人のあいだにも「集合的記憶」が発展していく「メモリー・ターン」（記憶をめぐる認識の転回）によって、一九八〇年代には証人として、あるいは記憶の主体として、子どもの価値がしだいに重視されるようになっていく（第八章「幸運と言われた生存者」）。

一九八三年には画期的なユダヤ人ホロコースト生存者アメリカ大会がはじめて開催されるが、会場では年上の生存者の経験を優先する記憶の序列化の傾向が依然みられ、幼年時生存者自身の経験が二の次にされがちだった問題を本書は見過ごしていない。大会での年上の生存者の対応に怒りを覚えないではいられなかった幼年時生存者アンリ・Oの、以下の血の出るような肉声を掬《すく》い取っている。「あの大会が開催されることがわかると、収容所にいたことがないのに参加してもいいのかどうか悩んだ。収容所にいたことを示す証拠が何もなかったから。〔中略〕せめて腕に数字の入れ墨〔囚人番号〕があれば自分の苦しみを人に伝えられるのに、とさえ思った。〔中略〕年上の生存者たちは『当時は子どもだったんだろ。だったら何がわかる？　覚えてないじゃないか』と言う。実際、大会の会場でよくそう言われた。『覚えてないんじゃないの』って」（以下、引用はいずれも本書から）

一九三八年にパリで生まれ、一九四三年に仏ＯＳＥ（児童援助協会）の手を借りて「中立国」スイスに密入国し、スイスのホストファミリーのもとで戦時期を過ごしたジャクリーヌ・Ｒは一九八五年、ほかの仲間と協力し、ニューヨークに幼年時生存者の団体を設立。一九九一年には潜伏児童の第一回国際大会にも参加し深い感銘を受けているが、上記のアンリとは逆に「あの大会がすべてをもたらしてくれたみたい。過去に取り組むようになったのも、一九八三年からだから。いまでは、過去が私をどのように形づくり、私の行動や信念、価値観にどんな影響を与えたのかがわかる気がする。両親のことも、以前よりよくわかった。二人が経験したこととか、失ったものとか、私との関係とか」と一九九二年のインタビューで述べており、一九八三年の全米大会が、過去をもっと詳しく理解しようとする旅路の幕開けになったと高く評価している。本書の著者自身も、一九八三年の大会が、ホロコーストの生存者とは誰なのか、生き残りとはどの範囲を指すのか、といったより大きな物語が変化していくなかで、幼年時生存者がその大きな物語の中に自分自身の物語を組み込んでいく場面や機会を提供したとし、彼らがそうしたのは、「生存者」や「生き残り」と呼ばれることを求めていたからだけではなく、生き延びてきたことの意味を、これまでとはまったく異なる形で探求したかったからだとし、この重要なプロセスを通じて、社会の側の意識も変わったと意義づけている。

この大会後、アメリカやカナダ、ヨーロッパ諸国、オーストラリアなどに、同様の生存者団体が何百となく設立された。一九九七年には、これらの統括組織「ユダヤ人幼年時ホロコースト生存者世界連盟」が発足、代表者のステファニー・セルツァーが、毎日のように寄せられる加入希望者からの電話について「半世紀以上沈黙を貫いていたという話をする人が多かった」と記しているように、幼年時生存者を代表する組織の存在により、彼らに共通する物語を公の場で伝えることがやっと可能になったといえよう。その結果、生存者自身も自分の体験を、より大きな物語に欠かせない価値ある物語とみなせるようになった。かつての「孤児」は、同世代の生存者との一体感を強調し、年上世代の生存者とも「第二世代」とも異なる形の物語を提示するなかで、まさにかけがえのない自分自身の経験を自分たちの物語の中心に据えることができたのだと、第九章「ホロコースト生存者になる」を結んでいる。本書により、歴史的出来事を経験した人々へのインタビューを通じて過去を研究するオーラルヒストリー、口述史の意義に覚醒・開眼させられたという読者も少なくないのではなかろうか。

本書の核心的テーマのひとつとして第一〇章の標題にもなっている、孤児たちの「それぞれの物語」については、ホロコーストを経験した国々を中心に世界の精神科医や精神分析医、そして口述史家のあいだでどう受け止められてきたのかも、続く第一一章「沈黙」で鋭く問題の俎上《そじょう》にのせられている。「教師は子どもたちを再び戦場に送るな」を戒《いまし》めとして、二〇一五年、日本教育学会が「戦争と子ども・教育」を主題に「戦後七〇年を教育学としていかに受けとめるか」（第七四回大会シンポジウムI副題）という大きな問題意識のもと、メインテーマ「戦争と子ども・教育」を取り扱い、「戦争の直接の被害者になるばかりでなく、親や家を失って成長発達するための環境を奪われたり、対立の担い手、当事者に育てられる教育を受けたりするという意味で、子どもは戦争の最大の被害者となりがち」と子どもの立場が整理されたのが注目されるが（司会・米田俊彦〈お茶の水女子大学教授〉）、「敗戦直後の日本における浮浪児・戦争孤児の歴史」という切り口から長年貴重な研究にとりくんでこられた逸見《へんみ》勝亮《まさあき》（北海道大学名誉教授）が報告の中で、「過度の単純化」に抗《あらが》う孤児たちの「語り」に耳を澄ます大切さにしみじみ言及されて印象的であった。本書は、どちらかというと従来、戦争孤児よりもむしろ、かつての（闘う）年少皇国民のほうに関心が傾きがちだった「戦争と子ども」研究者にはもちろんのこと、日本のドイツ史家はじめ現代史研究者にとっても大きな刺激となるであろう。

トランプ政権終焉の始まりが展望されつつあった二〇二〇年秋のアメリカのある世論調査報告（*The Guardian*, 16. September 2020）によれば（対象世代一八～三九歳）、ナチ体制によるホロコースト（ヨーロッパ・ユダヤ人の絶滅政策）は「神話」、歴史的虚妄にすぎない、あるいは不確かないし度過ぎた誇張と考えている人が二三％、ナチ収容所あるいはゲットーの名を一つもあげられなかった人が四八％、アウシュヴィッツ＝ビルケナウが何であるか、の正解者は四四％、同様にベルゲン・ベルゼン（アウシュヴィッツからの「死の行進」でアンネ・フランクが最後に辿り着き命を落としたことでも知られる通過収容所の名）の正解者はわずか三％であった。一九七二年にカーター大統領が設立を呼びかけ、首都ワシントンに開館した国立のホロコースト記念博物館施設を有する合衆国の政治文化に鑑《かんが》みても、この結果である。アメリカの現在の歴史教育事情の意外な一断面が露わになったといえなくもない。ひるがえって日本の場合、上記より世代幅は狭いが、ほぼ重なる広義の若年層（一八～三四歳）に絞って世界現代史のクイズを仮に試みれば、調査結果はどうだろう。多少の差はあっても大なり小なり惨憺《さんたん》たるものではなかろうか（中高年層にあっても結果は変わらず怪しいかもしれないが）。

いずれにしても痛感させられるのは、どれほど私たちが、ホロコースト及びその影響をいまだ十分に理解しないまま、世界史的知の現境にいたっているか、という問題である。特に本書が描出したような、幼年時生存者一人ひとりの、自らの過去への何十年にもわたる長い旅路の困難さに向き合わされると、あらためて粛然《しゅくぜん》たる気持ちになる。なお本研究は、二〇二一年ウルフソン歴史賞候補作品になっている。

芝 健介（ドイツ現代史）

に移住した。

[27] 子どもの戦後の証言に関するさらなる情報については、ボアズ・コーエンの研究を参照。また、ヨアンナ・ベアタ・ミフリッツの研究も参考になる。なかでも以下が詳しい。Joanna Beata Michlic, 'Jewish Children in Nazi-Occupied Poland: Survival and Polish-Jewish Relations during the Holocaust as Reflected in Early Postwar Recollections', *Search and Research – Lectures and Papers*, XIV (Jerusalem: Yad Vashem, 2008), p. xiv.

[28] Paul Friedman, 'The Road Back for the DPs: Healing the Psychological Scars of Nazism', *Commentary* (1 December 1948).

[29] Miriam Warburg, 'Children Without Parents', *Jewish Chronicle*, 15 April 1949.

[30] Margot Hicklin, *War-Damaged Children: Some Aspects of Recovery* (London: Association of Psychiatric Social Workers, 1946), pp. 8, 12.

[31] Interview with Bela R., 'The Girls' project.

[32] Interview with Joanna M. (born Bela R.), 21 October 2014, interviewer Rebecca Clifford, author's collection.

[33] 'Lingfield Colony report', August 1946, p. 2, Alice Goldberger collection, 2007.423, USHMMA.

[34] 'Lingfield Colony report', October 1952, Alice Goldberger collection, 2007.423, USHMMA.

終章　最後の証人

[1] Interview with Agnes G.-S. (born G.), 22 October 2014, interviewer Rebecca Clifford, author's collection. アグネスは歴史家兼ライターとして、ホロコーストの歴史に関する3つの著作を発表している。

[2] Memorial book for Erwin B., Kibbutz Ein Harod Meuhad.

[3] Chad McDonald, '"We Became British Aliens": Kindertransport Refugees Narrating the Discovery of their Parents' Fates', *Holocaust Studies*, 24:4 (2018), pp. 395–417. 生存者の物語の変化には、制御できない過去を制御しようとする思いが反映されているという見解については、とりわけ以下が参考になる。Mark Roseman, *A Past in Hiding: Memory and Survival in Nazi Germany* (New York: Metropolitan Books, 2000).

[4] 以下に引用されている。Elena Lappin, 'The Man with Two Heads', *Granta*, 66 (1999), p. 13.

[5] www.kentlandstowncrier.com/2018/05/presentation-by-child-holocaust-survivor-sylvia-rozines/（2020年6月3日にアクセス）〔現在はリンク切れとなっている〕.「直接体験者」講演シリーズでのツィヴィアのインタビュー（ここではシルヴィア・Rと名乗っている）については、以下を参照。www.youtube.com/watch?v=o_dlkuC8668（2020年6月3日にアクセス）.

[6] Interview with Sylvia R. (born Cywia P.), 22 May 2015, interviewer Rebecca Clifford, author's collection.

[7] Interview with Jackie Y., 16 December 2014, interviewer Rebecca Clifford, author's collection.

[12] CJCとしては完全孤児のみを事業の対象としていたが、スタッフが子どもに加担してこのルールを曲げていた可能性もある。

[13] Pearl Leibovitch of the Jewish Child Welfare Bureau to the CJC, 2 February 1950, 'Aaron B.' file, 1947–50, Cb 03, UJRA collection, CJCA.

[14] Interview with Aaron B., 17 May 1998, interviewer Yana Katzap, USC Shoah Foundation VHA.

[15] デヴィッド・セザラニが記した以下の書籍の序文を参照。*After the Holocaust*, p. 16.

[16] Laura Jockusch, *Collect and Record! Jewish Holocaust Documentation in Early Postwar Europe* (Oxford: Oxford University Press, 2012), p. 4.

[17] これについては、とりわけ以下が参考になる。Jeffrey Herf, *Divided Memory: The Nazi Past in the Two Germanys* (Cambridge, MA: Harvard University Press, 1997), and Pieter Lagrou, *The Legacy of Nazi Occupation: Patriotic Memory and National Recovery in Western Europe, 1945–1965* (New York: Cambridge University Press, 2000).

[18] 歴史調査委員会については、とりわけ以下が参考になる。Jockusch, *Collect and Record!* 以下も参照。Ada Schein, '"Everyone Can Hold a Pen": The Documentation Project in the DP Camps in Germany', in David Bankier and Dan Michman (eds), *Holocaust Historiography in Context: Emergence, Challenges, Polemics and Achievements* (New York, 2008), pp. 103–34.

[19] Boaz Cohen and Beate Müller, 'A Teacher and his Students: Child Holocaust Testimonies from Early Postwar Polish Bytom', *East European Jewish Affairs*, 46:1 (2016), pp. 68–115, here p. 71. 以下も参照。Cohen, 'The Children's Voice', pp. 111–12. ポーランドのユダヤ人歴史調査中央委員会が収集した子どもの証言のうち55件は、1947年にポーランドで書籍として（Maria Hochberg-Mariańska and Noe Grüss, *Dzieci Oskarżają*. 英語版のタイトルは *The Children Accuse*）編集・出版されたほか、同年にブエノスアイレスでイディッシュ語縮約版（*Kinder-Martyrologie*）が出版されている。

[20] Laura Jockusch, *Collect and Record!*, p. 264, footnote 152; Cohen, 'The Children's Voice', pp. 87–9.

[21] ボーダーが調査した20人の子どものほとんどは、思春期に達していた。ボーダーはほかの証言収集者とは違い、まだ幼い子どもに迫害の話をさせれば心に害を及ぼすおそれがあると思っていた。

[22] コーエンとミュラーは、子どもの証言の多くが奇妙なほど感情に欠けていると指摘し、感情に関する内容は意図的に排除されたおそれがあると推測している。以下を参照。Cohen and Müller, 'A Teacher and His Students', pp. 68–115, here p. 70.

[23] 以下に引用されている。Cohen, 'The Children's Voice', pp. 80, 84.

[24] Boaz Cohen and Beate Müller, 'The 1945 Bytom Notebook: Searching for the Lost Voices of Child Holocaust Survivors', in *Freilegungen: Überlebende – Erinnerungen – Transformationen* (Göttingen: Wallstein Verlag, 2013). ツァムは、難民キャンプにいる間に子どもたちの証言を原稿にまとめたと思われる。その後、1949年にアメリカに移住した。

[25] Interview with A.F., interviewer Shlomo Tsam, in Cohen and Müller, 'A Teacher and his Students', p. 82. ツァムがインタビューした子ども42人のうち4人は、匿名を希望した。このA・Fもその1人である。

[26] Interview with Buzha (Busia) W., interviewer Shlomo Tsam, in Cohen and Müller, 'A Teacher and his Students', pp. 89–90. ブスハは、ポーランドを離れてドイツの難民キャンプで暮らしたのち、しばらくプリーンの児童センターに預けられていたが、1947年4月にアメリカ

History', *Holocaust Studies*, 13:1 (2007); pp. 44–56.
[31] Interview with 'Leora' (pseudonym), 15 December 2014, interviewer Rebecca Clifford, author's collection.

第11章　沈黙

[1] アンナ・フロイトの「二重アプローチ」については、以下を参照。Nick Midgley, 'Anna Freud: The Hampstead War Nurseries and the Role of the Direct Observation of Children for Psychoanalysis', *International Journal of Psychoanalysis*, 88:4 (2007), pp. 939–59.
[2] 'Lingfield Colony reports' (April, October, June 1946 respectively), Alice Goldberger collection, 2007.423, USHMMA.
[3] Howard Byrne, 'They Learn to be Children Again', *John Bull*, October 1948.
[4] これについては、社会学者のエヴァ・イルーズの以下の著作が参考になる。Eva Illouz, *Saving the Modern Soul: Therapy, Emotions, and the Culture of Self-Help* (Berkeley, CA: University of California Press, 2008). イルーズによれば、対話療法が情緒に好影響をもたらすという新たな見解は、第一次世界大戦と第二次世界大戦の間の時期に生まれたが、それが「広く利用される」ようになったのは1960年代以降だという。
[5] Interview with Bela R., 2007, interviewer Sheila Melzack, 'The Girls' project, WLA.
[6] この言葉は、デヴィッド・セザラニが記した以下の書籍の序文にある。David Cesarani and Eric Sundquist (eds), *After the Holocaust: Challenging the Myth of Silence* (London: Routledge, 2012), p. 1.
[7] Henry Greenspan, *The Awakening of Memory: Survivor Testimony in the First Years after the Holocaust* (Washington, DC: USHMM, 2000); Hasia Diner, *We Remember with Reverence and Love: American Jews and the Myth of Silence after the Holocaust, 1945–1962* (New York: New York University Press, 2009), p. 369. 特にダイナーは、1950年代および1960年代のアメリカのユダヤ人コミュニティに「圧倒的な沈黙」があったという生存者の記憶を紹介している。
[8] Boaz Cohen, 'The Children's Voice: Postwar Collection of Testimonies from Child Survivors of the Holocaust', *Holocaust and Genocide Studies*, 21:1 (2007), pp. 73–95.
[9] Rebecca Clifford, 'Emotions and Gender in Oral History: Narrating Italy's 1968', *Modern Italy*, 17:2 (2012), pp. 209–22.
[10] Susanne Urban, '"More Children are to be Interviewed": Child Survivors' Narratives in the Child Search Brach Files', in Henning Borggräfe, Akim Jah, Nina Ritz, and Steffen Jost, with Elisabeth Schwabauer, *Freilegungen: Rebuilding Lives – Child Survivors and DP Children in the Aftermath of the Holocaust and Forced Labour* (Göttingen: Wallstein Verlag, 2017), p. 78. 以下も参照。Verena Buser, 'Displaced Children: 1945 and The Child Tracing Division of the United Nations Relief and Rehabilitation Administration', in *The Holocaust in History and Memory*, 7 (2014), pp. 109–23.
[11] Julia Reus, '"Everywhere Where Human Beings Are, We Can Find Our Children": On the Organization of the ITS Child Search Branch', in Borggräfe et al., *Freilegungen*, p. 51.

Survivors', p. 193.

[16] フォーチュノフ・プロジェクトは現在、およそ4400人のインタビューを記録したビデオテープを収蔵している。そのうち、1935年以降に生まれた幼年時生存者は220人である。

[17] 小規模なプロジェクトであれば、1970年代後半にいくつか実施されている。サラ・モスコヴィッツが著書*Love Despite Hate*の執筆のために収集したインタビューや、歴史家のヤッファ・エリアフが収集したインタビュー（現在はニューヨークのユダヤ人遺産博物館に収蔵されている）などだが、これらはどれも範囲が限定されていた。モスコヴィッツはインタビュー担当者として、ケステンバーグのプロジェクトやフォーチュノフ・プロジェクトにも参加している。

[18] Interview with Aniko S., 21 April 1985, interviewer J.S.K., Kestenberg Archive of Testimonies of Child Holocaust Survivors, Hebrew University of Jerusalem Archives.

[19] ここで「と思われる」と記したのは、ケステンバーグらが生存者にプロジェクト全体に関する説明をどこまで（たとえば、プロジェクトの概要説明書や同意書などで）していたのか確認できなかったからである。

[20] ケステンバーグらのインタビューが最近の研究にどれだけ利用されているかについては、たとえば以下が参考になる。Sharon Kangisser Cohen, Eva Fogelman, and Dalia Ofer (eds), *Children in the Holocaust and its Aftermath: Historical and Psychological Studies of the Kestenberg Archive* (Oxford: Berghahn Books, 2017). 私自身は、ケステンバーグらのインタビューは優れた情報源だと考えているが、それは必ずしも、ケステンバーグが意図した当初の目的のせいではない。このインタビューは、幼年時生存者が中年になった当時、1980年代という特殊な歴史的状況のなかで自分の過去の意味をどうとらえていたのか、この時期にインタビューの聞き手と受け手との相互作用により幼年時生存者の物語がどのように形成されたのか、この時期の研究者が幼年時生存者に興味を抱いた動機をどう理解するべきかを如実に示している。

[21] Noah Shenker, *Reframing Holocaust Testimony* (Bloomington, IN: Indiana University Press, 2015), pp. 112–13.

[22] VHAのこうしたアプローチについては、以下に引用されている。Annette Wieviorka, *The Era of the Witness*, trans. Jared Stark (Ithaca, NY: Cornell University Press, 2006), p. 114; and Shenker, *Reframing Holocaust Testimony*, p. 119.

[23] 『シンドラーのリスト』（スティーヴン・スピルバーグ監督、1993年）。

[24] このインタビューコレクションには、アルメニアやカンボジア、ルワンダのジェノサイド、1937年の南京大虐殺、中央アフリカ共和国や南スーダン、ミャンマーで現在も続いている紛争の生存者のインタビューも含まれる。

[25] Wieviorka, *The Era of the Witness*, pp. 114–15.

[26] Interview with Zdenka H., 29 July 1997, interviewer Miriam Feldman-Rosman, USC Shoah Foundation VHA.

[27] Interview with Zdenka H., 2007 (exact date not given), interviewer Sheila Melzack, 'The Girls' collection, WLA. 私が2017年にズデンカにインタビューした際にも、VHAのインタビューについて尋ねた。すると彼女は、あれは「ひどい」経験だったと述べ、ショアー財団から送られてきたビデオテープのコピーは一度も見ていないと答えた。

[28] Geoffrey Hartman, 'The Humanities of Testimony: An Introduction', *Poetics Today*, 27:2 (2006), pp. 249–60.

[29] 「整然たる語り」と「混乱」については、以下を参照。Graham Dawson, *Making Peace with the Past? Memory, Trauma and the Irish Troubles* (Manchester: Manchester University Press, 2007); and Abrams, *Oral History Theory*, pp. 66–70.

[30] Henry Greenspan, 'On Testimony, Legacy and the Problem of Helplessness in

Memory in Displaced Persons Camps', in David Cesarani and Eric Sundquist (eds), *After the Holocaust: Challenging the Myth of Silence* (London: Routledge, 2012), pp. 115–26. また、クリストファー・ブラウニングは反対の主張を展開し、タブーとなっていたある種のテーマは、最近になってようやく生存者のインタビューで取り上げられるようになったという。以下を参照。Browning, *Remembering Survival: Inside a Nazi Slave-Labor Camp* (New York: W. W. Norton, 2011).

[6] Dorothy Macardle, *Children of Europe* (London: Victor Gollancz, 1949), p. 245; Margot Hicklin, *War-Damaged Children: Some Aspects of Recovery* (London: Association of Psychiatric Social Workers, 1946); Bernard Gillis quoted in 'Rescuing 150,000 Children from Delinquency', *Jewish Telegraphic Agency* (16 September 1955); 'Greta Fischer Papers', p. 26, RG-19.034*01, USHMMA. 以下も参照。Michael Berkowitz and Suzanne Brown-Fleming, 'Perceptions of Jewish Displaced Persons as Criminals in Early Postwar Germany: Lingering Stereotypes and Self-fulfilling Prophecies', in Avinoam J. Patt and Michael Berkowitz (eds), *We Are Here: New Approaches to Jewish Displaced Persons in Postwar Germany* (Detroit, MI: Wayne State University Press, 2010), pp. 167–93. 道徳の危機的状況については、以下を参照。Stanley Cohen, *Folk Devils and Moral Panics* (London: MacGibbon and Kee, 1972).

[7] Atina Grossman, 'Entangled Histories and Lost Memories: Jewish Survivors in Occupied Germany, 1945–49', in Patt and Berkowitz (eds), *We Are Here*, pp. 14–30, here p. 17.

[8] Naomi Seidman, 'Elie Wiesel and the Scandal of Jewish Rage', *Jewish Social Studies*, 3:1 (1996), pp. 1–19; here p. 5.

[9] Interview with R.G., 17 August 1984, interviewer Judith Kestenberg, Kestenberg Archive of Testimonies of Child Holocaust Survivors, Hebrew University of Jerusalem Archives.

[10] Interview with L.A., 25 November 1989, interviewer Milton Kestenberg, Kestenberg Archive of Testimonies of Child Holocaust Survivors, Hebrew University of Jerusalem Archives.

[11] Interview with Janek E. (pseudonym), 30 September 1994, interviewer Klara Firestone, USC Shoah Foundation VHA. ヤネクについては、第6章で統一損害賠償機関の記録を参照しているため、本書全体を通じて仮名を使わざるを得なかった。ただしヤネク自身は、本名でVHAのインタビューを受けている。

[12] イギリスのデヴィッド・アーヴィングやフランスのロベール・フォーリソンなど、一部のホロコースト「修正主義者」は、この時期に頻繁にメディアに登場し、その学説の普及に努めた。

[13] Raul Hilberg, *The Destruction of the European Jews*, 3rd edn (New Haven, CT: Yale University Press, 2003)〔邦訳は『ヨーロッパ・ユダヤ人の絶滅』ラウル・ヒルバーグ著、望田幸男・原田一美・井上茂子訳、柏書房、1997年〕; Shoshana Felman and Dori Laub, *Testimony: Crises of Witnessing in Literature, Psychoanalysis, and History* (New York: Routledge, 1992), p. 59.

[14] 以下にサラ・ホロヴィッツの言葉として掲載されている。Henry Greenspan, Sara R. Horowitz, Éva Kovács, et al., 'Engaging Survivors: Assessing "Testimony" and "Trauma" as Foundational Concepts', *Dapim: Studies on the Holocaust*, 28:3 (2014), pp. 190–226, here p. 194.

[15] 以下にヘンリー・グリーンスパンの言葉として掲載されている。Greenspan et al., 'Engaging

[26] Interview with Harry M., author's collection; interview with Jacques F. (born K.), FVA.
[27] Interview with Harry M., author's collection.
[28] 最初期のセラピー志向の団体には、心理学者のサラ・モスコヴィッツが指導していたロサンゼルスの団体や、精神分析学者のジュディス・ケステンバーグが指導していたニューヨークの団体などがある。
[29] Interview with Paul Z., 24 April 2015, interviewer Rebecca Clifford, author's collection.
[30] Interview with Paul Z., author's collection; interview with Jacques F. (born K.), FVA; interview with Harry M., author's collection.
[31] たとえば、1987年にオーストラリアに最初の団体が設立された経緯については、ショアー映像歴史財団が行ったリッツィ・Hへのインタビューを、1990年代前半にイギリスに同様の組織が初めて設立された経緯については、ジョアンナ・Mへのインタビューを参照。Interview with Felizitas (Litzi) H. (born S.), 27 March 1995, interviewer Vanessa Ring, Shoah Foundation VHA; interview with Joanna M. (born Bela R.), 15 February 1998, interviewer Shirley Murgraff, Shoah Foundation VHA.
[32] Interview with Henri O., 15 December 2014, interviewer Rebecca Clifford, author's collection.
[33] Daisy Miller, 'A Bit of Child Survivor History', *Mishpocha* (autumn 1999), p. 8.
[34] Paulette Szabason Goldberg, *Just Think It Never Happened* (Victoria, Australia: Makor Jewish Community Library, 2002), p. 3.
[35] *Mishpocha* (spring 1999); Mishpocha (spring 2007).
[36] 'Letter from the Chair', *Mishpocha* (spring 1999), p. 2.

第10章　それぞれの物語

[1] Interview with Denny M., 31 July 1997, interviewer Miriam Feldman-Rosman, USC Shoah Foundation VHA.
[2] これ以前にも証言を収集するプロジェクトはあった。もっとも有名なのが、イスラエルのホロコースト記念館〈ヤド・ヴァシェム〉のプロジェクトである。同館には1950年代から口述史セクションが設置されている。だが1970年代後半以降、アメリカでこうしたインタビュー収集プロジェクトが本格化し、それがのちに、ホロコースト生存者の物語のもっとも重要かつ利用価値の高いコレクションとなった。以下を参照。Lynn Abrams, *Oral History Theory* (London: Routledge, 2010), p. 154.
[3] リン・エイブラムスは、これらのプロジェクトがアメリカで広く流行したのは、「性的虐待であれホロコーストであれ、その『犠牲者』が自分を『生存者』と見なすよう奨励するためだった」と述べている。以下を参照。Abrams, *Oral History Theory*, p. 154.
[4] Alessandro Portelli, *The Battle of Valle Giulia: Oral History and the Art of Dialogue* (Madison, WI: University of Wisconsin Press, 1997), p. 185.
[5] レイチェル・デブリンガーも同様の指摘をしている。デブリンガーによれば、1946年に大人や子どもの生存者にインタビューしたデヴィッド・ボーダーは、のちの時代には無神経だと見なされるような質問をためらいなくしていた。それは、生存者から聞いた話が前例のないような話ばかりで、ボーダーがそれをよく理解できなかったからでもある。ボーダーのインタビューは、性的虐待、囚人同士の暴力、暴力による報復があったことを詳細に伝えている。いずれも、のちのインタビューには見られない情報である。以下を参照。Rachel Deblinger, 'David P. Boder: Holocaust

訳は『七番目の百万人――イスラエル人とホロコースト』トム・セゲフ著、脇浜義明訳、ミネルヴァ書房、2013年〕.

［15］ この大会で、当時の副大統領ジョージ・H・W・ブッシュが、アメリカ・ホロコースト記念評議会の議長エリ・ヴィーゼルに正式に鍵を引き渡した。以下を参照。*Washington Post* staff, *The Obligation to Remember*, p. 46.

［16］ ホロコースト生存者の子ども向けの特別プログラムも実施された。その指揮をとったのは、ユダヤ人ホロコースト生存者児童国際ネットワークの責任者を務めていたメナヘム・ローゼンザフトである。ローゼンザフトは、自身も生存者の子どもであり、終戦直後にベルゲン・ベルゼン難民キャンプで生まれている。1981年のエルサレム大会でも同様のプログラムを実施しており、ユダヤ人ホロコースト生存者児童国際ネットワークはそこで築かれた人脈をもとに設立された。そういう意味でエルサレム大会は、幼年時生存者よりも、生存者の子どもたちにとって意義あるイベントだったと思われる。

［17］ Epstein, *Children of the Holocaust*（『ホロコーストの子供たち』）. 以下も参照。*Washington Post* staff, *The Obligation to Remember*, p. 34. ちなみにアメリカでは（ほかの国でもそうだと思われるが）、生存者の子どもたちの団体の登場は、幼年時生存者の団体よりも10年ほど早かった。

［18］ Neil Henry, 'The Children: Inheritors of a Painful Legacy', 以下に再掲されている。*The Obligation to Remember*, p. 34.

［19］ 'American Gathering of Jewish Holocaust Survivors collection', RG-02.002, USHMMA.

［20］ 収集されたインタビューは320件あるが、そのうちのおよそ40件が幼年時生存者へのインタビューである（この記録は2つのグループに分類されているが、いずれもこの大会で採取されたものである。RG-50.119 and RG-50.477, USHMMA）。

［21］ Interview with Felicia N., interviewer unspecified, 11 April 1983, American Gathering of Jewish Holocaust Survivors Oral History collection, RG-50.119*0099, USHMMA. フェリツィアは2011年に死亡した。最後に彼女をかくまってくれたのは、ユダヤ人地下組織〈リュー・アムロ〉が運営していた養護施設（フェリツィアはそこに預けられていた）の料理人だったルネ・ヴェリテ夫人である。養護施設が閉鎖されると、子どもたちは潜伏生活に入ったが、ヴェリテ夫人は養護施設の子どもを大勢ビヤンフェ（ソンム県）の自宅に引き取り、終戦まで子どもたちをかくまった。彼女は1995年、イスラエルのホロコースト記念館〈ヤド・ヴァシェム〉により「諸国民のなかの正義の人」に認定された。詳細については、以下のヤド・ヴァシェムのウェブサイトを参照。http://db.yadvashem.org/righteous/family.html?language=en&itemId=4018052（2020年6月3日にアクセス）.

［22］ Interview with Jacques F. (born K.), interviewed by Myra Katz and Froma Willen, 24 November 1991, Fortunoff Video Archive for Holocaust Testimonies, Yale University Library. この部分におけるその後の引用はすべて、このインタビューによる。

［23］ Interview with Felice Z. S. (born Z.), interviewed by Joni Sue Blinderman, 30 December 1992, Fortunoff Visual Archive for Holocaust Testimonies, Yale University Library; interview with Felice Z. S. (born Z.), interviewed by Rosalie Franks, 2 February 1998, Shoah Foundation Visual History Archive.

［24］ Interview with Felice Z. S. (born Z.), FVA. フェリーツェは、1993年にエルサレムで開催された第2回潜伏児童国際大会にも参加した。

［25］ Interview with Jacqueline R., interviewed by Dana Kline and Lucille B. Ritro, 13 June 1992, Fortunoff Visual Archive for Holocaust Testimonies, Yale University Library.

論の結果成立したものである（政治的な問題も絡み、ときに激しい議論になった）。非ユダヤ人生存者の問題や同館の歴史については、以下を参照。Edward T. Linenthal, *Preserving Memory: The Struggle to Create America's Holocaust Museum* (New York: Viking, 1995), pp. 114–23.

［4］ Laura Jockusch and Avinoam J. Patt, 'Holocaust Survivors Diasporas', in Hasia Diner (ed.), *Oxford Handbook of Jewish Diasporas* (New York: Oxford University Press, forthcoming).

［5］ 以下を参照。Jockusch and Patt, 'Holocaust Survivors Diasporas'.「生存者（survivor）」という言葉の初期使用例については、以下を参照。Joseph W. Schwarz, *The Redeemers: A Saga of the Years 1945–1952* (New York: Farrar, Straus and Young, 1953); and Robert Muhlen, *The Survivors: A Report on the Jews in Germany Today* (New York: T. Y. Crowell, 1962). 数多くの生存者の証言を分析した最初の重要な研究は、以下である。Terrence Des Pres, *The Survivor: An Anatomy of Life in the Death Camps* (New York: Oxford University Press, 1976). この書籍は幅広い読者を集め、ホロコースト特有の経験を表す表現として「生存者」という言葉を確立するのに多大な貢献を果たした。

［6］ Annette Wieviorka, *The Era of the Witness*, trans. Jared Stark (Ithaca, NY: Cornell University Press, 2006), pp. 88 and 102.

［7］ 主催者の1人であるローレンス・ゴールドバーグの言葉。以下に引用されている。*Washington Post*, 9 April 1983.

［8］ *Washington Post staff, The Obligation to Remember* (Washington, DC: The Washington Post, 1983), p. 34. ホロコースト生存者の子どもが直面した心の問題に関するフォーゲルマンの業績は画期的なものだった。彼女は、ホロコースト生存者の子どもを集めて治療グループを組織した最初期の心理学者であり、1976年にはすでにボストンで治療グループを設立している。その業績は、ジャーナリストのヘレン・エプスタインが取り上げたことで広く知られるようになった。以下を参照。Helen Epstein, 'Heirs of the Holocaust', *New York Times Magazine*, 19 June 1977, p. 175.

［9］ Margaret R. Somers, 'The Narrative Constitution of Identity: A Relational and Network Approach,' *Theory and Society*, 23 (1994), p. 614.

［10］ 以下を参照。Helen Epstein, *Children of the Holocaust: Conversations with Sons and Daughters of Survivors* (New York: G. P. Putnam & Sons, 1979)（『ホロコーストの子供たち』）. ホロコースト生存者の子ども自身が成し遂げたこの問題の克服に関する優れた学術的業績については、とりわけ以下が参考になる。Arlene Stein, *Reluctant Witnesses: Survivors, Their Children, and the Rise of Holocaust Consciousness* (Oxford: Oxford University Press, 2014), and Marianne Hirsch, *The Generation of Postmemory: Writing and Visual Culture After the Holocaust* (New York: Columbia University Press, 2012).

［11］ Wieviorka, *Era of the Witness*, p. 119.

［12］ Charles Fenyvesi, '"The trick is to remember and to forget": Surviving the Holocaust', reprinted in *The Obligation to Remember* (Washington, DC: The Washington Post, 1983), p. 38. 記事にあるテレビシリーズとは、1978年にアメリカのテレビで放映されたミニシリーズ番組『ホロコースト』を指す。

［13］ Linenthal, *Preserving Memory*, pp. 17–23.

［14］ 記念評議会の設立については、以下を参照。Linenthal, *Preserving Memory*, pp. 38–56. ホロコーストの記憶に関するイスラエルでの展開については、以下を参照。Tom Segev, *The Seventh Million: The Israelis and the Holocaust* (New York: Henry Holt, 2000)〔邦

Press of America, 1994), pp. 17–32; Eugene Winograd, 'The Authenticity and Utility of Memories', in Robyn Fivush and Ulrich Neisser (eds), *The Remembering Self: Construction and Accuracy in the Self-Narrative* (Cambridge: Cambridge University Press, 1994), pp. 243–51; and S. J. Dallam, 'Crisis or Creation: A Systematic Examination of False Memory Claims', *Journal of Child Sexual Abuse*, 9:3 (2002), pp. 9–36.

[36] Interview with Paul K., Jacques F. (born K.), and Felice Z. S. (born Z.), April 1983, interviewer unknown, American Gathering of Jewish Holocaust Survivors Oral History Collection, RG-50.477.1361, USHMMA. このインタビューから数年後、ジャックはOSEから調査書のコピーを受け取り、ホストファミリーの名前が実際にボカユだったことを確認できた。

[37] Interview with Gittel H., 9 February 1985, interviewer Milton Kestenberg, Kestenberg Archive of Testimonies of Child Holocaust Survivors, Hebrew University of Jerusalem Archives.

[38] Interview with Gittel H. (second interview), interviewer I.B., Kestenberg Archive of Testimonies of Child Holocaust Survivors, Hebrew University of Jerusalem Archives.

[39] Interview with Suzanne A. (born N.), 22 January 1990, interviewer Lisa Newman, Toronto Jewish Congress Archives of the Holocaust Project, USC Shoah Foundation VHA.

[40] Martin S. Bergmann and Milton E. Jucovy, prelude, in *Generations of the Holocaust* (New York: Columbia University Press, 1982), p. 6.

[41] 同上。

第9章　ホロコースト生存者になる

[1] Interview with Harry M., 23 April 2015, interviewer Rebecca Clifford, author's collection.

[2] 大会に参加したのは推計1万6000人だが、夜ごとに開催された公開イベントには最大3万人が参加した。以下を参照。Mike Feinsilber, '16,000 Survivors with 16,000 Stories', *Associated Press*, 12 April 1983. そのうち幼年時代にホロコーストを経験した人は2400人だったという推計値は、この大会で収集された書面による証言をまとめた32のファイル（数千ページに及ぶ文書が含まれる）('American Gathering of Jewish Holocaust Survivors collection', RG-02.002, USHMMA)、およびこの大会で収集された口頭による証言('American Gathering of Jewish Holocaust Survivors oral history collection', RG-50.119, USHMMA, and 'Oral history interviews of the Bay Area Oral History Project', RG-50.477, USHMMA) を丹念に調べ、私自身が導き出した数字である。幼年時代にホロコーストを経験した人は、書面による証言のおよそ15パーセント、口頭による証言のおよそ13パーセントを占めていることから、参加者全体における彼らの人数は、2000人ないし2400人と推計できる。ただし彼らのなかには、自分たちが生き残りと言えるかどうか確信が持てず、証言の提供をためらった人もいたと思われる。そのため、多めの推計値を採用した。

[3] この定義については、以下のUSHMMのウェブサイトを参照。www.ushmm.org/remember/the-holocaust-survivors-and-victims-resource-center/survivors-and-victims（2020年6月3日にアクセス）. USHMMのこの定義は、1993年の開館に先立って行われた議

[20] Sidney Katz, 'The Redeemed Children: The Story of One of the Great Humanitarian Acts of the Twentieth Century', *Maclean's*, 10 February 1962, pp. 11–13, 42–4. 〈マクリーンズ〉誌の記事に対するCJCの反応については、以下を参照。IOI no. 2598, January 1962, CJCA.
[21] Mintz to Heinz Frank, 7 August 1962, W. file, Cb 03, UJRA collection, CJCA.
[22] Interview with 'Esther Traubova Mandel' (pseudonym), November 1978, interviewer Sarah Moskovitz, in *Love Despite Hate: Child Survivors of the Holocaust and their Adult Lives* (New York: Schocken Books, 1983), p. 134.
[23] これは、とりわけ女性にあてはまる。女性は結婚すると、家庭でコーシャーの調理や管理を期待されることになるからだ。コーシャーを出していた養護施設で育っていたとしても、一般家庭でコーシャーがどのように管理されているかを直接経験する機会はほとんどなかった。
[24] Interview with Lea R., 24 November 2010, catalogue no. 33131, interviewer Lyn Smith, Imperial War Museum Archive.
[25] Interview with Agnes G.-S. (born G.), 22 October 2014, interviewer Rebecca Clifford, author's collection.
[26] Interview with Jacques F. (born K.), 24 November 1991, interviewers Myra Katz and Froma Willen, Fortunoff Video Archive for Holocaust Testimonies, Yale University Library.
[27] Paulette Szabason Goldberg, *Just Think It Never Happened* (Victoria, Australia: Makor Jewish Community Library, 2002), p. 94.
[28] Moskovitz, *Love Despite Hate*, p. 234.
[29] Interview with Peter. D. (born B.), 27 May 1984, interviewer Sarah Moskovitz, Kestenberg Archive of Testimonies of Child Holocaust Survivors, Hebrew University of Jerusalem Archives.
[30] Jackie Y., 'Lost and Waiting to Be Found', unpublished memoir, 2005, p. 6.
[31] 同上, p. 6.
[32] Interview with Saul A., 13 January 1985, interviewer D.A., Kestenberg Archive of Testimonies of Child Holocaust Survivors, Hebrew University of Jerusalem Archives.
[33] 催眠や誘導イメージを利用して幼年時代の性的虐待の記憶を「回復」しようとする療法は、トラウマという概念に対する心理学者の関心の高まり（前章参照）とともに発展した。だが当時でさえ、大半の心理学者や精神分析学者は、「回復記憶」支持者の主張に異を唱えていた。その手法が、セラピストが患者に語りかける言葉の影響を大きく受けると思われたからだ。以下を参照。B. J. Cohler, 'Memory Recovery and the Use of the Past: A Commentary on Lindsay and Read from Psychoanalytic Perspectives', *Applied Cognitive Psychology*, 8 (1994), pp. 365–78.
[34] 歴史的背景と関連づけた「回復記憶」ブームの考察については、以下の書籍の序文を参照。Wolfgang Schneider and Michael Pressley (eds), *Memory Development between Two and Twenty*, 2nd edn (Mahwah, NJ: Lawrence Erlbaum, 1997), pp. 24–5. バスおよびデイヴィスの著作の影響については、以下を参照。Blake Eskin, *A Life in Pieces* (London: Aurum Press, 2002), pp. 66–8.
[35] Elizabeth Loftus, 'Creating False Memories', *Scientific American*, 277:3 (September 1997), pp. 70–5. 以下も参照。Elizabeth Loftus, 'Tricked by Memory', in Jeffrey Jaclyn, Glenace Edwall, and Donald A. Ritchie (eds), *Memory and History: Essays on Recalling and Interpreting Experience* (Lanham, MD: University

のヨーロッパの言語圏（イディッシュ語を含む）やヘブライ語圏では必ずしも、1950年代後半および1960年代前半に出版されたもっとも重要な回想録とは見なされていない。

[7] Wieviorka, *The Era of the Witness*, pp. 98, 107. この番組はアメリカで、1億2000万人もの視聴者を獲得した。

[8] 本書の調査の対象になったホロコースト生存者のうち、ミニ・テレビシリーズ『ホロコースト』に心理的な影響を受けたと述べていた人は数名、アイヒマン裁判に影響を受けたと述べていた人は1人だけだった。ほかには、この記憶に関する議論において学者たちが重視していた出来事を挙げた人は1人もいなかった。だからと言って、これらの出来事が当時の彼らに何の影響も及ぼさなかったというわけではないだろう（インタビューが行われたのが、それらの出来事から数年後あるいは数十年後の場合もあった）。だがこの事実は、ホロコースト生存者の記憶に影響を与えた因子を検討する際に、「記憶の媒介物」に関する標準的な見解に縛られるべきではないことを示唆している。

[9] アメリカの法廷で子どもの証言が初めて利用された事例、およびこうした変化の意味については、以下を参照。Michael Sherwin, 'The Law in Relation to the Wishes and Feelings of the Child', in Ronald Davie, Graham Upton, and Ved Varma (eds), *The Voice of the Child: A Handbook for Professionals* (London: Falmer Press, 1996).

[10] だが、子どもの権利という概念は、この条約が採択される数十年前からある。最初の〈児童の権利に関する宣言〉は、セーブ・ザ・チルドレンの創設者エグランティン・ジェッブが起草し、1924年に国際連盟総会で承認されていた。

[11] この分野の発展を概観したものとしては、以下が参考になる。Robyn Fivush, 'Event Memory in Early Childhood', in Nelson Cowan (ed.), *The Development of Memory in Childhood* (Hove: Psychology Press, 1997), pp. 139–57.

[12] Wieviorka, *The Era of the Witness*, pp. 96–7.

[13] Eva Illouz, *Saving the Modern Soul: Therapy, Emotions, and the Culture of Self-Help* (Berkeley, CA: University of California Press, 2008).

[14] CJCの事業を通じてカナダに移住した子どもの数に関する議論については、第3章の注54を参照。

[15] Ben Lappin, *The Redeemed Children: The Story of the Rescue of War Orphans by the Jewish Community of Canada* (Toronto: University of Toronto Press, 1963), p. 156.

[16] 同上, p. 156. トロント在住の孤児はさらに、ユダヤ人女性会議のボランティアスタッフによるインタビューを受ける意思があるかどうかも尋ねられた。だが残念ながら、この貴重なインタビューの記録は一切残っていない。ただし、インタビューの聞き手が尋ねた質問のリストは以下にある。'Note to interviewers, 4 September 1959', 'Study on war orphans', folder 659, CA box 71, UJRA collection, CJCA.

[17] アンケート用紙のコピーは以下にある。'Questionnaire – European Youth Group Study', folder 659, CA box 71, UJRA collection, CJCA. CJCの公文書館員に協力してもらい同館の資料すべてに目を通したうえ、カナダのほかの公文書館にも問い合わせてみたが、記入済みのアンケート用紙は見つからなかった。この調査の終了後にベン・ラピンが破棄したのかもしれない。

[18] Lappin, *The Redeemed Children*, p. 156. このアンケート調査に関するラピンの報告の全文は、この書籍の pp. 146–56 にある。ラピンの結論は、この書籍のタイトルを見ても明らかだろう。CJCの事業により、子どもたちは戦時中の体験から「救済（redeemed）」され、立派なカナダ国民になったと結論している。

[19] 同上。

の不満を抱いていたと述べている。ただしこの場合は、彼らの親について専門家が作成していたチェックリストに対する不満である。たとえばエプスタインは、ルース・アレクサンダーの事例を紹介している。彼女が大学生のころ、大学の精神科医を訪ねると、精神科医はホロコースト生存者である両親の社会生活や胃腸の障害に関する質問を繰り返すばかりで、「きわめて不快」な思いをしたという。「その医師は、私のことなんか何もわかっていないのに、わかっていると思っているような感じがした。あの質問を引っ張り出すやり方がいやだった。自分を何様だと思っているんだろうって思った」。この記述は以下に引用されている。Epstein, *Children of the Holocaust*, p. 200(『ホロコーストの子供たち』).

[44] Interview with Denny M., July 1977, interviewer Sarah Moskovitz, *Love Despite Hate: Child Survivors of the Holocaust and their Adult Lives* (New York: Schocken Books, 1983), pp. 92–100.

[45] Moskovitz, *Love Despite Hate*, p. 226.

[46] Epstein, *Children of the Holocaust*, pp. 202–3(『ホロコーストの子供たち』).

第8章　幸運と言われた生存者

[1] 'Cecilia W. to A. Eisenstadt, OSE Paris', 1966, doc. 12, file 6, RG-43.113M, USHMMA.

[2] この部分とその後の引用は、以下による。Interview with Zilla C.,14 November 1987, interviewer Judith Kestenberg, Kestenberg Archive of Testimonies of Child Holocaust Survivors, Hebrew University of Jerusalem Archives.

[3] ツィラの博士課程の研究はのちに、*Suicide in French Thought from Montesquieu to Cioran* (New York: Peter Lang, 1999) として出版されている。2007年に死亡したときも、戦後フランスにおける知識人の役割を考察した著書を執筆している最中だった。一部の知識人が戦後、戦時中の行動を隠蔽していた事実を明らかにする書籍である。

[4] Serge Klarsfeld, *Le Mémorial de la déportation des Juifs de France* (Paris: Association des Fils et Filles des Déportés Juifs de France, 1978). 英語版は1983年に出版された。*Memorial to the Jews Deported from France, 1942–1944* (New York: B. Klarsfeld Foundation, 1983). この著作は、フランスから強制移送された家族を持つホロコースト生存者に大変重宝された。歴史家のアネット・ヴィヴィオルカは、この書籍が出版されたことで「墓のない死者を持つ家族も、ようやく親族の運命を知ることができた」と記している。以下を参照。Annette Wieviorka, *The Era of the Witness, trans. Jared Stark* (Ithaca, NY: Cornell University Press, 2006), p. 29. 私の以下の著書も参考になる。*Commemorating the Holocaust: The Dilemmas of Remembrance in France and Italy* (Oxford: Oxford University Press, 2013), p. 58.

[5] この分野における歴史家の重要な業績には、以下がある。Wieviorka, *The Era of the Witness;* Peter Novick, *The Holocaust and Collective Memory* (London: Bloomsbury, 2001); Henry Rousso, *The Vichy Syndrome: History and Memory in France since 1944*, trans. Arthur Goldhammer (Cambridge, MA: Harvard University Press, 1991). 以下の書籍のエピローグも参考になる。Tony Judt, *Postwar: A History of Europe since 1945* (London: Pimlico, 2007)〔邦訳は『ヨーロッパ戦後史』トニー・ジャット著、森本醇訳、みすず書房、2008年〕.

[6] エリ・ヴィーゼルの『夜』の英語版は、ステラ・ロッドウェイの翻訳により1960年に出版された (London: Panther Books)。プリーモ・レーヴィの『これが人間か』の英語版は1959年に出版されている (New York: Orion Press)。これらの著作は、英語圏ではよく知られているが、ほか

の生存者の治療について説明し、「彼の疾患は、解消されないまま無意識下に抑圧された幼少期の葛藤の結果というだけでは説明できない」と述べている。以下を参照。Hans Fink, 'Development Arrest as a Result of Nazi Persecution during Adolescence', *International Journal of Psycho-Analysis*, 49 (1968), pp. 327–9.

[30] オランダの支援機関の歴史については、以下を参照。Keilson, *Sequential Traumatization in Children*. 以下も参考になる。Diane Wolf, *Beyond Anne Frank: Hidden Children and Postwar Families in Holland* (Berkeley, CA: University of California Press, 2007)(『「アンネ・フランク」を超えて』), and Joel S. Fishman, 'Jewish War Orphans in the Netherlands: The Guardianship Issue, 1945–1950', *Wiener Library Bulletin*, 27 (1973–4), pp. 31–6.

[31] Keilson, *Sequential Traumatization*, pp. 12–18.

[32] 同上, p. 48.

[33] 同上, p. 80.

[34] 同上, p. 82. ケイルソンは1978年に調査を終え、1979年にその結果をドイツ語で発表した。

[35] Wolf, *Beyond Anne Frank*, pp. 95–125(『「アンネ・フランク」を超えて』).

[36] Ian Hacking, 'Memory Sciences, Memory Politics', in Paul Antze and Michael Lambek (eds), *Tense Past: Cultural Essays in Trauma and Memory* (New York: Routledge, 1996), pp. 67–87; Ruth Leys, *Trauma: A Geneaology* (Chicago, IL: University of Chicago Press, 2000), pp. 5–17.

[37] American Psychiatric Association, 'Post-Traumatic Stress Disorder', *Diagnostic and Statistical Manual of Mental Disorders*, 3rd edn (Washington, DC: American Psychiatric Association, 1980)〔邦訳は『DSM-Ⅲ-R精神障害の診断・統計マニュアル』The American Psychiatric Association編、高橋三郎訳、医学書院、1988年〕.

[38] Freud and Dann, 'An Experiment in Group Upbringing'. 以下も参照。Mary Fraser Kirsh, 'The Lost Children of Europe: Narrating the Rehabilitation of Child Holocaust Survivors in Great Britain and Israel', unpublished PhD thesis (University of Wisconsin-Madison, 2012), p. 137.

[39] 1970年代後半に「生存者症候群」という言葉が北アメリカの英語メディアに浸透していたことは間違いない。この言葉は、ホロコースト生存者だけでなく、自然災害などもっと一般的な事件の生存者にも使われた。

[40] Bergmann and Jucovy, *Generations of the Holocaust*, pp. 4–6.

[41] Judith Kestenberg, 'Psychoanalytic Contributions to the Problem of Children of Survivors from Nazi Persecution', *Israel Annals of Psychiatry and Related Disciplines*, 10:4 (1972); Judith and Milton Kestenberg, 'Background of the Study', in Bergmann and Jucovy, *Generations of the Holocaust*, pp. 33–43, here pp. 37–8. 以下も参照。Helen Epstein, *Children of the Holocaust: Conversations with Sons and Daughters of Survivors* (New York: G. P. Putnam & Sons, 1979), pp. 217–18(『ホロコーストの子供たち』).

[42] Interview with R.G., 17 August 1984, interviewer Judith Kestenberg, Kestenberg Archive of Testimonies of Child Holocaust Survivors, Hebrew University of Jerusalem Archives.

[43] Interview with Gittel H., 9 February 1985, interviewer Milton Kestenberg, Kestenberg Archive of Testimonies of Child Holocaust Survivors, Hebrew University of Jerusalem Archives. 1970年代後半にジャーナリストのヘレン・エプスタインがホロコースト生存者の子どもにインタビューを行ったときも、その多くが、出会った精神科医や精神分析医に同様

[20] Herzog, *Cold War Freud*, p. 90.
[21] 同上, p. 90.
[22] 学術論文にはよく、西ドイツの精神科医はとりわけ、トラウマになる出来事が長期的な影響を及ぼすという見解を受け入れようとしなかったとあるが、実際には、西ヨーロッパ全域および北アメリカの精神科医も同様である。この状況は1970年代に入っても変わらなかった。これについては、以下を参照。Svenja Goltermann, *The War in their Minds: German Soldiers and their Violent Pasts in West Germany* (Ann Arbor, MI: University of Michigan Press, 2017).
[23] 賠償事業に関する大半の研究は、ユダヤ人犠牲者の補償請求に焦点を絞っているが、非ユダヤ人犠牲者もまた、補償請求については悲観的な見通ししか得られなかった。だが最近の研究により、非ユダヤ人犠牲者の補償請求の交渉や補償金の取得・配布の実態が明らかになりつつある。これについては、以下が参考になる。Susanna Schrafstetter, 'The Diplomacy of *Wiedergutmachung*: Memory, the Cold War, and the Western European Victims of Nazism, 1956–1964', *Holocaust and Genocide Studies*, 7:3 (2003), pp. 459–79.
[24] Milton Kestenberg, 'Discriminatory Aspects of the German Indemnification Policy: A Continuation of Persecution', in Bergmann and Jucovy, *Generations of the Holocaust*, pp. 62–79. 実際、1960年にはフロイト自身が、テレージエンシュタットの幼児に関する以前の研究は、長期的な精神衛生についてあまりに楽観的すぎたと述べている。「出生時あるいは幼少時からトラウマとなる別離を繰り返し経験してきたこの子どもたちは、潜伏期の間は比較的安定した人間関係を築いていた。だが前思春期ごろからはほぼ例外なく、引きこもり、うつ状態、自責、激しい気分の変動を示すようになった」。以下を参照。Anna Freud, 'Discussion of Dr. John Bowlby's Paper,' pp. 53–62, here p. 59.
[25] Bergmann and Jucovy, *Generations of the Holocaust*, pp. 10–11.
[26] この初期の研究を確固たるものにしたのが、以下の2冊である。Henry Krystal (ed.), *Massive Psychic Trauma* (New York: International Universities Press, 1968), and Henry Krystal and William G. Niederland, *Psychic Traumatization: After Effects in Individuals and Communities* (Boston: Little, Brown, 1971).
[27] Vivian Rakoff, J. J. Sigal, and N. B. Epstein, 'Children and Families of Concentration Camp Survivors', *Canada's Mental Health*, 14:4 (July–August 1966), pp. 24–6, here p. 24. ヴィヴィアン・ラコフがユダヤ人コミュニティの定期刊行物〈*Viewpoints*〉に寄稿した以前の記事も参考になる。これは、ホロコースト生存者の子どもにも精神的な疾患が現れる問題を公表した最初期の記事である。Vivian Rakoff, 'Long-Term Effects of the Concentration Camp Experience', *Viewpoints* (March 1966), pp. 17–21. また、マギル大学（モントリオール）におけるラコフやシーガルの同僚であるバーナード・トロスマンもそのころ、精神衛生上の問題から同大学病院を訪れるホロコースト生存者の子どもの数が増えていることに気づいていた。以下を参照。Bernard Trossman, 'Adolescent Children of Concentration Camp Survivors', *Canadian Psychiatric Association Journal*, 13:2 (April 1968), pp. 121–3.
[28] Rakoff, Sigal, and Epstein, 'Children and Families', p. 25.
[29] H. Z. Winnik, 'Contribution to Symposium on Psychic Traumatization through Social Catastrophe', *International Journal of Psycho-Analysis*, 49 (1968), pp. 298–301. ウィニックの論文は、1967年にコペンハーゲンで開催された国際精神分析学会会議で発表された。この会議で、幼年時代にホロコーストを経験した生存者について語った専門家はほかにもいる。たとえば、アメリカの精神分析医であるハンス・フィンクは、ジョセフという思春期

[12] Michael R. Trimble, 'Post-Traumatic Stress Disorder: History of a Concept', in Figley, *Trauma and its Wake*, pp. 5–14; Adrian C. Brock (ed.), *Internationalizing the History of Psychology* (New York: New York University Press, 2006), p. 236; Tracey Loughran, 'Shell Shock, Trauma, and the First World War: The Making of a Diagnosis and its Histories', *Journal of the History of Medicine and Allied Sciences*, 67:1 (January 2012), pp. 94–119.

[13] このフロイトの言葉は以下に引用されている。Martin S. Bergmann and Milton E. Jucovy (eds), *Generations of the Holocaust* (New York: Columbia University Press, 1982), p. 9.

[14] Beth B. Cohen, 'American Jews and Holocaust Survivors, 1946–54', in Avinoam J. Patt and Michael Berkowitz (eds), *We Are Here: New Approaches to Jewish Displaced Persons in Postwar Germany* (Detroit, MI: Wayne State University Press, 2010).

[15] フロイト派の見解については、以下を参照。Wolfgang Schneider and Michael Pressley (eds), *Memory Development between Two and Twenty*, 2nd edn (Mahwah, NJ: Lawrence Erlbaum Associates, 1997), p. 3. ピアジェとその影響については、以下を参照。Patricia J. Bauer, 'Development of Memory in Early Childhood', in Nelson Cowan (ed.), *The Development of Memory in Childhood* (Hove: Psychology Press, 1997), p. 84, and Robyn Fivush, 'Event Memory in Early Childhood', 同上, p. 140. 現代の心理学では、「幼児期健忘」が起きる理由について意見の一致は見られないが、文化によりわずかな差はあるものの、人間は人生最初の数年間の出来事を直接思い出すことはできないという点では一致している。2000年にD·C·ルービンが行ったメタ解析によると、最初の記憶がある平均年齢は3歳半だが、場合によっては「幼児期健忘」の期間が6、7歳まで延びる場合もあるという。以下を参照。D. C. Rubin, 'The Distribution of Early Childhood Memories', *Memory*, 8:4 (2000), pp. 265–9. 3歳以前の記憶があると確信している大人はけっこういるが、それが空想に過ぎないことは、複数の心理学者が証明している。以下がとりわけ参考になる。Christine Wells, Catriona Morrison, and Martin Conway, 'Adult Recollections of Childhood Memories: What Details Can Be Recalled?', *The Quarterly Journal of Experimental Psychology*, 67:7 (2013), pp. 1249–61.

[16] たとえば、以下を参照。Fivush, 'The Functions of Event Memory: Some Comments on Nelson and Barsalou' (1988), pp. 277–82; Robyn Fivush, Catherine Haden, and Salimah Adam, 'Structure and Coherence of Preschoolers' Personal Narratives over Time: Implications for Childhood Amnesia', *Journal of Experimental Child Psychology*, 60 (1995), pp. 32–50; and Katherine Nelson, 'The Psychological and Social Origins of Autobiographical Memory', *Psychological Science*, 4:1 (1993), pp. 1–8.

[17] Fivush, Haden, and Adam, 'Structure and Coherence of Preschoolers' Personal Narratives over Time', pp. 32–56; Nelson, 'The Psychological and Social Origins of Autobiographical Memory', pp. 1–8; David B. Pillemer and Sheldon H. White, 'Childhood Events Recalled by Children and Adults', in Hayne W. Reese (ed.), *Advances in Child Development and Behaviour* (San Diego, CA: Academic Press, 1989), pp. 297–340; Fivush, 'The Functions of Event Memory', pp. 277–82.

[18] William G. Niederland, 'Clinical Observations on the "Survivor Syndrome"', *International Journal of Psycho-Analysis*, 49 (1968), pp. 313–15.

[19] 同上, p. 98.

かった。この言葉は、以下の書籍に付したシーガルの前書きにある。Hans Keilson, *Sequential Traumatization in Children: A Clinical and Statistical Follow-Up Study on the Fate of the Jewish War Orphans in the Netherlands* (Jerusalem: Magnes Press, 1979), p. xi.

[4] ハムステッド戦時保育所の歴史については、以下を参照。Michal Shapira, *The War Inside: Psychoanalysis, Total War, and the Making of the Democratic Self in Postwar Britain* (Cambridge: Cambridge University Press, 2013), pp. 66–77.

[5] Anna Freud and Sophie Dann, 'An Experiment in Group Upbringing', *The Psychoanalytic Study of the Child*, vol. VI (1951), pp. 127–68. ジョン・ボウルビィの研究については、以下を参照。Shapira, *The War Inside*, pp. 198–214; Tara Zahra, *The Lost Children: Reconstructing Europe's Families after World War II* (Cambridge, MA: Harvard University Press, 2011), pp. 65–6（『失われた子どもたち』）; and Young-Bruehl, *Anna Freud*, pp. 322–3.

[6] Freud and Dann, 'An Experiment in Group Upbringing'. 現在の臨床的見解については、以下が参考になる。Salman Akhtar, *The Mother and her Child: Clinical Aspects of Attachment, Separation, and Loss* (New York: Jason Aronson, 2012).

[7] Freud and Dann, 'An Experiment in Group Upbringing'.

[8] 同上。フロイトとボウルビィの見解の相違については、アンナ・フロイトの以下の論文を参照。Anna Freud, 'Discussion of Dr. John Bowlby's Paper', *The Psychoanalytic Study of the Child*, XV (1960), pp. 53–62.

[9] Dagmar Herzog, *Cold War Freud: Psychoanalysis in an Age of Catastrophes* (Cambridge: Cambridge University Press, 2017), p. 92. アンナ・フロイトとアメリカ戦争孤児里親計画との関係については、以下を参照。Amanda Jones, *Bringing up War Babies: The Wartime Child in Women's Writing and Psychoanalysis at Mid-Century* (New York: Routledge, 2018), pp. 78–80.

[10] 心理学や精神分析学、「トラウマ」という概念の戦後の発展に関する有益な文献には、以下がある。Mari Jo Buhle, *Feminism and its Discontents: A Century of Struggle with Psychoanalysis* (Cambridge, MA: Harvard University Press, 1998); Eli Zaretsky, *Secrets of the Soul: A Social and Cultural History of Psychoanalysis* (New York: Vintage, 2005); George Makari, *Revolution in Mind: The Creation of Psychoanalysis* (New York: HarperCollins, 2008)〔邦訳は『心の革命——精神分析の創造』ジョージ・マカーリ著、遠藤不比人訳、みすず書房、2020年〕; and John Burnham (ed.), *After Freud Left: A Century of Psychoanalysis in America* (Chicago, IL: University of Chicago Press, 2012). 心的外傷後ストレス障害（PTSD）の診断の歴史に関する有益な文献には、以下がある。Yael Danieli (ed.), *International Handbook of Multigenerational Legacies of Trauma* (New York: Springer, 1998); Leo Eitinger and Robert Krell, *The Psychological and Medical Effects of Concentration Camps and Related Persecutions on Survivors of the Holocaust* (Vancouver: University of British Columbia Press, 1985); Charles R. Figley, *Trauma and its Wake: The Study and Treatment of Post-Traumatic Stress Disorder*, vol. 1 (Hove: Psychology Press, 1985); Mardi Jon Horowitz (ed.), *Essential Papers on Post-Traumatic Stress Disorder* (New York: New York University Press, 1999); and Andreas Maercker, Zahava Salomon, and Matthias Schutzwohl (eds), *Post-Traumatic Stress Disorder: A Lifespan Developmental Perspective* (New York: Bertrams, 1999).

[11] *Oxford English Dictionary* digital edition.

者も含む）は、現在でも請求が可能である。

[34] Interview with Mirjam S., September 1978, interviewer Sarah Moskovitz. 以下に引用されている。Moskovitz, *Love Despite Hate*, pp. 184–5. ミリアム・Sは2017年に他界した。

[35] 同上。

[36] URO Köln to Germany Embassy, London, 18 February 1959, A2049/198/13, West London Synagogue Archives, Hartley Library, University of Southampton.

[37] Kestenberg, 'Discriminatory Aspects', p. 66.

[38] Interview with Janek E. (pseudonym), 30 September 1994, interviewer Klara Firestone, USC Shoah Foundation VHA. 私はこの部分を執筆する際に、UROが保管するヤネクの記録を利用したが、UROの記録を利用する研究者は、申請者を完全匿名にする同意書に署名しなければならない。そのためヤネクについては、本書全体を通じて仮名を使ったが、ヤネク自身は実名でVHAのインタビューに応えている。

[39] Oscar Myer to Janek E., Janek E. file (pseudonym), box 1, MS1U-13-4, URO Los Angeles records, RG-28.004, USHMMA. ここに抜粋した資料には文法的誤りがあるが、そのまま掲載している。UROの法律アドバイザーが提供した情報は、部分的に正しいだけである。ブジンはルブリン地区にあった強制労働収容所で、1943年の初秋にマイダネク強制収容所の付属収容所となった。だがヤネクは、そこが封鎖されたゲットーではなく強制労働収容所だったとは知らなかったのだろう。いずれにせよ、そこに閉じ込められ、そこで兄や姉を殺害された子どもにしてみれば、あまり意味のない区別でしかない。

[40] 陳述書の日付は1957年4月16日。Janek E. file (pseudonym), box 1, MS1U-13-4, URO Los Angeles records, RG-28.004, USHMMA. UROの個人ファイルには、ヤネクが記した英語の陳述書はなく、ドイツ語の翻訳しか残っていないため、私がドイツ語から英語に再翻訳している。

[41] Jackie Y., 'Lost and Waiting to Be Found'.

[42] Moskovitz, *Love Despite Hate*, p. 228.

第7章　トラウマ

[1] 以下を参照。Martin Gilbert, *The Boys: The Story of 732 Young Concentration Camp Survivors* (London: Weidenfeld & Nicolson, 1996), pp. 254–86, and Elisabeth Young-Bruehl, *Anna Freud: A Biography* (New York: Summit Books, 1989), pp. 320–2.

[2] 1945年8月にテレージエンシュタットからやって来た300人は、イギリス中央基金が運営する「1000人の孤児」救護事業によりイギリスに連れてこられた最初の子どもたちだった。これらの子どものうち、年少の者はウィア・コートニー養護施設に送られたが、6人の幼児だけは例外だった。この6人は、最初の1年間ブルドッグズ・バンクで観察を受けたのち、ウィア・コートニーに移った。ジャッキー・Yは6人の幼児のなかではいちばん年上で、イギリスに連れてこられたときには3歳半だった。

[3] 当時は、強制収容所にいた子どもを継続的な実験の対象として利用することを、憂慮すべき皮肉として非難する者はいなかった。心理学者のジョン・シーガルは数年後、この子どもたちについて次のように記している。「人間の発達に関する理論の検証に興味がある人なら誰でも、幼少期のさまざまな発達段階において標準的な育児から逸脱するとどんな長期的影響があるのかを判断できる研究を実現したいという夢を抱いている」。フロイトの研究が行われた時代であれ、シーガルがこう記した時代であれ、この実験が倫理的かどうかという問題が持ち出されることはな

[17] Katy Hazan, *Les Enfants de l'après-guerre dans les Maisons de l'OSE* (Paris: Somogy Editions d'Art, 2012), p. 12.
[18] 同上, p. 42; Daniella Doron, *Jewish Youth and Identity in Postwar France: Rebuilding Family and Nation* (Bloomington, IN: Indiana University Press, 2015), p. 152.
[19] Interview with Jackie Y., author's collection.
[20] Interview with Peter D. (born B.), Kestenberg archive.
[21] Interview with Felice Z. S. (born Z.), USC Shoah Foundation VHA.
[22] Interview with Suzanne A. (born N.), 22 January 1990, interviewer Lisa Newman, Toronto Jewish Congress Archives of the Holocaust Project, USC Shoah Foundation VHA.
[23] 'Report, June to November 1949', 'N., Suzanne 1947–1950', box 37, Cb 03, UJRA collection, CJCA.
[24] この部分とその後の引用は、以下による。Interview with Suzanne A. (born N.), USC Shoah Foundation VHA.
[25] Edith Ludowyk Gyomroi, 'The Analysis of a Young Concentration Camp Victim', *The Psychoanalytic Study of the Child*, XVIII (1963), pp. 484–510, here p. 488.
[26] 第7章の注15,注16,注17を参照。
[27] Gyomroi, 'The Analysis of a Young Concentration Camp Victim', pp. 496–7.
[28] 'Anfragekarte', 24.11.1987, in Central Names Index, International Tracing Service collection, 0.1, document 47004551, WLA.
[29] 西ドイツ各州は1949年から1953年にかけて、占領軍が公布した補償法に基づく独自の補償法を施行していたが、ドイツ連邦共和国が樹立されたのを機に、これらの諸法に代わり連邦補償法が制定された。以下を参照。Milton Kestenberg, 'Discriminatory Aspects of the German Indemnification Policy: A Continuation of Persecution', in Martin S. Bergmann and Milton E. Jucovy (eds), *Generations of the Holocaust* (New York: Columbia University Press, 1982), pp. 62–79, here p. 63.
[30] Anne Rothfeld, 'A Source for Holocaust Research: The United Restitution Organization Files', *Perspectives on History: The Newsmagazine of the American Historical Association*, April 2000.
[31] 補償プロセスにかかわった子どもや被害者の子どもについては、以下を参照。Kestenberg, 'Discriminatory Aspects'. 補償プロセス全般については、以下を参照。Michael Bazyler, *Holocaust Justice: The Battle for Restitution in America's Courts* (New York: New York University Press, 2003); Stuart E. Eizenstat, *Imperfect Justice: Looted Assets, Slave Labor, and the Unfinished Business of World War II* (New York: Perseus Books, 2003); Marilyn Henry, *Confronting the Perpetrators: A History of the Claims Conference* (New York: Vallentine Mitchell, 2007); Christian Pross, *Paying for the Past: The Struggle over Reparations for Surviving Victims of the Nazi Terror* (Baltimore, MD: Johns Hopkins University Press, 1998); Ronald W. Zweig, *German Reparations and the Jewish World: A History of the Claims Conference* (Boulder, CO: Westview, 1987); and Elazar Barkan, *The Guilt of Nations: Restitution and Negotiating Historical Injustices* (New York: W. W. Norton, 2000).
[32] URO Köln to L. Montefiore, 30 September 1959, A2049/198/13, West London Synagogue Archives, Hartley Library, University of Southampton.
[33] その後の法改正や、請求棄却に対する数十年におよぶ不服審査請求により、請求の締め切りは当初の1958年から大幅に延長された。一部のグループ（幼年時代にホロコーストを経験した

録のコピーを提供してくれたジャッキーに感謝する。

[2] Interview with Jackie Y., 16 December 2014, interviewer Rebecca Clifford, author's collection.

[3] Jackie Y., 'Lost and Waiting to Be Found'.

[4] Interview with Jackie Y., author's collection.

[5] Jackie Y., 'Lost and Waiting to Be Found'.

[6] たとえば、以下がある。Gerald Reitlinger, *The Final Solution: An Attempt to Exterminate the Jews of Europe* (New York: Vallentine Mitchell)（初版は1953年。発行部数はごくわずかだった）, Léon Poliakov, *Bréviaire de la haine* (Paris: Calmann-Levy)（1951年にフランスで少部数発行。1954年の英語版 *Harvest of Hate* も同程度だった）. 初期のホロコースト文献については、以下を参照。Michael Marrus, *The Holocaust in History* (Hanover, NH: University Press of New England, 1987)〔邦訳は『ホロコースト——歴史的考察』マイケル・R・マラス著、長田浩彰訳、時事通信社、1996年〕.

[7] 〈イズコール書籍プロジェクト〉の以下のサイトで、イズコール本に関する有益な情報を入手できる。www.jewishgen.org/Yizkor（2020年6月3日にアクセス）.

[8] Hasia Diner, *We Remember with Reverence and Love: American Jews and the Myth of Silence after the Holocaust, 1945–1962* (New York: New York University Press, 2009); Laura Jockusch, *Collect and Record! Jewish Holocaust Documentation in Early Postwar Europe* (Oxford: Oxford University Press, 2012).

[9] 避難民法については、以下を参照。Beth Cohen, *Case Closed: Holocaust Survivors in Postwar America* (New Brunswick, NJ: Rutgers University Press, 2007).

[10] Gill Rossini, *A Social History of Adoption in England and Wales* (Barnsley: Pen and Sword, 2014), pp. 99–111. 1950年代になると、この傾向に変化が訪れた。ジョン・ボウルビィなどの児童精神分析学者の研究により、実の両親の話をまったくしないのは心理学的に健全とは言えず、のちに事実を知って多大な衝撃を受けるよりは、早くから子どもに真実を伝えておいたほうがいいと考えられるようになった。子どもと両親の間で養子縁組について正直に話し合うことを推奨する「自然」養子縁組協会が各地に発足したのも、このころである。だがこのアプローチは、1970年代になるまでは少数派だった。

[11] イングランドやウェールズでは1950年代半ばまで、外国生まれの子どもを養子に迎えることは法律で認められておらず、それを実現するには手続き上の多大な困難を伴った。1950年養子縁組法は、戦時中の非嫡出子の増加を受け、養子縁組の法的プロセスを合理化することを目的としていたが、この法律でも、外国生まれの子どもの養子縁組を認めていなかった。キンダートランスポート事業により故国を逃れてきた1万人の子どもを受け入れた家族の多くが、子どもたちを正式に養子に迎えることを望んでいたにもかかわらずである。

[12] Interview with Gittel H., 9 February 1985, interviewer Milton Kestenberg, Kestenberg Archive of Testimonies of Child Holocaust Survivors, Hebrew University of Jerusalem Archives.

[13] Interview with Peter D. (born B.), 27 May 1984, interviewer Sarah Moskovitz, Kestenberg Archive of Testimonies of Child Holocaust Survivors, Hebrew University of Jerusalem Archives.

[14] Interview with Denny M., 31 July 1997, interviewer Miriam Feldman-Rosman, USC Shoah Foundation VHA.

[15] 同上。

[16] Sarah Moskovitz, *Love Despite Hate: Child Survivors of the Holocaust and their Adult Lives* (New York: Schocken Books, 1983), p. 228.

[27] ハウスマンは特に、OSEの指導者であるボー・コーンとアンドレ・サロモンと仲がよかった。戦前のユダヤ人青年運動を通じて知り合った2人である。
[28] ここに記載したハウスマンの経歴については、ETHチューリッヒに保管されているハウスマンの個人資料を参考にしている。そのデジタルコピーは、合衆国ホロコースト記念博物館公文書館でも閲覧できる。ハウスマンの自伝である以下も参考になる。Erich Hausmann, *J'Aurais Pu Choisir les Accents circonflexes!* (Paris: FSJU-Hamoré, 2007). フォントネ=オ=ローズの施設にいた子どもの多くは、ハウスマンとともにタヴェルニーに移った。ハウスマンは1957年までヴォセル館の館長を務め、2008年に死亡した。
[29] エカイゼルは思春期のころ、アウシュヴィッツやラーヴェンスブリュックなど、いくつもの強制収容所を経験した。以下を参照。Hazan, *Les Enfants de l'après-guerre*, p. 69, and Hazan, *Les Orphelins de la Shoah*, pp. 307–8.
[30] Hausmann, *J'Aurais Pu Choisir*, pp. 30, 40–2. イレーヌ・オポロンについては、スーザン・グロス・ソロモンによる以下の優れた論文を参照。Susan Gross Solomon, 'Patient Dossiers and Clinical Practice in 1950s French Child Psychiatry', *Revue d'histoire de l'enfance 'irregulière'*, 18 (2016), pp. 275–96.
[31] Hausmann, *J'Aurais Pu Choisir*, pp. 47–52.
[32] 同上, p. 47.
[33] Paulette Szabason Goldberg, *Just Think It Never Happened* (Victoria, Australia: Makor Jewish Community Library, 2002), p. 47.
[34] 同上, pp. 43–4.
[35] 同上, p. 44.
[36] Interview with Jacques F. (born K.), 24 November 1991, interviewers Myra Katz and Froma Willen, Fortunoff Video Archive for Holocaust Testimonies, Yale University Library.
[37] Interview with Beate Z. M. (born Z.), 20 January 1998, interviewer Rosalie Franks, USC Shoah Foundation VHA.
[38] Hazan, *Les Enfants*, p. 12.
[39] ハウスマンの回想録によると、時間がたつにつれて「ホロコーストの犠牲者が施設を離れ、植民地解放の犠牲者が施設にやって来た」という。北アフリカからのユダヤ人難民が本土のフランスに逃れてくるようになったが、貧困のあまり子どもを世話できなくなるケースがあった。
[40] Hausmann, *J'Aurais Pu Choisir*, p. 57.
[41] OSEの保護下にある子どもの海外斡旋を担当していたウジェニー（ジェニー）・マスールの言葉。以下に引用されている。Laura Hobson Faure, 'Orphelines ou sœurs? Penser la famille juive pendant et après la Shoah', *Revue d'histoire*, 145 (2020), pp. 91–104. この論文の草稿のコピーを提供してくれたローラに感謝する。
[42] Hobson Faure, 'Orphelines ou sœurs?'.
[43] Szabason Goldberg, *Just Think It Never Happened*, pp. 51–3.
[44] Interview with Felice Z. S. (born Z.), USC Shoah Foundation VHA.
[45] Felice Z. to J. Patoux, 18 January 1951, 'Felice Z. S. collection', USHMMA.
[46] Regine C. to Erich Hausmann, 12 July 1981, file 52, Erich A. Hausmann papers, RG-58.026, USHMMA.

第6章　変容

[1] Jackie Y., 'Lost and Waiting to Be Found' (unpublished memoir), 2005. この回想

[12] Interview with Lena Kuchler, 8 September 1946, interviewer David P. Boder. このインタビューを文字に起こしたものは、以下の〈ホロコーストの声〉プロジェクトのサイトで閲覧できる。https://iit.aviaryplatform.com/collections/231（2020年6月3日にアクセス）.

[13] 子ども裁判所については、以下を参照。Christian Höschler, 'International Families? Community Living in the IRO Children's Village Bad Aibling, 1948–1951', in Borggräfe et al. (eds), *Freilegungen*, pp. 105–24, here p. 113.

[14] Ernst Papanek, *Out of the Fire* (New York: William Morrow, 1975), pp. 86–7.

[15] パパネックについては、優れた自伝的著作である以下を参照。Papanek, *Out of the Fire*. また、以下も参考になる。Tara Zahra, *The Lost Children: Reconstructing Europe's Families after World War II* (Cambridge, MA: Harvard University Press, 2011), pp. 99–100（『失われた子どもたち』）. コルティについては、以下を参照。Christian Höschler, 'International Families? Community Living in the IRO Children's Village Bad Aibling, 1948–1951', in Borggräfe et al. (eds), *Freilegungen*. また、コルティの仕事仲間だったエリーザベト・ロッテンの以下の著作も参考になる。Elisabeth Rotten, *Children's Communities: A Way of Life for War's Victims* (Paris: UNESCO, 1949). スイスのトローゲンにある〈ペスタロッチ子ども村〉は、コルティの提案に基づいて設立された。そのほか、コルティの提案はヨーロッパ中の児童養護施設で広く採用された。

[16] Doron, *Jewish Youth*, p. 136; Zahra, *The Lost Children*, pp. 105–6（『失われた子どもたち』）.

[17] Doron, *Jewish Youth*, p. 137.

[18] Zahra, *The Lost Children*, p. 19（『失われた子どもたち』）.

[19] 核家族と共同生活をめぐる戦後の議論については、ほかの学者が十分に研究しているため、ここでは詳細に触れない。その研究については、以下が参考になる。Zahra, *The Lost Children*, pp. 59–87（『失われた子どもたち』）, and Doron, *Jewish Youth*, pp. 118–61.

[20] ウィア・コートニー養護施設にいたおよそ30人の子どものうち、里親に預けられたのは8人のみであり、その大半が最年少の子どもたちだった。年長の子どもを里親に預ける試みもなされたが、これらの子どもはそれを拒否した。この子どもたちは、最年少の子どもたちよりわずかばかり年上なだけだが、自分の希望をはっきりと主張した。そのため、館長のアリス・ゴールドバーガーはその希望を尊重することにしたのである。イギリスでは1950年代半ばまで法律上、外国生まれの子どもを養子にできなかったという点も、事態をより複雑にした可能性がある。'Reports to foster parents in America', Alice Goldberger papers, series 4, USHMMA.

[21] 以下に、オルガ・グルヴィッチの主張として引用されている。Doron, *Jewish Youth*, p. 124.

[22] 同上, pp. 126–7.

[23] 以下に引用されている。同上, p. 130. ヴィヴェット・サミュエルは1919年にパリで、ヴィヴェット・エルマンとして生まれた。この女性については、以下を参照。Katy Hazan, *Les Enfants de l'après-guerre dans les Maisons de l'OSE* (Paris: Somogy Editions d'Art, 2012), p. 17.

[24] Doron, *Jewish Youth*, p. 131. OSEはおよそ1500人の子どもを里親家庭に預けたが、カナダの事業のようにそれを最優先にしていたわけではない。戦後フランスのユダヤ人が財産を回復するまでに直面した困難については、以下を参照。Maud Mandel, *In the Aftermath of Genocide: Armenians and Jews in Twentieth-Century France* (Durham, NC: Duke University Press, 2003).

[25] 'OSE maisons d'enfants 1953', p. 4, file 50, Erich A. Hausmann papers, RG-58.026, USHMMA.

[26] Doron, *Jewish Youth*, p. 158.

[40] Wolf, *Beyond Anne Frank*, p. 271(『「アンネ・フランク」を超えて』).
[41] Interview with Daisy G. (born L.), 29 July 1987, interviewer Judith Kestenberg, Kestenberg Archive of Testimonies of Child Holocaust Survivors, Hebrew University of Jerusalem Archives.
[42] Maurice Halbwachs, *Les Cadres sociaux de la mémoire* (Paris: Presses Universitaires de France, 1925)〔邦訳は『記憶の社会的枠組み』モーリス・アルヴァックス著、鈴木智之訳、青弓社、2018年〕.

第5章　ヴォセル館の子どもたち

[1] Erich Hausmann, *J'Aurais Pu Choisir les Accents circonflexes!* (Paris: FSJU-Hamoré, 2007), p. 45. Interview with Felice Z. S. (born Z.), 2 February 1998, interviewer Rosalie Franks, USC Shoah Foundation VHA. タヴェルニーのヴォセル館にあるOSEの養護施設は、いまも活動を続けている。やはりOSEにより運営されているが、現在は〈エリ・ヴィーゼル子どもの家〉と呼ばれている。オスマンはのちに結婚し、6人の子どもをもうけた。1957年までヴォセル館の館長を務めている。
[2] Interview with Felice Z. S. (born Z.), USC Shoah Foundation VHA.
[3] 同上。
[4] Interview with Hélène Weksler (born Ekhajser), March 1994. 以下に引用されている。Katy Hazan, *Les Orphelins de la Shoah: Les Maisons de l'espoir, 1944–1960* (Paris: Les Belles Lettres, 2000), pp. 307–8. エレーヌはまた、仕事や職業、性教育、結婚相手の見つけ方など、実際的な未来志向の話もしたと述べている。
[5] Interview with Felice Z. S. (born Z.), 30 December 1992, interviewer Joni Sue Blinderman, Fortunoff Video Archive for Holocaust Testimonies, Yale University Library.
[6] Daniella Doron, *Jewish Youth and Identity in Postwar France: Rebuilding Family and Nation* (Bloomington, IN: Indiana University Press, 2015), p. 119.
[7] 'Evaluation of Bad-Schallerbach Children's Home in U.S. Zone Austria', 5 June 1951, p. 2, Syma Crane papers, series 1, USHMMA.
[8] ここに記したクロックの経歴の情報源となった彼女の個人資料は以下にある。United States Holocaust Memorial Museum Archive: https://collections.ushmm.org/findingaids/1997.A.0373_01_fnd_en.pdf(2020年6月3日にアクセス).
[9] 'Evaluation of Bad-Schallerbach Children's Home in U.S. Zone Austria', 5 June 1951, pp. 6, 13, 21, USHMMA.
[10] 以下に引用されている。Boaz Cohen, 'Survivor Caregivers and Child Survivors: Rebuilding Lives and the Home in the Postwar Period', *Holocaust and Genocide Studies*, 32:1 (2018), pp. 49–65; here 62 f 15.
[11] レナ・クフレルの人生は、以下の自伝にみごとな筆致で記されている。Lena Kuchler, *My Hundred Children* (London: Souvenir Press, 1961). この自伝はもともと1948年にパリで、*Meine Kinder*というタイトルのもとイディッシュ語で出版されている。反ユダヤ主義者によるザコパネの孤児院の襲撃については、以下を参照。Karolina Panz, '"They did not want any more Jews there": The Fate of Jewish Orphans in Podhale, 1945–1946', in Henning Borggräfe, Akim Jah, Nina Ritz, and Steffen Jost (eds), *Freilegungen: Rebuilding Lives – Child Survivors and DP Children in the Aftermath of the Holocaust and Forced Labour* (Göttingen: Wallstein Verlag, 2017), pp. 93–104.

[22] Interview with Erwin Shmuel B., July 1979, interviewed by Sarah Moskovitz. 以下に引用されている。Sarah Moskovitz, *Love Despite Hate: Child Survivors of the Holocaust and their Adult Lives* (New York: Schocken Books, 1983), p. 195.

[23] Memorial book for Erwin B., Kibbutz Ein Harod Meuhad Archives. このエピソードを教えてくれたキブツの公文書館員アナト・ジスリングに感謝する。

[24] Interview with Erwin Shmuel B. 以下に引用されている。Moskovitz, *Love Despite Hate*, pp. 196–7.

[25] 同上。

[26] Interview with Erwin B., 26 June 2001, interviewer Renée Messi, Kibbutz Ein Harod Meuhad Archives.

[27] Memorial book for Erwin B., Kibbutz Ein Harod Meuhad Archives.

[28] Diane Wolf, *Beyond Anne Frank: Hidden Children and Postwar Families in Holland* (Berkeley, CA: University of California Press, 2007), p. 163(『「アンネ・フランク」を超えて』).

[29] ダイアン・ウルフによれば、生き残った親と子どもの関係は「疎遠かつ冷ややかで、距離がある」場合が多かったという。以下を参照。同上, pp. 163–4, 200.

[30] Shoshana Felman, 'Education and Crisis', in Shoshana Felman and Dori Laub, *Testimony: Crises of Witnessing in Literature, Psychoanalysis, and History* (New York: Routledge, 1992), pp. 44–6.

[31] これは、オランダの心理学者ブルーメ・エファース=エムデンの研究成果である。以下に引用されている。Wolf, *Beyond Anne Frank*, p. 181(『「アンネ・フランク」を超えて』).

[32] Interview with Henri O., 15 December 2014, interviewer Rebecca Clifford. 以下も参照。Henri O., 'A Bridge Too Far', in The Child Survivors' Association of Great Britain, *We Remember: Child Survivors of the Holocaust Speak* (Leicester: Matador, 2011), pp. 113–24.

[33] 嫉妬の問題については、以下を参照。Eva Fogelman, 'The Psychology behind Being a Hidden Child', in Jane Marks, *The Hidden Children: The Secret Survivors of the Holocaust* (New York: Ballantine Books, 1993), pp. 292–307.

[34] こうした考え方は、ホロコースト生存者を親に持つ多くの子どもにもあてはまる。これについては、以下が参考になる。Helen Epstein, *Children of the Holocaust: Conversations with Sons and Daughters of Survivors* (New York: G. P. Putnam & Sons, 1979)〔邦訳は『ホロコーストの子供たち』ヘレン・エプスタイン著、マクミラン和世訳、朝日新聞社、1984年〕.

[35] Interview with Saul A., 13 January 1985, interviewer D.A., Kestenberg Archive of Testimonies of Child Holocaust Survivors, Hebrew University of Jerusalem Archives. ヘレン・エプスタインも、以下で同様の事例をいくつか紹介している。*Children of the Holocaust*(『ホロコーストの子供たち』).

[36] Bernard Trossman, 'Adolescent Children of Concentration Camp Survivors', *Canadian Psychiatric Association Journal*, 13:2 (April 1968), pp. 121–3.

[37] Interview with Eric C., 23 October 1995, interviewer Gary Lubell, USC Shoah Foundation Visual History Archive.

[38] Interview with Judith S. (born K.), 20 January 1993, interviewer Joni-Sue Blinderman, Fortunoff Video Archive for Holocaust Testimonies, Yale University Library.

[39] AJDC Paris to AJDC Berlin, 19 August 1946, digital document 85308968, ITS Digital Archive, USHMMA.

[10] Tara Zahra, *The Lost Children: Reconstructing Europe's Families after World War II* (Cambridge, MA: Harvard University Press, 2011), pp. ix–x（『失われた子どもたち』）.

[11] UNRRAおよびその児童支援事業については、以下を参照。Ben Shephard, *The Long Road Home: The Aftermath of the Second World War* (London: Bodley Head, 2010), pp. 300–44〔邦訳は『遠すぎた家路――戦後ヨーロッパの難民たち』ベン・シェファード著、忠平美幸訳、河出書房新社、2015年〕.

[12] 以下に引用されている。Kirsh, 'The Lost Children of Europe', p. 145.

[13] USCOM quarterly report no. 1, 1 December 1947, p. 2, press clippings collection, Wiener Library.

[14] Ben Lappin, *The Redeemed Children: The Story of the Rescue of War Orphans by the Jewish Community of Canada* (Toronto: University of Toronto Press, 1963), p. 68.

[15] Anna Freud and Dorothy Burlingham, *War and Children* (London, 1943), p. 45. この時期に児童福祉に携わった専門家の多くは、フロイトとバーリンガムの考え方に従った。たとえば、戦後に児童の「精神衛生」の専門家になったフランスの心臓専門医テレーズ・ブロスは、子どもにとっての戦争の「トラウマ」とは主に、母親と離ればなれになった点にあると1946年に述べている。以下を参照。Thérèse Brosse, *War-Handicapped Children: Report on the European Situation* (Paris: UNESCO, 1950).

[16] ローラ・リー・ダウンズの著書を見ると、この考え方がフランスには浸透していなかったことがわかる。フランスでは、戦後になってもなお、親から離して田舎に送ったほうが子どもの健康にはいいと考えられていた。以下を参照。Laura Lee Downs, 'Milieu Social or Milieu Familial? Theories and Practices of Childrearing among the Popular Classes in 20th-Century France and Britain: The Case of Evacuation (1939–45)', *Family and Community History*, 8:1 (May 2005), pp. 49–66.

[17] 以下に引用されている。Zahra, *The Lost Children*, p. 65（『失われた子どもたち』）.

[18] Joanne Reilly, Belsen: *The Liberation of a Concentration Camp* (London: Routledge, 1998), pp. 50–77; Michael Berkowitz and Suzanne Brown-Fleming, 'Perceptions of Jewish Displaced Persons as Criminals in Early Postwar Germany: Lingering Stereotypes and Self-Fulfilling Prophecies', in Avinoam J. Patt and Michael Berkowitz (eds), *We Are Here: New Approaches to Jewish Displaced Persons in Postwar Germany* (Detroit, MI: Wayne State University Press, 2010), pp. 167–93.

[19] IROの児童養護スタッフ、イフォネ・デ・ヨンによる1948年6月の報告書。以下に引用されている。Zahra, *The Lost Children*, p. 110（『失われた子どもたち』）. 養護スタッフの多くは、女性生存者の母性本能に不安を抱く一方で、妻を亡くした夫も子どもの世話にはふさわしくないと考える傾向があった。以下を参照。Zahra, *The Lost Children*, p. 103（『失われた子どもたち』）.

[20] イギリス難民キャンプ児童保護運動の事務局長ドロシー・ハーディスティの言葉。以下に引用されている。Kirsh, 'The Lost Children of Europe', p. 143. イギリス中央基金などの機関は、いつでも親や親類の家から子どもを引き離せる権利を維持することで、このプロセスを制御しようとしたが、それを実践することはめったになかった。

[21] Zahra, *The Lost Children*, p. 102（『失われた子どもたち』）. 1953年のOSEの記録には、養護施設にやって来る「社会的保護対象者」が次第に増えているとある。これは、片親または両親がいるものの、親の身体的・精神的疾患のため家庭で暮らせなくなった子どもを指す。裁判により家族から引き離された子どももいる。以下を参照。'OSE maisons d'enfants 1953', file 50 (1949–1953), Erich A. Hausmann papers, RG-58.026, USHMMA.

索において重要な役割を果たした。彼女が作成した興味深い文書については、以下で閲覧できる。United States Holocaust Memorial Museum Archives (Rachel Greene Rottersman papers).

[74] 'J., Marcel', 1948–1950, Cb 03, UJRA collection, CJCA.

[75] Esther Gorosh to H. Frank, September 1949, 'J., Marcel', 1948–1950, Cb 03, UJRA collection, CJCA.

[76] Estelle Mindess to Manfred Saalheimer, 26 July 1950, 'J., Marcel', 1948–1950, Cb 03, UJRA collection, CJCA. マルツェルの個人ファイルに、これ以降の資料はない。

[77] 仕立職人を対象とする移住事業については、以下を参照。Bialystok, *Delayed Impact*, pp. 50–6. ドロタは、おばと同じ事業を利用して移住する資格がなかった。

[78] 'J., Dorota (pseudonym), 1948–1958', Cb 03, box 35, UJRA collection, CJCA.

[79] 同上。

[80] Clare Greenwald to Manfred Saalheimer, 24 November 1949, 'J., Dorota, 1948–1958', Cb 03, box 35, UJRA collection, CJCA.

[81] 以下に引用されている。Sophie S. to CJC Vancouver office, 20 September 1949, 'J., Dorota, 1948–1958', Cb 03, box 35, UJRA collection, CJCA.

[82] どこかの時点で、ドロタの個人ファイルから資料が削除されたらしい。ドロタの個人ファイルの作成は1958年に終了したが、現在ファイル内に確認できる最後の資料の日付は1949年だからだ。CJCのファイルには、こうした例がよく見られる。個人ファイルの中身のほとんどが削除されているケースもある。こうした理由によりドロタの生涯を追跡できなくなったため、この事件がどんな結末を迎えたのか、彼女が大人になってからそれをどう受け止めたのかを確認することはできなかった。

第4章　家族との再会

[1] 'Form to be used for referring unaccompanied children for immigration to Canada', 1948, B., Isak [pseudonym], 1948–1949, Cb 03, box 32, UJRA collection, CJCA.

[2] 'Report for period from 3 October 1948 to 3 April 1949', B., Isak, 1948–1949, Cb 03, box 32, UJRA collection, CJCA.

[3] Isak B. case file, digital document numbers 78956203 through 78956208 and 109400522 through 109400548, ITS Digital Archive, USHMMA.

[4] Thelma Tessler to Manfred Saalheimer, 11 February 1949, B., Isak, 1948–1949, Cb 03, box 32, UJRA collection, CJCA.

[5] Director of area no. 7, IRO Headquarters, to APO 407 U.S. Army, 5 April 1949, digital document 84173576, ITS Digital Archive, USHMMA.

[6] Rebecca Jinks, *Representing Genocide: The Holocaust as Paradigm?* (London: Bloomsbury, 2016), p. 139.

[7] 本書の調査の対象になった100人のうち、戦時中に両親と別れなかった子どもはわずかしかいない。こうした子どもについては、戦後の生活への移行がスムーズに進む場合もあった。

[8] Daniella Doron, *Jewish Youth and Identity in Postwar France: Rebuilding Family and Nation* (Bloomington, IN: Indiana University Press, 2015), pp. 5–15; Maud Mandel, *In the Aftermath of Genocide: Armenians and Jews in Twentieth-Century France* (Durham, NC: Duke University Press, 2003).

[9] Mary Fraser Kirsh, 'The Lost Children of Europe: Narrating the Rehabilitation of Child Holocaust Survivors in Great Britain and Israel', unpublished PhD thesis (University of Wisconsin-Madison, 2012), p. 2.

定めている。つまりCJCは事実上、ケースワーク・モデルの訓練を受けた社会福祉士を雇って孤児の世話をする必要があった。ちなみに、この専門的な社会福祉機関に関する要請は、1947年枢密院令にはあるが、もとの1942年枢密院令にはない。これは、戦後に児童保護の基準が大きく変わったことを示唆している。

[58] Manfred Saalheimer to Ruth and William Hirsch, Ca Subject Files (FOR-MED), box 26, 'Homes, Prospective 1947–1949', UJRA, CJCA.

[59] Ca Subject Files (FOR-MED), box 26, 'Homes, Prospective 1947–1949', UJRA, CJCA. この事業による養子縁組について尋ねてきた家族のなかには、終戦から3年が過ぎてもなお、幼児に対する好みを訴える人たちがいた。こうした事実から、ヨーロッパの状況がおぼろげにしか理解されていなかったことがわかる。以下も参照。Manfred Saalheimer, 'Bringing Jewish Orphan Children to Canada', *Canadian Jewish Review*, 5 December 1947, pp. 7 and 82.

[60] *Peterborough Evening Examiner*, 14 November 1947.

[61] イギリスのキンダートランスポート事業の対象になった子どもたちの里親に関する問題については、以下を参照。Judith Tydor Baumel, *Never Look Back: The Jewish Refugee Children in Great Britain, 1938–1945* (West Lafayette, IN: Purdue University Press, 2012). CJCはこの事業のため、プリーンやヴァルテンベルクにあった児童センターや、ハイデルベルクの近くにあったアグラスターハウゼン国際児童センターを主に利用した。ヨーロッパの現地には3人のスタッフ（エセル・オストリー、マンフレッド・ザールハイマー、ロッティー・レヴィンソン）しか派遣していなかったため、子どもの聞き取り調査や個人ファイルの作成については、ほかの機関（JDC、IRO、OSEなど）に大幅に頼っていた。この点については、以下を参照。Burgard, '"Une Nouvelle Vie dans un nouveau pays"', pp. 145–74. UNRRAの児童センターについては、以下を参照。Verena Buser, 'Displaced Children: 1945 and the Child Tracing Division of the United Nations Relief and Rehabilitation Administration', *The Holocaust in History and Memory*, 7 (2014), pp. 109–23; and Taylor, *In the Children's Best Interests*, pp. 60–9.

[62] 'Rejections, Prien and Wartenberg', 1948, box Cb 01, UJRA, CJCA.

[63] 以下に引用されている。Lappin, *The Redeemed Children*, p. 49.

[64] 同上, p. 37. 私がCJCの文書史料を調べたところ、1935年から1944年までの間に生まれた子どものファイルは67件しか見つからなかった。この事業で、ハリファックスに子どもたちが最初に到着したのは1947年9月13日、最後に到着したのは1952年3月10日だった。

[65] Lappin, *The Redeemed Children*, p. 53.

[66] 同上, p. 60.

[67] 同上, p. 56.

[68] 同上, p. 85; 'Outline for Homefinding Committee', 1948, file 'Home Finding Committee, emergency 1948', box 26, Ca Subject Files (FOR-MED), UJRA collection, CJCA.

[69] Greta Fischer, 'The Refugee Youth Program in Montreal, 1947–1952', unpublished Masters thesis in social work (McGill University, 1955).

[70] Lappin, *The Redeemed Children*, p. 745.

[71] 'Z., Freda, 1948–9', Cb 03, UJRA collection, CJCA.

[72] 'R., Tomas, 1949–1952', Cb 03, UJRA collection, CJCA.

[73] 'J., Marcel' (pseudonym), Cb 03, UJRA collection, CJCA. マルツェルが「同伴保護者のいない子ども」であることは、ラヘル・ロッタースマンが確認した。アグラスターハウゼン児童センターのセンター長だったロッタースマンは、UNRRAに代わり、同伴保護者のいない子どもの親類の捜

de l'après-guerre dans les Maisons de l'OSE (Paris: Somogy Editions d'Art, 2012), p. 17.

[52] Mary Fraser Kirsh, 'The Lost Children of Europe: Narrating the Rehabilitation of Child Holocaust Survivors in Great Britain and Israel', unpublished PhD thesis (University of Wisconsin-Madison, 2012), p. 134. イギリスの事業については、以下も参考になる。Martin Gilbert, *The Boys: The Story of 732 Young Concentration Camp Survivors* (London: Weidenfeld & Nicolson, 1996).

[53] CBF committee meeting minutes, 15 November 1945, reel 37, file 198/6; CBF committee meeting minutes, undated but after 4 December 1945, reel 37, file 198/11, Wiener Library.

[54] オーストラリアが1950年までに目標を達成できたのは、年齢制限を当初は16歳まで、その後さらに21歳まで上げたからでもある。AJWSは1945年からキャンプで子どもを探していたが、最初の子どもたちがオーストラリアにやって来たのは、1948年1月になってからだった。そのころになるとJDCの予算が削減され、OSEもオーストラリアの事業に適した子どもを選別する作業に手を貸さざるを得なくなったからだ。カナダの事業については、CJCのファイルを見ても、のちの歴史家の研究を見ても、カナダに連れてこられた子どもの総数が一致しない。CJCは、1947年から1952年までの事業期間中の公式の数字として、1116人の「孤児」を受け入れたと発表しているが、のちの同機関の統計には「1200人以上のユダヤ人孤児」とある。のちの歴史家の調査では、1121人としているものもあれば (Burgard, '"Une Nouvelle Vie dans un nouveau pays"', p. 39)、1123人としているものもある (Fraidie Martz, *Open Your Hearts: The Story of the Jewish War Orphans in Canada* [Montreal: Véhicule Press, 1996]; and Goldberg, *Holocaust Survivors in Canada*)。1959年にCJCの各支部がまとめた数字によれば、総数は1275人である。以下を参照。Lappin to Saalheimer, 20 July 1959, CA box 71, folder 659, 'Study on war orphans', UJRA collection, CJCA.

[55] USCOMの季刊誌《オーファンズ・オブ・ザ・ストーム》の1947年12月号を参照。幼い子どもの大半は、ITSの児童調査部がナチスのゲルマン化センターから連れてきた、ユダヤ人でない「レーベンスボルン」〔ナチ・ドイツがドイツ民族の人口増加と純血性の確保を目的として設立した親衛隊女性福祉施設〕の子どもたちだった。USCOMについては、以下を参照。Michal Ostrovsky, '"We Are Standing By": Rescue Operations of the United States Committee for the Care of European Children', *Holocaust and Genocide Studies*, 29:2 (2015), pp. 230–50. 1948年難民法の影響については、以下を参照。Leonard Dinnerstein, *America and the Survivors of the Holocaust* (New York: Columbia University Press, 1982), p. 288. 以下も参考になる。Mark Wyman, *DPs: Europe's Displaced Persons* (New York: Cornell University Press, 1998); Haim Genizi, *America's Fair Share: The Admission and Resettlement of Displaced Persons, 1945–1952* (Detroit, MI: Wayne State University Press, 1993); and Beth B. Cohen, 'American Jews and Holocaust Survivors, 1946–54', in Patt and Berkowitz, *We Are Here*.

[56] カナダの事例については、以下が参考になる。Irving Abella and Harold Troper, *None Is Too Many: Canada and the Jews of Europe, 1933–1948* (Toronto: University of Toronto Press, 2012); Franklin Bialystok, *Delayed Impact: The Holocaust and the Canadian Jewish Community* (Montreal: McGill-Queen's University Press, 2000); Burgard, '"Une Nouvelle Vie dans un nouveau pays"'; Martz, *Open Your Hearts; and Goldberg, Holocaust Survivors in Canada*.

[57] 1947年枢密院令は、以下に掲載されている。Lappin, *The Redeemed Children*, p. 12. 連邦政府はさらに、子どもは正式な認可を受けた社会福祉機関が世話をしなければならないと

by the Jewish Community of Canada (Toronto: University of Toronto Press, 1963), p. 15.

[44] 同上, p. 16; Margarete Myers Feinstein, 'Jewish Observance in Amalek's Shadow: Mourning, Marriage and Birth Rituals among Displaced Persons in Germany', in Patt and Berkowitz, *We Are Here*, p. 276.

[45] Central British Fund committee meeting notes, 12 November 1945, CBF collection, reel 37, Wiener Library.

[46] 以下に引用されている。Rutland, 'A Distant Sanctuary', p. 75.

[47] 戦後のポーランドでは虐殺が何度も起きている。そのなかでも有名なのが、1946年7月に起きたキェルツェの大虐殺で、ホロコースト生存者42人が殺害されたほか、大勢が負傷した。また、ホロコーストを生き延びたユダヤ人の子どもを収容していた養護施設を、ポーランド人民族主義者が意図的に攻撃した例もある。これについては、以下を参照。Karolina Panz, '"They did not want any more Jews there": The Fate of Jewish Orphans in Podhale, 1945–1946', in Borggräfe et al., *Freilegungen*, pp. 93–104. ザコパネのユダヤ人児童養護施設の施設長レナ・クフレルは、こうした攻撃を懸念し、自分が保護していた子どもたちをポーランドから非合法な手段で出国させ、施設にいた全員をパリに移住させた。以下を参照。Lena Kuchler-Silbermann, *My Hundred Children* (London: Souvenir, 1961). この児童養護施設にいた年長の子どもたちは、パリでデヴィッド・ボーダーのインタビューを受けた。ボーダーとは、当時としては唯一、ホロコーストを生き延びた大人や子どもへのインタビューをオープンリール式のテープに記録したリトアニア系アメリカ人学者である。デヴィッド・ボーダーの研究については、以下を参照。Alan Rosen, *The Wonder of their Voices: The 1946 Holocaust Interviews of David Boder* (Oxford: Oxford University Press, 2010); Alan Rosen, '"We Know Very Little in America": David Boder and Un-Belated Testimony', in David Cesarani and Eric Sundquist (eds), *After the Holocaust: Challenging the Myth of Silence* (London: Routledge, 2012), pp. 102–14; Rachel Deblinger, 'David P. Boder: Holocaust Memory in Displaced Persons Camps', in Cesarani and Sundquist (eds), *After the Holocaust*, pp. 115–26; and Donald L. Niewyk (ed.), *Fresh Wounds: Early Narratives of Holocaust Survival* (Chapel Hill, NC: University of North Carolina Press, 1998). ボーダーのインタビューは以下のサイトに掲載・翻訳されている。https://iit.aviaryplatform.com/collections/231 (2020年6月3日にアクセス).

[48] イスラエルは1948年5月に建国されたが、モリス・ラウブの記述によれば、イギリスは1949年まで、「戦える世代」のユダヤ人移民をキプロスに収容し続けていたという。以下を参照。Morris Laub, *Last Barrier to Freedom: Internment of Jewish Holocaust Survivors on Cyprus, 1946–1949* (Jerusalem: Magnes Press, 1985).

[49] 戦後、7万2000人から10万人のユダヤ人難民がアメリカに、10万人から12万人のユダヤ人難民がイスラエルに移住した。カナダへの移住者は、アダラ・ゴールドバーグの推計によれば3万5000人である。以下を参照。Adara Goldberg, *Holocaust Survivors in Canada: Exclusion, Inclusion, Transformation, 1947–1955* (Winnipeg: University of Manitoba Press, 2015). オーストラリアでは、スザンヌ・ラットランドの記述によれば、主に戦後の移住により、わずかだったユダヤ人人口は1961年までに3倍になり、6万1000人に増えたという。以下を参照。Rutland, 'A Distant Sanctuary', p. 72.

[50] IROは1948年に正式な組織となったが、実際には1946年4月に準備委員会により設立されていた。だが、この組織も1952年には活動を停止し、国連難民高等弁務官事務所に置き換えられ、現在に至っている。

[51] JDCの予算削減がOSEに与えた影響については、以下を参照。Katy Hazan, Les *Enfants*

pp. 30–40.

[31] 1946年には、JDCはフランスのユダヤ人組織の予算の70パーセントを提供し、4万人以上のユダヤ人を支援していた。以下を参照。Laura Hobson Faure, *Un 'Plan Marshall juif': La présence juive américaine en France après la Shoah, 1944–1954* (Paris: Armand Colin, 2013).

[32] Antoine Burgard, '"Une Nouvelle Vie dans un nouveau pays": Trajectoires d'orphelins de la Shoah vers le Canada (1947–1952)', unpublished PhD thesis (Université Lumière Lyon 2, 2017), p. 60; Zahra, *The Lost Children*, p. 12(『失われた子どもたち』).

[33] Zahra, *The Lost Children*, p. 12(『失われた子どもたち』).「侵入者」については、以下が参考になる。Zeev Mankowitz, *Life Between Memory and Hope* (Cambridge: Cambridge University Press, 2009); ブリハについては、以下を参照。Yehuda Bauer, *Flight and Rescue: Brichah* (Jerusalem: Magnes Press, 1970).

[34] Susanne Urban, 'Unaccompanied Children and the Allied Child Search', in Simone Gigliotti and Monica Tempian (eds), *The Young Victims of the Nazi Regime: Migration, the Holocaust, and Postwar Displacement* (London: Bloomsbury, 2016), p. 280.

[35] Burgard, '"Une Nouvelle Vie dans un nouveau pays"', p. 54.

[36] この問題、および1945年8月のハリソン報告に対処するため、UNRRAはドイツのアメリカ軍占領地域(主にミュンヒェン周辺)にユダヤ人専用の難民キャンプを設立した。その最初のキャンプが、かつてのヒトラー・ユーゲントのキャンプ地に設営されたフェルダフィング、最大のキャンプがフェーレンヴァルトである。

[37] 精神科医のポール・フリードマンが、キプロスに抑留されている子どもたちの苦境に関心を寄せていた点については、すでに述べた。以下が、キプロスの拘置施設に抑留されていた子どもたちに関する報告書である。Paul Friedman, 'Cyprus: Psychiatric Report', folder CYP.98, 'Cyprus Operation, 1945–1949', JDC Archives.

[38] 'Report on Jewish Infiltree Children', 1946, folder 7.27, Rachel Greene Rottersman papers, USHMMA. 以下も参照。Taylor, *In the Children's Best Interests*, ch. 5.

[39] Urban, 'Unaccompanied Children', p. 290.

[40] UNRRAの年齢制限については、以下を参照。Susanne Urban, '"More Children Are to Be Interviewed": Child Survivors' Narratives in the Child Search Brach Files', in Henning Borggräfe, Akim Jah, Nina Ritz, and Steffen Jost, with Elisabeth Schwabauer (eds), *Freilegungen: Rebuilding Lives – Child Survivors and DP Children in the Aftermath of the Holocaust and Forced Labour* (Göttingen: Wallstein Verlag, 2017), p. 71. 身体的・精神的に障害があるように見える子どもは、これらの事業の対象外となった。障害や除外については、以下を参照。Ruth Balint, 'Children Left Behind: Family, Refugees and Immigration in Postwar Europe', *History Workshop Journal*, 82 (August 2016), pp. 151–72. 南アフリカの事業は結局、目標の400人を達成できなかった。この事業については、以下を参照。Suzanne D. Rutland, 'A Distant Sanctuary: Australia and Child Holocaust Survivors', in Gigliotti and Tempian (eds), *The Young Victims*, p. 78.

[41] Doron, *Jewish Youth*, p. 84.

[42] Jacques Bloch, 'The Jewish Child in Europe: Rehabilitation work of the OSE', *Jewish Chronicle*, 6 November 1948.

[43] Ben Lappin, *The Redeemed Children: The Story of the Rescue of War Orphans*

る。以下を参照。Catherine Poujol, *L'Affaire Finaly: Les enfants cachés* (Paris: Berg International, 2006). ドロンもまた、この事件の概要やその意味を紹介していて参考になる。Doron, *Jewish Youth*, pp. 68–73.

[20] *Jewish Chronicle*, 5 September 1947. ほかの西ヨーロッパ諸国とは違い、オランダ当局は、戦後孤児となったユダヤ人の子どもを親類に返すことを重視せず、ユダヤ人孤児は国が保護すべきだと主張した。つまり、ホストファミリーは事実上、オランダで子どもの養育を希望すれば、公的支援を受けられる可能性が高かった。以下を参照。Joel S. Fishman, 'Jewish War Orphans in the Netherlands: The Guardianship Issue, 1945–1950', *Wiener Library Bulletin*, 27 (1973–4), pp. 31–6. ルート・ヘラーのような事例は珍しくない。本書のためにインタビューした子どもの1人ローベルト・Tは、戦後も戦時中のホストファミリーの家庭にいたが、1947年に祖父が引き取りに来た。祖父は6歳のローベルトとともにオランダを離れようとしたが拘束され、ローベルトはオランダに連れ戻され、児童養護施設に入れられた。この事件は、オランダの全国メディアでも地方メディアでも広く報じられた。以下を参照。*Het Vrije Volk*, 18 July 1947; *Nieuwe Leidsche Courant*, 18 July 1947; and *Leidsche Courant*, 18 July 1947. これらの記事のコピーを提供してくれたローベルトと娘のミリアムに感謝する。

[21] *Jewish Chronicle*, 8 April 1951.

[22] *New York Times*, 18 November 1949.

[23] 支援機関のスタッフも内々では、「行方不明の子どもたち」に関する統計が誇張されていることを認めていたが、それを公にするのをためらった。この問題が一般の人々の関心を集めており、JDCのような主要支援機関が活動資金を集めるにはそのほうが都合がよかったからだ(こうした機関の活動は、ユダヤ人抗議連合への寄付に全面的に支えられていた)。実際、「行方不明の子どもたち」の問題により献金額が増えたため、この問題の規模が実際にはさほど大きくないことを支援機関も認めにくかった。以下を参照。Doron, *Jewish Youth*, p. 65; and Poujol, *Les enfants cachés*, p. 29.

[24] Paulette Szabason Goldberg, *Just Think It Never Happened* (Victoria, Australia: Makor Jewish Community Library, 2002).

[25] 同上, pp. 34–5. こうした劇的な誘拐の物語を読むと、記憶違いなのではないかと思いたくなるかもしれない。実際、こうした形の引き取りは、子どもたちには何の説明もなく突然行われたように感じられるため、それを誘拐として記憶している場合もあるかもしれない。だが、ユダヤ人支援機関が実際にこうした形で、非ユダヤ人のホストファミリーから子どもを誘拐していたことを示す証拠は、公文書館にいくらでもある。以下を参照。Doron, *Jewish Youth*, p. 77.

[26] Paul Friedman, 'The Road Back for the DPs: Healing the Psychological Scars of Nazism', *Commentary*, 1 December 1948.

[27] イヴァン・ジャブロンカが指摘しているように、ホロコーストを生き延びた子どもたちの戦後の歴史は国境を越える場合が多い。以下を参照。Ivan Jablonka, 'Introduction', in idem (ed.), *L'Enfant-Shoah* (Paris: Presses Universitaires de France, 2014), pp. 11–30.

[28] 1945年から1950年代半ばまでの間に、国際捜索局は行方不明の子どもの捜索要請を35万件近く受けた。以下を参照。Keith Lowe, *Savage Continent: Europe in the Aftermath of World War II* (London: Viking, 2012), p. 27〔邦訳は『蛮行のヨーロッパ——第二次世界大戦直後の暴力』キース・ロウ著、猪狩弘美・望龍彦訳、白水社、2019年〕.

[29] Avinoam J. Patt, 'Introduction', in Avinoam J. Patt and Michael Berkowitz (eds), *We Are Here: New Approaches to Jewish Displaced Persons in Postwar Germany* (Detroit, MI: Wayne State University Press, 2010), p. 3.

[30] Lynn Taylor, *In the Children's Best Interests: Unaccompanied Children in American-Occupied Germany*, 1945–1952 (Toronto: University of Toronto Press, 2017),

[7] 'Report on Robert B.', 14 July 1950, Cb 03 (Robert B.), UJRA records, CJCA.

[8] Joseph Schwartz, 'Jewish Children in Europe To-day', *New York Times*, 1 October 1948.

[9] Tara Zahra, *The Lost Children: Reconstructing Europe's Families after World War II* (Cambridge, MA: Harvard University Press, 2011), p. 13（『失われた子どもたち』）.

[10] 「同伴保護者のいない子ども」のなかには、こうした海外の支援機関による事業を通じて移住した子どものほか、こうした事業とは別に、家族や親類が暮らす国に移住した子どもも多かった。だがこれらの国に、受け入れた移住者がユダヤ人かどうかを判断できる記録がないため、ホロコーストを生き延びた子どもが戦後に海外へどれだけ移住したのか、具体的な数字を示すのは難しい。

[11] 断定的な数字は提示できないが、ほかの国に比べ、フランスにかくまわれていた子どもがいちばん多かったと思われる。戦時中にはおよそ1万人の子どもたちが、フランスのキリスト教徒（おもにカトリック）のホストファミリーや施設にかくまわれており、その大半が戦争を生き延びた。フランスでホロコーストを生き延びた子どもの総数は3万人のため、かくまわれていた子どもはそのおよそ3分の1に相当する。以下を参照。Daniella Doron, *Jewish Youth and Identity in Post-war France: Rebuilding Family and Nation* (Bloomington, IN: Indiana University Press, 2015), p. 12.

[12] 以下に引用されている。同上, p. 85.

[13] 同上, p. 53.

[14] *Jewish Chronicle*, 21 November 1947.

[15] Michael Marrus, 'The Vatican and the Custody of Jewish Child Survivors', *Holocaust and Genocide Studies*, 21:3 (2007), pp. 378–403; Annette Wieviorka, *Déportation et génocide* (Paris: Plon, 1992), p. 390.

[16] Franck Caestecker, 'The Reintegration of Jewish Survivors into Belgian Society, 1943–47', in David Bankier (ed.), *The Jews Are Coming Back: The Return of the Jews to their Countries of Origin after World War II* (Oxford: Berghahn Books, 2005), pp. 72–107.

[17] Doron, *Jewish Youth*, p. 57; Wieviorka, *Déportation*, p. 388; Katy Hazan, 'Récupérer les enfants cachés: Un impératif pour les œuvres juives dans l'après-guerre', *Archives Juives*, 37:2 (2004), pp. 16–31.

[18] 「行方不明の子どもたち」を取り戻す各国での取り組みについては、以下を参照。Diane Wolf, *Beyond Anne Frank: Hidden Children and Postwar Families in Holland* (Berkeley, CA: University of California Press, 2007)（『「アンネ・フランク」を超えて』）; and Joel S. Fishman, 'The War Orphan Controversy in the Netherlands: Majority-Minority Relations', in J. Michman and T. Levie (eds), *Dutch Jewish History: Proceedings of the [Second] Symposium on the History of Jews in the Netherlands*, 28 November–3 December 1982, Tel-Aviv/Jerusalem, pp. 421–32（オランダ）; Luc Dequeker, 'Baptism and Conversion of Jews in Belgium, 1939–1945', in Dan Michman (ed.), *Belgium and the Holocaust: Jews, Belgians, Germans* (Oxford: Berghahn Books, 1998), pp. 235–71（ベルギー）; Nahum Bogner, *At the Mercy of Strangers: The Rescue of Jewish Children with Assumed Identities in Poland* (Jerusalem: Yad Vashem, 2009)（ポーランド）.

[19] この裁判は世界的な注目を浴びた。1952年、フランスの裁判所がブランに、子ども2人をイスラエルのおばに返すよう命じると、ブランはそれに対抗し、教会関係者と協力して子ども2人を隠した。1953年6月には複数の修道士が、子どもたちをバスク地方に隠していることを明らかにしてい

Gillis, vice-chair of British branch of the World Jewish Congress), *Jewish Telegraph Agency*, 16 September 1955.

[34] Shafter, 'How DP Children Play'.

[35] *Jewish Chronicle*, 17 October 1947.

[36] Urwin and Sharland, 'From Bodies to Minds', p. 191; Zahra, *The Lost Children*, p. 19(『失われた子どもたち』).

[37] Paul Friedman, 'Cyprus: Psychiatric Report', folder CYP.98, 'Cyprus Operation, 1945–1949', JDC Archives. 以下も参照。'Cyprus Camp for Jewish Kids Seen as a Psychological Limbo', *New York Times*, 5 November 1947.

[38] Friedman, 'Cyprus: Psychiatric Report', section 2, p. 7.

[39] Zvi Friedmann, unpublished memoir, p. 29, USHMMA.

[40] このエリ・ヴィーゼルの言葉は、以下に引用されている。Katy Hazan, *Les Orphelins de la Shoah: Les Maisons d'espoir, 1944–1960* (Paris: Belles Lettres, 2000), p. 249.

第3章　引き取られる子どもたち

[1] ハンガリーの労働部隊（徴集されたユダヤ人男性による強制労働組織）については、ランドルフ・ブラハムの以下の著作を参照。Randolph Braham, *The Hungarian Labor Service System, 1939–1945* (New York: Columbia University Press, 1977); *The Politics of Genocide: The Holocaust in Hungary* (New York: Columbia University Press, 1981); and *The Wartime System of Labor Service in Hungary: Varieties of Experience* (Boulder, CO: Rosenthal Institute for Holocaust Studies, 1995).

[2] ハンガリーの占領については、上記のランドルフ・ブラハムの著作のほか、以下も参考になる。David Cesarani (ed.), *Genocide and Rescue: The Holocaust in Hungary, 1944* (Oxford: Berg, 1997). 1944年にはブダペストに、中立国や中立機関の大使館の保護下にある隠れ家が数多く設置されていた。そのなかには、子ども専用の隠れ家もたくさんあった（国際赤十字の援助を受けていたものもあれば、宗教団体やシオニスト団体が運営していたものもある）。以下を参照。Robert Rozett, 'International Intervention: The Role of Diplomats in Attempts to Rescue Jews in Hungary', in Randolph Braham (ed.), *The Nazis' Last Victims: The Holocaust in Hungary* (Detroit, MI: Wayne State University Press, 1998), pp. 137–52.

[3] この部分とその後の引用は、以下による。Interview with Robert Z. (born Robert B.), 14 December 1995, interviewer Cheryl Wetstein, USC Shoah Foundation Visual History Archive.

[4] 本書に登場するほかの子ども同様ローベルトも、OSEが運営するフランスの児童養護施設で渡航を待っていた。この場合は、セーヌ＝エ＝オワーズ県のレ・グリシーヌにあった施設である。

[5] 'Report on Robert B.', 14 July 1950, Cb 03 (Robert B.), UJRA records, CJCA.

[6] 子どもの心理的トラウマと夜尿症との関係に関する当時の認識については、以下を参照。Amanda Jane Jones, *Bringing Up War Babies: The Wartime Child in Women's Writing and Psychoanalysis at Mid-Century* (London: Routledge, 2018), pp. 130–2. 最近の見解については、たとえば以下が参考になる。William Lane M. Robson and Alexander K. C. Leung, 'Secondary Nocturnal Enuresis', *Clinical Pediatrics*, 39:7 (2000), pp. 379–85; and Tal Eidlitz-Markus, Avinoam Shuper, and Jacob Amir, 'Secondary Enuresis: Post-Traumatic Stress Disorder in Children after Car Accidents', *Israeli Medical Association Journal (IMAJ)*, 2 (2000), pp. 135–7.

Children, p. 10.

[20] Maxwell Luchs to AJDC Paris, 7 June 1946, digital document NY AR 45-54 00205 0920, JDC Archives.

[21] Paul Friedman, 'Psychiatric Report', 18 September 1947, folder CYP.98, 'Cyprus Operation, 1945–1949', JDC Archives. フリードマンはまた、この報告書の主な内容を《コメンタリー》誌に発表している。Paul Friedman, 'The Road Back for the DPs: Healing the Psychological Scars of Nazism', *Commentary*, 1 December 1948.

[22] Friedman, 'The Road Back for the DPs'.

[23] 同上。

[24] Shapira, *The War Inside*, p. 1.

[25] 育児に関する助言が身体から心へと変化した件については、以下も参照。Cathy Urwin and Elaine Sharland, 'From Bodies to Minds in Childcare Literature: Advice to Parents in Inter-War Britain', in Roger Cooter (ed.), *In the Name of the Child: Health and Welfare in England, 1880–1940* (New York: Routledge, 1992), pp. 174–99. JDCはアンナ・フロイトの助言を受け、難民キャンプの子どもの調査をポール・フリードマンに委託していた。以下を参照。William Schmidt to Paul Friedman, 8 June 1946, digital document NY AR 45-54 00205 0915, JDC Archives.

[26] Urwin and Sharland, 'From Bodies to Minds', p. 191. 以前にも、「感情」重視のアプローチを推進していた専門家がいなかったわけではない。たとえば、精神分析学者のスーザン・アイザックスは、1920年代から1930年代にかけて、子どもの感情を利用する精神力動的アプローチを採用していた。それでも、イギリスなどの英語圏では、衛生重視のアプローチが依然絶大な影響力を維持していた。戦争という大事件を経て、考え方が変わったのである。

[27] ポール・フリードマンが「精神衛生」運動を支持していた点については、以下を参照。William Schmidt to Paul Friedman, 14 June 1946, digital document NY AR 45-54 00024 0847, JDC Archives.

[28] Summary of volunteers' discussions, HA 2-5/10/11, MFDoc 052, Rose Henriques Archive, Wiener Library.

[29] ちなみにポール・フリードマンは、子どもに関する報告書のなかで遊びの問題にはほとんど触れなかった。ところが、1947年に報告書が公表された際には、以下のような報道が広く行われた。「その記述によれば、強制収容所から解放された子どもたちは遊び方を知らなかった。子どもたちにおもちゃを与えても、それをどうすればいいのかわからないようだったという」(たとえば、1947年2月11日付の《ニューヨーク・タイムズ》紙を参照)。大人たちは、戦時中の子どもたちの遊びにも困惑していた。以下を参照。Nicholas Stargardt, *Witnesses of War: Children's Lives under the Nazis* (London: Pimlico, 2006), pp. 174–8; and Patricia Heberer, *Children during the Holocaust* (Lanham, MD: AltaMira Press, 2011), pp. 284–90.

[30] Toby Shafter, 'How DP Children Play', *Congress Weekly*, 26 March 1948.

[31] メラニー・クラインやアンナ・フロイトらは10年以上にわたり、遊びは子どもの心や精神の状態を示していると主張していた。特にクラインは、大人の精神分析に自由連想が利用されるように、子どもの精神分析には遊びが利用できると考えていた。このアイデアは、当初はほかの精神分析学者から大いに批判されたが、いまも児童の精神分析で効果的に利用されている。以下を参照。Shapira, *The War Inside*, p. 90.

[32] 「若者の非行」の問題が冷戦時代に幅広い影響を及ぼしたことは言うまでもない。社会学者スタンリー・コーエンの古典的著作を参照。Stanley Cohen, *Folk Devils and Moral Panics* (London: MacGibbon and Kee, 1972).

[33] 'Rescuing 150,000 Children from Delinquency' (report on a speech by Bernard B.

[5] Hemmendinger, 'Readjustment of Young Concentration Camp Survivors'. ブーヘンヴァルトの少年たちとエマンダンジェとの交流については、以下も参照。Alex Grobman, *Rekindling the Flame: American Jewish Chaplains and the Survivors of European Jewry, 1944–1948* (Detroit, MI: Wayne State University Press, 1993); Daniella Doron, *Jewish Youth and Identity in Postwar France: Rebuilding Family and Nation* (Bloomington, IN: Indiana University Press, 2015), ch. 4; Katy Hazan and Eric Ghozian (eds), *A la Vie! Les enfants de Buchenwald, du shtetl à l'OSE* (Paris: Fondation pour la mémoire de la Shoah, 2005); Judith Hemmendinger, *Survivors: Children of the Holocaust* (Bethesda, MD: National Press, 1986), and Tara Zahra, *The Lost Children: Reconstructing Europe's Families after World War II* (Cambridge, MA: Harvard University Press, 2011), pp. 114–16(『失われた子どもたち』).

[6] 同上, p. 4.

[7] 同上, pp. 4–7.

[8] Phyllis Bottome, 'The Jewish Child', *The Jewish Chronicle*, 31 October 1947.

[9] Michal Shapira, *The War Inside: Psychoanalysis, Total War, and the Making of the Democratic Self in Postwar Britain* (Cambridge: Cambridge University Press, 2013).

[10] 社会福祉事業の歴史については、以下を参照。John Ehrenreich, *The Altruistic Imagination: A History of Social Work and Social Policy in the United States* (Ithaca, NY: Cornell University Press, 1985); and Roy Lubove, *The Professional Altruist: The Emergence of Social Work as a Career, 1870–1930* (Cambridge, MA: Harvard University Press, 1965).

[11] 'They Learn to Be Children Again', *John Bull*, 9 October 1948.

[12] Anna Freud and Sophie Dann, 'An Experiment in Group Upbringing', *The Psychoanalytic Study of the Child*, vol. VI (New York: International Universities Press, 1951), pp. 127–68.

[13] Alice Bailey, *The Problems of the Children in the World Today* (New York: Lucis, 1946). 以下に引用されている。Zahra, *The Lost Children*, p. 10(『失われた子どもたち』).

[14] 解放されたブーヘンヴァルト強制収容所やベルゲン・ベルゼン強制収容所に関する出版メディアの報道、ニュース映画、ラジオ報道については、以下を参照。Joanne Reilly, *Belsen: The Liberation of a Concentration Camp* (London: Routledge, 1998), ch. 3.

[15] イギリスの「戦争孤児救護事業」については、以下を参照。Martin Gilbert, *The Boys: The Story of 732 Young Concentration Camp Survivors* (London: Weidenfeld & Nicolson, 1996); and Mary Fraser Kirsh, 'The Lost Children of Europe: Narrating the Rehabilitation of Child Holocaust Survivors in Great Britain and Israel', unpublished PhD thesis, University of Wisconsin-Madison, 2012.

[16] Reilly, *Belsen*, ch. 3.

[17] Margot Hicklin, *War-Damaged Children: Some Aspects of Recovery* (London: Association of Psychiatric Social Workers, 1946).

[18] 同上。

[19] ちなみにヒックリンは、自分が世話していた子どもたちがテレージエンシュタットから来たことを間違いなく知っていながら、彼らのことを「ベルゲン・ベルゼンやブーヘンヴァルト、アウシュヴィッツから来た子どもたち」と記している。これらの収容所の名前は「ニュルンベルク裁判で毎日取り上げられていた」ため、そのほうが読者になじみがあったからである。Hicklin, *War-Damaged*

[48] Nikolaus Wachsmann, *KL: A History of the Nazi Concentration Camps* (London: Abacus, 2016), p. 356.
[49] Helena Kubica, 'Children', in Yisrael Gutman and Michael Berenbaum, *Anatomy of the Auschwitz Death Camp* (Bloomington, IN: University of Indiana Press, 1994), p. 413.
[50] 同上, p. 413.
[51] 同上, p. 414. 以下も参照。Nili Keren,'The Family Camp', in Gutman and Berenbaum, *Anatomy of the Auschwitz Death Camp*, pp. 428–40.
[52] Wachsmann, *KL*, p. 359.
[53] Stargardt, *Witnesses to War*, p. 222. わずかばかりいた双子（あるいは双子に見えるきょうだい）は、ヨーゼフ・メンゲレらが医学的な実験を行っていた病棟に送られた。一部の子どもは何らかの手だてがあって、ヨーロッパ各地から送られてきた非ユダヤ系の子どもたちと一緒に、児童収容棟に残った。そこには1943年9月以降、ソ連の占領地域から送られてきた民間人とともに到着した子どもが大勢いた。それについては、以下も参照。Kubica, 'Children', p. 422.
[54] Stargardt, *Witnesses to War*, p. 227. シビルの母親もおばもおじも全員生還した。
[55] Kubica, 'Children', p. 424. 収容所の解放直後、ソ連の医療団が、そこにいた生後6カ月から14歳までの子ども180人を診察している。その報告によると、子どもの大半が病気を患っており、60パーセントがビタミン不足、40パーセントが結核と診断された。ほとんどの子どもが1944年の後半にアウシュヴィッツに連れてこられ、まだそこで数カ月しか過ごしていないにもかかわらず、全員が5～17キログラムも体重が不足していたという。
[56] Interview with Sybil H., Kestenberg Archive.
[57] 興味深いことに、シビルとヴァラは1945年以来会っていないにもかかわらず、2人ともこのパンのエピソードをよく覚えていた。1985年、精神分析学者のジュディス・ケステンバーグがワルシャワに住んでいたヴァラの居所を突き止めて話を聞くと、ヴァラは、収容所が解放されたときにシビルがパンの塊をまるごと持ってきた話をした。そのパンをどこで手に入れたのか尋ねると、シビルは「自分で『手配』した」と答えたという。「手配」とは、収容所の隠語で「略奪」を意味する。Interview with Wala D., 27 July 1985, interviewer Judith Kestenberg, Kestenberg Archive of Testimonies of Child Holocaust Survivors, Hebrew University of Jerusalem Archives.「手配」という隠語については、以下を参照。Stargardt, *Witnesses to War*, p. 365.
[58] ヴァラの記憶によれば、シビルはまだ4歳にもなっていなかったが、児童収容棟にはもっと幼い子もいたという。
[59] Interview with Sybil H., Kestenberg Archive.

第2章　大人の視点

[1] Judith Hemmendinger and Robert Krell, *The Children of Buchenwald* (Jerusalem: Gefen Publishers, 2000).
[2] Naomi Seidman, 'Elie Wiesel and the Scandal of Jewish Rage', *Jewish Social Studies*, 3:1 (1996), pp. 1–19, here p. 8.
[3] Judith Hemmendinger, *Revenus du néant* (Paris: L'Harmattan, 2002), pp. 7–10.
[4] Judith Hemmendinger, 'Readjustment of Young Concentration Camp Survivors through a Surrogate Family Experience' (paper from Third International Conference on Family Therapy, Jerusalem, 1979), no pp. 以下も参照。Eugène Minkowski, *Les Enfants de Buchenwald* (Geneva: Union OSE, 1946).

[24] Interview with Cecile S. (born H.), 25 October 1988, interviewers Bernard Weinstein and Selma Dubnick (Kean College Oral History Project), Fortunoff Video Archive for Holocaust Testimonies, Yale University Library.

[25] ICE, *Switzerland and Refugees*, p. 122.

[26] この証言およびのちに記載する証言は以下による。Interview with Cecile S. (born H.), FVA.

[27] Doc. 239, 'Jewish Refugee Records', RG-58.001 M.0384, USHMMA.

[28] 同上。

[29] 同上、および 'Cecile and Esther R.', 'Case files from the Schweizer Hilfswerk für Emigrantenkinder', J.255, RG-58.003M, USHMMA.

[30] Interview with Cecile S. (born H.), FVA.

[31] Interview with Litzi H. (born S.), USC Shoah Foundation VHA.

[32] Interview with Litzi H. (born S.), USC Shoah Foundation VHA; interview with Denny M., 31 July 1997, interviewer Miriam Feldman-Rosman, USC Shoah Foundation VHA.

[33] テレージエンシュタットについては、以下を参照。Tara Zahra, *The Lost Children: Reconstructing Europe's Families after World War II* (Cambridge, MA: Harvard University Press, 2011), pp. 78–87(『失われた子どもたち』), and Nicholas Stargardt, *Witnesses of War: Children's Lives under the Nazis* (London: Pimlico, 2006).

[34] Interview with Denny M., USC Shoah Foundation VHA.

[35] Stargardt, *Witnesses of War*, pp. 197–228.

[36] Sarah Moskovitz, *Love Despite Hate: Child Survivors of the Holocaust and their Adult Lives* (New York: Schocken Books, 1983), p. 11.

[37] Martin Gilbert, *The Boys: The Story of 732 Young Concentration Camp Survivors* (London: Weidenfeld & Nicolson, 1996), p. 236.

[38] Zahra, *The Lost Children*, p. 86(『失われた子どもたち』); and H. G. Adler, *Theresienstadt, 1941–1945: The Face of a Coerced Community* (Cambridge: Cambridge University Press, 2017), p. 315.

[39] Interview with Peter D. (born B.), 27 May 1984, interviewer Sarah Moskovitz, Kestenberg Archive of Testimonies of Child Holocaust Survivors, Hebrew University of Jerusalem Archives.

[40] 同上。

[41] 同上。

[42] Dwork, *Children with a Star*, p. 157(『星をつけた子供たち』).

[43] Mark Mazower, *Hitler's Empire: Nazi Rule in Occupied Europe* (London: Allen Lane, 2008).

[44] Stargardt, *Witnesses to War*, p. 183.

[45] Nechama Tec, *Jewish Children Between Protectors and Murderers* (Washington, DC: USHMM, 2005), p. 8.

[46] Interview with Sybil H., 2 August 1985, interviewer Judith Kestenberg, Kestenberg Archive of Testimonies of Child Holocaust Survivors, Hebrew University of Jerusalem Archives; 'Alfus CM-1 file', digital documents 78873070_1 to 78873071_4, ITS Digital Archives, USHMMA; 'Esther H. T/D file', digital documents 93106671_1 to 93106689_2, and 'Sybil H. T/D file', digital documents 9351167_1 to 93511695_2, ITS Digital Archives, USHMMA.

[47] Danuta Czech, *Auschwitz Chronicle*, 1939–1945 (New York: Holt, 1997), p. 674.

[13] 潜伏先での子どもの生活については、以下を参照。Susanne Vromen, *Hidden Children of the Holocaust: Belgian Nuns and their Daring Rescue of Young Jews from the Nazis* (Oxford: Oxford University Press, 2010); Diane Wolf, *Beyond Anne Frank: Hidden Children and Postwar Families in Holland* (Berkeley, CA: University of California Press, 2007)〔邦訳は『「アンネ・フランク」を超えて——かくまわれたユダヤの子供達の証言』ダイアン・ローレン・ウルフ著、小岸昭・梅津真訳、岩波書店、2011年〕; Nahum Bogner, *At the Mercy of Strangers: The Rescue of Jewish Children with Assumed Identities in Poland* (Jerusalem: Yad Vashem, 2009); Emunah Gafny, *Dividing Hearts: The Removal of Jewish Children from Gentile Families in Poland in the Immediate Post-Holocaust Years* (Jerusalem: Yad Vashem, 2009); and Mary Fraser Kirsh, 'Remembering the "Pain of Belonging": Jewish Children Hidden as Catholics in Second World War France', in Simone Gigliotti and Monica Tempian (eds), *The Young Victims of the Nazi Regime: Migration, the Holocaust, and Postwar Displacement* (London: Bloomsbury, 2016). OSEなどの支援組織のほか、政党のネットワーク、ユダヤ人スカウトや大学生クラブなどの青年グループ、プロテスタントやカトリックの団体なども、戦時中に子どもをかくまう活動を行っていた。以下を参照。Dwork, *Children with a Star*, p. 35(『星をつけた子供たち』).

[14] この点でオランダは独自の立場を採用していた。戦後孤児となったユダヤ人の子どもの世話を担当した組織は、彼らをホストファミリーから強引に引き離そうとはしなかった。詳細については第3章の注20を参照。

[15] Interview with Maurits C., 9 June 1986, interviewer Debórah Dwork. 以下に引用されている。Dwork, *Children with a Star*, p. 263(『星をつけた子供たち』).

[16] Independent Commission of Experts Switzerland – Second World War (ICE), *Switzerland and Refugees in the Nazi Era* (Bern: BBL, 1999), p. 174.

[17] 以下を参照。Michal Ostrovsky, '"We are standing by": Rescue Operations of the United States Committee for the Care of European Children', *Holocaust and Genocide Studies*, 29:2 (2015), pp. 230–50.

[18] ICE, *Switzerland and Refugees*, p. 167.

[19] ソ連への逃亡およびそこからの帰還については、以下を参照。Mark Edele, Sheila Fitzpatrick, and Atina Grossmann (eds), *Shelter from the Holocaust: Rethinking Jewish Survival in the Soviet Union* (Detroit, MI: Wayne State University Press, 2017).

[20] ICE, *Switzerland, National Socialism, and the Second World War* (final report) (Zurich: Pendo Verlag, 2002). これらの子どものなかにユダヤ人が何人いたかはわかっていない。

[21] Robert Gildea, *Fighters in the Shadows: A New History of the French Resistance* (London: Faber & Faber, 2015), pp. 199–200. 以下も参照。Zeitoun, *Histoire de l'OSE*, pp. 35–60, and Renée Posnanski, *Les Juifs en France pendant la Seconde Guerre Mondiale* (Paris: Hachette, 1997), pp. 409–26.

[22] この政策は1943年末に終わったが、多くの家族は終戦まで再会することはなかった。

[23] SHEKは1933年に設立された戦前からの組織だが、戦時中は国家警察から、親と一緒にスイスの収容所にいる子どもの里親を探すよう委託されていた。終戦までの間に、2500人以上の子どもがSHEKの保護下におかれ、その半数以上が里親に預けられていた。以下を参照。Salome Lienert, *Das Schweizer Hilfswerk für Emigrantenkinder, 1933–1947* (Zurich: Chronos Verlag, 2013); and Sara Kadosh, 'Jewish Refugee Children in Switzerland, 1939–1950', in J. K. Roth and Elisabeth Maxwell (eds), *Remembering for the Future* (London: Palgrave Macmillan, 2001), pp. 1207–23.

Rebuilding Family and Nation (Bloomington, IN: Indiana University Press, 2015), p. 12.

[3] ツィラの経歴については、文書史料およびのちの本人の証言をもとに再構成している。文書史料については、以下を参照。'Zilla C.', RG-43.113M, USHMMA. のちの証言については、以下を参照。Interview with Zilla C., 14 November 1987, interviewer Judith Kestenberg, Kestenberg Archive of Testimonies of Child Holocaust Survivors, Hebrew University of Jerusalem Archives. カトリックの若きフランス人女性ジャクリーヌ・プランディによるツィラの救出劇については、イスラエルのホロコースト記念館〈ヤド・ヴァシェム〉のウェブサイトで詳細を確認できる。http://db.yadvashem.org/righteous/family.html?language=en&itemId=6956109(2020年6月3日にアクセス). ツィラ・Cは2007年に死亡した。

[4] Interview with Zilla C., Kestenberg Archive.

[5] Dwork, *Children with a Star*, p. 257(『星をつけた子供たち』).

[6] ギュール収容所はもともと、スペイン内戦を逃れてきた難民を収容するために1939年に建設されたが、フランスがナチ・ドイツに降伏してから数カ月後の1940年秋、ヴァーグナー=ビュルケル作戦の一環として、ドイツのバーデン地方およびプファルツ地方に住むユダヤ人6500人がそこへ移送されてきた。

[7] フェリーツェとベアーテが収容所から救出される前、両親はアメリカにいる2人のおじに支援を求める手紙を書いている(結局支援は得られなかった)。「子どもたちの状況はきわめて悪い。ベアーテはずいぶん体重が落ちた。みんなひどくやせ細って、もう誰かもわからないぐらいだ。手遅れになる前に何とかしてくれ」。Letter from David, Hugo, and Leopold Z. to Julius Z., 15 December 1940, Felice Z. S. collection, USHMMA.

[8] Interview with Felice Z. S. (born Z.), 2 February 1998, interviewer Rosalie Franks, USC Shoah Foundation VHA.

[9] 同上。

[10] Interview with Felice Z. S. (born Z.), 30 December 1992, interviewer Joni Sue Blinderman, Fortunoff Video Archive for Holocaust Testimony, Yale University Library.

[11] 言うまでもなく、複数のきょうだいや家族より、子ども1人をかくまうほうが簡単だった。子ども1人であれば、親戚だとか、爆撃された地区から避難してきた子だと言えば、疑われることはなかった。それに多くの国では、ある程度幼ければ身分証明書は必要なかった。以下を参照。Dwork, *Children with a Star*, p. 34(『星をつけた子供たち』).

[12] 本書では、「レスキューファミリー(救援家族)」ではなく「ホストファミリー」という言葉を意図的に使っている。ただし、そんな言葉ではもの足りないケースもある。一部の家族の行為は驚くほど勇敢であり、そのような場合には「救援」という言葉のほうがはるかにふさわしいからだ。だが「ホストファミリー」という言葉には、かくまわれた子どもが実際に体験したさまざまな経験を含む幅広い意味がある。ホストファミリーのなかには、命がけでユダヤ人の子どもを守った家族もあれば、守れない家族もあった。厄介者を抱える代わりに報酬を受け取っていた家庭、子どもを無料の働き手として利用していた家庭、危険をよく理解しないまま子どもを受け入れ、事態が悪化するにつれてそれを後悔するようになった家庭もあれば、危険を顧みず自分の子どものように世話をした家庭もある。この最後の例は、ツィラ・Cの世話をしたジャクリーヌ・プランディにも、フェリーツェ・Zの世話をしたジュリエット・パトゥーにもあてはまる。ツィラもフェリーツェものちに、イスラエルのホロコースト記念館〈ヤド・ヴァシェム〉がこの2人の救援者(ここではこの言葉がふさわしい)を「諸国民のなかの正義の人」〔自らの危険を顧みずホロコーストからユダヤ人の命を守った非ユダヤ人を指す称号〕に認定するよう尽力している。ジュリエットとその夫ガストンは1971年(ガストンの死後)に、ジャクリーヌ・プランディは2013年(ツィラが死んでから6年後)に、その称号を得ている。

る役目を担っていたため、それにより危険性が高まる場合もあった。現代の子どもの難民との類似点については、以下を参照。Rebecca Clifford, 'Britain's Response to WWII Child Refugees Puts Modern Society to Shame', *The Conversation*, 8 February 2017.

[9] 以下を参照。Tara Zahra, *The Lost Children: Reconstructing Europe's Families after World War II* (Cambridge, MA: Harvard University Press, 2011)〔邦訳は『失われた子どもたち――第二次世界大戦後のヨーロッパの家族再建』タラ・ザーラ著、三時眞貴子・北村陽子監訳、岩下誠・江口布由子訳、みすず書房、2019年〕, Daniella Doron, *Jewish Youth and Identity in Postwar France: Rebuilding Family and Nation* (Bloomington, IN: Indiana University Press, 2015); Ruth Balint, 'Children Left Behind: Family, Refugees and Immigration in Postwar Europe', *History Workshop Journal*, 82 (2016), pp. 151–72, and the articles in Gigliotti and Tempian (eds), *The Young Victims of the Nazi Regime*.

[10] のちには児童援助協会（OSE）がギュール収容所から子どもを救出する役割を担うことになるが、フェリーツェと姉はそうなる直前に収容所から連れ出された。これについては以下を参照。Laura Hobson Faure, 'Orphelines ou sœurs? Penser la famille juive pendant et après la Shoah', 20 & 21. *Revue d'histoire*, 145 (2020), pp. 91–104. また、以下も参照。Katy Hazan, *Les Orphelins de la Shoah: Les Maisons de l'espoir, 1944–1960* (Paris: Belles Lettres, 2000).

[11] Interview with Felice Z. S. (born Z.), 23 April 1983, interviewer unstated, 'American Gathering of Jewish Holocaust Survivors' collection, RG-50.477*1361, USHMMA.

[12] Interview with Denny M., 31 July 1997, interviewer Miriam Feldman-Rosman, USC Shoah Foundation VHA.

[13] Interview with Nicole D., 10 May 1995, catalogue no. 15431, interviewer Lyn Smith, Imperial War Museum Archive.

[14] 本書では、たとえ記憶していなくても戦争をじかに経験した子どもの人生を検証したかったため、キンダートランスポート事業により戦前にヨーロッパ大陸を離れた子どもは採用しなかった。

[15] 'Lingfield Colony' report, August 1946, Alice Goldberger collection, 2007.423, USHMMA.

[16] Nicholas Stargardt, 'Children's Art of the Holocaust', *Past and Present*, 161 (1998), pp. 191–235. 子どもたちの経歴がもたらす影響については、*Journal of the History of Childhood and Youth* (2008) 第1巻の記事、および以下を参照。Mary Jo Maynes, 'Age as a Category of Historical Analysis: History, Agency, and Narratives of Childhood', *Journal of the History of Childhood and Youth*, 1 (2008), pp. 114–24.

[17] Christine Wells, Catriona Morrison, and Martin Conway, 'Adult Recollections of Childhood Memories: What Details can be Recalled?', *The Quarterly Journal of Experimental Psychology*, 67:7 (2013), pp. 1249–61.

第1章　もう一つの闘いの始まり

[1] OSEの歴史については以下を参照。Sabine Zeitoun, *Histoire de l'OSE: de la Russie tsariste à l'occupation en France* (Paris: L'Harmattan, 2010). また、以下も参考になる。Debórah Dwork, *Children with a Star: Jewish Youth in Nazi Europe* (New Haven, CT: Yale University Press, 1991), pp. 55–65（『星をつけた子供たち』）.

[2] 戦時中は、フランスにいた8000人から1万人のユダヤ人児童がホストファミリーにかくまわれていた。以下を参照。Daniella Doron, *Jewish Youth and Identity in Postwar France:*

原注

序章

[1] Interview with Litzi H. (born S.), 27 March 1995, interviewer Vanessa Ring, USC (University of Southern California) Shoah Foundation Visual History Archive.

[2] ‘Lingfield Colony’ report, August 1946, Alice Goldberger collection, 2007.423, USHMMA.

[3] 最近になって、ホロコースト中やホロコースト後の子どもたちに関する書籍が数多く出版されている。たとえば、以下を参照。Simone Gigliotti and Monica Tempian (eds), *The Young Victims of the Nazi Regime: Migration, the Holocaust, and Postwar Displacement* (London: Bloomsbury, 2016); Henning Borggräfe, Akim Jah, Nina Ritz, and Steffen Jost, with Elisabeth Schwabauer (eds), *Freilegungen: Rebuilding Lives – Child Survivors and DP Children in the Aftermath of the Holocaust and Forced Labour* (Göttingen: Wallstein Verlag, 2017); and Sharon Kangisser Cohen, Eva Fogelman, and Dalia Ofer (eds), *Children in the Holocaust and its Aftermath: Historical and Psychological Studies of the Kestenberg Archive* (Oxford: Berghahn Books, 2017).

[4] Joseph Schwartz, ‘Jewish Children in Europe Today’, *New York Times*, 1 October 1948.

[5] JDCの推計値は、以下に掲載されている。Zorach Warhaftig and Jacob Freid, *Uprooted: Jewish Refugees and Displaced Persons after Liberation* (New York: American Jewish Congress, 1946), p. 119; and *Jewish Chronicle*, 13 July 1945, p. 1. のちの歴史家がこの数字を採用している件については、以下を参照。Debórah Dwork, *Children with a Star: Jewish Youth in Nazi Europe* (New Haven: Yale University Press, 1991), p. xii〔邦訳は『星をつけた子供たち――ナチ支配下のユダヤの子供たち』デボラ・ドワーク著、芝健介監修、甲斐明子訳、創元社、1999年〕. 多くの歴史家はこの著作の数字を引用している。

[6] JDCは、1947年時点でそのような子どもがヨーロッパに6万人いるほか、JDCの施設で保護されている子どもが3万5000人、JDCの資金援助を受けている両親や親類と暮らしている子どもが8万5000人いると推計している。以下を参照。*New York Times*, 11 February 1947.

[7] Susanne Urban, ‘“More Children are to be Interviewed”: Child Survivors’ Narratives in the Child Search Branch Files’, in Borggräfe et al., *Freilegungen*, p. 73. JDCの改定された推計値については、以下を参照。Jacques Bloch, ‘The Jewish Child in Europe: Rehabilitation Work of the OSE’, *Jewish Chronicle*, 6 November 1948. ソ連にいた難民については、以下に掲載されたエッセイが参考になる。Mark Edele, Sheila Fitzpatrick, and Atina Grossmann (eds), *Shelter from the Holocaust: Rethinking Jewish Survival in the Soviet Union* (Detroit, MI: Wayne State University Press, 2017). ちなみにJDCの数字には、戦争直前に「キンダートランスポート（子ども輸送）」事業により難民として出国した子どもも含まれていない。その数はかなり多く、イギリスに逃れた子どもだけでも1万人いる。

[8] 思春期にもなれば、きちんと危険を理解することも、自分自身の面倒を見ることもできる。また幼い子どもより、強制収容所への入所を認められたり労働力として利用されたりする可能性がはるかに高い。そのため、生き残る可能性が高くなったと思われる。ただし男子は、生後間もなく行われる割礼がユダヤ人だという証拠になるおそれがあった。また年上の女子は弟妹の面倒を見

——*The Lost Children: Reconstructing Europe's Families after World War II* (Cambridge, MA: Harvard University Press, 2011)〔邦訳は『失われた子どもたち——第二次世界大戦後のヨーロッパの家族再建』タラ・ザーラ著、三時眞貴子・北村陽子監訳、岩下誠・江口布由子訳、みすず書房、2019年〕
Zaretsky, Eli, *Secrets of the Soul: A Social and Cultural History of Psychoanalysis* (New York: Vintage, 2005)
Zeitoun, Sabine, *Histoire de l'OSE: De la Russie tsariste à l'Occupation en France* (Paris: L'Harmattan, 2010)
Zoff, Otto, *They Shall Inherit the Earth* (New York: The John Day Company, 1943)
Zweig, Ronald W., *German Reparations and the Jewish World: A History of the Claims Conference* (Boulder, CO: Westview, 1987)

——'Unaccompanied Children and the Allied Child Search', in Simone Gigliotti and Monica Tempian (eds), *The Young Victims of the Nazi Regime: Migration, the Holocaust, and Postwar Displacement* (London: Bloomsbury, 2016)
Urwin, Cathy, and Sharland, Elaine, 'From Bodies to Minds in Childcare Literature: Advice to Parents in Inter-War Britain', in Roger Cooter (ed.), *In the Name of the Child: Health and Welfare in England, 1880–1940* (New York: Routledge, 1992)
Valent, Paul, *Child Survivors of the Holocaust* (New York: Routledge, 2002)
Vegh, Claudine, *Je Ne Lui Ai Pas Dit Au Revoir: Des Enfants de déportés parlent* (Paris: Gallimard, 2005)
Vromen, Suzanne, *Hidden Children of the Holocaust: Belgian Nuns and Their Daring Rescue of Young Jews from the Nazis* (Oxford: Oxford University Press, 2010)
——'Linking Religion and Family: Memories of Children Hidden in Belgian Convents during the Holocaust', in Marie Louise Seeberg, Irene Levin, and Claudia Lenz (eds), *The Holocaust as Active Memory* (Farnham, Surrey: Ashgate, 2013), pp. 15–28
Wachsmann, Nikolaus, *KL: A History of the Nazi Concentration Camps* (London: Abacus, 2016)
Warhaftig, Zorach, and Freid, Jacob, *Uprooted: Jewish Refugees and Displaced Persons after Liberation* (New York: American Jewish Congress, 1946)
Washington Post staff, *The Obligation to Remember* (Washington, DC: The Washington Post, 1983)
Wells, Christine, Morrison, Catriona, and Conway, Martin, 'Adult Recollections of Childhood Memories: What Details Can Be Recalled?', *The Quarterly Journal of Experimental Psychology*, 67:7 (2013), pp. 1,249–61
Whitworth, Wendy (ed.), *Journeys: Children of the Holocaust Tell their Stories* (London: Quill Press, 2009)
Wiesel, Elie, *Night*, trans. Stella Rodway (London: Panther Books, 1960)〔邦訳は『夜』エリ・ヴィーゼル著、村上光彦訳、みすず書房、2010年〕
Wieviorka, Annette, *Déportation et génocide* (Paris: Plon, 1992)
——*The Era of the Witness*, trans. Jared Stark (Ithaca, NY: Cornell University Press, 2006)
Winnik, H. Z., 'Contribution to Symposium on Psychic Traumatization through Social Catastrophe', *International Journal of Psycho-Analysis*, 49 (1968), pp. 298–301
Winograd, Eugene, 'The Authenticity and Utility of Memories', in Robyn Fivush and Ulric Neisser (eds), *The Remembering Self: Construction and Accuracy in the Self-Narrative* (Cambridge: Cambridge University Press, 1994), pp. 243–51
Wolf, Diane, *Beyond Anne Frank: Hidden Children and Postwar Families in Holland* (Berkeley, CA: University of California Press, 2007)〔邦訳は『「アンネ・フランク」を超えて——かくまわれたユダヤの子供達の証言』ダイアン・ローレン・ウルフ著、小岸昭・梅津真訳、岩波書店、2011年〕
Wyman, Mark, *DPs: Europe's Displaced Persons* (New York: Cornell University Press, 1998)
Young, Jackie, 'Lost and Waiting to Be Found', unpublished memoir, 2005
Young-Bruehl, Elisabeth, *Anna Freud: A Biography* (New York: Summit Books, 1989)
Zahra, Tara, '"A Human Treasure": Europe's Displaced Children Between Nationalism and Internationalism', *Past and Present*, 210:6 (2011), pp. 332–50

Consciousness (Oxford: Oxford University Press, 2014)
Steinitz, Lucy Y., and Szonyi, David M. (eds), *Living after the Holocaust: Reflections by the Post-War Generation in America* (New York: Bloch Publishing, 1975)
Sterling, Eric (ed.), *Life in the Ghettos during the Holocaust* (Syracuse, NY: Syracuse University Press, 2005)
Stewart, John, *Child Guidance in Britain, 1918–1955: The Dangerous Age of Childhood* (London: Pickering and Chatto, 2013)
——'"The Dangerous Age of Childhood": Child Guidance and the "Normal" Child in Great Britain, 1920–1950', *Paedagogica Historica*, 47 (2011), pp. 785–803
Stone, Dan, 'The Domestication of Violence: Forging a Collective Memory of the Holocaust in Britain, 1945–6', *Patterns of Prejudice*, 33:2 (1999), pp. 13–24
——(ed.), *The Historiography of the Holocaust* (London: Palgrave Macmillan, 2004)
——'The Holocaust and its Historiography', in Dan Stone (ed.), *The Historiography of Genocide* (Basingstoke: Palgrave Macmillan, 2008), pp. 373–99
——*The Liberation of the Camps: The End of the Holocaust and Its Aftermath* (New Haven, CT: Yale University Press, 2015)
Strutz, Andrea, '"Detour to Canada": The Fate of Juvenile Austrian-Jewish Refugees after the "Anschluss" of 1938', in Simone Gigliotti and Monica Tempian (eds), *The Young Victims of the Nazi Regime: Migration, the Holocaust, and Postwar Displacement* (London: Bloomsbury, 2016), pp. 31–50
Suleiman, Susan Rubin, 'The 1.5 Generation: Thinking about Child Survivors and the Holocaust', *American Imago*, 59:3 (2002), pp. 277–95
——'Orphans of the Shoah and Jewish Identity in Post-Holocaust France: From the Individual to the Collective', in Seán Hand and Steven T. Katz (eds), *Post-Holocaust France and the Jews, 1945–1955* (New York: New York University Press, 2015), pp. 118–38
Sutro, Nettie, *Jugend Auf Der Flucht, 1933–1948* (Zurich: Chronos Verlag, 1952)
Tannen, Deborah, *Talking Voices: Repetition, Dialogue, and Imagery in Conversational Discourse* (Cambridge: Cambridge University Press, 2007)
Taylor, Lynn, *In the Children's Best Interests: Unaccompanied Children in American-Occupied Germany, 1945–1952* (Toronto: University of Toronto Press, 2017)
Tec, Nechama, *Jewish Children Between Protectors and Murderers* (Washington, DC: USHMM, 2005)
The Child Survivors' Association of Great Britain, *We Remember: Child Survivors of the Holocaust Speak* (Leicester: Matador, 2011)
Trimble, Michael R., 'Post-Traumatic Stress Disorder: History of a Concept', in Charles R. Figley (ed.), *Trauma and its Wake: The Study and Treatment of Post-Traumatic Stress Disorder*, vol. I (Hove: Psychology Press, 1985), pp. 5–14
Trossman, Bernard, 'Adolescent Children of Concentration Camp Survivors', *Canadian Psychiatric Association Journal*, 13:2 (April 1968), pp. 121–3
Urban, Susanne, '"More Children are to be Interviewed": Child Survivors' Narratives in the Child Search Brach Files', in Henning Borggräfe, Akim Jah, Nina Ritz, and Steffen Jost, with Elisabeth Schwabauer (eds), *Freilegungen: Rebuilding Lives – Child Survivors and DP Children in the Aftermath of the Holocaust and Forced Labour* (Göttingen: Wallstein Verlag, 2017), pp. 70–92

Schneider, Wolfgang, and Pressley, Michael (eds), *Memory Development between Two and Twenty*, 2nd edn (Mahwah, NJ: Lawrence Erlbaum Associates, 1997)
Schrafstetter, Susanna, 'The Diplomacy of *Wiedergutmachung*: Memory, the Cold War, and the Western European Victims of Nazism, 1956–1964', *Holocaust and Genocide Studies*, 7:3 (2003), pp. 459–79
Schwarz, Joseph W., *The Redeemers: A Saga of the Years, 1945–1952* (New York: Farrar, Straus and Young, 1953)
Segev, Tom, *The Seventh Million: The Israelis and the Holocaust* (New York: Henry Holt, 2000)〔邦訳は『七番目の百万人――イスラエル人とホロコースト』トム・セゲフ著、脇浜義明訳、ミネルヴァ書房、2013年〕
Seidman, Naomi, 'Elie Wiesel and the Scandal of Jewish Rage', *Jewish Social Studies*, 3:1 (1996), pp. 1–19
Shafter, Toby, 'How DP Children Play', *Congress Weekly* (26 March 1948)
Shapira, Michal, *The War Inside: Psychoanalysis, Total War, and the Making of the Democratic Self in Postwar Britain* (Cambridge: Cambridge University Press, 2013)
Sharples, Caroline, and Jensen, Olaf (eds), *Britain and the Holocaust* (Basingstoke: Palgrave Macmillan, 2013)
Sheftel, Anna, and Zembrzycki, Stacey, 'We Started over Again, We Were Young: Postwar Social Worlds of Child Holocaust Survivors in Montreal', *Urban History Review*, 39:1 (2010), pp. 20–30
Shenker, Noah, *Reframing Holocaust Testimony* (Bloomington, IN: Indiana University Press, 2015)
Shephard, Ben, *The Long Road Home: The Aftermath of the Second World War* (London: Bodley Head, 2010)〔邦訳は『遠すぎた家路――戦後ヨーロッパの難民たち』ベン・シェファード著、忠平美幸訳、河出書房新社、2015年〕
Sherman, Judith H., *Say the Name: A Survivor's Tale in Prose and Poetry* (Albuquerque, NM: University of New Mexico Press, 2005)
Sherwin, Michael, 'The Law in Relation to the Wishes and Feelings of the Child', in Ronald Davie, Graham Upton, and Ved Varma (eds), *The Voice of the Child: A Handbook for Professionals* (London: Falmer Press, 1996)
Śliwowska, Wiktoria (ed.), *The Last Eyewitnesses: Children of the Holocaust Speak* (Evanston, IL: Northwestern University Press, 1993)
Snyder, Timothy, *Bloodlands: Europe Between Hitler and Stalin* (London: Vintage, 2011)〔邦訳は『ブラッドランド――ヒトラーとスターリン大虐殺の真実』ティモシー・スナイダー著、布施由紀子訳、筑摩書房、2015年〕
Solomon, Susan Gross, 'Patient Dossiers and Clinical Practice in 1950s French Child Psychiatry', *Revue d'histoire de l'enfance 'irregulière'*, 18 (2016), pp. 275–96
Somers, Margaret R., 'The Narrative Construction of Identity: A Relational and Network Approach', *Theory and Society*, 23 (1994), pp. 605–49
Sonnert, Gerhard, and Holton, Gerald, *What Happened to the Children Who Fled Nazi Persecution* (New York: Palgrave, 2008)
Stargardt, Nicholas, 'Children's Art of the Holocaust', *Past and Present*, 161 (1998), pp. 191–235
——*Witnesses of War: Children's Lives under the Nazis* (London: Pimlico, 2006)
Stein, Arlene, *Reluctant Witnesses: Survivors, Their Children, and the Rise of Holocaust*

Rosen, Alan, '"We Know Very Little in America": David Boder and Un-Belated Testimony', in David Cesarani and Eric Sundquist (eds), *After the Holocaust: Challenging the Myth of Silence* (London: Routledge, 2012), pp. 102–14

——*The Wonder of Their Voices: The 1946 Holocaust Interviews of David Boder* (Oxford: Oxford University Press, 2010)

Rossini, Gill, *A Social History of Adoption in England and Wales* (Barnsley: Pen and Sword, 2014)

Rossler, Peter, *The Words to Remember It: Memoirs of Child Holocaust Survivors* (Melbourne: Scribe, 2009)

Roth, John K., and Maxwell, Elisabeth (eds), *Remembering for the Future: The Holocaust in an Age of Genocide. Vol. 3: Memory* (New York: Palgrave, 2001)

Rothberg, Michael, *Multidirectional Memory: Remembering the Holocaust in the Age of Decolonization* (Stanford, CA: Stanford University Press, 2009)

Rothfeld, Anne, 'A Source for Holocaust Research: The United Restitution Organization Files', *Perspectives on History: The Newsmagazine of the American Historical Association* (April 2000)

Rotten, Elisabeth, *Children's Communities: A Way of Life for War's Victims* (Paris: UNESCO, 1949)

Rousso, Henry, *The Vichy Syndrome: History and Memory in France since 1944*, trans. Arthur Goldhammer (Cambridge, MA: Harvard University Press, 1991)

Rozett, Robert, 'International Intervention: The Role of Diplomats in Attempts to Rescue Jews in Hungary', in Randolph Braham (ed.), *The Nazis' Last Victims: The Holocaust in Hungary* (Detroit, MI: Wayne State University Press, 1998), pp. 137–52

Rubin, D. C., 'The Distribution of Early Childhood Memories', *Memory*, 8:4 (2000), pp. 265–9

Rutland, Suzanne D., 'A Distant Sanctuary: Australia and Child Holocaust Survivors', in Simone Gigliotti and Monica Tempian (eds), *The Young Victims of the Nazi Regime: Migration, the Holocaust, and Postwar Displacement* (London: Bloomsbury, 2016)

——'Postwar Anti-Jewish Refugee Hysteria: A Case of Racial or Religious Bigotry?', *Journal of Australian Studies*, 77 (2003), pp. 69–79

Saalheimer, Manfred, 'Bringing Jewish Orphan Children to Canada', *Canadian Jewish Review* (5 December 1947), pp. 7 and 82

Salvatici, Silvia, '"Help the People to Help Themselves": UNRRA Relief Workers and European Displaced Persons', *Journal of Refugee Studies*, 25:3 (2012), pp. 428–51

Samuel, Vivette, *Rescuing the Children: A Holocaust Memoir* (Madison, WI: University of Wisconsin Press, 2002)

Schein, Ada, '"Everyone Can Hold a Pen": The Documentation Project in the DP Camps in Germany', in David Bankier and Dan Michman (eds), *Holocaust Historiography in Context: Emergence, Challenges, Polemics and Achievements* (New York, 2008), pp. 103–34

Schmideberg, Melitta, *Children in Need* (London: George Allen and Unwin, 1948)

Schneer, David, *Through Soviet Jewish Eyes: Photography, War, and the Holocaust* (New Brunswick, NJ: Rutgers University Press, 2011)

Holocaust in Italy', *Holocaust and Genocide Studies*, 22:3 (2008), pp. 411–40
Pillemer, David B., and White, Sheldon H., 'Childhood Events Recalled by Children and Adults', in Hayne W. Reese (ed.), *Advances in Child Development and Behaviour* (San Diego, CA: Academic Press, 1989), pp. 297–340
Poliakov, Léon, *Bréviaire de la haine* (Paris: Calmann-Levy, 1951)
Portelli, Alessandro, *The Battle of Valle Giulia: Oral History and the Art of Dialogue* (Madison, WI: University of Wisconsin Press, 1997)
——*The Death of Luigi Trastulli and Other Stories: Form and Meaning in Oral History* (Albany, NY: State University of New York Press, 1991)〔邦訳は『オーラルヒストリーとは何か』アレッサンドロ・ポルテッリ著、朴沙羅訳、水声社、2016年〕
——*The Order Has Been Carried Out: History, Memory, and Meaning of a Nazi Massacre in Rome* (New York: Palgrave Macmillan, 2003)
——'What Makes Oral History Different?', in Robert Perks and Alistair Thomson (eds), *The Oral History Reader*, 2nd edn (New York: Routledge, 2006), pp. 32–42
Posnanski, Renée, *Les Juifs en France pendant la Seconde Guerre Mondiale* (Paris: Hachette, 1997)
Poujol, Catherine, '1945–1953: Petite Chronique de l'affaire des enfants Finaly', *Archives Juives*, 37:2 (2004), pp. 7–15
——*L'Affaire Finaly: Les Enfants cachés* (Paris: Berg International, 2006)
Pross, Christian, *Paying for the Past: The Struggle over Reparations for Surviving Victims of the Nazi Terror* (Baltimore, MD: Johns Hopkins University Press, 1998)
Proudfoot, Malcolm, *European Refugees, 1939–1952: A Study in Forced Population Movement* (London: Faber & Faber, 1957)
Rakoff, Vivian, 'Long-Term Effects of the Concentration Camp Experience', *Viewpoints* (March 1966), pp. 17–21
Rakoff, Vivian, Sigal, J. J., and Epstein, N. B., 'Children and Families of Concentration Camp Survivors', *Canada's Mental Health*, 14:4 (July–August 1966), pp. 24–6
Reilly, Joanne, *Belsen: The Liberation of a Concentration Camp* (London: Routledge, 1998)
Reinisch, Jessica, 'Internationalism in Relief: The Birth (and Death) of UNRRA', *Past and Present* (2011), pp. 258–89
Reinisch, Jessica, and White, Elizabeth (eds), *The Disentaglement of Populations: Migration, Expulsion and Displacement in Post-War Europe, 1944–9* (Basingstoke: Palgrave Macmillan, 2011)
Reitlinger, Gerald, *The Final Solution: An Attempt to Exterminate the Jews of Europe* (New York: Vallentine Mitchell, 1953)
Reus, Julia, '"Everywhere Where Human Beings Are, We Can Find Our Children": On the Organization of the ITS Child Search Branch', in Henning Borggräfe, Akim Jah, Nina Ritz, and Steffen Jost, with Elisabeth Schwabauer (eds), *Freilegungen: Rebuilding Lives – Child Survivors and DP Children in the Aftermath of the Holocaust and Forced Labour* (Göttingen: Wallstein Verlag, 2017), pp. 41–69
Robson, William Lane M., and Leung, Alexander K. C., 'Secondary Nocturnal Enuresis', *Clinical Pediatrics*, 39:7 (2000), pp. 379–85
Roseman, Mark, *A Past in Hiding: Memory and Survival in Nazi Germany* (New York: Metropolitan Books, 2000)

Vol. 2: Ethics and Religion (New York: Palgrave, 2001), pp. 923–37
Muhlen, Robert, *The Survivors: A Report on the Jews in Germany Today* (New York: T. Y. Crowell, 1962)
Müller, Beate, 'Trauma, Historiography and Polyphony: Adult Voices in the CJHC's Early Postwar Child Holocaust Testimonies', *History & Memory*, 24:2 (2012), pp. 157–95
Myers Feinstein, Margarete, *Holocaust Survivors in Postwar Germany, 1945–1957* (Cambridge: Cambridge University Press, 2010)
——'Jewish Observance in Amalek's Shadow: Mourning, Marriage and Birth Rituals among Displaced Persons in Germany', in Avinoam J. Patt and Michael Berkowitz (eds), *We Are Here: New Approaches to Jewish Displaced Persons in Postwar Germany* (Detroit, MI: Wayne State University Press, 2010)
Nelson, Katherine, 'The Psychological and Social Origins of Autobiographical Memory', *Psychological Science*, 4:1 (1993), pp. 1–8
Nicholas, Lynn H., *Cruel World: The Children of Europe in the Nazi Web* (New York: Vintage, 2006)〔邦訳は『ナチズムに囚われた子どもたち——人種主義が踏みにじった欧州と家族』リン・H・ニコラス著、若林美佐知訳、白水社、2018年〕
Niederland, William G., 'Clinical Observations on the "Survivor Syndrome"', *International Journal of Psycho-Analysis*, 49 (1968), pp. 313–15
Niewyk, Donald L. (ed.), *Fresh Wounds: Early Narratives of Holocaust Survival* (Chapel Hill, NC, and London: University of North Carolina Press, 2011)
Norton, Jennifer Craig, *The Kindertransport: Contesting Memory* (Bloomington, IN: Indiana University Press, 2019)
Novick, Peter, *The Holocaust and Collective Memory* (London: Bloomsbury, 2001)
Ofer, Dalia, Ouzan, Françoise, and Baumel-Schwartz, Judith Tydor (eds), *Holocaust Survivors: Resettlement, Memories, Identities* (Oxford: Berghahn Books, 2011)
Ogilvie, Sarah, and Miller, Scott, *Refuge Denied: The St. Louis Passengers and the Holocaust* (Madison, WI: University of Wisconsin Press, 2006)
Ostrovsky, Michal, '"We Are Standing By": Rescue Operations of the United States Committee for the Care of European Children', *Holocaust and Genocide Studies*, 29:2 (2015), pp. 230–50
Panz, Karolina, '"They Did Not Want Any More Jews There": The Fate of Jewish Orphans in Podhale, 1945–1946', in Henning Borggräfe, Akim Jah, Nina Ritz, and Steffen Jost, with Elisabeth Schwabauer (eds), *Freilegungen: Rebuilding Lives – Child Survivors and DP Children in the Aftermath of the Holocaust and Forced Labour* (Göttingen: Wallstein Verlag, 2017), pp. 93–104
Papanek, Ernst, *Out of the Fire* (New York: William Morrow, 1975)
Passerini, Luisa, 'Work Ideology and Consensus under Italian Fascism', *History Workshop Journal*, 8:1 (1979), pp. 82–108
Patt, Avinoam J., *Finding Home and Homeland: Jewish Youth and Zionism in the Aftermath of the Holocaust* (Detroit, MI: Wayne State University Press, 2009)
Patt, Avinoam J., and Berkowitz, Michael (eds), *We Are Here: New Approaches to Jewish Displaced Persons in Postwar Germany* (Detroit, MI: Wayne State University Press, 2010)
Perra, Emiliano, 'Narratives of Innocence and Victimhood: The Reception of the Miniseries

Press, 2009)
Marks, Jane, *The Hidden Children: The Secret Survivors of the Holocaust* (New York: Ballantine Books, 1993)
Marrus, Michael, *The Holocaust in History* (Hanover, NH: University Press of New England, 1987)〔邦訳は『ホロコースト——歴史的考察』マイケル・R・マラス著、長田浩彰訳、時事通信社、1996年〕
——*The Unwanted: European Refugees in the Twentieth Century* (New York: Oxford University Press, 1985)
——'The Vatican and the Custody of Jewish Child Survivors', *Holocaust and Genocide Studies*, 21:3 (2007), pp. 378–403
Martz, Fraidie, *Open Your Hearts: The Story of the Jewish War Orphans in Canada* (Montreal: Véhicule Press, 1996)
Masour-Ratner, Jenny, and Hazan, Katy, *Mes Vingt Ans à l'OSE* (Paris: Le Manuscrit, 2006)
Maynes, Mary Jo, 'Age as a Category of Historical Analysis: History, Agency, and Narratives of Childhood', *Journal of the History of Childhood and Youth*, 1 (2008), pp. 114–24
Mazower, Mark, *Dark Continent: Europe's Twentieth Century* (London: Penguin, 1998)〔邦訳は『暗黒の大陸——ヨーロッパの20世紀』マーク・マゾワー著、中田瑞穂・網谷龍介訳、未來社、2015年〕
——*Hitler's Empire: Nazi Rule in Occupied Europe* (London: Allen Lane, 2008)
McDonald, Chad, '"We Became British Aliens": Kindertransport Refugees Narrating the Discovery of their Parents' Fates', *Holocaust Studies*, 24:4 (2018), pp. 395–417
McLaughlin, Jeff, and Schiff, Vera, *Bound for Theresienstadt: Love, Loss and Resistance in a Nazi Concentration Camp* (London: McFarland and Company, 2017)
Michlic, Joanna B., 'Jewish Children in Nazi-Occupied Poland: Survival and Polish-Jewish Relations during the Holocaust as Reflected in Early Postwar Recollections', *Search and Research – Lectures and Papers* (Jerusalem: Yad Vashem, 2008), p. xiv
——'"The War Began for Me after the War": Jewish Children in Poland, 1945–1949', in Jonathan Friedman (ed.), *The Routledge History of the Holocaust* (London: Routledge, 2011), pp. 482–97
——'Who Am I? Jewish Children Search for Identity in Postwar Poland', *Polin: Studies in Polish Jewry*, 20 (2007), pp. 98–121
Michman, Dan, *The Emergence of Jewish Ghettos during the Holocaust* (Cambridge: Cambridge University Press, 2011)
Midgley, Nick, 'Anna Freud: The Hampstead War Nurseries and the Role of the Direct Observation of Children for Psychoanalysis', *International Journal of Psycho-Analysis*, 88:4 (2007), pp. 939–59
Minkowski, Eugène, *Les Enfants de Buchenwald* (Geneva: Union OSE, 1946)
Moskovitz, Sarah, *Love Despite Hate: Child Survivors of the Holocaust and their Adult Lives* (New York: Schocken Books, 1983)
Moskovitz, Sarah, and Krell, Robert, 'The Struggle for Justice: A Survey of Child Holocaust Survivors' Experiences with Restitution', in John K. Roth and Elisabeth Maxwell (eds), *Remembering for the Future: The Holocaust in an Age of Genocide.*

Lappin, Elena, 'The Man with Two Heads', *Granta*, 66 (1999), pp. 7–66
Laqueur, Walter (ed.), *The Holocaust Encyclopedia* (New Haven, CT: Yale University Press, 2001)〔邦訳は『ホロコースト大事典』ウォルター・ラカー編、井上茂子ほか訳、柏書房、2003年〕
Laub, Morris, *Last Barrier to Freedom: Internment of Jewish Holocaust Survivors in Cyprus, 1946–1949* (Jerusalem: Magnes Press, 1985)
Lavsky, Hagit, *New Beginnings: Holocaust Survivors in Bergen-Belsen and the British Zone in Germany* (Detroit, MI: Wayne State University Press, 2002)
Lazare, Lucien (ed.), *The Encyclopedia of the Righteous Among the Nations: France* (Jerusalem: Yad Vashem, 2003)
Lenroot, Katherine, 'The United States Program for the Care of Refugee Children', *Proceedings of the National Conference of Social Work* (1941)
Levi, Primo, *If This Is a Man* (New York: Orion Press, 1959)〔邦訳は『これが人間か』プリーモ・レーヴィ著、竹山博英訳、朝日新聞出版、2017年〕
Levy, Daniel, and Sznaider, Natan, *The Holocaust and Memory in the Global Age* (Philadelphia, PA: Temple University Press, 2005)
Leys, Ruth, *Trauma: A Geneaology* (Chicago, IL: University of Chicago Press, 2000)
Lienert, Salome, *Das Schweizer Hilfswerk für Emigrantenkinder, 1933–1947* (Zurich: Chronos Verlag, 2013)
Linenthal, Edward T., *Preserving Memory: The Struggle to Create America's Holocaust Museum* (New York: Viking, 1995)
Loftus, Elizabeth, 'Creating False Memories', *Scientific American*, 277:3 (1997), pp. 70–5
——'Tricked by Memory', in Jeffrey Jaclyn, Glenace Edwall, and Donald A. Ritchie (eds), *Memory and History: Essays on Recalling and Interpreting Experience* (Lanham, MD: University Press of America, 1994), pp. 17–32
London, Louise, *Whitehall and the Jews, 1933–1948: British Immigration Policy, Jewish Refugees and the Holocaust* (Cambridge: Cambridge University Press, 2001)
Loughran, Tracey, 'Shell Shock, Trauma, and the First World War: The Making of a Diagnosis and its Histories', *Journal of the History of Medicine and Allied Sciences*, 67:1 (January 2012), pp. 94–119
Lowe, Keith, *Savage Continent: Europe in the Aftermath of World War II* (London: Viking, 2012)〔邦訳は『蛮行のヨーロッパ——第二次世界大戦直後の暴力』キース・ロウ著、猪狩弘美・望龍彦訳、白水社、2019年〕
Lubove, Roy, *The Professional Altruist: The Emergence of Social Work as a Career, 1870–1930* (Cambridge, MA: Harvard University Press, 1965)
Macardle, Dorothy, *Children of Europe* (London: Victor Gollancz, 1949)
Maercker, Andreas, Salomon, Zahava, and Schutzwohl, Matthias (eds), *Post-Traumatic Stress Disorder: A Lifespan Developmental Perspective* (New York: Bertrams, 1999)
Makari, George, *Revolution in Mind: The Creation of Psychoanalysis* (New York: HarperCollins, 2008)〔邦訳は『心の革命——精神分析の創造』ジョージ・マカーリ著、遠藤不比人訳、みすず書房、2020年〕
Mandel, Maud, *In the Aftermath of Genocide: Armenians and Jews in Twentieth-Century France* (Durham, NC: Duke University Press, 2003)
Mankowitz, Zeev, *Life Between Memory and Hope* (Cambridge: Cambridge University

Holocaust Survivors in Great Britain and Israel', unpublished PhD thesis (University of Wisconsin-Madison, 2012)

——'Remembering the "Pain of Belonging": Jewish Children Hidden as Catholics in Second World War France', in Simone Gigliotti and Monica Tempian (eds), *The Young Victims of the Nazi Regime: Migration, the Holocaust, and Postwar Displacement* (London: Bloomsbury, 2016)

Klarsfeld, *Serge, French Children of the Holocaust: A Memorial* (New York: New York University Press, 1996)

——*Le Mémorial de la déportation des Juifs de France* (Paris: Association des Fils et Filles des Déportés Juifs de France, 1978)

——*Memorial to the Jews Deported from France, 1942–1944* (New York: B. Klarsfeld Foundation, 1983)

Knox, Katherine, and Kushner, Tony, *Refugees in an Age of Genocide: Global, National and Local Perspectives during the Twentieth Century* (London: Frank Cass, 1999)

Kolinski, Eva, *After the Holocaust: Jewish Survivors in Germany after 1945* (London: Pimlico, 2004)

Königseder, Angelika, and Wetzel, Juliane, *Waiting for Hope: Jewish Displaced Persons in Post-World War II Germany*, trans. John A. Broadwin (Evanston, IL: Northwestern University Press)

Kovarsky, Marcel, 'Casework with Refugee Children', *Jewish Social Service Quarterly*, 24 (June 1948), pp. 402–7

Krell, Robert Suedfeld, Peter, and Soriano, Erin, 'Child Holocaust Survivors as Parents: A Transgenerational Perspective', *American Journal of Orthopsychiatry*, 74:4 (2004), pp. 502–8

Krell, Robert, and Glassner, Martin Ira (eds), *And Life Is Changed Forever: Holocaust Childhoods Remembered* (Detroit, MI: Wayne State University Press, 2006)

Krell, Robert, and Sherman, Marc I. (eds), *Medical and Psychological Effects of Concentration Camps on Holocaust Survivors* (New Brunswick, NJ: Transaction Publishers, 1997)

Krystal, Henry (ed.), *Massive Psychic Trauma* (New York: International Universities Press, 1968)

Krystal, Henry, and Niederland, William G. (eds), *Psychic Traumatization: After Effects in Individuals and Communities* (Boston, MA: Little, Brown, 1971)

Kubica, Helena, 'Children', in Yisrael Gutman and Michael Berenbaum, *Anatomy of the Auschwitz Death Camp* (Bloomington, IN: Indiana University Press, 1994)

Kuchler-Silbermann, Lena, *My Hundred Children* (London: Souvenir, 1961)

Lagrou, Pieter, *The Legacy of Nazi Occupation: Patriotic Memory and National Recovery in Western Europe, 1945–1965* (New York: Cambridge University Press, 2000)

Langer, Lawrence L., 'The Dilemma of Choice in the Death Camps', in Alan Rosenberg and Gerald Myers (eds), *Echoes from the Holocaust: Philosophical Reflections on a Dark Time* (Philadelphia, PA: Temple University Press, 1988), pp. 118–27

——*Holocaust Testimonies: The Ruins of Memory* (New Haven, CT: Yale University Press, 1993)

Lappin, Ben, *The Redeemed Children: The Story of the Rescue of War Orphans by the Jewish Community of Canada* (Toronto: University of Toronto Press, 1963)

Jockusch, Laura, and Patt, Avinoam J., 'Holocaust Survivors Diasporas', in Hasia R. Diner (ed.), *Oxford Handbook of Jewish Diasporas* (New York: Oxford University Press, forthcoming)

Jones, Amanda, *Bringing Up War Babies: The Wartime Child in Women's Writing and Psychoanalysis at Mid-Century* (New York: Routledge, 2018)

Judt, Tony, *Postwar: A History of Europe since 1945* (London: Pimlico, 2007)〔邦訳は『ヨーロッパ戦後史』トニー・ジャット著、森本醇訳、みすず書房、2008年〕

Kadosh, Sara, 'Jewish Refugee Children in Switzerland, 1939–1950', in J. K. Roth and Elisabeth Maxwell (eds), *Remembering for the Future* (London: Palgrave Macmillan, 2001)

Kangisser Cohen, Sharon, *Child Survivors of the Holocaust in Israel: Social Dynamics and Post-War Experiences* (Brighton: Sussex Academic Press, 2005)

Kangisser Cohen, Sharon, Fogelman, Eva, and Ofer, Dalia (eds), *Children in the Holocaust and its Aftermath: Historical and Psychological Studies of the Kestenberg Archive* (Oxford: Berghahn Books, 2017)

Kaplan, Jacob, *L'Affaire Finaly* (Paris: Cerf, 1993)

Kaplan, Marion, *Between Dignity and Despair: Jewish Life in Nazi Germany* (Oxford: Oxford University Press, 1998)

Karpf, Anne, *The War After: Living with the Holocaust* (London: Minerva, 1997)

Kavanaugh, Sarah, *ORT, the Second World War and the Rehabilitation of Holocaust Survivors* (London: Vallentine Mitchell, 2008)

Keilson, Hans, *Sequential Traumatization in Children: A Clinical and Statistical Follow-Up Study on the Fate of the Jewish War Orphans in the Netherlands* (Jerusalem: Magnes Press, 1992)

Keren, Nili, 'The Family Camp', in Yisrael Gutman and Michael Berenbaum (eds), *Anatomy of the Auschwitz Death Camp* (Bloomington, IN: Indiana University Press, 1994)

Kestenberg, Judith, 'Memories from Early Childhood', *Psychoanalytic Review*, 75:4 (1988), pp. 561–71

——'Psychoanalytic Contributions to the Problem of Children of Survivors from Nazi Persecution', *Israel Annals of Psychiatry and Related Disciplines*, 10:4 (1972)

Kestenberg, Judith, and Brenner, Ira (eds), *The Last Witness: The Child Survivor of the Holocaust* (Washington, DC: American Psychiatric Press, 1996)

Kestenberg, Judith, and Fogelman, Eva (eds), *Children During the Nazi Reign: Psychological Perspective on the Interview Process* (London: Praeger, 1994)

Kestenberg, Judith, and Kestenberg, Milton, 'Background of the Study', in Martin S. Bergmann and Milton E. Jucovy (eds), *Generations of the Holocaust* (New York: Columbia University Press, 1982), pp. 33–43

Kestenberg, Milton, 'Discriminatory Aspects of the German Indemnification Policy: A Continuation of Persecution', in Martin S. Bergmann and Milton E. Jucovy (eds), *Generations of the Holocaust* (New York: Columbia University Press, 1982), pp. 62–79

Kieval, Hillel J., 'Legality and Resistance in Vichy France: The Rescue of Jewish Children', *Proceedings of the American Philosophical Society*, 124:5 (1980), pp. 339–66

Kirsh, Mary Fraser, 'The Lost Children of Europe: Narrating the Rehabilitation of Child

siècles (Paris: L'Eclat, 2010)
——*Un 'Plan Marshall juif': La présence juive américaine en France après la Shoah, 1944–1954* (Paris: Armand Colin, 2013)
Hobson Faure, Laura, and Vanden Daelen, Veerle, 'Imported from the United States? The American Jewish Welfare System in Post-WWII Europe: The Cases of Belgium and France, 1944–1960', in Avinoam Patt, Atina Grossmann, Linda G. Levi, and Maud S. Mandel (eds), *The Joint Distribution Committee: 100 Years of Jewish History* (Detroit, MI: Wayne State University Press, 2017)
Hobson Faure, Laura et al. (eds), *L'Œuvre de Secours aux Enfants et les populations juives au XXe siècle* (Paris: Armand Colin, 2014)
Hochberg-Mariańska, Maria, and Grüss, Noë (eds), *The Children Accuse*, trans. Bill Johnston (London: Vallentine Mitchell, 1996)
Hoffman, Eva, *After Such Knowledge: A Meditation on the Aftermath of the Holocaust* (London: Vintage, 2004)〔邦訳は『記憶を和解のために——第二世代に託されたホロコーストの遺産』エヴァ・ホフマン著、早川敦子訳、みすず書房、2011年〕
Holborn, Louise, *The International Refugee Organization. A Specialized Agency of the United Nations: Its History and Work, 1946–1952* (Oxford: Oxford University Press, 1956)
Holian, Anna, *Between National Socialism and Soviet Communism: Displaced Persons in Postwar Germany* (Ann Arbor, MI: University of Michigan Press, 2011)
Horowitz, Mardi Jon (ed.), *Essential Papers on Post-Traumatic Stress Disorder* (New York: New York University Press, 1999)
Höschler, Christian, 'International Families? Community Living in the IRO Children's Village Bad Aibling, 1948–1951', in Henning Borggräfe, Akim Jah, Nina Ritz, and Steffen Jost, with Elisabeth Schwabauer (eds), *Freilegungen: Rebuilding Lives – Child Survivors and DP Children in the Aftermath of the Holocaust and Forced Labour* (Göttingen: Wallstein Verlag, 2017), pp. 105–24
Humbert, Laure, '"When Most Relief Workers Had Never Heard of Freud": UNRRA in the French Occupation Zone, 1945–1947', in Sandra Barkhof and Angela Smith (eds), *War and Displacement in the Twentieth Century: Global Conflicts* (London: Routledge, 2014), pp. 199–223
Illouz, Eva, *Saving the Modern Soul: Therapy, Emotions, and the Culture of Self-Help* (Berkeley, CA: University of California Press, 2008)
Independent Commission of Experts Switzerland – Second World War (ICE), *Switzerland and Refugees in the Nazi Era (Interim Report)* (Bern: BBL, 1999)
——*Switzerland, National Socialism, and the Second World War (Final Report)* (Zurich: Pendo Verlag, 2002)
Jablonka, Ivan, *Histoire des grands-parents que je n'ai pas eus* (Paris: Seuil, 2012)〔邦訳は『私にはいなかった祖父母の歴史——ある調査』イヴァン・ジャブロンカ著、田所光男訳、名古屋大学出版会、2017年〕
Jablonka, Ivan (ed.), *L'Enfant Shoah* (Paris: Presses Universitaires de France, 2014)
Jinks, Rebecca, *Representing Genocide: The Holocaust as Paradigm?* (London: Bloomsbury, 2016)
Jockusch, Laura, *Collect and Record! Jewish Holocaust Documentation in Early Postwar Europe* (Oxford: Oxford University Press, 2012)

Hausmann, Erich, *J'Aurais Pu Choisir les Accents circonflexes!* (Paris: FSJU-Hamoré, 2007)
Hazan, Katy, *Les Enfants de l'après-guerre dans les Maisons de l'OSE* (Paris: Somogy Editions d'Art, 2012)
——*Les Orphelins de la Shoah: Les Maisons de l'espoir, 1944–1960* (Paris: Belles Lettres, 2000)
——'Récuperer les Enfants cachés: Un impératif pour les œuvres juives dans l'après-guerre', *Archives Juives*, 37:2 (2004), pp. 16–31
Hazan, Katy, and Ghozian, Eric (eds), *A La Vie! Les Enfants de Buchenwald, du shtetl à l'OSE* (Paris: Fondation pour la mémoire de la Shoah, 2005)
Heberer, Patricia, *Children during the Holocaust* (Lanham, MD: AltaMira Press, 2011)
Hemmendinger, Judith, 'The Children of Buchenwald: After Liberation and Now', in Shalom Robinson (ed.), *Echoes of the Holocaust* (Jerusalem: Jerusalem Center for Research into the Late Effects of the Holocaust, 1994)
——'Readjustment of Young Concentration Camp Survivors through a Surrogate Family Experience' (paper presented at the Third International Conference on Family Therapy, Jerusalem, 1979)
——*Revenus du néant* (Paris: L'Harmattan, 2002)
——*Survivors: Children of the Holocaust* (Bethesda, MD: National Press, 1986)
Hemmendinger, Judith, and Krell, Robert, *The Children of Buchenwald* (Jerusalem: Gefen Publishers, 2000)
Henry, Marilyn, *Confronting the Perpetrators: A History of the Claims Conference* (New York: Vallentine Mitchell, 2007)
Herf, Jeffrey, *Divided Memory: The Nazi Past in the Two Germanys* (Cambridge, MA: Harvard University Press, 1997)
Herzog, Dagmar, *Cold War Freud: Psychoanalysis in an Age of Catastrophes* (Cambridge: Cambridge University Press, 2017)
Heuman, Johannes, *The Holocaust and French Historical Culture, 1945–65* (Basingstoke: Palgrave Macmillan, 2015)
Hicklin, Margot, *War-Damaged Children: Some Aspects of Recovery* (London: Association of Psychiatric Social Workers, 1946)
Hilberg, Raul, *The Destruction of the European Jews*, 3rd edn (New Haven, CT: Yale University Press, 2003)〔邦訳は『ヨーロッパ・ユダヤ人の絶滅』ラウル・ヒルバーグ著、望田幸男・原田一美・井上茂子訳、柏書房、1997年、底本は2nd edn〕
Hirsch, Marianne, *Family Frames: Photography, Narrative and Postmemory* (Cambridge, MA: Harvard University Press, 1997)
——*The Generation of Postmemory: Writing and Visual Culture after the Holocaust* (New York: Columbia University Press, 2012)
Hitchcock, William I., *The Bitter Road to Freedom: A New History of the Liberation of Europe* (London: Faber & Faber, 2009)
Hobson Faure, Laura, 'Orphelines ou sœurs? Penser la famille juive pendant et après la Shoah', *20 & 21. Revue d'histoire*, 145 (2020), pp. 91–104
——'Penser L'Accueil des immigrés juifs: l'American Jewish Joint Distribution Committee et les œuvres sociales juives françaises après la Shoah', in Colette Zytnicki (ed.), *Terre d'exil, terre d'asile. Migrations juives en France aux XIXe et XXe*

Gay, Ruth, *Safe Among the Germans: Liberated Jews after World War Two* (New Haven, CT: Yale University Press, 2002)
Genizi, Haim, *America's Fair Share: The Admission and Resettlement of Displaced Persons, 1945–1952* (Detroit, MI: Wayne State University Press, 1993)
Gershon, Karen (ed.), *We Came as Children* (London: Victor Gollancz, 1966)
Gigliotti, Simone, and Monica Tempian (eds), *The Young Victims of the Nazi Regime: Migration, the Holocaust, and Postwar Displacement* (London: Bloomsbury, 2016)
Gilbert, Martin, *The Boys: The Story of 732 Young Concentration Camp Survivors* (London: Weidenfeld & Nicolson, 1996)
Gildea, Robert, *Fighters in the Shadows: A New History of the French Resistance* (London: Faber & Faber, 2015)
Goldberg, Adara, *Holocaust Survivors in Canada: Exclusion, Inclusion, Transformation, 1947–1955* (Winnipeg: University of Manitoba Press, 2015)
Goldberg, Paulette Szabason, *Just Think It Never Happened* (Victoria, Australia: Makor Jewish Community Library, 2002)
Goltermann, Svenja, *The War in their Minds: German Soldiers and their Violent Pasts in West Germany* (Ann Arbor, MI: University of Michigan Press, 2017)
Greenspan, Henry, *The Awakening of Memory: Survivor Testimony in the First Years after the Holocaust* (Washington, DC: USHMM, 2000)
——'The Humanities of Contingency: Interviewing and Teaching Beyond "Testimony" with Holocaust Survivors', *The Oral History Review*, 8 (2019), pp. 360–79
——'On Testimony, Legacy and the Problem of Helplessness in History', *Holocaust Studies*, 13:1 (2007), pp. 44–56
Greenspan, Henry, Horowitz, Sara R., Kovács, Éva, et al., 'Engaging Survivors: Assessing "Testimony" and "Trauma" as Foundational Concepts', *Dapim: Studies on the Holocaust*, 28:3 (2014), pp. 190–226
Grobman, Alex, *Rekindling the Flame: American Jewish Chaplains and the Survivors of European Jewry, 1944–1948* (Detroit, MI: Wayne State University Press, 1993)
Grossmann, Atina, *Jews, Germans, and Allies: Close Encounters in Occupied Germany* (Princeton, NJ: Princeton University Press, 2007)
Gurvic, Olga, *Quelques Problèmes de l'enfance abandonée* (Geneva: OSE, 1946)
Gutman, Yisrael, and Saf, Avital (eds), *She'erit Hapletah, 1944–1948: Rehabilitation and Political Struggle* (Jerusalem: Yad Vashem, 1990)
Gyomroi, Edith Ludowyk, 'The Analysis of a Young Concentration Camp Victim', The *Psychoanalytic Study of the Child*, XVIII (1963), pp. 484–510
Hacking, Ian, 'Memory Sciences, Memory Politics', in Paul Antze and Michael Lambek (eds), *Tense Past: Cultural Essays in Trauma and Memory* (New York: Routledge, 1996)
Halbwachs, Maurice, *Les Cadres sociaux de la mémoire* (Paris: Presses Universitaires de France, 1925)〔邦訳は『記憶の社会的枠組み』モーリス・アルヴァックス著、鈴木智之訳、青弓社、2018年〕
Harris, Mark Jonathan, and Oppenheimer, Deborah, *Into the Arms of Strangers: Stories of the Kindertransport* (London: Bloomsbury, 2000)
Hartman, Geoffrey, 'The Humanities of Testimony: An Introduction', Poetics Today, 27:2 (2006), pp. 249–60

Postwar Germany', in Alon Confino, Paul Betts, and D. Schumann (eds), *Between Mass Death and Individual Loss: The Place of the Dead in Twentieth-Century Germany* (New York: Berghahn Books, 2008)

Fink, Hans, 'Development Arrest as a Result of Nazi Persecution during Adolescence', *International Journal of Psycho-Analysis*, 49 (1968), pp. 327–9

Fischer, Greta, 'The Refugee Youth Program in Montreal, 1947–1952', unpublished Masters thesis in social work (McGill University, 1955)

Fishman, Joel S., 'Jewish War Orphans in the Netherlands: The Guardianship Issue, 1945–1950', *Wiener Library Bulletin*, 27 (1973–4), pp. 31–6

——'The War Orphan Controversy in the Netherlands: Majority-Minority Relations', in J. Michman and T. Levie (eds), *Dutch Jewish History: Proceedings of the [Second] Symposium on the History of Jews in the Netherlands*, 28 November–3 December 1982, Tel-Aviv/Jerusalem, pp. 421–32

Fivush, Robyn, 'Event Memory in Early Childhood', in Nelson Cowan (ed.),*The Development of Memory in Childhood* (Hove: Psychology Press, 1997), pp. 139–57

——'The Function of Event Memory: Some Comments on Nelson and Barsalou', in Ulric Neisser and Eugene Winograd (eds), *Remembering Reconsidered: Ecological and Traditional Approaches to the Study of Memory* (New York: Cambridge University Press, 1988), pp. 277–82

Fivush, Robyn, Haden, Catherine, and Adam, Salimah, 'Structure and Coherence of Preschoolers' Personal Narratives over Time: Implications for Childhood Amnesia', *Journal of Experimental Child Psychology*, 60:1 (1995), pp. 32–56

Fogelman, Eva, 'Intergenerational Group Therapy: Child Survivors of the Holocaust and Offspring of Survivors', *Psychoanalytic Review*, 75:4 (1988), pp. 619–40

——'The Psychology behind Being a Hidden Child', in Jane Marks, *The Hidden Children: The Secret Survivors of the Holocaust* (New York: Ballantine Books, 1993), pp. 292–307

Fogg, Shannon, *The Politics of Everyday Life in Vichy France: Foreigners, Undesirables, and Strangers* (Cambridge: Cambridge University Press, 2009)

Freud, Anna, 'Discussion of Dr. John Bowlby's Paper', *The Psychoanalytic Study of the Child*, XV (1960), pp. 53–62

Freud, Anna, and Burlingham, Dorothy, *War and Children* (London, 1943)

Freud, Anna, and Dann, Sophie, 'An Experiment in Group Upbringing', *The Psychoanalytic Study of the Child*, vol. VI (1951), pp. 127–68

Friedländer, Saul, *When Memory Comes* (Madison, WI: University of Wisconsin Press, 1979)

Friedman, Paul, *'The Road Back for the DPs: Healing the Psychological Scars of Nazism', Commentary* (1 December 1948)

Gafny, Emunah Nachmany, *Dividing Hearts: The Removal of Jewish Children from Gentile Families in Poland in the Immediate Post-Holocaust Years* (Jerusalem: Yad Vashem, 2009)

Gallant, Mary, *Coming of Age in the Holocaust: The Last Survivors Remember* (Lanham, MD: University Press of America, 2002)

Gatrell, Peter, *The Making of the Modern Refugee* (Oxford: Oxford University Press, 2013)

the Colonies de Vacances in France, 1880–1960 (Durham, NC: Duke University Press, 2002)
——'Milieu Social or Milieu Familial? Theories and Practices of Childrearing among the Popular Classes in 20th-Century France and Britain: The Case of Evacuation (1939–45)', *Family and Community History*, 8:1 (2005), pp. 49–66
Draper, Paula, 'Canadian Holocaust Survivors from Liberation to Rebirth', *Canadian Jewish Studies*, 4 (1997), pp. 39–42
Draper, Paula, and Troper, Harold (eds), *Archives of the Holocaust, Vol. 15: National Archives of Canada, Ottawa, and Canadian Jewish Congress Archives, Montreal* (New York: Garland Publishing, 1991)
Dwork, Debórah, *Children with a Star: Jewish Youth in Nazi Europe* (New Haven, CT: Yale University Press, 1991)〔邦訳は『星をつけた子供たち——ナチ支配下のユダヤの子供たち』デボラ・ドワーク著、芝健介監修、甲斐明子訳、創元社、1999年〕
Eckl, Marlen, '"This Tear Remains Forever . . . ": German-Jewish Refugee Children and Youth in Brazil (1933–45): Resettlement Acculturation, Integration', in Simone Gigliotti and Monica Tempian (eds), *The Young Victims of the Nazi Regime: Migration, the Holocaust, and Postwar Displacement* (London: Bloomsbury, 2016), pp. 51–70
Edele, Mark, Fitzpatrick, Sheila, and Grossmann, Atina (eds), *Shelter from the Holocaust: Rethinking Jewish Survival in the Soviet Union* (Detroit, MI: Wayne State University Press, 2017)
Ehrenreich, John, *The Altruistic Imagination: A History of Social Work and Social Policy in the United States* (Ithaca, NY: Cornell University Press, 1985)
Eidlitz-Markus, Tal, Shuper, Avinoam, and Amir, Jacob, 'Secondary Enuresis: Post-Traumatic Stress Disorder in Children after Car Accidents', IMAJ, 2 (2000), pp. 135–7
Eitinger, Leo, and Krell, Robert, *The Psychological and Medical Effects of Concentration Camps and Related Persecutions on Survivors of the Holocaust* (Vancouver: University of British Columbia Press, 1985)
Eizenstat, Stuart E., *Imperfect Justice: Looted Assets, Slave Labor, and the Unfinished Business of World War II* (New York: Perseus Books, 2003)
Engel, David, 'Patterns of Anti-Jewish Violence in Poland, 1944–1946', *Yad Vashem Studies*, 26 (1998), pp. 43–85
Epstein, Helen, *Children of the Holocaust: Conversations with Sons and Daughters of Survivors* (New York: G. P. Putnam & Sons, 1979)〔邦訳は『ホロコーストの子供たち』ヘレン・エプスタイン著、マクミラン和世訳、朝日新聞社、1984年〕
——'Heirs of the Holocaust', *New York Times Magazine* (19 June 1977)
Eskin, Blake, *A Life in Pieces* (London: Aurum Press, 2002)
Feldman, David, Mazower, Mark, and Reinisch, Jessica (eds), *Postwar Reconstruction in Europe: International Perspectives, 1945–1949* (Oxford: Oxford University Press, 2011)
Felman, Shoshana, and Laub, Dori, *Testimony: Crises of Witnessing in Literature, Psychoanalysis, and History* (New York: Routledge, 1992)
Figley, Charles R., *Trauma and its Wake: The Study and Treatment of Post-Traumatic Stress Disorder*, vol. I (Hove: Psychology Press, 1985)
Finder, Gabriel, 'Yizkor! Commemoration of the Dead by Jewish Displaced Persons in

Oxford University Press, 2011)
Cohen, Stanley, *Folk Devils and Moral Panics* (London: MacGibbon and Kee, 1972)
Cohler, B. J., 'Memory Recovery and the Use of the Past: A Commentary on Lindsay and Read from Psychoanalytic Perspectives', *Applied Cognitive Psychology*, 8 (1994), pp. 365–78
Cole, Tim, *Holocaust City: The Making of a Jewish Ghetto* (London: Routledge, 2003)
Cole, Tim, Giordano, Alberto, and Knowles, Anne Kelly (eds), *Geographies of the Holocaust* (Bloomington, IN: Indiana University Press, 2014)
Cowan, Nelson (ed.), *The Development of Memory in Childhood* (Hove: Psychology Press, 1997)
Czech, Danuta, *Auschwitz Chronicle, 1939–1945* (New York: Holt, 1997)
Dallam, S. J., 'Crisis or Creation: A Systematic Examination of False Memory Claims', *Journal of Child Sexual Abuse*, 9:3 (2002), pp. 9–36
Danieli, Yael (ed.), *International Handbook of Multigenerational Legacies of Trauma* (New York: Springer, 1998)
Davie, Maurice, *Refugees in America: Report of the Committee for the Study of Recent Immigration from Europe* (New York: Harper & Brothers, 1947)
Davie, Ronald, Upton, Graham, and Varma, Ved (eds), *The Voice of the Child: A Handbook for Professionals* (London: Falmer Press, 1996)
Dawson, Graham, *Making Peace with the Past? Memory, Trauma and the Irish Troubles* (Manchester: Manchester University Press, 2007)
De Young, Alexandra, Kenardy, Justin, and Cobham, Vanessa, 'Trauma in Early Childhood: A Neglected Population', *Clinical Child and Family Psychology Review*, 14:3 (2011), pp. 231–50
Deblinger, Rachel, 'David P. Boder: Holocaust Memory in Displaced Persons Camps', in David Cesarani and Eric Sundquist (eds), *After the Holocaust: Challenging the Myth of Silence* (London: Routledge, 2012), pp. 115–26
Dequeker, Luc, 'Baptism and Conversion of Jews in Belgium, 1939–1945', in Dan Michman (ed.), *Belgium and the Holocaust: Jews, Belgians, Germans* (Oxford: Berghahn Books, 1998), pp. 235–71
Des Pres, Terrence, *The Survivor: An Anatomy of Life in the Death Camps* (New York: Oxford University Press, 1976)
Diner, Hasia R., *We Remember with Reverence and Love: American Jews and the Myth of Silence after the Holocaust, 1945–1962* (New York: New York University Press, 2009)
Dinnerstein, Leonard, *America and the Survivors of the Holocaust* (New York: Columbia University Press, 1982)
Dodd, Lindsey, *French Children under the Allied Bombs, 1940–45: An Oral History* (Manchester: Manchester University Press, 2016)
Doron, Daniella, *Jewish Youth and Identity in Postwar France: Rebuilding Family and Nation* (Bloomington, IN: Indiana University Press, 2015)
——'Lost Children and Lost Childhoods: Memory in Post-Holocaust France', in Seán Hand and Steven T. Katz (eds), *Post-Holocaust France and the Jews, 1945–1955* (New York: New York University Press, 2015), pp. 85–117
Downs, Laura Lee, *Childhood in the Promised Land: Working-Class Movements and*

Celinscak, Mark, *Distance from the Belsen Heap: Allied Forces and the Liberation of a Nazi Concentration Camp* (Toronto: University of Toronto Press, 2015)
Cesarani, David, 'Camps de la mort, camps de concentration et camps d'internement dans la mémoire collective britannique', *Vingtième Siècle. Revue d'histoire*, 54 (1997), pp. 13–23
——(ed.), *Genocide and Rescue: The Holocaust in Hungary, 1944* (Oxford: Berg, 1997)
Cesarani, David, and Sundquist, Eric (eds), *After the Holocaust: Challenging the Myth of Silence* (London: Routledge, 2012)
Clifford, Rebecca, 'Britain's Response to WWII Child Refugees Puts Modern Society to Shame', *The Conversation* (8 February 2017)
——*Commemorating the Holocaust: The Dilemmas of Remembrance in France and Italy* (Oxford: Oxford University Press, 2013)
——'Emotions and Gender in Oral History: Narrating Italy's 1968', *Modern Italy*, 17:2 (2012), pp. 209–22
——'Families after the Holocaust: Between the Archives and Oral History', *Oral History*, 46:1 (2018), pp. 42–54
——'Who Is a Survivor? Child Holocaust Survivors and the Development of a Generational Identity', *Oral History Forum d'histoire orale*, 37 (2017)
Close, Kathryn, *Transplanted Children: A History* (New York: USCOM, 1953)
Cohen, Beth B., 'American Jews and Holocaust Survivors, 1946–54', in Avinoam J. Patt and Michael Berkowitz (eds), *We Are Here: New Approaches to Jewish Displaced Persons in Postwar Germany* (Detroit, MI: Wayne State University Press, 2010)
——*Case Closed: Holocaust Survivors in Postwar America* (New Brunswick, NJ: Rutgers University Press, 2007)
——*Child Survivors of the Holocaust: The Youngest Remnant and the American Experience* (New Brunswick, NJ: Rutgers University Press, 2018)
Cohen, Boaz, 'The 1945 Bytom Notebook: Searching for the Lost Voices of Child Holocaust Survivors', in Rebecca Boehling, Susanne Urban, and René Bienet (eds), *Freilegungen: Überlebende – Erinnerungen – Transformationen* (Göttingen: Wallstein Verlag, 2013), pp. 122–37
——'"And I Was Only a Child": Children's Testimonies, Bergen-Belsen 1945', in Suzanne Bardgett and David Cesarani (eds), *Belsen 1945: New Historical Perspectives* (London: Vallentine Mitchell, 2006), pp. 153–69
——'The Children's Voice: Postwar Collection of Testimonies from Child Survivors of the Holocaust', *Holocaust and Genocide Studies*, 21:1 (2007), pp. 73–95
——'Survivor Caregivers and Child Survivors: Rebuilding Lives and the Home in the Postwar Period', *Holocaust and Genocide Studies*, 32:1 (2018), pp. 49–65
Cohen, Boaz, and Horvath, Rita, 'Young Witnesses in the DP Camps: Children's Holocaust Testimony in Context', *Journal of Modern Jewish Studies*, 11:1 (2012), pp. 103–25
Cohen, Boaz, and Müller, Beate, 'A Teacher and his Students: Child Holocaust Testimonies from Early Postwar Polish Bytom', *East European Jewish Affairs*, 46:1 (2016), pp. 68–115
Cohen, Daniel G., *In War's Wake: European Refugees in the Postwar Order* (Oxford:

Bogner, Nahum, *At the Mercy of Strangers: The Rescue of Jewish Children with Assumed Identities in Poland* (Jerusalem: Yad Vashem, 2009)

Borggräfe, Henning, Jah, Akim, Ritz, Nina, and Jost, Steffen, with Schwabauer, Elisabeth (eds), *Freilegungen: Rebuilding Lives – Child Survivors and DP Children in the Aftermath of the Holocaust and Forced Labour* (Göttingen: Wallstein Verlag, 2017)

Braham, Randolph, *The Hungarian Labor Service System, 1939–1945* (New York: Columbia University Press, 1977)

——*The Nazis' Last Victims: The Holocaust in Hungary* (Detroit, MI: Wayne State University Press, 1998)

——*The Politics of Genocide: The Holocaust in Hungary* (New York: Columbia University Press, 1981)

——*The Wartime System of Labor Service in Hungary: Varieties of Experience* (Boulder, CO: Rosenthal Institute for Holocaust Studies, 1995)

Brauner, Alfred, and Brauner, Françoise, *L'Accueil des enfants survivants* (Paris: Cahier du groupement de recherches practiques pour l'enfance, 1994)

Brock, Adrian C. (ed.), *Internationalizing the History of Psychology* (New York: New York University Press, 2006)

Brosse, Thérèse, *War-Handicapped Children: Report on the European Situation* (Paris: UNESCO, 1950)

Brown-Fleming, Suzanne, *Nazi Persecution and Postwar Repercussions: The International Tracing Service Archive and Holocaust Research* (Lanham, MD: Rowman & Littlefield, 2016)

Browning, Christopher, *Remembering Survival: Inside a Nazi Slave-Labor Camp* (New York: W. W. Norton, 2011)

Bruttmann, Tal, Ermakoff, Ivan, Mariot, Nicolas, and Zalc, Claire (eds), *Pour Une Micro-Histoire de la Shoah* (Paris: Seuil, 2012)

Buhle, Mari Jo, *Feminism and its Discontents: A Century of Struggle with Psychoanalysis* (Cambridge, MA: Harvard University Press, 1998)

Burgard, Antoine, '"Une Nouvelle Vie dans un nouveau pays": Trajectoires d'orphelins de la Shoah vers le Canada (1947–1952)', unpublished PhD thesis (Université Lumière Lyon 2, 2017)

Burnham, John (ed.), *After Freud Left: A Century of Psychoanalysis in America* (Chicago, IL: University of Chicago Press, 2012)

Buser, Verena, 'Displaced Children: 1945 and The Child Tracing Division of the United Nations Relief and Rehabilitation Administration', *The Holocaust in History and Memory*, 7 (2014), pp. 109–23

Caestecker, Franck, 'The Reintegration of Jewish Survivors into Belgian Society, 1943–47', in David Bankier (ed.), *The Jews Are Coming Back: The Return of the Jews to their Countries of Origin after World War II* (Oxford: Berghahn Books, 2005), pp. 72–107

Cahn, Eric, *Maybe Tomorrow: A Hidden Child of the Holocaust* (Arvada, CO: Casan Publishing, 1995)

Cahn, Zilla, *Suicide in French Thought from Montesquieu to Cioran* (New York: Peter Lang, 1999)

Bardgett, Susanne, Cesarani, David, Reinisch, Jessica, and Steinert, Johannes-Dieter (eds), *Survivors of Nazi Persecution in Europe after the Second World War. Vol. I: Landscapes after Battle* (London: Vallentine Mitchell, 2010)

Barkan, Elazar, *The Guilt of Nations: Restitution and Negotiating Historical Injustices* (New York: W. W. Norton, 2000)

Bauer, Patricia J., 'Development of Memory in Early Childhood', in Nelson Cowan (ed.), *The Development of Memory in Childhood* (Hove: Psychology Press, 1997)

Bauer, Yehuda, *American Jewry and the Holocaust: The American Jewish Joint Distribution Committee, 1939–1945* (Detroit, MI: Wayne State University Press, 1981)

——*Flight and Rescue: Brichah* (Jerusalem: Magnes Press, 1970)

——*My Brother's Keeper: A History of the American Jewish Joint Distribution Committee, 1929–1939* (Philadelphia, PA: Jewish Publication Society of America, 1974)

——*Out of the Ashes: The Impact of American Jews on Post-Holocaust European Jewry* (New York: Pergamon Press, 1989)

Baumel-Schwartz, Judith Tydor, 'Jewish Refugee Children in the USA (1934–45): Flight, Resettlement, Absorption', in Simone Gigliotti and Monica Tempian (eds), *The Young Victims of the Nazi Regime: Migration, the Holocaust and Postwar Displacement* (London: Bloomsbury, 2016), pp. 11–30

——*Never Look Back: The Jewish Refugee Children in Great Britain 1938–1945* (West Lafayette, IN: Purdue University Press, 2012)

——*Unfulfilled Promise: Rescue and Resettlement of Jewish Refugee Children in the United States 1934–1945* (Juneau: Denali, 1990)

Bazyler, Michael, *Holocaust Justice: The Battle for Restitution in America's Courts* (New York: New York University Press, 2003)

Beaglehole, Ann, '"The Children Are a Triumph": New Zealand's Response to Europe's Children and Youth, 1933–49', in Simone Gigliotti and Monica Tempian (eds), *The Young Victims of the Nazi Regime: Migration, the Holocaust and Postwar Displacement* (London: Bloomsbury, 2016), pp. 91–112

Bergmann, Martin S., and Jucovy, Milton E. (eds), *Generations of the Holocaust* (New York: Columbia University Press, 1982)

Berkowitz, Michael, and Brown-Fleming, Suzanne, 'Perceptions of Jewish Displaced Persons as Criminals in Early Postwar Germany: Lingering Stereotypes and Self-Fulfilling Prophecies', in Avinoam J. Patt and Michael Berkowitz (eds), *We Are Here: New Approaches to Jewish Displaced Persons in Postwar Germany* (Detroit, MI: Wayne State University Press, 2010), pp. 167–93

Bessel, Richard, and Schumann, Dirk (eds), *Life After Death: Approaches to a Cultural and Social History of Europe during the 1940s and 1950s* (Cambridge: Cambridge University Press, 2003)

Bialystok, Franklin, *Delayed Impact: The Holocaust and the Canadian Jewish Community* (Montreal: McGill-Queen's University Press, 2000)

Blackstock, Charity, *Wednesday's Children* (London: Hutchinson, 1966)

Bluglass, Kerry, *Hidden from the Holocaust: Stories of Resilient Children who Survived and Thrived* (London: Praeger, 2003)

Boder, David P., *I Did Not Interview the Dead* (Urbana, IL: University of Illinois Press, 1949)

〈ドイツ・ユダヤ人のためのイギリス中央基金〉の資料コレクション
ダン家文書
国際捜索局の資料コレクション
切り抜き記事の資料コレクション
ローズ・エンリケスの保管文書
〈少女たち〉プロジェクトの口述史コレクション

ヤド・ヴァシェム（エルサレム）
〈諸国民のなかの正義の人〉データベース　https://righteous.yadvashem.org

イェール大学図書館
フォーチュノフ・ホロコースト証言映像アーカイブ（FVA）

書籍（一次資料および二次資料）

Abella, Irving, and Troper, Harold, *None Is Too Many: Canada and the Jews of Europe, 1933–1948* (Toronto: University of Toronto Press, 2012)

Abrams, Lynn, *Oral History Theory* (London: Routledge, 2010)

Adler, H. G., *Theresienstadt, 1941–1945: The Face of a Coerced Community* (Cambridge: Cambridge University Press, 2017)

Akhtar, Salman, *The Mother and her Child: Clinical Aspects of Attachment, Separation, and Loss* (New York: Jason Aronson, 2012)

Althoff, Becky, 'Observations on the Psychology of Children in a D.P. Camp', *Journal of Social Casework*, XXIX:1 (1948), pp. 17–22

American Psychiatric Association, 'Post-Traumatic Stress Disorder', in *Diagnostic and Statistical Manual of Mental Disorders*, 3rd edn (Washington, DC: American Psychiatric Association, 1980)〔邦訳は『DSM-III-R精神障害の診断・統計マニュアル』The American Psychiatric Association編、高橋三郎訳、医学書院、1988年〕

Anderson, Mark, 'Child Victim as Witness to the Holocaust: An American Story?', *Jewish Social Studies*, 14:1 (2007), pp. 1–22

Andlauer, Anna, *The Rage to Live: The International D.P. Children's Center Kloster Indersdorf, 1945–46* (self-published, 2012)

Auslander, Leora, 'Coming Home? Jews in Postwar Paris', *Journal of Contemporary History*, 40:2 (2005), pp. 237–59

Azouvi, François, *Le Mythe du grand silence: Auschwitz, les Français, la mémoire* (Paris: Fayard, 2012)

Bailey, Alice, *The Problems of the Children in the World Today* (New York: Lucis, 1946)

Bailly, Danielle (ed.), *Traqués, Cachés, Vivants: Des Enfants juifs en France (1940–1945)* (Paris: L'Harmattan, 2004)

Balint, Ruth, 'Children Left Behind: Family, Refugees and Immigration in Postwar Europe', *History Workshop Journal*, 82 (2016), pp. 151–72

Bankier, David (ed.), *The Jews Are Coming Back: The Return of the Jews to Their Countries of Origins after World War II* (Oxford: Berghahn Books, 2005)

Bardgett, Susanne, 'Belsen and the BBC: What Wireless Listeners Learned', *History Today*, 56:8 (2006), pp. 30–7

参考文献

文書史料

アメリカ・ユダヤ人合同配分委員会(ニューヨーク市)(JDC)
1945〜1954年の記録
キプロス事業の記録(1945〜1949年)

カナダ・ユダヤ人会議公文書館(CJCA)
組織内通信の資料コレクション
カナダ・ユダヤ人援助機関連合(UJRA)の資料コレクション

サウサンプトン大学ハートリー図書館
ウエスト・ロンドン・シナゴーグの保管文書

エルサレム・ヘブライ大学資料館
ケステンバーグ幼年時ホロコースト生存者証言アーカイブ

イリノイ工科大学
〈ホロコーストの声〉プロジェクト　https://iit.aviaryplatform.com/collections/231

帝国戦争博物館(ロンドン)
口述史の資料コレクション

合衆国ホロコースト記念博物館公文書館(ワシントンD.C.)(USHMMA)
アリス・ゴールドバーガーの文書
アメリカ・フレンズ奉仕団の記録
ユダヤ人ホロコースト生存者アメリカ大会の資料コレクション
ベイエリア口述史プロジェクトの資料コレクション
スイス移住児童救援委員会(SHEK)の個人ファイル
エーリッヒ・A・ハウスマンの文書
フェリーツェ・Z・Sの文書
グレタ・フィッシャーの文書
国際捜索局の資料コレクション
スイス・ユダヤ人難民局の記録
児童援助協会(OSE)の記録
口述史の資料コレクション
ラヘル・グリーン・ロッタースマンの文書
シーマ・クレインの文書
統一損害賠償機関ロサンゼルス支部およびトロント支部の資料コレクション

南カリフォルニア大学ショアー財団研究所
映像歴史アーカイブ(VHA)

ウィーナー・ライブラリー資料室(ロンドン)(WLA)

22 オーストラリアで母親になったポーレット・S（1967年）。Private collection of Paulette Szabason Goldberg.
23 机に向かうベン・ラピン。Canadian Jewish Congress image collection, Alex Dworkin Canadian Jewish Archives.
24 ハンス・ケイルソン。Courtesy of Marita Keilson-Lauritz.
25 ジュディス・ケステンバーグ。Courtesy of Janet Kestenberg Amighi.
26 ポーレット・S（1993年）。Private collection of Paulette Szabason Goldberg.
27 インタビューを受けるジャッキー・Y（2012年）。Dr Bea Lewkowicz/Association of Jewish Refugees, 30 July 2015.
28 アグネス・G（2018年）。Guy Corbishley/Alamy Stock Photo.

図版クレジット

1 解放されたアウシュヴィッツ=ビルケナウ収容所の児童収容棟から出てきた子どもたち（1945年1月）。United States Holocaust Memorial Museum, courtesy of Lydia Chagoll.
2 ベルゲン・ベルゼン強制収容所から生還し、難民キャンプの病院で静養する子ども（1945年7月）。Photo by Edgar Ainsworth/Picture Post/Hulton Archive/Getty Images.
3 列車でフランスに向かう「ブーヘンヴァルトの少年たち」（1945年6月）。United States Holocaust Memorial Museum, courtesy of Robert Waisman.
4 UNRRAのトラックのステップに座るジョゼフ・S（1945年6月）。Photo by Mondadori via Getty Images.
5 OSEが運営するタヴェルニーの養護施設にやって来た「ブーヘンヴァルトの少年たち」（1945〜47年ごろ）。United States Holocaust Memorial Museum, courtesy of Claude & Judith Feist Hemmendinger.
6 ブーヘンヴァルトでの記念式典に参加するジョゼフ・S（1946年ごろ）。United States Holocaust Memorial Museum.
7 フェリーツェ・Zと、戦時中ヴァンドゥーヴル（フランス）近郊にあるラ・カイヨディエールの農場で彼女をかくまったジュリエット・パトゥー（1943年8月）。United States Holocaust Memorial Museum, courtesy of Felice Zimmern Stokes.
8 ユーディット・Kと、そのホストファミリーの子ども、シュジー・エナール（1946年6月）。United States Holocaust Memorial Museum, courtesy of Judith Koppel Steel.
9 タヴェルニーのヴォセル館に設置されていたOSEの児童養護施設にいた子どもたちの集合写真（1947年ごろ）。United States Holocaust Memorial Museum, courtesy of Felice Zimmern Stokes.
10 OSEが運営するレ・グリシーヌの受入センターで祝いの食卓を囲む子どもたち（1946年）。United States Holocaust Memorial Museum, courtesy of Judith Koppel Steel.
11 ウィンダミアのカルガース館に設置されていた受入センターの子どもたち（1945年）。United States Holocaust Memorial Museum, courtesy of Tosca Kempler.
12 アリス・ゴールドバーガー（1945〜50年ごろ）。United States Holocaust Memorial Museum, courtesy of Zdenka Husserl.
13 アンナ・フロイト。© Freud Museum London.
14 母や兄と仮庵の祭りの準備をしている少女を描いたハンカ・Tの絵。United States Holocaust Memorial Museum Collection, Gift of Judith Sherman.
15 壁際に並んだ男たちを射殺している兵士を描いたフリッツ・Fの絵。United States Holocaust Memorial Museum Collection, Gift of Judith Sherman.
16 戦後ブリハに参加した子どもたち。Yad Vashem Photo Archive, Jerusalem, 6950/7.
17 ブリハの集合場所にかばんを持ってやって来た子ども。Yad Vashem Photo Archive, Jerusalem, 6627/182.
18 CJCのポスター。Canadian Jewish Congress image collection, Alex Dworkin Canadian Jewish Archives.
19 CBFに資金提供を求めるポスター。United States Holocaust Memorial Museum Collection, Gift of Judith Sherman.
20 バル・ミツヴァーを行うジャッキー・Yとその養親。Private collection of Jackie Young.
21 成長したウィア・コートニー養護施設の子どもたち。Courtesy of West London Synagogue and Hartley Library, University of Southampton.

ラ行

ナ行

ハ行

タ行

サ行

カ行

索引

※索引は原書にならい、見出し語となる単語ないし概念、トピックに関する記述箇所を示し、指示範囲も原則として原書に準じた。ただし、不足や不便があると思われた場合には、適宜追加・訂正を施している。

ア行

著者 レベッカ・クリフォード *Rebecca Clifford*

ウェールズのスウォンジー在住。2008年にオックスフォード大学にて博士号を取得（近代史）、オックスフォード大学ウースター・カレッジでのジュニア・リサーチフェローシップを経て、2009年、現在所属するスウォンジー大学（近代ヨーロッパ史／准教授）に移籍。王立歴史学会と高等教育アカデミーのフェローも務めている。著作は、2013年にオックスフォード大学出版会から刊行された*Commemorating the Holocaust: The Dilemmas of Remembrance in France and Italy*があり、彼女の所属チームが共著した*Europe's 1968: Voices of Revolt*にも協力している。本書*Survivors: Children's Lives After the Holocaust*はイギリス学士院のリーバーヒューム・トラストの研究助成を受けて制作されたものである。

訳者 山田美明 *Yoshiaki Yamada*

英語・フランス語翻訳家。東京外国語大学英米語学科中退。訳書にエマニュエル・サエズ+ガブリエル・ズックマン『つくられた格差——不公平税制が生んだ所得の不平等』、エディス・シェファー『アスペルガー医師とナチス——発達障害の一つの起源』、デビッド・リット『24歳の僕が、オバマ大統領のスピーチライターに?!』、プク・ダムスゴー『ISの人質——13カ月の拘束、そして生還』（以上、光文社）、ジョセフ・E・スティグリッツ『スティグリッツ PROGRESSIVE CAPITALISM』（東洋経済新報社）、トム・バージェス『喰い尽くされるアフリカ——欧米の資源略奪システムを中国が乗っ取る日』（集英社）、他多数。

監修 芝 健介 *Kensuke Shiba*

1947年、愛媛県生まれ。東京女子大学名誉教授。専門はドイツ現代史。著書に『武装SS——ナチスもう一つの暴力装置』（講談社選書メチエ）、『ホロコースト——ナチスによるユダヤ人大量殺戮の全貌』（中公新書）、『ニュルンベルク裁判』（岩波書店）など、訳書に『総統国家——ナチスの支配 1933—1945年』（岩波書店）、『ファシズム時代のシオニズム』（叢書・ウニベルシタス）、『二つのドイツ—— 1945-1990』（岩波書店）、共訳書に『ホロコースト大事典』（柏書房）、監修に『星をつけた子供たち——ナチ支配下のユダヤの子供たち』（創元社）など、ナチ関連書多数。

ホロコースト最年少生存者《さいねんしょうせいぞんしゃ》たち
100人《にん》の物語《ものがたり》からたどるその後《ご》の生活《せいかつ》

2021年9月10日　第1刷発行

著者　レベッカ・クリフォード
訳者　山田美明《やまだよしあき》
監修　芝 健介《しばけんすけ》
発行者　富澤凡子
発行所　柏書房株式会社
東京都文京区本郷2-15-13（〒113-0033）
電話（03）3830-1891［営業］
（03）3830-1894［編集］
装丁　水戸部 功+北村陽香
組版　髙井 愛
校閲　高橋克行
印刷　萩原印刷株式会社
製本　株式会社ブックアート

ISBN978-4-7601-5391-6